アメリカは戦争をこう記憶する

G・カート・ピーラー

島田眞杉（監訳）
布施将夫・岩本修・藤岡真樹・
森山貴仁・金子典生（訳）

松籟社

Remembering War the American Way

Japanese translation rights arranged with Smithsonian Books
c/o LibriSource Inc. through Japan UNI Agency, Inc., Tokyo.

The photographs on this book are in the public domain,
except for three images (on page 33, 130, 232),
which are photographed by Gordon Miller.

ヴィンセント・クラーク、イゾルデ・クラーク、
ジョン・ホワイトクレイ・チェンバーズ二世、
スーザン・G・コンテンテに

アメリカは戦争をこう記憶する　目次

日本語版への序文　xi
ペーパーバック版へのまえがき　xix

序文　……………………　**1**

第一章　戦争のなかで創り出された国の記憶　……………　**15**

第二章　南北戦争の二つの遺産——記憶をめぐる対立と和解　……………　**73**

第三章　「戦争をなくすための戦争」を記憶する　……………　**146**

第四章　「よい戦争」としての第二次世界大戦、そして新しい記憶のありかた　……　**196**

第五章　朝鮮戦争からベトナム慰霊碑へ　……　**239**

結論　……　**277**

原注　292

訳者あとがき（島田眞杉）　356

著者・訳者紹介　巻末（1）

索引（3）

・本書は G. Kurt Piehler, *Remenbering War the American Way* の全訳である。
・原書の注は＊を付して示し、巻末にまとめた。
・必要と思われるところに訳注を付した。訳注は※を付して示し、脚注とした。

アメリカは戦争をこう記憶する

日本語版への序文

Remembering War the American Way という私の著書を日本語に翻訳して出版したいというたいへん光栄な申し出を島田眞杉教授からいただいたのは、四年前のことである。当時、二〇〇八年の春学期、私は京都大学で島田教授と共同で、アメリカ史における戦争記念のあり方を検証する講義を担当していた。神戸に住み、日本の権威ある二つの大学――神戸大学と京都大学――で講義する機会に恵まれたことが刺激になって、私はアメリカ史を比較史の観点から考えてみた。神戸大学でのアメリカ史入門の講義で、一九世紀の末から二〇世紀の初めにかけて、日本、アメリカ、ヨーロッパ諸国のいずれもが、工業化、および農業地域から都市への人口移動という劇的な動きを経験したことを、私は何度か取り上げてみた。そこで重要なのは、一九世紀の日本でも欧米諸国でも、国民国家を形成する上で、戦争と軍事機構とが重要な役割をはたしていたという点である。

同じように重要なこととして、日本社会とアメリカ社会の間には、とくに第二次世界大戦が両国の国民に残した影響という点で、明白な違いがあることも私は認識している。日本の場合、この大戦は前例のないほどの敗北、荒廃、そして軍事占領につながり、その結果、中国、アメリカ、東南アジア各地に対する侵攻に道を開いた軍国主義と軍事指導者への信頼は突き崩されたのである。そして大戦の後、日本は新しい憲法、すなわち外交の正規の手段の一つとしての戦争を放棄するという規定をもつ憲法を採用した。実際、戦後の日本は武力紛争への直接関与を一貫して回避してきた。

合衆国の場合、第二次世界大戦まで伝統的に、平時には小規模な陸・海軍をもつのみで、また西半球（南北アメリカ圏）の外部ではどの国とも正式な政治同盟を結んだことがなかった。二次大戦では、参戦したほとんどの国で市民が空から陸から敵の攻撃を受けて甚大な被害を蒙ったのだが、アメリカの本土は実質的にほとんど無傷で戦争をくぐりぬけることができた。アメリカ人はいまもこの戦争を「よい戦争」と見ているが、その見方は、彼らにしてみればほとんど無視できるほど市民の犠牲者が少なかったこと、そして戦死した兵士の数も相対的に少なかったために形成されたという面がある。また、合衆国は二次大戦の後、超大国の一つとして立ち現れたのだが、二つの大戦の経験から合衆国が引き出した教訓の一つが、つねに軍事的な備えを怠らず、世界秩序が脅かされる前に脅威を抑える必要があるというものであった。これが、冷戦の間、ソビエト連邦と中華人民共和国がもたらす脅威に対処すべく、大規模な軍事力と軍事的な意識を維持し、そして軍事力を世界各地に展開することにつながった。

しかし、冷戦が終結しても、それはアメリカの軍事力削減にはつながらず、期待された平和の配当はほんの束の間のもので終わった。二〇〇一年九月一一日にニューヨーク市の世界貿易センタービルで起こったテロが、アルカイーダによる攻撃の大胆さ、そして悲惨な人命の損失でアメリカ人を唖然とさせることになるのだ。アメリカでは、南北戦争の後、一般市民が戦争行為によってこれほどの規模で殺されることはずっとなかった。この九月一一日の攻撃を契機として、アメリカはアフガニスタンで、そして後にはイラクに対して、戦争を始めることになった。

アメリカと日本では、軍事機構、そして軍事に関する価値観が大きく異なっており、アメリカ社会における戦争の記憶や記念の仕方を理解するには、この点を理解しておくことがきわめて重要になる。まず、合衆国では、軍部がテレビをはじめとする各種メディアでつねに宣伝活動をおこない、若い男女に軍への入隊を呼び掛けている。一九九〇年代に育った世代の人ならたいてい、「現代的な軍に入れば、自己の可能性を最大限に引き出せる」という、軍が宣伝に使った曲のメロディーを覚えているはずだ。また、合衆国の軍はその将校の教育と訓練を各地の大学に設置されている予備役将校訓練課程（ＲＯＴＣ）に依存している面があるし、また、退役兵に与えられる教育特典は、大学授業料を支払うために学生が利用できる金銭的な支援のなかで最大級のものになっている。さらに、アメリカじゅうのたいていの町で、繁華街を歩いたり、郊外のショッピング・センターへ行ったりすれば、すぐに軍のリクルーターの事務所が目に入る。大学教員は、とくに州立など公立の大学に勤めていれば、その授業にＲＯＴＣの制服を着た学生をしょっちゅう受け入れることとなるし、また軍事科学系の学部に派遣されている現役軍人が教授団の一員として活動するのを目にすることになる。まだある。たいていの町には、退役兵の団体、アメリカ在郷軍人会《アメリカン・リージョン》や海外戦争退役兵協会の支部があり、そこには会員が、戦争中の軍務の思い出を語り合うために、あるいは町の改革プロジェクトに取り組むために集まっている。しかし、外見上もっとも目立つ差異は、合衆国ではどこへ行っても国旗があるということであろう――あらゆるところにひるがえっており、個人が自分の家に掲げていることもよくある。

　これらを日本と比べてみよう。防衛大学校を別にすれば、日本の大学では軍事科学教育を提供していないし、自衛隊のために将来の士官候補生を訓練することも基本的にはおこなわれていない。私は日本のテレビを見ていて、自衛隊員の募集広告がないことに驚いたし、街では自衛隊員勧誘の事務所を見かけることもなかった。京都大学と神戸大学で私の講義を聞いてくれた学生諸君に、仕事として軍務を考えたことがあるかと尋ねた際にも驚いた。圧倒的多数が即座に否定したからであり、また知人が自衛隊に勤務しているという学生がほとんどいなかったのは、さらなる驚きであった。また、島田教授から、日本の警察は大学当局の明確な了承なしにはキャンパスに立ちいらないこと、それが、戦前に大学における学問・思想の自由が侵されたことへの反省に由来するのだと聞いた。

アメリカでは、私がこの著書のなかで論じているように、国民意識を形作るうえで戦争を含む武力衝突が中心的な役割をはたしてきた。日本とは対照的に、アメリカには、国民を象徴する役割を演じられる、党派対立を超越した天皇のような存在はない。さらに、国としても民族としても、そのルーツが有史以前にまで遡れる日本とは違って、アメリカは比較的新しい国であり、先住アメリカ人を除くアメリカ人はアメリカ大陸以外の他の地域から移住してきた人びとである。黒人奴隷の子孫を除けば、ほとんどのアメリカ人は、政治的自由や経済的な機会を求めて自らの意思でこの合衆国の地にわたって来た移民であるか、もしくはその子孫なのである。軍隊に入って任務に就くことは、そうした新たな移民やその子がアメリカ人としての自己のアイデンティティを確認するうえで、唯一の道ではないとしても、その重要な手段であったのだ。二一世紀の初頭にアメリカ陸軍参謀長を務めたエリック・シンセキ将軍は二〇世紀の初めに広島からハワイに移住した日本人移民の孫にあたる。

戦争に対するアメリカ人の態度は、複雑で曖昧なものである。たとえば、アメリカ人はこれまで、戦争の際に一般戦闘員が払った犠牲、そして国民が強いられた大きな代償を受け容れること、そしてそれに敬意を払うことの重要性を力説してきた。この感情をバラク・オバマ大統領も、ニューヨーク世界貿易センターやペンタゴンに対するテロ攻撃の十周年記念式典（二〇一一年九月）において、次のような言葉で表現した。「（テロの現場に居合わせた）これらの人びとが犠牲になったことを思い、また対テロ戦争に携わった兵士の家族の献身を思うと、戦争の代償というものがいかに大きいかをあらためて痛感させられ、また、この国のために働くということが栄光に満ちている一方で、戦争そのものはけっして輝かしいものではないことを再確認させられる」と。

アメリカに造られた戦争記念碑には、反戦的な意味合いを持つものがほとんどない。首都のナショナル・モールに設置された第二次世界大戦メモリアルも勝利を誇示するものになっていると、多くの研究者が見ている。しかし、一九八二年に献呈式がおこなわれたベトナム戦争戦没者慰霊碑、※1さらに一九八〇年代、九〇年代に州政府や各地域が造った数多くのベトナム戦争メモリアルのパターンは、制服を着て戦った人びとが強いられた恐るべき犠牲を強調するものになっている。また九・一一のテロ攻撃を記念するメモリアルの場合は、無分別なテロ行為によって亡くなった人びとの死を悼み、その人びとのことをいつまでも記憶してゆこうとするものである。さらに、ベトナム、アフガニスタン、イラクに対する戦争を記憶に残そうとする試みに携わった人たちはみな、戦争の大義と兵士たちとを切り離して対処することの重要性を力説した。じつ

※1　原語はVietnam Veterans Memorial。この名称を簡明な日本語に置き換えるのは難しい。これは、戦勝を称える伝統的な戦争記念碑ではもちろんない。従軍したすべての兵士の苦労をねぎらい勇気を称えつつ、戦死した兵士の霊を慰める、というのがこの碑の趣旨であるが、本書では、定着している訳を用いる。詳細は序文および第五章を参照。

は、それは現代のアメリカに特有なことではなく、私が本書の第二章で論じているように、南北戦争の余波が続くなかで当時の連邦政府は、国民の和解を促進する取り組みの一環として、南部の人びとが南部の「失われた大義」[※2]を記念し、戦死した南軍兵士を顕彰することを認めたのである。そればかりか、二〇世紀の初めには、南部連合の兵士たちを敵ながらあっぱれだとして敬意を表すべく、さまざまな機会にイニシアチヴをとったのである。また、二一世紀のこの一〇年間、アフガニスタンとイラクで始めた戦争はアメリカ社会にとてつもなく大きな対立を引き起こしてしまったのだが、それでも、帰郷してくる兵士に対しては、アメリカじゅうの地域社会が帰郷パレードその他のイベントを催して歓迎し、彼らを称えた。アメリカ政府もまた、復員する兵士が大学で学べるよう、手厚い特典を用意して彼らを迎えたのである。

この書物は、アメリカにおける戦争記念行為を論じたものだが、私としては、この書物が読者への刺激となって、戦争に関するアメリカの流儀をもっとよく知りたいと思っていただけることを期待している。と同時に、日本の流儀に関しても、比較を通してその理解を深める一助になれば幸いである。私は、初めて日本を訪問した際、東京の遊就館（靖国神社境内にある資料館）および広島平和記念資料館を見学したことで、第二次世界大戦に関する互いに対立する記憶について大いに学ぶことができた。この二つの資料館は、二次大戦の原因や遺産をめぐって、真っ向から対立する大戦解釈を提示しており、後者は総力戦がもたらした大規模な破壊にとくに意を用いている。遊就館を見学したとき、率直に言っておくが、私はイギリス、フランス、カナダなどで見た、同じタイプの国立の戦争博物館のことを思い起こした。また私は、この資料館が、すぐそばの靖国神社とともに、中国や韓国、その他アジアの各地で論争を呼ぶ理由が以前よりもよくわかった。と同時に、遊就館を見て私は悲しみも覚えた。その展示が、二次大戦の際の日本軍の一般兵士が払った犠牲、味わった苦労、あるいは彼らが耐えねばならなかった軍指導部の失態には、あまりにも小さな関心しか向けていないと感じたからである。遊就館の見学を終えた後、私は、二次大戦で日本が演じた役割の複雑さや微妙さ、そして原爆が日本の市民に及ぼした凄まじい衝撃を見てもらおうという広島平和記念資料館の取り組みを思い浮かべ、あらためてそれらに感銘を受けながら、遊就館を離れたのであった。

日本の読者は、この本を読んで、戦争に対する私の見方にはある種の偏見があると感じられるかもしれない。たしかに私はアメリカの大学の教員として、アメリカ軍の将校になる予定の学生に、その職の厳しさに備えて知的な準備をしっかりとさせておく責任を負っており、ある種の戦争観を抱いている。私が担当する軍事史の講義では、将来の兵士を相手に、軍人という職には倫理的なものが求められること、そして戦争のルールを堅く守る必要があること、とくに戦闘員ではない市民と戦争捕虜の保護に関してそうすべきことを力説する。もちろん、私の学生の大半は実際には兵士になる予定がなく、それを承知の上で私は講義をしているのだが、それは、成立以来ずっと市民による軍の統制を強調してきた民主主義社会にあっては、戦争というものはあまりに重要であり、将軍や国家的エリートのみに委ねておくことはできないからである。合衆国の普通の市民だけでなく、軍を保有するすべての民主主義国の普通の市民は、戦争、平和、軍隊に関わる問題を把握しておかねばならない。

※2　南北戦争後の南部で白人社会に敗北を甘受させるために創られた、南部の伝統を美化した歴史の見方。また、そのなかで強調される、連邦を離脱してでも守ろうとした南部の伝統。

最後に、日本の大学で講義する機会を与えてくれた日本のフルブライト委員会に感謝の意を表したい。私は二〇〇四年にも、横山良教授の計らいで神戸大学で客員として講義する機会に恵まれたが、それはアメリカ史研究者協会（ＯＡＨ）というアメリカの学会の短期滞在プログラムで企画され、日米友好基金の財政的支援で可能になったものである。私はまた、この本を日本の読者に届けるために翻訳の労をとられた島田教授、および、当時、島田教授のゼミに大学院生として集まっていた、布施将夫、岩本修、藤岡真樹、森山貴仁、金子典生の各氏に心から感謝する。

フロリダ州立大学「第二次世界大戦における人類の経験」研究所
Ｇ・カート・ピーラー

ペーパーバック版へのまえがき

二〇〇一年九月一一日、世界貿易センター（ＷＴＣ）とペンタゴンに対するテロリストの攻撃に、アメリカ国民は言葉を失った。民間航空機二機が世界貿易センターのツインタワーに激突して巨大な炎の塊が生まれ、それが二棟のビルを呑み込んだのだ。救助隊員、とくにニューヨーク消防局の隊員たちの英雄的努力にもかかわらず、ツインタワーはけっきょく崩壊し、二五〇〇人を超える男女が命を落とした。また、別の民間航空機がペンタゴンの一角に突っ込んで火災を引き起こし、その結果、国防省の中枢にぽっかりと大きな穴があいてしまった。こちらの攻撃では一〇〇人を超す現役の軍人や文官が亡くなったが、ヴァージニア州北部から駆け付けた消防隊の活躍で、火事はなんとか消し止められた。

攻撃が始まってすぐに、これは合衆国に対してテロリストがおこなった戦争行為であると判断されたが、その犠牲者を追悼し記念する動きもすぐに始まった。攻撃の直後、ニューヨーク市民が、消えたＷＴＣツインタワーの跡の、まだ煙が立ち込める穴の近くに、手作りの花輪やロウソクの灯りを捧げてその気持ちを表した。行方不明者の親族は、愛する者の写真を添えて消息を求める掲示を出し、さらに市内のあちこちにもそれらを張り出した。残された家族の絆がその過程で強まることもあったが、しかし生存の望みが徐々に薄れるにつれて、それら尋ね人の掲示は亡くなった者を追憶する象徴へと意味合いが変わっていった。また市内あちこちの消防署が、そのドアに市民がリースを掛けたり献花したりすることで、追悼の場となったのである。

間もなく、この攻撃で亡くなった人たちの葬儀が始まった。遺体を探すためにビルの瓦礫を丹念により分ける作業には何カ月もの時間を要した。遺体を特定する法人類学の進歩と、ＷＴＣの瓦礫をより分けた多数の人びとのたゆまざる努力にもかかわらず、どうしても身体を復元できない場合もあった。悲惨なことだが、多くの場合、それらの遺体は強烈な炎のなかで蒸発してしまったのである。また、身体の一部が発見されたものの、だれのものか特定できない例もあった。

ＷＴＣとペンタゴンの破壊現場から瓦礫が取り除かれつつあるときに、この悲惨な攻撃で亡くなった人びとをいかに記憶していくかという問いかけが早くも始まっていた。ペンタゴンの場合は、無傷で残った部分が国防省の中枢として機能し続けたし、何日も経たないうちに、瓦礫を取り除いてこの第二次世界大戦期の建物を再建する動きも始まった。これとは対照的に、ＷＴＣについては、これを再建するべきか、それともその場所を記念公園にすべきか、多くの人が判断に迷った。この攻撃で愛しい人を亡くした家族の願いにもかかわらず、ニューヨーク港湾管理機構、貿易センターの敷地の所有者、それに市や州の役人たちは、跡地を空けておくことが財政的に不可能であることを明らかにした。しかしその一方で、マンハッタン南部の再建を担当する当局者からは、ＷＴＣの建物群に増築や建直し等の改変を加える際には、九月一一日事件の犠牲者追悼にふさわしい記念施設を必ず伴わなければならないという趣旨の発表があった。そしてけっきょく、ツインタワーの跡地には何の建物も作らないというコンセンサスが生まれ、大きくなっていったのである。

アメリカ人が九月一一日の死者を追悼するスタイルと、これまで彼らが過去の戦争を記念するために用いてきた方法との間には、強い連関を認めることができる。そのもっとも顕著なパターンは、攻撃で亡くなった個々人の名前すべてを記憶にとどめることを何よりも重視するという姿勢の中に見出せる。WTC攻撃の一周年および二周年記念の式典の中で、犠牲者の名前が大音声で読み上げられた。さらにこの記憶のパターンを反映したものとして、『ニューヨーク・タイムズ』が、短いものではあるがテロリストの攻撃で亡くなった人ひとりひとりについて死亡記事を掲載するのに払った努力を指摘できるだろう。二〇〇三年一一月、WTC跡地に建立されるべき恒久的記念施設のデザイン案が何点か示されたが、どの案も、攻撃による死者全員のリストを含むという点では共通していたのである。

犠牲者の家族は、愛する人の身に何が起こったのかを知りたがり、そして遺体の復元を願った。法医学の分野で技術進歩があり、それが彼らの期待を高めていたことは疑いない。その進歩とは、識別不可能とされていたベトナム戦争時の遺体の一部から、国防省が一九九八年に兵士を特定するのに成功したことを指すのだが、それでも、WTCから回収された遺体のおよそ四〇%は、明確にはだれのものか特定できなかった。その結果からすれば、WTC記念施設は、科学の更なる進歩があるまでそれら身元不明遺体を埋葬しておくところ、ということになろう。

記念の行為は、他の形でもおこなわれてきた。九・一一攻撃の後の何カ月間か、犠牲者を悼む記念式典が各地で執りおこなわれた。また数え切れないほどの数の記念碑が、ニューヨーク市および周辺地域のあちこちに建てられた。それら、地域ごとに作られた記念碑は、多くの場合、WTC跡から集めた瓦礫をそのなかに取り込んで建設された。さらに、地域の大学や歴史協会等がスポンサーとなっていくつものオーラルヒストリー企画が具体化し、九月一一日の歴史を保存することのほか、犠牲者を記憶しておくという機能もはたしている。

追憶の仕方をめぐっては、意見の対立も見られた。たとえば、ペンタゴンで死んだ文民職員にはアーリントン国立墓地に埋葬される資格を与えるべきか否か。また、WTC跡地に恒久的な記念施設を造る際には、救助隊員の死を記した別個のモニュメント制作を委嘱すべきなのか。九月一一日の出来事についての記憶をだれが統括すべきなのか。政治指導者、とくにブッシュ大統領と元ニューヨーク市長ルドルフ・ジュリアーニは、この悲劇の公的記憶を形作るうえで決定的な役割をはたすべく競い合った。しかし政治家だけが競ったのではなく、生き残った人びとや犠牲者の遺族もそうした役割を求めたのである。

どんな記念施設でも、九月一一日の攻撃で亡くなった人の記憶を残すという役割を十分に、また公正にはたせるのだろうか。じつは犠牲者の家族の多くが、記念施設のデザインを競う建築家たちの専門家としての考えをそのままの形で受け入れるのをためらっていた。WTC跡地の大部分を再開発するという構想は受け入れたものの、彼らはツインタワーの地下に残った壁を、愛する者をしのぶ縁《よすが》として何がなんでも保存すべきと考えている。はたしてマンハッタン南部再開発事業団が審査を委嘱した政治・ビジネス・文化各界の指導者は、亡くなった人びとの記憶を輝かせ、そしてだれにも受け入れられるような美意識を備えた案を選定できるのだろうか。いろいろな見方があるなかで、何らかの最終的合意が得られるのだろうか。この点に関し、九月一一日を記念しようとした単純な一つの試みから、犠牲者の家族にとって、また市民全体にとって、何が有意義なものとなりうるのか、若干のヒントが得られるように思われる。それは、二〇〇二年の春まだ浅い頃のことである。数週間にわたって、WTCの跡地から毎晩、追悼のための二筋の光が夜空に向けて放たれた。各新聞の編集者も道行く一般市民も、この単純かつ感動的な追悼行為をこぞって称賛した。これは、ニューヨーク市の建築家・芸術家・デザイナーからなる小さなグループが発案したものだった。

合衆国は国内で古くからテロ事件を経験してきたが、九月一一日の出来事はその外交政策に決定的な転換をもたらした。九・一一の攻撃のシナリオを描いたオサマ・ビン・ラディンや他のアルカイーダのメンバー引き渡しをタリバン政権が拒んだため、ブッシュ大統領は対アフガニスタン戦争に突入した。アメリカの内外でその是非をめぐって相当な規模の論争があったにもかかわらず、二〇〇三年三月、ブッシュ大統領は、イラクの独裁者サダム・フセインがテロ組織アルカイーダと繋がりを持っているとして、イラクに大軍を派遣した。アメリカは、イギリス、ポーランドその他の国ぐにからなる多国籍軍とともにイラクの体制転覆にはなんとか短期間で成功したものの、フセイン拘束には八カ月もの時間を要した。また、ブッシュ大統領が二〇〇三年五月に戦争の終結を宣言してから後も、戦闘はけっして収まっていない。その意味で、悲しいことだが、戦争の記憶を論じた私のこの書物は、専門研究者だけではなく、先日の二つのテロ事件の死者を悼み、さらに中東での二つの戦争で亡くなった四〇〇人を超える米兵を悼むアメリカ市民にとっても、いまだに意味を持ち続けていると思われる。

一九八七年に私がこの本に取り掛かったとき、アメリカ人が過去の戦争をどのように記念してきたかを検証した研究者はまだほとんどいなかった。そのなかでジョージ・モッセが、ヨーロッパの文脈のなかで、とくにドイツに力点を置きながらではあるが、戦争と記憶の問題に関して成果を蓄積していた。またアメリカでは、南北戦争を専門とする歴史家が、いわゆる「失われた大義」が南部の歴史に有する意義を検証していた。美術史家が、戦争記念碑の歴史を書き始めてもいたが、彼らの分析はその対象が主として美学的な問題に限られていた。そして、私のこの本の出版が近づくにつれ、合衆国の文脈のなかで記憶と歴史という問題に取り組んだ研究が急増し始めたのである。なかでもとくに際立つのは、マイケル・カーメンの『記憶という神秘的な弦』（一九九一年）とジョン・ボドナーの『鎮魂と祝祭のアメリカ』（一九九二年、邦訳は一九九七年）である。

一九九五年に私の著書が出版されてからは、記憶と戦争という問題に関する研究が爆発的に広がった。そのなかには、対象を限定した専門的研究も多い。たとえば、特定の戦争について、アメリカ人がそれを記念するためにどれほど努力してきたか、あるいは特定の時期に記憶がどのような役割をはたしたか、といったものである。独立戦争の記憶を検証したもので、とくに挙げておきたいと思うのは、デイヴィッド・ワルドストレイチャーの『永遠の祭りのただ中で』（一九九七）、サラ・パーセルの『血による捺印』（二〇〇二）などである。また、カーク・サヴィッジの『立つ兵士と跪《ひざまず》く奴隷』（一九九七）と、シンシア・ミルズ、パメラ・シンプソン共編のアンソロジー『失われた大義のための記念碑』（二〇〇三）は、南北戦争の記憶を理解しようとするなら、だれにとっても欠かすことはできないものだ。また、広い視野をもつ重要な研究として、セシリア・オリーリの『そのためなら死んでもよい』（一九九九）がある。なお、ユダヤ人大量虐殺の記憶化に関する研究が増えており、アメリカの文脈におけるその問題のもっとも重要な研究成果として、ジェイムズ・ヤングの『記憶の構造』（一九九三）およびエドワード・リネンサールの『記憶を保存する』（一九九五）がある。

このように新しい研究が登場してきたが、独立戦争から湾岸戦争にいたるまでの戦争をアメリカ人がどのように記憶しようとしてきたのかという問いに、従来のものとは根本的に異なった解釈を提示するような本格的な著作はまだない。そのなかで、私のこの研究の強みの一つは、それがカバーする時間幅の大きさであり、それにより、アメリカにおける追悼のパターンに生じた大きな変化、とくに南北戦争と二つの世界大戦の後に国立の墓地や記念施設を造る努力が実を結んだことの分析が可能になった。この本が示すとおり、国政を担う人びとは、戦争を公的な形で記念するために連邦政府やその他の組織を利用しようとしたが、その動きにはたびたび異議がさしはさまれてきた。アメリカ社会の多様な——民族、人種、政治、宗教などの——集団が、より多元的な意味合いをもつモニュメントその他の公的記念の様式を採用するよう当局につよく働きかけ、それを実現してきた。これが本書での私の主張だが、私の見るところ、学界における最近の成果の大半は結局のところ、この主張を支える役割をはたしてくれている。

本書が一九九五年に世に出たころから、アメリカの第二次世界大戦経験に対する関心が復活し、また大戦時に活躍した兵士や女性を「もっとも偉大な世代」としてもてはやす大きな流れができてきた。大戦終結五〇周年の頃に、退役兵士やその家族がこの戦争に対する関心に火をつけたのである。Dデー（ノルマンディ上陸作戦実施日）五〇周年（一九九四年六月六日）やV-Eデー（対独戦の戦闘終結日）五〇周年（一九九五年五月八日）を記念する国際的な式典がテレビ網で中継放送され、トム・ブラコウの著書『もっとも偉大な世代』が大戦世代のオーラルヒストリーを売り物にしてベストセラーのトップに躍り出た。スピルバーグ監督の映画『プライヴェート・ライアン』のような映画が評論家に絶賛され、観客動員にも成功した。二次大戦への関心復活は、この戦争の記念碑を造ろうという機運が驚異的な復活を遂げるきっかけにもなった。この後の本書が示すことだが、アメリカ国民は第二次世界大戦の直後には伝統的な形のモニュメント建設にはほとんど関心を示さず、むしろ病院、公園、スタジアム、講堂、学校など、いわゆる「活用できる記念碑《リビング・メモリアル》」を好みがちであったのだ。

大戦へのこのような関心に後押しされて、ワシントンDCに国立の第二次世界大戦記念碑を造ろうという動きが強まった。一九九三年には議会が記念碑をワシントンのいわゆる「モール」地区に造るよう法制化し、その後、建設資金確保のために民間の寄付を募る活動がおこなわれ、二〇〇一年には工事が始まった。リンカン記念堂とワシントン・モニュメントの中間に位置するこの記念施設は、それなりの批判・中傷も受けてきた。たとえば、記念施設は造るべきだが、それをモール地区に配置すれば過密状態となり、この公共空間が損なわれてしまうという批判があった。ともあれ、隣接するベトナム戦争戦没者慰霊碑がマヤ・リンの革新的デザインで造られているのと対照的に、アメリカ戦闘記念碑委員会（ＡＢＭＣ）が選定したのはもっと伝統的なものに近い、新古典主義的なデザインであったが、これには一部の批評家が美的感覚に優れたものとコメントしている。これ以外にも、この時期には大規模な記念施設がいくつか造られている。二〇〇〇年には、国立のＤデー博物館がニューオーリンズに開設されたし、翌年にはヴァージニア州ベドフォードで、Ｄデー記念施設の第一期部分献呈式がブッシュ大統領によって執りおこなわれた。

テロとの戦いやアフガニスタンとイラクでの戦争は、過去の戦争、とくに第二次世界大戦の記憶にどんな影響を及ぼすのだろうか。そもそも、二次大戦の記憶が、これら最近の戦争に関する公的な場での議論のみならず、それらの戦争の記念の仕方や視覚的表現の方法をも形作ってきたことはあきらかである。九・一一の攻撃の直後、多くのジャーナリストや政治家や一般市民が、その攻撃と日本による真珠湾攻撃との類似性に気がついた。これら二つの事件をシンボリックに結びつけようとして、太平洋司令部はハワイの「アリゾナ号記念館」に掲げられていた星条旗をペンタゴンに送って掲揚させたほどである。九・一一の余波が鎮まった後に現れた、事件当時の雰囲気をもっともよく示す図像の一つは、ニューヨークの消防士たちが崩壊したＷＴＣにアメリカ国旗を立てようとしている写真で、一九四五年の硫黄島における国旗掲揚を思い起こさせるものであった。

アメリカ国民が九月一一日の記憶化に取り組むに際しては、過去には公的記憶から消えていった戦争があることに留意しなければならない。一八一二年戦争、アメリカ＝メキシコ戦争、米西戦争、さらに第一次世界大戦の記憶は、いろいろ複雑な理由があって、一般人の意識のなかではあまり長続きしなかった。他の戦争、とくに独立戦争、南北戦争、第二次世界大戦、そしてベトナム戦争は忘れられることはなかった。犠牲者の家族に癒しをもたらすとともに、将来の世代にも受け入れられる、そのような九・一一のメモリアルを私たちは造ることができるだろうか。本書は、それがけっして容易な課題ではないことを示すことになろう。

アメリカ史上、大規模な戦争を免れた世代はこれまでない。そしてその戦争の記憶の仕方こそが、アメリカ国民のアイデンティティを徐々に形成する上で決定的な役割をはたしてきた。なかでももっとも重要なのは、戦争の記念碑や記念の儀式が、だれが善い市民なのかを定義するために用いられてきたことである。新たな世紀に入り、九・一一とそれに続く戦争の余波のなかにいるアメリカ国民は、はたして多元的なアイデンティティを大切に守り続けていけるのだろうか。私は、いまおこなわれている対テロ戦争を記憶にとどめる際に、アメリカ人は、宗教、民族、人種、ジェンダーの各面における多様性を大切にする、そのような戦争の国民的記憶を練り上げていくものと期待している。

序文

1

毎年、多くのアメリカ人が、ワシントンDCにあるベトナム戦争戦没者慰霊碑を訪れる。そして訪れたほとんどの人が、碑を見て心を動かされ、帰路につく。一九五九年から一九七五年にかけてベトナムで亡くなったすべてのアメリカ人一人一人の名前が刻まれた黒いむきだしの御影石の壁は、心の痛みや深い悲しみ、畏敬の念といった強い感情を呼び起こす。戦死者の妻や子供、ベトナム退役兵など、後に残された人びとが多く追悼に訪れ、しばしば碑の前で泣き崩れる。多くの訪問者が、戦死者に和解と感謝の意を表し、亡くなった家族、戦友に愛情のしるしを残していく。毎日、国立公園局は、追悼に訪れた人びとが残す国旗や様々なメダル類、タバコ、衣服、書籍、手紙や詩など何千もの品じなを回収し倉庫に保管している。訪問者はしばしば碑に刻まれた名前を記念として写し取る。そのような形で碑の壁面を取り出すことで、碑は持ち運び可能になり、より身近なものとなる。

このように、ベトナム慰霊碑は人びとの強い関心をひきつけている。慰霊碑がほぼすべての人びとから受け入れられてきたその主たる理由は、碑が実際に人びとの感情を浄化するからだ。この碑は、ベトナム戦争を支持する人、支持しない人、いずれにとっても象徴性をもち、共通の場を提供する。そのことによって、異なった見解を持つアメリカ人が、その相違を超えて、深い悲しみのなかで一体となることが可能になっている。かつてのタカ派の人びとからすれば、この慰霊碑は、とくにアメリカ国旗と「伝統に沿った」像（三人の兵士像）とが一九八二年に付け加えられてからは、崇高なる理念のもと、国のために死んでいった人びとにふさわしい賞賛のしるしとみることができる。他方、かつてのハト派の人びとからすれば、この碑は戦争を悲劇として、また戦争で亡くなった人びとを犠牲者として記す、「アンチ・モニュメント」[※1]と見ることができるのだ。そして何よりも、この慰霊碑は、愛されていた人びとや友人が死者を悼み、その死の意味を問うことを可能にするのだ。

ベトナム戦争戦没者慰霊碑が持つその圧倒的な力は、一九八〇年にこの碑の構想が発表されたときに投げかけられた一連の批判を乗り越えたことで、よりいっそう顕著なものとなっている。おもに政治的に右寄りの立場の批評家たちが、イェール大学で建築学を専攻する二一歳の学生だったマヤ・リンのデザインに批判の矛先を向けた。保守派の人びとは、ベトナム戦争がインドシナ半島の自由を守るための高貴なる戦いであったとし、そのような立場から、慰霊碑は不名誉と敗北主義にまみれているとみなした。そして『ナショナル・レビュー』誌は、その論説において、兵士が大義や国家と無関係に死んだかのように扱われているとして「オーウェル的全体主義社会を思わせる、くだらないもの」との烙印を慰霊碑に押した。また、レーガン政権の内務長官ジェイムズ・ワットは、伝統的な英雄像を含めないかぎり慰霊碑の建設を許可しないという立場をとった。左派からは、アメリカの介入によってベトナムの人びとが被った多大なる損害を、その慰霊碑案が無視しているという批判が出た。[*1]

このベトナム慰霊碑の建設をめぐる政治的、美学的論争は、じつはけっして特異なものではない。前例は枚挙に暇《いとま》がないほどある。過去のアメリカの戦争はどれも同様の議論を引き起こしてきたのだ。アメリカ人は碑のデザインに、さらには戦争記念碑を造るという考え自体にさえ異を唱え、過去の戦争を記憶するためにどのような休日があるべきか、またどのような式典がおこなわれるべきかをめぐって衝突し、さらには死者をどこに埋葬すべきかさえも議論になった。一方、戦争記念碑の制作に携わる人びとはしばしば、それら記念碑が社会の一体感の源泉になることを、また社会のなかに存在する緊張関係を解消する象徴になることを願った。そして、ただ象徴性だけでは到底その目的を達成できないことに気づき、たびたび失望を経験してきた。しかしながら、ベトナム戦争戦没者慰霊碑の場合は、国内の差異や溝を埋めるのに大きく貢献したし、いまもその力は顕著である。

連邦政府は、過去の戦争の記憶を作り出し保存することで、国民のアイデンティティや市民資格に伴う義務を定義する際に決定的な役割をはたしてきた。また、独立戦争の講和条約が結ばれた一七八三年以降、個人や特定の利害で結ばれた集団、とくに退役兵士とその家族が、自らの活動を通じて、あるいは政府に働きかけることによって、記念碑の建設、公的な記念日や休日の制定、そして儀式の開催を目指してきたが、そうした動きはすべて、アメリカ人に国家が一体であることの実例として戦争を記憶させるという意図に基づ

※1　公共スペースに威圧的・権威主義的な作品はふさわしくないとする考え方、またそのような観点で制作されたモニュメント。ベトナム慰霊碑について、デザインを行ったマヤ・リンは自身でそう呼んだ。

いていた。さらにまた、戦争を記念する際には個人の思い、そして地域それぞれの伝統が大切にされるべきだと主張する人びともいた。

戦争はアメリカ社会の発展とその方向付けに決定的な役割をはたしてきた。そもそもアメリカは軍事力によってイギリスから独立を勝ち取ったし、その後のアメリカ人のどの世代も、自国が大規模な戦争をおこなうのを目の当たりにしてきた。一八一二年戦争ではふたたびイギリスと対峙し、独立国家としての正統性を確かなものにした。アメリカ＝メキシコ戦争は、国境線も国家的野心も拡大するものであった。南北戦争は連邦を維持するために始まったが、奴隷制度を打ち倒すにいたる、自由のための戦いへと発展した。米西戦争とフィリピン反乱（アメリカ＝フィリピン戦争）でこの国は帝国としての色彩を帯びるようになり、同時にその野望の対価が認識されるようにもなった。第一次世界大戦では、国内で社会が二極化する一方で、国際社会におけるアメリカの力と威信が高まった。第二次世界大戦はアメリカを超大国の地位に押し上げたが、朝鮮半島とベトナムでの限定的な戦争は、その超大国としての責任の重みを思い知らせるものになった。そして冷戦の終結さえもアメリカの兵士に平穏をもたらすことはなかった。一九九〇年代初頭、アメリカ軍はパナマ、イラク、ソマリアの紛争に介入したのである。

戦争それ自体とほぼ同じくらい重要なのは、アメリカ人が個々の戦争経験をいかにして国民意識や文化に融合させてきたかである。アメリカ国民のアイデンティティは過去の戦争の記念と記憶に不可分に結びついている。共和国が誕生したまさにそのときから、アメリカ独立革命は、国家が誕生した経緯や、何を基本原則として採用したのかを説明する役割をはたしてきた。一八世紀の終わりから一九世紀を通じて、アメリカ人は、国民の政治的、経済的、文化的な活動において中央政府がはたすべき適切な役割をめぐって対立を続けた。そしてその対立が生み出す緊張は、独立革命とそれに続く戦争の記念の仕方にも反映されている。アメリカ独立後からアンテベラム期（南北戦争前の時期）にかけて、国立の戦争記念碑を建設するために連邦政府は努力を重ねたが、それはしばしば失敗に終わったり、あるいは、地方の自治に力点を置くナショナリズムのヴィジョンを具現したものにするよう迫られたりした。その辺りのことは、本書の第一章で明らかにされる。

南北戦争で権力と権威を大幅に拡大した連邦政府は、南北戦争とそれ以前の戦争の記憶を育くむため、戦争の余波が続くなかで記念碑の建設や国民の休日の制定に積極的な役割を担った。戦争の国民的記憶を構築する際に政府がはたす役割はますます重要なものになったが、政府が掲げるナショナリズムのヴィジョンには、地域社会、州、地方の利害が入り混じったものが引き続き反映されていた。たとえば次の例がそれを示している。すなわち議会は、連邦を維持するための戦争で犠牲となった個々の兵士たちを追悼するために、はじめて国立墓地の精緻なシステムを作り上げた。その墓地は連邦政府の至高の権威を象徴するよう意図されたのだが、それだけではなく、墓地のあり方からは、各地の伝統への配慮があったこともまた窺えるのだ。というのも、国立の墓地でありながら、州や地域社会の退役軍人組織に、地域の個別の部隊の軍務を記念する碑の建設が許されていたからである。結果的に、南軍の死者の墓や記念碑までもが連邦の墓地に設置されることになった。一八六五年以降、このように各地の伝統に配慮があったことで、国立の記念碑の建設や儀式の確立、退役軍人組織の設立といった動きが加速した。多くの場合、連邦政府は、個人や地域、さらには、ある地方固有の記憶様式、とくに戦没者追悼記念日に死者をたたえるその地方の儀式の様式さえも取り入れた。また、しばしば各地の利害関係者の要請に基づき、政府は、独立戦争、一八一二年戦争、南北戦争の戦場、その他それらに関連する史跡を国の管理下に置いた。

　第一次世界大戦は、国民的な記憶の新たな様式を促そうとする連邦政府の試みの起点となった。それは、アメリカ社会のなかの特定の階級、民族、地域、人種に基づいた人びとの結びつきを考慮に入れない、全国民的な記憶の様式である。それと同時に政府は、戦争が生み出した国内社会の亀裂や溝を最小限のものに抑えるような記憶の育成も望んだ。この目的を達成するために、政府はヨーロッパやアメリカで一連の国立記念碑を造り、新たな全国規模の退役軍人組織、アメリカ在郷軍人会《アメリカン・リージョン》の設立を促し、さらには新たな休日、すなわち休戦記念日の記念行事を奨励したのである。[*2]

　この研究を読んでいただければ、連邦政府であれ、アメリカのいかなる組織であれ、この多元的社会の記憶を操作することがどれほど難しいか、ということが明らかになる。たとえば第一次世界大戦の際、国民の合意に基づく公式の戦争の記憶を育くもうとする政治的、文化的エリートのいかなる試みにも異論がつきまとった。狭量なナショナリズムのヴィジョンを推進しようとする乱暴な試み、とくに、強力なネイティヴィストの運動に見られる試みは、排除された人びとからの絶え間ない反撃を生みだすことになった。戦争への参加からその遂行、そして戦後処理にいたるまで、第一次世界大戦をめぐって戦わされた論争はどれも重要で、戦後に建設された記念碑や戦争を記念する式典にはそれらが反映されることになる。最終的に、国民の記憶として正式に保存されることになったものは、さまざまな対立や異論があった戦争の解釈についていえば、はるかにあいまいなものになり、ナショナリズムのヴィジョンも、多くの政治的、経済的、文化的エリートが当初望んでいたものより包括的で、多様な要素を組み込めるものになっていた。[*3]

　戦争のなかには、記念碑などほとんど造られず、休日を設けて記念するような関心がまったく示されない戦争もある。一九四〇年代から五〇年代にかけて、アメリカ人は一般的に第二次世界大戦の記念碑を造ることに消極的であった。多くの場合、第一次世界大戦の記念碑に少し手を加え、二つの大戦を記念するものにしただけだった。このような記憶化への消極的姿勢は、第二次世界大戦を「よい戦争」だったとする国民の広範な合意を反映している面が大きい。トルーマン大統領やその後の大統領は、戦争記念碑の除幕式や各種式典での演説でアメリカ人に対し、第二次世界大戦の教訓を思い起こし、ソ連の全体主義との戦いを継続するよう促した。しかしながらアメリカ人は、すすんで冷戦の戦士となることはあまりなかったし、また国立軍事博物館のような過剰に軍国主義的な記念施設を造ろうという試みにも、ほとんど熱意を示さなかった。連邦政府が朝鮮戦争の国立記念碑を建設する計画に着手するには、休戦後およそ三〇年の歳月を待たなければならなかった。アメリカ人が再び記念碑建設にあわただしく動き始めたのは、ベトナム戦争後のことである。そしてそれら記念碑には、戦争のもつ特質について、アメリカ人の深い疑念やあいまいな姿勢が反映される傾向があった。[*4]

　ここまでで概観したように、過去二世紀あまりにわたって、個人レベルでも集団レベルでも、アメリカ人の戦争の受け止め方は多様であったし、戦争に対する態度も移り変わってきた。このことは明らかに、アメリカ人の戦争の記憶の仕方がまったく固定されていないということを示している。またそれは、儀式や伝統がけっして不変ではないことを物語ってもいる。独立革命や一八一二年戦争における永遠のヒーローとされた者たちも、人びとの記憶からこぼれ、無名の世界に落ちた。アメリカ人はもはや独立記念日に、独立革命時の軍事指導者、ウォレン将軍やモンゴメリー将軍、あるいは一八一二年戦争で活躍したディケーター司令官やペリー司令官らを祝して、儀礼的な乾杯をすることもなくなった。また、一八九八年にスペイン領キューバのハバナ港で爆沈した軍艦メイン号を記憶しているアメリカ人はほとんどいないし、大半のアメリカ人にとって第一次世界大戦――「すべての戦争を終わらせるための戦争」――は遠い記憶ですらない。大戦の「休戦記念日」も、「退役軍人の日」に変わってしまった。数々の記念碑が造られ、熱狂のうちに除幕式が執りおこなわれるのだが、それらへの関心はしばしば急速に低下する。多くの場所で記念碑は維持管理が十分になされず、長い間鳩に汚され、また酸性雨にさらされるなどして劣化が進んでいる。

それにもかかわらず、アメリカ人の戦争の記憶の仕方に関して、変わらず重要であり続けている要素もある。たとえば戦争のなかには、国家意識の敏感な反応を惹起し続けるものがある。南北戦争がそうだ。アメリカ史において南北戦争ほど人びとの強い感情を呼び起こす戦争はない。アメリカ社会が人種的に分断されている限り、南北戦争が多くのアメリカ人にとって生々しさを持ち続けるであろうことは想像に難くない。他方、国際関係のなかで考えると、国内に様々な対立を生んだベトナム戦争もそうなのだが、第二次世界大戦の方がそれ以上に、国際社会におけるアメリカの役割や責任について多くのことを教えてくれる。

記念碑を用いて戦争を記念する行為を始めたのは、アメリカ社会が最初ではもちろんない。古代ギリシアでは、死者を埋葬し悼むことは、敵に対する憎しみの感情よりもさらに重要なものとされていた。戦争終結後、勝者は、味方の犠牲者を埋葬するだけでなく、被征服者にも戦死者を回収し埋葬することを許容した。戦場で命を落としたギリシア戦士の記念碑は今も残っている。ローマ帝国軍では、戦死の際に適切な埋葬儀式を受けられるよう、すべての兵士が埋葬基金に掛け金を払い込んでいた。将校や兵卒の軍務をたたえる記念碑や墓が、かつてのローマ帝国領土内に残っている。ジョージ・モッセが『英霊――創られた世界大戦の記憶』など何冊かの先駆的研究を残しているが、その中で、一七九〇年代のフランス革命政府に始まり、一九世紀および二〇世紀のヨーロッパの国民国家が、その存在を正当化するため、手の込んだ戦争記念碑や儀式をさかんに建造・創設してきた過程を明らかにしている。[*5]

第一次世界大戦までヨーロッパ諸国は、戦闘員の墓をそれとして表示したり、永続的に維持管理したりすることはなかった。永続的に管理される墓や記念碑が造られるとしても、それらは王朝の支配者や将校クラスの人びとのものに限られていた。ヨーロッパと同じようにアメリカでも、必ずしも兵卒が戦争を記念する際の中心になるわけではなかった。アメリカ独立革命後、南北戦争までの時期には、戦死した下士官兵の埋葬場所は、しばしば何十年にもわたって無標のままだった。国家形成の初期からアンテベラム期にかけて、ふつう戦争記念碑は、将校、とくに将軍や海軍司令官の功績をたたえるものであった。しかし南北戦争が、過去の戦争の記憶を残す方法に恒久的な変化をもたらした。アメリカ人が英雄的将校に敬意を表することに変わりはなかったが、連邦政府は、連邦の大義を守るために亡くなったすべての人びとの墓を探し出し、それぞれに恒久的な表示を施すよう手を尽くしたのである。アメリカ人の戦争を記憶するその方法が、なぜ、アンテベラム期の後、直近の例ではベトナム戦争戦没者慰霊碑に見られるように、一般の兵士の犠牲を記憶することに重きを置くようになったのか。本書はこれを探っていこうとする。

アメリカの戦争記憶の様式が他の社会のそれと異なっているのは、政治的、文化的多元主義の重要性が相対的に高いという点である。アメリカ社会において政治的、経済的、文化的に力を持つ人びとは、通常その影響力を行使して、自己の権威を強化するような過去のヴィジョンを作り上げようとしてきた。私は本書でこの現象を検証し、儀式や記念日・休日、記念碑、墓地、さらには退役軍人組織までもが、支配的エリートたち――彼ら同士が互に競い合っていることも多いが――の掲げる政治目標を推進するために利用されてきたことを明らかにする。しかしながら、どのような集団であろうと、ひとつの集団が戦争の国民的記憶を作り上げるにはどうしても限界があった。それらの限界を描き出すことも本研究の目的のひとつである。儀式を主催し、記念碑を企画する人びとは、しばしば、自分たちが推進・普及させたいと思う考え方をあからさまに示すことがある。私に課せられた、より困難な課題は、儀式や象徴が、異なる個人、あるいは集団にとって、それぞれどのような意味をもっていたのか検証することである。[*6]

なぜ儀式や記念碑が、アメリカ社会だけでなくその他の近代国家においても、これほどまでに重要であり続けるのだろうか。主催者は、前もって準備された一連の式典を通じ、象徴や象徴的行為を援用することで、思想を伝達し表象しているのだと、私は考えている。たとえば、行進する人びとを注意深く配列することで、パレードは、アメリカ社会のさまざまな集団の地位を区別する役割をはたしてきた。また戦没者記念日に執りおこなわれる礼拝式、そして捧げられるリースには、戦争で亡くなった人びとに対して、各個人、各コミュニティが経験した深い悲しみを表す役割がある。[*7]

儀式には歴史がある。時にその起源があいまいなこともあるが、多くの場合、その歴史を詳細に描きだすことが可能だ。たとえば休戦記念日の式典の場合、第一次世界大戦の記憶を根付かせるための一連の儀式を作りあげようとして、アメリカ在郷軍人会が重ねてきた努力は以下のごとくである。一九二〇年代に軍人会は、すべてのアメリカ人に向けて、一一月一一日一一時に戦死者を追悼するための二分間の黙禱をおこなうことを提案した。同会はまた、多くのコミュニティにおいて記念行事やパレードを主催した。国家レベルでは、議会に働きかけ、一一月一一日を公的休日とすることに成功した。その後、第二次世界大戦が起こったことで、「すべての戦争を終わらせるための戦争」としての第一次世界大戦は特別に重要なものでなくなり、戦間期に始まった儀式の多くも姿を消した。そして式典がおこなわれるとしても、それらはすべての戦争の退役兵士を称える方向へと重点を移し始めた。朝鮮戦争後の一九五四年、議会はこの傾向に拍車をかける。この記念日の呼び名を新たに退役軍人の日と改め、アメリカ人にこれまでのすべての戦争における戦闘員の貢献を思い起こすよう訴えたのだ。[*8]

戦争記念碑もまた、戦争や文化に対する社会の姿勢変化を反映する歴史を共有している。アメリカ人はしばしば、戦争記念碑を、恒久的な像あるいはその他の彫像形式をとるものと定義してきた。記念碑は、その美術性や、世俗的でありふれた日常からかけ離れているというその特質によって他のものと区別されている。ところが二〇世紀になって多くの人びとが、実用性《ユーティリタリアン》をもった、ありとあらゆるもの——講堂のような建造物から木々にいたる、さまざまなモノ——が戦争記念碑として供されるべきだと主張するようになった。

いまから一〇〇年後、アメリカ人はベトナム戦争戦没者慰霊碑にどのような眼差しを向けているだろうか。湾岸戦争は平均的アメリカ人にしっかりと記憶されているだろうか。将来の世代が記念し、重要だと考えるのは、ベトナム戦争と湾岸戦争がアメリカ人の定義を拡大したことではないだろうか。たとえばこの二つの戦争の後、アメリカ社会は、戦争の遂行に当たってアフリカ系アメリカ人がはたした役割は不可欠のものであったという認識を、儀式や記念碑のなかで示した。また湾岸戦争は、コリン・パウエルというアフリカ系アメリカ人が軍司令官として指揮したはじめての戦争だった。

最後に、本書の背景やその限界について一言触れておかねばならない。戦争の記憶を際立たせたり、あるいは反映させたりする際に、文学や芸術、視覚メディアがいかに用いられてきたかを検証した研究は豊富に存在する。本研究は、儀式、記念碑、退役軍人組織の活動に関してまだあまり知られていない歴史に焦点を合わせているが、記念碑や儀式が、支配的な文学および文化の様式をしばしば反映してきたことについては、先行研究を参照している。たとえば、一九世紀終わりごろ、戦没者追悼記念日《デコレーション・デー》の式典や南北戦争の記念施設では和解が強調されたが、それは同時代の文学や歴史学の分野に見られた同様の動きを反映したものであった。[*9]

本研究は、対ネイティブ・アメリカンの戦争をアメリカ人がどのように記憶してきたかについては検討していない。このテーマは、なによりもまず、西部の「獲得」と定住という文脈から研究されなければならない。連邦政府はネイティブ・アメリカン諸部族——セミノール族からスー族まで——との間で無数の局地的戦闘を戦い、本格的戦争もいくつか交えた。それにもかかわらず、大陸を「征服」していく過程において、「対インディアン戦争」に関しては、その他の戦争と比べて平和と戦争の境界がはっきりしないのである。それはつまり、毛皮貿易商や鉄道従業員、カウボーイ、開拓者らが等しく、ネイティブ・アメリカンを最終的に連邦政府の被保護者の地位へと追いやるのに決定的な役割をはたしたことを意味している。[*10]

私は戦争の記憶が、国民のアイデンティティを構築する際に中心的位置を占めると論じているが、しかし連邦政府やアメリカ社会のさまざまな集団が、国民のアイデンティティを形成するために用いるのは、戦争に関連した儀式、記念碑、組織だけではない。たとえば、政府は、この国の過去の戦争とは関係がない出来事や個人を記念するための膨大な数の史跡も維持、管理している。またアメリカの成立を中心にすえた休日——とくに感謝祭やコロンブス・デー——は、この共和国の起源や目的を説明する役割をはたしてきた。さらに、一九六〇年代後半や一九八〇年代に起こったアメリカ国旗への敬意や保護のあり方をめぐる論争が示しているのは、アメリカの国民《ネイションフッド》のあり方を定義する際に、シンボルが少なくとも一つあるということがいかに重要かということだ。[*11]

このように伝統と記憶を生みだす重要な源泉がほかにもあるということは、戦争に対するジレンマが社会にあるということでもある。アメリカ人はしばしば戦争を逸脱とみなし、また決して自分たちを国家の僕《しもべ》とは見なしてこなかった。軍事的、政治的指導者は、二〇世紀のさまざまな時期に、すべての成人男性を対象とした軍事教練を制度化しようと何度も試みたが、国民の反応は、反対か、さもなければ無関心であった。そして戦争記念碑も、戦争が不可避的に人命の損失と破壊をもたらすということを、しばしば碑文の中で認めてきたのである。[*12]

特定の記念碑や祭日・休日、あるいは退役軍人組織を扱った研究は近年増加傾向にある。しかし扱う期間が限定されていたり、特定の戦場、像、組織などに焦点を絞っていたりしているため、それらをより広い文脈に位置づけることができていない。[*13] たとえば芸術史家は個々の戦争記念碑を長く研究してきたが、通常それをより広い政治的文脈に位置づけることをしてこなかった。広く時系列にそって分析を進めることに着目した研究の大きな利点は、長いタイムスパンにおける変化を描き出すことができる点だ。さらに、この手法であれば、ある特定の時代に社会に浸透していた特定の文化的様式や考えを浮かびあがらせることもできる。たとえば、戦争記念碑や祭日・休日のあり方は特定の様式に従っていることがわかってくる。アメリカ独立革命後、多くのコミュニティは独立を勝ち取った戦いを記念するためにオベリスク形[※2]の記念碑を選び、たい

※2　古代エジプトの神殿などで記念碑として用いられた、先細で断面が四角の石柱。近代以降、欧米でもその形を模したものが数多く建造された。

ていの場合、訪ねる人もない戦死者の墓を見渡せる位置にそれを建てた。南北戦争の後になると、一人の歩哨《ほしょう》像のようなモニュメントの設置場所は、だんだんと墓地から町の広場へと変わっていった。そうなることにより、下級兵士の貢献が強調されることになった。

アメリカ人は、過去――とくに過去の武力衝突――を記憶し記念するもっとも適切な方法をめぐって、あいかわらず紛糾し、分裂している。本書はこれらの困難や論争を理解するためにより広い文脈を提示する。それによって明らかになるのは、この共和国の市民が、戦争を記念する方法をめぐって反目し続けてきたことであり、またその意味で、ベトナム戦争などをめぐる論争は、まさにアメリカ的戦争記憶の様式に沿っているということなのだ。

第一章

戦争のなかで創り出された国の記憶

一七七六年、多くのアメリカ人が独立宣言を喜びをもって迎えた。至る所で人びとが集まり、政府の役人や牧師、ミリシア[※1]の将校に率いられて行進し、町の広場にある「自由の木」[※2]の下で、また教会のなかで、独立宣言が高らかに読み上げられるのを聞いた。宣言書調印という出来事をたたえる演説がおこなわれ、アメ

※1　植民地時代の初期に先住民との衝突に備えて作られた地域単位の軍事組織。健常な成人男子全員が武器自弁で参加を義務づけられたが、義務は次第に空文化し、一九世紀後半からは徐々に州軍に編制替えされた。

※2　ボストン市内にあったニレの木で、独立革命前夜に「自由の息子」という集団がその前に集い、「財産と名誉を自由という大義に捧げる」と誓ったことからこの名がついた。その後、他の町でも同様のシンボルが生まれた。またこの集団は、同じような象徴性をもつものとして各地に「自由の柱」（後出）を建てた。

リカのために祈りと説教が捧げられた。高位の聖職者や著名な市民は公の場での豪華な晩餐会に出席し、独立と大陸軍、そして新国家に何度も祝杯を挙げた。大砲や銃の礼砲が轟き、夜には花火が空を彩り、多くの人びとが家の窓にろうそくをともして祝意を表した。*1

翌年以降も、アメリカ人は引き続き独立記念日を祝った。独立記念日は、イギリスに対する勝利が決まる前からすでに国の祭日となっており、自立した国民国家を目指して戦う国のために、数多くの市民的・社会的・文化的機能を果たしてくれたのである。たとえば、七月四日に自分の家の窓に灯をともすのを拒んだイギリス支持派や中立派の人びとは、窓に石を投げつけられる危険にさらされた。またこの日にミリシアを招集し行進させることで、参加した市民兵※3の士気と従軍への備えが一段と高められた。また、長く、そして整然とした行進が式典を彩るのがふつうであったが、人びとはこれによって、一七六〇年代から七〇年代にかけて、抵抗運動の初期段階でいかなる活動をしたのかを思い出した。これらの式典では、新国家の州の数に敬意を表して一三回の祝砲を鳴らし、一三回の祝杯を挙げるのがつねであり、また、そこでおこなわれる演説や祈り、説教では、大義のために命や財産を犠牲にすることがアメリカ人に求められた。*2なかでももっとも重要なのは、七月四日が新国家にとって、国民皆が共有できる、国民一体化のための出発点を示すシンボルとなったことである。

独立記念日によってアメリカ人は、ジョージ三世およびイギリスとのつながりを永遠に絶ったのだということを思い起こす。トマス・ジェファソンによって起草された独立宣言には、ジョージ三世を非難する内容と、アメリカが独立するに至ったのはその一連の専制的政治手法が原因であるとする内容が盛り込まれた。一七七六年七月、ニューヨーク市の市民は独立宣言が読み上げられるのを聞くや否やジョージ三世の騎馬像を破壊し、それを材料として銃弾を作った。他の場所でも、人びとはジョージ三世の人形を燃やしたり、その紋章を破壊したりせずには怒りがおさまらなかった。[*3]

当初から、アメリカ人は独立記念日によって新共和国の一連の理念、つまり新共和国がいかなる目的と意味を有しているのかを理解してきた。独立宣言は、イギリスの帝国システムに対する不満をただ並べたのではなかった。独立宣言は独立革命を正当化すべく、政府というものは「生命・自由・幸福の追求」という人びとの共通の利益を促進させるべく存在しているのだ、という原則を述べるところからはじまっている。さらに、政府がそうした役割をはたさないときは、人びとは革命を通じて自分たちの不満を表明する究極的な権利を有しているとも記されている。初期の独立記念日の行進には、自由の帽子[※4]を高く掲げた者、そして自由を具体化したかのような衣服を身にまとった女性が含まれており、新国家の自由の理念が表現された。演説や祝杯では、人びとの同意に基づく政府への賛辞が、長々と語られた。

独立戦争の勃発から八年後の一七八三年、イギリスはついに合衆国を独立国家と認めた。独立戦争が長かったこととその内実とによって、独立革命をめぐる記憶はあいまいで矛盾に満ちたものとなった。革命世代は、

※3　社会の緊急時に武器をとる市民。共和主義思想と結びついた概念で、市民には社会と国家を、常備軍の職業軍人に頼らず、自らの手で守る義務があるとされる。ミリシアと結びついて独立戦争で力を発揮したし、最近でも、国内外の軍事的・社会的危機の際に市民の協力を求めてこの語が使われる。

※4　自由の象徴として用いられた、コーン型で先が傾いている帽子。古代ローマにまで遡れるが、アメリカでは一七六〇年代に英国に対する抵抗と自由の象徴として使われはじめ、貨幣や紋章の柄にもひろく使われた。

イギリスの支配に対抗するために、共和主義と啓蒙主義、そして大覚醒[※5]の理念を掲げた。また独立革命は、人民によって引き起こされたものであったが、革命を守ったのはジョージ・ワシントン率いる大陸軍であった。多くのアメリカ人がワシントンは独立戦争におけるすばらしいリーダーであると認めていたが、議会はこれを羨《うらや》むところがあり、革命の大義を擁護する者としての自らの権威を懸命に守ろうとしていた。[*4]

アメリカ独立革命後、独立記念日は市民にとってながく存続し、ひろく祝われる日へと急速に発展していった。二〇世紀におけるその祝われ方でいえば、七月四日に比肩しうるほどの規模になったのは、おそらく感謝祭だけである。独立記念日は、何世代ものアメリカ人にとって、国家の起源と理念を説明する際の中心的位置を占め続けた。アメリカのナショナリズムは、連邦よりも地方を優先するという強固な伝統を力説するものであったため、七月四日にはとくに規定された公の行事が執りおこなわれることはなかったし、首都においてでさえ、連邦政府は、記念式典を私的な市民団体の手に委ねていたのである。

独立記念日の祝い方に大きな変化があると、それは次の例のように、アメリカ社会の重要なイデオロギーが変化したことを意味していた。初期の共和国では、七月四日に執りおこなわれる式典は、革命時から解決されずに先送りされてきた党派的な対立を反映していたが、革命世代がつぎつぎと他界するにつれ、七月四日の行事で、建国者たちは範とするに値する英雄として描かれるようになった。さらに、それまでアメリカ人は独立革命を記念する手段として記念碑がふさわしいかどうかについて共和主義の立場から懸念を抱いていたが、この時期、とくに一八二〇年代から三〇年代にかけて、この懸念から脱却しはじめた。

初期の共和国には、独立革命を他の方法で記憶しようとする動きもあった。独立戦争が終わる前から、ジョージ・ワシントンは多くのアメリカ人にとって、国家統一のシンボルであるとともに、へつらいの対象でもあった。軍人時代にも、その後の一般市民として過ごした時代にも、たしかにワシントンには敵がいたが、しかし彼は独立戦争の中心人物と見なされた。ワシントンの人気の源は、一つには、高潔な古代ローマの将軍キンキナトゥスの生き方に従い、その道を突き進もうと決断したことに、また一つには、まず軍の司令官を、そして後には大統領を務めたその能力にあった。ワシントンは、彼と相前後して活躍した他の大勢の革命指導者とは異なり、大陸軍司令官になろうとも大統領になろうとも、独裁者にはならなかった。*5 独立革命は、その記憶がワシントンの全人格《ペルソナ》と深くつながったという点で、いまもって例外的なものなのである。ある一つの戦争の記憶を語ろうという場合、独立戦争に関するワシントンほど重要になる戦争指導者は他にはいない。南北戦争時のエイブラハム・リンカンでも及ばないのだ。議会は早くも一七八三年に、ワシントンの名声と独立革命における彼の功績を刻むための恒久的な記念碑の建設を計画した。

シンボルとしてのワシントンについては、当初から、その利用をめぐって競合が演じられた。一七九〇年代にはフェデラリスト※6がワシントンをたたえるいくつもの式典を率先して創設した。ワシントンの名声を独占することで、自分たちの政策を正当化しようとしたのである。しかしこの試みは、部分的にしか成功しな

※5　一八世紀半ばにマサチューセッツ植民地の牧師J・エドワーズなどの影響で各地に広がった信仰復興運動。民衆も伝道・説教活動に従事したことから民主的な気運が育まれ、独立革命に精神的な土台を提供した。

※6　連邦党。アメリカ合衆国の成立当初に、初代財務長官アレグザンダー・ハミルトンを中心に結成された政治集団。富裕層を支持基盤とし、国家としての安定を重視する政策を採用した。

かった。ネイティヴィストから女性団体に至るさまざまなグループが、それぞれワシントンの記憶を自らのものと主張し、彼にふさわしい国家的な記念碑の建設を目指したからである。その大半は、党派間の対立とセクション間の争いを避けるべく、ワシントンを統一の象徴として描いた。しかし建国期から一九世紀前半にかけて、アメリカという国のあり方がまだ不安定で、しかも曖昧さを残していたため、諸グループのそうした活動は論争を避けることはできなかった。

七月四日の祝典およびワシントンの記念の仕方をめぐる差異は、共和国社会というものはどうあるべきかという点をめぐって重要な見解の相違があることを社会に広める役割をはたした。違いは、独立革命をどの程度まで新たな社会秩序の創出と見るかという点にあった。たとえば一七八六年のシェイズの反乱や一七九四年のウィスキー暴動の参加者のように、独立革命はいまも進行中のプロセスであって、それは人びとが中央の権力に反抗する持続的な権利を与えてくれるものだ、と考える者がいた。それに対し、多くのフェデラリストや大陸軍の退役将校は、社会が無秩序に覆われ大変動が続くことを危惧し、独立戦争を特殊な一回限りの単独の出来事であると見なした。

一七八三年の冬、ニューヨーク邦ニューバーグの大陸軍の野営地で、ヘンリー・ノックスと数十人の将校が、シンシナティ協会を設立した。その目的は、やがて訪れるであろう平時においても、戦時において培った友愛の絆を維持することであった。このシンシナティ協会はまた、ニューバーグ陰謀の後でも、議会が将校に約束した恩給を支払おうとはしなかったため、将兵の主張を代弁する存在とも見なされた。さらにシンシナティ協会の会員の多くは、独立革命の記憶の中心には、市民や兵卒がはたした役割ではなく、将校の活躍こそがあるべきだとした。その成り立ちからしてエリート主義的な自意識が強かったシンシナティ協会に加入を許されたのは、もともと大陸軍の、あるいはミリシアから大陸軍に編入された将校で、しかも協会が定めた期間、大陸軍に籍を置いた者だけであった。ヨーロッパにおいて騎士の称号が世襲されたように、シンシナティ協会の会員資格も代々長男に受け継がれることとされた。シンシナティ協会では、その特権的な地位を表すため、特別な行事の際に身につける特別なバッジが作られた。[*6]

一七八〇年代にシンシナティ協会は、連合議会と並んで合衆国における数少ない全国的な組織の一つとなった。三年おきに一三邦の協会支部それぞれから代表者が選ばれ、レキシントンおよびコンコードの戦いの記念日に開かれる大会に出席した。閉鎖的な結社であったにもかかわらず、独立記念日にシンシナティ協会が開く式典には多くの一般人の参加があった。ニューヨーク市では、すべての市議会議員がシンシナティ協会ニューヨーク支部の主催する演説会に出席し、また、フィラデルフィアでは、シンシナティ協会の会員が七月四日の行進を先導し、この日を祝う講演も主催した。[*7]

しかし、独立革命が遺したものについてのシンシナティ協会の主張は、以下のように不安と無関心、そし

※7　アメリカ生まれを尊重して移民受入れに反対した人びと。特定移民集団の排斥よりもカトリック教会を敵視した面が強い。

※8　北東部・北西部・南部といった、政治的・経済的・文化的に同一性をもつとされる地域を把握するための概念。

※9　連合規約体制下の state は邦と訳し、合衆国憲法体制下の state は州と訳す。

※10　大陸軍将兵への給料支払いが何年も滞ったために一七八三年に生じた、将校の間の不穏な状況を指す。

て皮肉な見方を招くことになった。トマス・ジェファソンなどは、シンシナティ協会は新国家に貴族政治を押しつけようとする意図が透けて見える組織にほかならない、として警戒した。同協会の会員は自分たちが選んだ者をアメリカの王位に就かせようとして、会員だけの三年ごとの全国会議で陰謀を巡らせているのではないか、とまで疑うものもいた。さらに、シンシナティ協会の将校たちは自分たちを恩給受給者にして、単に国家の財産を食いつぶそうとしているだけなのではないか、と見るものもいた。ベンジャミン・フランクリンは、義理の娘への手紙のなかで次のように指摘している。連合規約は、議会や個人が貴族の位を作ることを禁止している。だがシンシナティ協会は、「真剣に議論されて宣言された自分たちの国家の考え方に対して、あからさまに反旗をひるがえしているのだ！」と。さらにフランクリンは、「名誉が世襲されることの不合理さ」を批判するくだりで、シンシナティ協会が独立革命で得た名誉を次の世代に世襲できるとしていることを冷やかし、協会のメダルをつけることが、息子どころか親にとっても適切なことなのかどうかを考察している。シンシナティ協会が前提としている家父長的な前提を嘲笑するために彼が持ちだすのは、次のような計算だ。

たとえば、ある男の息子は、半分は男の家系の者であるが、残りの半分は妻の家系の者である。その息子が他の家の者と結婚すれば、孫は四分の一しかその男の家系の者でないことになる。同じようにして、曾孫は八分の一、玄孫は一六分の一、その次は三二分の一、その次は六四分の一、その次は一二八分の一、その次は二五六分の一、そのまた次は五一二分の一しかその男の家系の者でないことになる。ゆえに、三〇〇年もかからないうちに到達するであろう九代目においては（家系というものにとってはそんなに大昔ではないだろうが)、われわれの時代のシンシナティ協会の騎士の血は、五一二分の一になっているのである。こうなると、現在のアメリカの妻の貞操観念がその九世代の間ずっと保障されるとしても、自分の血がどれだけ受け継がれているかということは、物事の判断材料としてはごく小さなものに過ぎず、理性的な男であれば、そんなもののために嫉妬や妬み、悪意というういやな結果を、だれもあえて招こうとはしないであろうと思われる。[*8]

シンシナティ協会の創設者たちがアメリカに貴族制や君主制を打ちたてようとしているのではないかという疑いは、あくまで状況証拠のみに立脚したものであったが、しかし、この結社に対してあちこちから向けられた疑念は、独立革命の記憶をめぐって生じる深い緊張を反映していた。ジョージ・ワシントンは、シンシナティ協会の初代会長として、一般に広まっている協会への不信感を和らげるため、結局は不首尾に終わるものの、世襲の会員制や三年ごとの全国集会、その他、社会を破滅させかねないと懸念されていた多くの事項を廃止しようとした。それでもなお、独立革命を経験してきた将校たちは、初期の共和国の政治に大きな影響を及ぼした。大陸軍の将校は、ほとんど一様に、連合規約に基づく非集権的政府の解体に賛成し、一七八七年採択の合衆国憲法の熱心な支持者となった。そしてジョージ・ワシントンとアレグザンダー・ハミルトンは、そうした退役将校たちを誘い込み、新政府の行政部や司法部の役職を与えたのであった。[*9]

一七八七年の合衆国憲法制定も、独立革命の記憶のあり方に影響を及ぼした。統治のあり方に関するこの新しい青写真の起草と批准をめぐる論争によって、中央権力の役割と目的、さらには独立革命の問題をめぐってアメリカ社会に存在していた対立が一段と強まった。一七九〇年代のフェデラリスト党、および新憲法の支持者一般は、政治の振り子が無秩序や無政府状態の方向に大きく振れたと認識していた。彼らは、債権者やかつての兵士に対する債務が累積しているのに、中央政府にはそれへの対処能力がないという事態に困惑していた。またフェデラリストは、州のミリシアが北西部地方へのイギリス軍の侵入を防げなかったことに憤慨し、さらに、シェイズの反乱のような事態が国内で容易に繰り返されるのではないかと恐れてもいた。フェデラリストからすれば、政府には徴税権と常備軍を備える権限が必要であったのだ。[*10]

反フェデラリストにとって、また後にはジェファソンを中心に設立されたデモクラティック・リパブリカン党[※11]（以下、リパブリカン党、またはリパブリカン）の党員にとって、イギリスとの戦いから得られた大きな教訓は、中央政府の権限を油断なく監視し続けることが必要だということであった。反フェデラリストもリパブリカンも、中央政府が徴税権と常備軍の保持に関して際限なき権限をもつことは、再び自由が脅かされることになると考えていた。彼らは、専制政治を避けるためには、政治的な権限を主として邦に授けること、そして、連邦政府が国家防衛の大部分をミリシアに委ねることが不可欠だと考えていた。[*11]

長い論争を経て、フェデラリストは、中央政府の権限を大幅に強化した合衆国憲法の批准に成功した。彼らは、一七八七年および八八年に邦議会が合衆国憲法を批准したことを祝し、この憲法がどれほど独立革命の目的を達成するものなのかを示す式典を何度か催した。一七八八年の独立記念日にフィラデルフィアで開かれたもっとも大規模な式典では、五〇〇〇人を超える人びとが行進し、ペンシルヴェニア邦による憲法の批准を祝った。しかし、すべての人びとがこの憲法に納得したわけではなかった。[*12]

合衆国憲法の批准によっても、独立革命をいかに記念するか、またアメリカ社会において軍隊はいかなる役割をはたすべきかについての論争を決着させるには至らなかった。一七八九年にニューヨーク市で開かれた独立記念日を祝う準公式の式典において、最初の連邦議会の議員である二人の人物が祝賀の意味をめぐって異なる反応を見せた。ペンシルヴェニア州選出の上院議員ウィリアム・マクレイは、自身の有名な日記に、この市の「アメリカの独立記念日」は、シンシナティ協会の地方支部の手で「とても華麗に祝われている」と、賛意をこめて記している。しかし彼はまた、革命において戦った人びとの性格を記憶する際にはバランスを取る必要があることも強調しているのだ。この式典ではアレグザンダー・ハミルトンが、シンシナティ協会の支援を受けて故ナサニエル・グリーン将軍に敬意を表する演説をおこなったのだが、マクレイにしてみれば、その演説においては、グリーンの「軍人としての面だけでなく、市民としての」善行が強調されるべきであった。なぜなら、この英雄は、独立革命後は農民として生きたからであった。一方、下院議員のイーダヌス・バークは、ハミルトンがミリシアを「軍人精神の物まね」と見なしたことに立腹して議会下院の議場で乱暴な反論を述べ、それが原因となって二人の関係は決闘寸前にまでいたった。[*13]

アメリカ人のなかには、合衆国憲法がもたらす秩序の受け入れを拒み、連邦政府に新たに与えられる権限は、独立革命の原則を破壊するものだとの立場を崩さない人びとがいた。一七九〇年代の初頭、ウィスキーに酒税（免許税）が課されようとしたことで、フロンティアの多くの地域、とくにペンシルヴェニアの西部で激しい反発が起こった。フロンティアの多くの人びとの目には、連邦政府による課税は、一世代前にイギ

※11　憲法の批准をめぐって、ハミルトン率いるフェデラリストに反対して、ジェファソンを指導者として結成された政治集団。一八五四年結成の現在の共和党とは異なる。結成当初はフェデラリストから、衆愚政治を意味する言葉を冠して「デモクラティック・リパブリカン」と侮蔑されたが、やがて自らこの名称を名のるようになった。

リス政府から課税されたことと同じに映った。一七六五年の印紙法制定のときと同じく、ウィスキー税に反対の人びとは集会を開き、税は抑圧的だとする決議を採択した。そして独立革命のときと同様に自由の柱が立てられ、課税に抵抗するメッセージが張りつけられた。免許税の徴収を強行しようとする徴税官や連邦政府の役人は、しばしば反対派に脅され、時には、身体にタールを塗って羽を突き刺す私刑の標的ともされた。[*14]

ウィスキー暴動の間、ペンシルヴェニア西部に集まった群衆は、連邦政府に対抗すべく、アメリカ革命のシンボルと儀式を用いた。暴動を鎮圧し、秩序を回復するために、アレグザンダー・ハミルトンは、新設されたばかりの国軍を派遣するよう求めた。しかしワシントンは国軍を用いる代わりに、いくつかの州のミリシアから一万三〇〇〇の兵を集め、一七九五年の夏にこの部隊がペンシルヴェニア西部に向けて行軍したのである。連邦の確固たる力をこのような形で見せつけられ、ウィスキー税に反対する勢力はほとんど瓦解してしまった。幾人かの「首謀者」が逮捕され、反逆者として裁判にかけられて死刑を言い渡されたが、後の時代の不満勢力が彼らを「殉教者」として祀《まつ》り上げるのを防ぐため、ワシントンは彼らの刑を減刑した。[*15]

ワシントンによるウィスキー暴動の巧みな処理によって、連邦政府の権威は確固たるものとなった。ワシントンがミリシアを用いたことによって、反対派はワシントンの行動を、独立戦争初期のイギリス政府と同じと見なすことができなくなった。ミリシアに属する市民兵を用いることで、ワシントンは、新しい連邦政府は人びとの承認に立脚しているのであって、国内秩序を維持するために常備軍に依存する必要はないのだと象徴的に宣言したのである。一七九九年には、ワシントンの後継者であるジョン・アダムズが、ペンシルヴェニア東部で直接税への反発から起きたフリーズ反乱を平定するために連邦軍を召集したが、彼の行動は議会や新聞で激しく非難された。またリパブリカンは、一般市民に対して連邦の正規軍を出動させることは、独立革命の伝統に対する明白な裏切り行為である、と主張した。[*16]

連邦政府は、一七九〇年代の国内の反乱を容易に鎮圧したものの、連邦政府の権力と権威をめぐる国論の分裂は続き、やがてそれは、アメリカ革命をいかに記憶するか、だれがその記憶の守護者としてふさわしいのかについての先鋭な対立につながっていった。多くのアメリカ人はフェデラリストの主張の動機に疑惑の目を向けるようになり、フェデラリストの国内・対外政策のアジェンダに最悪の事態を予感するものもいた。実際、フランス革命とそれに続く戦争によって、合衆国は難しい立場に立たされた。なぜなら、フランス革命を、かつて自身が経験した自由を求めるための戦いと同じと見なすのか、合衆国には法的にせよ道徳的にせよ、イギリスと戦うフランスを支援する義務があるのか、といったことが問われるようになったからである。[*17]

フェデラリストは、現実的な、そしてイデオロギー的な観点から、合衆国は中立政策をとることが必要だと考えていた。アレグザンダー・ハミルトンは、イギリスとの国交回復を望み、フランス援助のために合衆国を地上で最も強大な国家と敵対させるという危険を冒すことができない、と主張した。一七九〇年代を通して多くのフェデラリストは、フランス革命は自由という大義を前進させることに失敗しただけでなく、合衆国の安全を脅かしていると考えるようになった。そしてアダムズ政権の下では、フランスとの交渉が暗礁に乗り上げて両国の海軍がしばしば交戦する事態に発展し、合衆国はこの危機に対処するため、臨時に志願兵を募集して部隊を編制した。

一方、リパブリカンは、フェデラリストの政策が最悪の状況を作り出し、合衆国が独立革命で得たものを危険にさらしていると考えていた。彼らはまた、一七九四年のジェイ条約はイギリスに対する譲歩だと批判し、合衆国が自国の権利を認めさせるべく、イギリスに経済制裁を課すべきだと考えていた。リパブリカンは、フェデラリストがかつての同盟国で姉妹共和国の関係にあるフランスと交戦することを望んでいるのではないか、とさえ考えたのである。彼らは、数多くのパンフレットや新聞の論説において、フェデラリストの行動を独立革命前のイギリス政府の行動になぞらえて描いた。すなわち、フランスの脅威と称されるものに対して大規模な陸軍を備え、さらに海軍を創設することによって、フェデラリストはアメリカ人に高額の税金を課そうとしている、と。またこうした軍隊の編制によって多額の費用がかかり、かつパラサイト的な役人が増大するだけでなく、それは国民の自由を縮小する方向にもつながるのだ、と。

リパブリカンは、常備軍に不安を抱き、むしろ一般市民からなるミリシアを優先すべきだと考えていた。それは、ミリシアがコストの面で常備軍より経済的で、国防の面でも効果的だと見ていたからであったが、それだけではない。リパブリカンは、ミリシアが独立革命の記憶を保持する手段として有効だという面からも、その存在を好ましく思っていた。その記憶とは、地方優先という考え方をもつ者が専制政治に立ち向かった闘争という側面を強調するものである。市民兵の集合《プール》としてのミリシアは、独立達成後には、独立戦争の際の一般兵卒にとって、ちょうどシンシナティ協会がかつての将校のためにはたしたのと同様の機能をいくつもはたした。つまり、初期の共和国では、ミリシアに属した人びとの多くが、独立革命の戦いを経験してきた復員兵であった。これらの復員兵は、ミリシアの定期的な訓練の招集日に参集する際、あるいは独立記念日の式典で部隊ごとに行進する際に、自分たちは一七七六年の精神の守護者であり続けている、と宣言したのである。*18

政治的な立場の違いは、一七九〇年代を通して独立記念日の式典を分裂させていく。多くの地域社会で、フェデラリストとリパブリカンはべつべつに行進し、べつべつの演説を聞き、時には、たがいに対立的な自由の柱を建てることもあった。両党のなかで党派意識がとりわけ強い者は、それぞれが属する党への忠誠と、独立革命の遺産に対するその解釈の違いを示そうとして、独自の帽子をかぶった。フェデラリストは黒の帽子、対立するリパブリカンは三色の帽子である。*19 リパブリカンの演説者は、アメリカ人に自分たちの自由に危機が迫っていることを実感させるために、独立戦争の革命的な性格を強調し、独立戦争と一七九〇年代に起こったフランスやヨーロッパ諸国での革命とをしばしば結びつけようとした。彼らは、自由の柱や自由の帽子を重視し、なかでもとくに後者を、いまなお続く自由に向けた闘争のシンボルとして強調した。一七九八年、ニュージャージー州のある町で、フェデラリストが自由の柱の頂から自由の帽子を盗みとり、それを地方裁判所の判事席の上方に掛けた。リパブリカン系の地元紙の編集者は、この「重罪に値する行為」を激しく糾弾し、住民に「自由の紋章をくすねるような人物は、機会さえあれば、あなたの人間としての中身を盗み出す」と警告した。*20

フェデラリストの側は、独立記念日の式典でリパブリカンを無視し、嘲笑し、そして糾弾した。また、独立革命におけるトマス・ジェファソンの功績、とくに独立宣言の起草という功績を矮小化すべく、七月四日には独立宣言を無視した。一七九〇年代の後半、フェデラリストの演説者は、フランス革命をののしり、またフランス共和国が自由の大義の前進に貢献するのかどうか疑問を呈し、さらにはそれがアメリカの独立革命とはほとんどつながりのないことを論じた。さらに彼らは、その演説を通じてアメリカ人に、フランス共和国によって国家の安全が脅かされていることに気づかせようとした。フランスはアメリカの商船を拿捕し、合衆国の外交官に賄賂を要求するばかりでなく、リパブリカン党における協力者を通じて、無政府主義や無秩序、そして無神論を広めようとしている、と。独立革命をめぐるフェデラリストとリパブリカンの立場の違いは、独立記念日にそれぞれが挙げる祝杯の際の言葉にもっとも端的に見られた。一七九八年、あるボストンのフェデラリストは、「ジョン・アダムズ――彼が、伝説中のサムソンのように、ジェファソンの顎骨を用いて多くのフランス人を葬らんことを」[※12]と宣言した。一方、ニュージャージー州モリスタウンのあるリパブリカンは、「ニュージャージー州のイギリス人一派が、平和な土地から追い出されんことを」と声を上げた。[*21]

その強調点と解釈は異なるものの、リパブリカンとフェデラリストの間には、七月四日の祝い方に共通するところもあった。両派の式典のパターンは、多少の違いはあるもののそっくりで、パレード、式辞、乾杯、祝砲あるいは花火といった出し物が並んだ。両派いずれの式典でも、乾杯の音頭をとる者は、ウォレンやモンゴメリー、デ・カルブといった戦場で散った英雄の思い出を語った。また両派とも、ミリシアを賞賛したが、フェデラリストは陸軍と新たに創設された海軍も賞賛する傾向にあった。両派がとりわけ重視したのは、相手側を論破して自己の見解に引きずりこむことであった。[*22]

一七九〇年代、フェデラリストは、独立記念日に加えてジョージ・ワシントンの誕生日も祝うことで、その立場をさらに強めようとした。ワシントンの大統領在職中、フェデラリストはイギリスの君主並みの扱いで彼の誕生日を祝った。フィラデルフィアではミリシアの部隊が行進し、教会は特別な礼拝を催し、裕福な人は舞踏会を開き、人びとはワシントンに敬意を表してかがり火を焚いた。多くのフェデラリストにとって、当時ワシントンは、依然として革命的な闘争およびその結果としての国家を具現する存在であり、フェデラリストはワシントンと自らの党派とを結びつけることを望んだのである。[*23] もちろん、フェデラリストのなかにも、ワシントンが過大評価されていると考えていたものもいた。アダムズ政権の最初の年である一七九七年、大統領と多数の「末端の」フェデラリストは、ワシントンをたたえる誕生日の舞踏会への出席を拒否したのである。

もっとも、ワシントンを英雄とたたえたのは、フェデラリストだけではなかった。フェデラリストとリパブリカンの党派間の憎悪が高まっていた一七九〇年代でさえ、リパブリカンはワシントンに祝杯を挙げ続けた。彼らは「建国の父」ワシントンという象徴を、フェデラリストの手に委ねてしまいたくはなかったのである。[*24] 一七九九年にワシントンが死去すると、リパブリカンはフェデラリストとともに、彼の死を追悼し、彼の志を継ぐことを誓った。ワシントンの死から何日も経たぬうちに、議会は全会一致で、新しい議会議事堂に墓を作り、ワシントンの遺体をそこに移すことを決めたものの、けっきょく遺体がそこに埋葬されることはなかった。ワシントンのための記念碑を建設する計画は、何十年と宙に浮くことになってしまった。ワシントンを記念しようとする初期の計画がこうした結果に終わったことは、独立革命の記憶をめぐっていかに根強い党派的な対立や文化の対立が続いていたかを示している。加えて、そのことは、いかに多くのアメリカ人が、若い共和国の脆弱さを認識していたか、ということも物語っている。建築家でエンジニアでもあっ

※12　旧約聖書にある逸話を下敷きにして、アダムズ大統領を激励し、フランスびいきの副大統領ジェファソンを揶揄した発言。サムソンはロバの顎骨を振り回して、イスラエルの民を支配していたペリシテ人を千人殺したという。

たベンジャミン・H・ラトローブは、ワシントンを記念するための恒久的なメモリアルの計画を担当する議会の委員会に、議会議事堂の内部のささやかな屋内墓地ではなく、頂上にピラミッドを頂く、荘厳な屋外霊廟を建設するよう求めた。ラトローブから見ると、大規模な建築物を作ることによってのみ、ワシントンの記憶をなんとか生きのびさせ、保持することができるのであった。ラトローブは、議会委員会のロバート・グッドロー・ハーパーに自らの計画を説明した際、ワシントンの像を建てても数年しかもたないだろうとの見通しを示している。ラトローブは、かつてヴァージニア植民地の総督を務めたウィリアムズバーグのボタトート卿ノーボーン・バークリーの像が、独立革命は生きのびたものの、フランス革命の狂乱が最高潮にあったときに、貴族の像であるからという理由で、分別のない若い学生に手足や首をもぎ取られた例を引き合いに出した。さらにラトローブは、ヴァージニアの州議会議事堂に、ワシントンを記念して最近立てられたフランスの彫刻家ウードン作の騎馬像からすでに拍車がなくなっていることも指摘した。ワシントンが備えていた美徳といえども、「ごろつきや馬鹿な連中からは嫌われるのであり、しかも不幸なことに、公共の建物内にはその種の下等な人間がたくさん這い回っている」のであった[*25]。

ラトローブの説明に納得して、フェデラリストの多数とリパブリカンの一部は霊廟を建設するというアイディアを受け入れた。フェデラリストのロジャー・グリズウォルドは、銅像では「無法な暴徒、あるいはガキたちに」容易に「壊されてしまう」ため、霊廟建設を支持するように同僚議員を説得した。しかし、多くの議員、とくにリパブリカンはこの霊廟計画には懐疑的で、当初計画されていた大理石の記念碑と質素な墓の建設を支持した。リパブリカンは、フェデラリストが建てようとしているものは、共和主義の社会にとっては贅沢で派手すぎると考えた。リパブリカンのある下院議員は、計画されている霊廟は「石が積み重ねら

この刺繡作品の製作者は不明だが、ワシントンの墓を前にして女性が嘆くというそのテーマについては、1800年代初期の多くの絵画やイラストに共通して見られるものである。（ペンシルヴェニア州ワシントン・クロッシングにあるデイヴィッド独立革命図書館所蔵の刺繡。撮影はゴードン・ミラー氏による。）

れた、ただの巨大で醜い塊」にすぎず、平らな石板の方が、「人びとが心に思っていることを書くこと」ができるので、よりふさわしいと主張した。またノースカロライナ州のナサニエル・メーコンは、モニュメントに代わるものを提唱した。それは、「ワシントンの美徳の帝国を、貧しい子どもたちに彼の美徳を理解させ真似させることによって」広げていくために、貧しい子どもたちの教育に資金を投じることであった。「貧しい子どもたちは、教育を受けなければワシントンの美徳を自分のものにできない」からであった。けっきょく、ジョン・アダムズ政権の末期になって、議会の多数派であったフェデラリストは、上院下院それぞれでピラミッド建設のための異なる法案を通過させたが、両院は合意に至らず、やがてトマス・ジェファソンの大統領就任により、ワシントンを記念する国立墓地の建設計画は消えゆくこととなった。こうしてワシントンの遺体は、マウント・ヴァーノンのワシントン家の質素な地下納骨所に安置されたままとなった。[*26]

フェデラリストもリパブリカンも、ワシントンを国家のシンボルと呼んで持ちあげたが、それは両者の政争の具ともなるシンボルであった。リパブリカンが霊廟の受け入れに積極的でなかったのも驚くにはあたらない。まずリパブリカンは、社会の底辺の人びとが起こす大変動による危険を、フェデラリストほどは恐れていなかった。それゆえヴァージニア州選出のリパブリカン、ジョン・ランドルフは、霊廟建設の推進者から、故郷ヴァージニアの公共の場に立つ彫像は暴徒に襲撃されるとひとたまりもないのではと指摘されると、激怒したのであった。加えて、記念碑建設の費用の問題と、記念碑が合衆国にふさわしいかどうかという問題にリパブリカンがこだわったことは、合衆国憲法は文化面や教育面において連邦政府が幅広く権限を行使することを制限しているとする、彼らの厳格な憲法解釈を反映したものであった。たとえば、一八〇二年、芸術家のチャールズ・ウィルソン・ピールズは、フィラデルフィアにある彼の有名な博物館を連邦政府が支援するよう求めたが、ジェファソン大統領はそれに耳を貸さなかった。なぜならジェファソンは、憲法の下では、教育や文化への支援は、連邦政府の権限の範囲外にあると考えていたからであった。[*27]

フェデラリストのなかにも、共和国に記念碑を建設することや、芸術を連邦政府が支援することに対し、疑いを表明するものがいた。一七九九年、あるフェデラリスト派の新聞は、古代ローマではそうした記念碑の建設は、共和主義の美徳の凋落と帝国的支配の到来を告げるものであったと論じて、記念碑の建設に反対を表明した。またジョン・アダムズも、大統領職を退いた後のことだが、連邦政府が記念碑を建設しようとしたり芸術を支援しようという動きを見せたりしていることに警鐘を鳴らし、こうした文化に関わる政府の行為は、退廃的なヨーロッパの政府を連想させると主張した。アダムズは、一八一七年、コネティカットの画家ジョン・トランブルが議会議事堂の大広間に歴史画を描くよう委嘱されたことを祝したが、そのなかで「彫刻刀と鉛筆、鑿《のみ》と鏝《こて》は、われわれがこれまでに知っているすべての時代、すべての国家において、専制と迷信の側の支援を得ていたこと」を忘れないように、とトランブルに力説したのである。[*28]

それにもかかわらず、共和国の初期の時代、戦争を記念するものが多く作られた。ヴァージニアなどいくつかの州は、ワシントンの英雄的な手腕をたたえる像を建てた。独立革命を記憶するために建てられたもとも初期のメモリアルの多くは、戦いで亡くなった兵士の墓を明示するためのものか、あるいはその死を悼むものであった。一七九四年、マサチューセッツ州のフリーメイソンのある集会所は、バンカーヒルの戦いで倒れたボストンの革命派の大物、ジョゼフ・ウォレンを記念するモニュメントを、彼が倒れたその場に建設した。また、一八〇九年には、独立戦争時の著名な将軍、アンソニー・ウェインの遺体が辺鄙《へんぴ》な埋葬地から、ペンシルヴェニア州ラドナーの墓地に移されたが、これがきっかけとなり、同地のシンシナティ協会の支部がウォレンの墓を覆うオベリスクを建設することとなった。また一八〇八年には、ニューヨーク市の市民団体が、戦争時にイギリス軍の監獄船で亡くなり、海岸の浅瀬に埋葬されていたアメリカ人兵士の遺骨を収集し、教会の地下室に安置している。[*29]

しかしながら、ワシントンDCに最初に建てられた国立の戦争記念碑は、アメリカ独立革命を記念するものでもジョージ・ワシントンを記念するものでもなかった。それは、一八〇六年、北アフリカのバーバリ諸国との宣戦布告なき戦いに従軍した海軍将校が、トリポリ攻撃[※13]の際に亡くなった同志を追悼するために、イタリアの彫刻家ジョン・チャールズ・ミカリに制作を依頼したものであった。この入念に作られた記念碑には、攻撃で亡くなった兵士の遺灰が入った壺が納められていたため、弔いの役割をはたすという面も持ち合わせていた。この碑の特徴の一つは、統合や勝利、歴史などといった理念を意味する多くの像を伴っていることで、それらは大きな台座の上に建てられていた。もう一つの特徴は、合衆国を象徴するアメリカ鷲を頂上に戴いた円柱である。これらに加えて、「黒大理石の四つのランプと金箔を被せた青銅の花瓶が、訪れた市民の胸が愛国心で熱くなるよう、墓の周りを温めていた」という。台座の部分には、トリポリの戦いで亡くなった将校の名前だけでなく、それら将校を支えた人びとやこの記念碑建設に貢献した人びとの名前も刻まれた。[*30]

連邦政府はこのトリポリの記念碑に資金面の支援はおこなわなかったが、議会は、首都にとって最初となる公的な記念碑を議会議事堂の敷地に建てることを認め、これは後の国家的な戦争記念施設の先例となった。ただし、こうした展開にもかかわらず、また二〇世紀には連邦政府の権限が著しく拡大したにもかかわらず、議会は国民的な意味をもつ記念施設の建設であっても、公金をつぎ込むことには慎重であり続けた。その一方で議会は、連邦としての認可を与えることにより、個人や民間団体が国家的な戦争記念施設を建てることを認め、またそうした行為に正当性を付与した。そういう姿勢は一貫していて、完成した記念碑を公共の土地に据えることもしばしば認めていた。ということは、アメリカ独立革命、およびその後のすべての戦争を記念することは、個人や民間の協会、地域や州の政府の、ある意味では場当たり的な努力にずっと委ねられてきた、ということである。たとえば、バンカーヒルの戦いの場所を示す巨大な記念オベリスクを建てる事業は、ジョージ・ワシントンの記念碑ができあがって首都に据えられるより数十年も前にすでにおこなわれていたのだ。*31

一八〇〇年の大統領選挙では、トマス・ジェファソンが当選したが、彼の勝利もまた独立革命の特質をめぐる党派間の対立を収束させることはできなかった。多くの地域で、フェデラリスト、リパブリカンともに、相変わらずべつべつに独立記念日の式典を催し、そこでは独立記念日の重要性に関して大きく異なる解釈が提示されていた。一八〇七年には、リパブリカンはイギリスに対する闘争はなお継続中であると考えていたため、独立記念日の演説と祝杯を、イギリスによるアメリカ人船員の強制徴用と船舶の拿捕に反対するための機会として利用した。逆にフェデラリストは、イギリスとの戦争を避けるために、和解と交渉の必要性を

※13　一八〇五年のアメリカ海軍によるトリポリ港に対する攻撃。一九世紀の初め、海賊行為をはたらく北アフリカ諸国と、地中海通商の安全確保を目指すヨーロッパ諸国およびアメリカが戦ったバーバリ戦争の一局面。

強調した。たとえばフェデラリストは、独立記念日での独立宣言の読み上げを中止すべきと主張したが、それはイギリスへの根強い反感の炎にさらに油を注ぐからであった。[*32]

フェデラリストの激しい反発にもかかわらず、合衆国は、ナポレオン戦争に対する中立国の権利をめぐる問題、アメリカ人船員がイギリス海軍に徴用されたという問題、さらにはカナダの獲得を主張する多くの南部人および西部人の思惑、これらが交錯するなか、一八一二年、再びイギリスとの戦争に突入していった。アメリカの歴史において一八一二年戦争ほど合衆国が損害を被った戦争はほとんどない。イギリスとの地上戦の大半は合衆国の敗北に終わり、カナダ侵攻計画もけっきょくはマディソン政権を窮地に追いこむものとなった。フェデラリストの影響下にあったニューイングランド諸州は戦費の融資を拒否し、また何度か、ニューイングランドの州知事は大統領にミリシアの使用に関する全権を与えることを拒否した。この戦争が終わるころには、ニューイングランドの多くの人びとが、イギリス軍による首都破壊を阻止できなかった連邦政府にとどまることをもはや望まず、連邦からの離脱を公然と語るようになっていた。[*33]

一八一二年戦争は、フェデラリスト党を解体に追いこんだ。一八一五年にアンドルー・ジャクソンがニューオーリンズでイギリス軍に対して驚くべき勝利をおさめたことで、ハートフォードの会議[※14]に集まったニューイングランドのフェデラリストは、正確な情報を与えられていない者たち、場合によっては、国家に対する反逆者とさえ見なされることになった。フェデラリスト党の解体によって、リパブリカンは事実上、権力を独占することとなった。それでも、「好感情の時代」[※15]の政権を担うこのリパブリカン党は、戦争の経験によって抑制した行動をとる党に生まれ変わっていた。リパブリカン党は常備軍や海軍を保有するという考え方を以前よりも積極的に支持し、国立銀行の創設も受け入れた。[*34]

フェデラリスト党の消滅とリパブリカン党の伸張は、アメリカ独立革命をめぐる公的な記憶を大きく変えた。独立宣言の読み上げは、党派の主張を言外に暗示するものではもはやなくなった。自由の柱の建立や男性が帽子につける紋章によって暴力沙汰が引き起こされることもなくなった。一八一八年、リパブリカンの大統領ジェイムズ・モンローは、かつて少なくとも九ヵ月間大陸軍に従軍し、生活が困窮しているすべての退役軍人に一生涯の年金を支払う法律を提案し、リパブリカンの議会もこれを受け入れた。さらに、フェデラリスト党の凋落によって、一八一二年戦争はアメリカの勝利として記憶されることになり、第二のアメリカ独立革命として位置づけられることとなった。[*35]

例外もなくはなかったが、一八一二年戦争において、ミリシアはほとんど機能しなかった。そしてこのことは、ミリシアの将来像に関して共和主義《リパブリカニズム》の考え方の見直しにつながった。より効率的な軍制を求める者も、また招集や訓練を課せられていることに憤りを感じていた労働者も、ともにミリシアの廃止を求めた。一八二〇年代から三〇年代にかけて多くの州がミリシアの義務を廃止し、廃止しなかった州でも、招集に応

※14　一八一四年にコネティカット州ハートフォードに北東部諸州のフェデラリスト党員が集まり、連邦政府の戦争政策と通商政策に反対して州権を主張した会議。その反戦の立場が世論の反感を買い、党の凋落の一因となった。

※15　第五代大統領モンローの在任期（一八一七〜二五年）に、それまでの政党抗争が終焉してリパブリカン党の一党支配が確立し、それに伴い政治的な感情対立が消えて国内に融和的雰囲気が広まった時代風潮を指す。

じない者から罰金を徴収することを止めた。こうしてミリシアは徐々に消滅にむかったが、その動きは革命期の兵士の死と軌を一にしていた。独立記念日のパレードでは、独立革命を戦った老年の兵士たちは、行進の列のなかに彼らだけの明確な場所を与えられるようになった。独立戦争で生き残った人びとが急速に亡くなってゆくなかで、アメリカ国民は彼らに特別な栄誉を与え、国家建設にあたっての彼らの犠牲が特別なものだったと、ある程度認めたのである。しかしながら、ミリシアに対する批判が功を奏してミリシアが消滅していくという文脈のなかで考えると、このことが示していたのは、市民兵を重視する共和主義の理念が時代遅れのものになったという認識であった。[*36]

独立記念日の式典における退役兵士の行進の列が年々細くなっていくことは、とりもなおさず、革命世代がつぎつぎと他界していることのひとつの現れであった。そんななかで、一八二四年から二五年にかけて国賓として合衆国に招かれたラファイエットの旅は、人びとの独立革命に対する興味を呼び起こし、同時に、革命世代の死を記憶する必要性を認識させるものとなった。多くの地域でラファイエットには大きな賞賛の声が浴びせられ、また多くの演説で、ワシントンとその孝行息子ともいうべきラファイエットとの関係が語られた。ラファイエットはニューイングランドを訪れた際には、バンカーヒルに記念碑を建立するための礎石を据える式典に参加し、またハーヴァード大学でも歓迎を受けた。ニューヨーク市では、シンシナティ協会と多くの団体がこの国賓をもてなした。そこでは、市民がラファイエットの登場に騒然となり、記念として彼の服装の一部やその他の品を求めて彼の周りを取り囲んだ。さらにフィラデルフィアでは、ラファイエットが訪れたことで、旧州議会議事堂の取り壊しが中止となった。そして、この建物こそ、独立革命の闘争を想起させるインディペンデンス・ホールとしてその名を知られるようになったのである。[*37]

アメリカ人がラファイエットに対し熱烈な愛着を示したことは、アメリカの国民のあり方に包摂と排除という二つの側面があることの証であった。演説では、ラファイエットはフランスの貴族であるにもかかわらず、アメリカにおいて自由という大義のために戦い、その後、帰国して自由のための戦いを祖国で継続したことが賞賛された。しかし、ラファイエットの訪米は、奴隷制の問題に関して独立革命が掲げた全人類の平等という原則が、多くの部分で消えてしまったことを際立たせることにもなった。ラファイエットは奴隷制について、自由の理念と矛盾するとの観点から反対を表明し続けた。ところがアメリカでは、奴隷制は国家にとって厄介なものではけっしてなく、むしろ好ましいものだと考える白人が南部で急増しており、これはラファイエットの考えと鋭く対立するものであった。こうした意識変化を反映して、多くの南部地域社会では、アフリカ系アメリカ人がラファイエットの栄誉をたたえる式典に参加することが禁止された。ラファイエットの言動によって、反乱が扇動されるのではないかとの懸念があったからである。[*38]

一八二六年七月四日、独立宣言の発表から五〇年目のこの記念日に、トマス・ジェファソンとジョン・アダムズがともに亡くなった。ジョン・クィンシー・アダムズ大統領は、他のアメリカ人と同様、この二人の偉大な政治家の死に、神の摂理のはたらきを見た。この二人の死が同時で、しかも五〇周年というタイミングであったことに大きな象徴的な意味を見たのは、アダムズ大統領だけではなかった。多数の弔辞のなかで、また式典で、人びとは、彼らが独立という大義を実現させるためにはたした貢献に注目して語り、そして一七九〇年代に彼らの間に緊張関係が生じたこと、また党派的な憎悪が生じたことについても触れた。雄弁家として知られる政治家エドワード・エヴァレットやその他の者たちにとって、ジェファソンとアダムズが引退した後に育んだ友情は、この国における共通の目的や統一という意識の成長を象徴するものと思われた。その二人の死は、アメリカ人が一つの神話を創りだし、それをさまざまに飾り立てることを可能にした。国家の創設者たちを高潔な行為の模範と見なし、また独立革命を英雄的な時代と見なす神話である。*39

革命に参加した者の死は、記念碑を制作する芸術活動は共和主義社会にふさわしいものかというリパブリカンやフェデラリストの一部がかつて抱いていた疑念を払拭することになる。早い時期に建てられた記念の意味がこめられた墓標の多くは、ワシントンやその他独立革命の有名な英雄のものである。将校や故郷の近くで亡くなったミリシアを除き、独立戦争で亡くなった者の埋葬は、その場しのぎの措置でしかなかった。多くの場合、急ぎ作られた粗末な墓標だけが、彼らの墓の上に建てられたのだ。たとえば、パオリ大虐殺※16の犠牲者の遺体についていえば、彼らが一緒に埋葬された地には石ころが積み上げられていたが、それが正式な記念碑に置き換えられたのは一八一七年になってからのことである。*40

教会に付属する埋葬地に代わり、一八三〇年代には公立および私営の共同墓地の利用が広がったが、そこでは戦死者の墓標としてオベリスクが好んで用いられるようになった。またオベリスクは、戦争記念碑が戦死者の墓とは異なる場所に設置される場合にも好んで採用されるようになった。そのデザインのシンプルさがオベリスクを、とくに小さな記念碑として好まれるものにしたのである。立派な肖像画や記念施設は、つねに資金不足であった多くの記念碑協会にとって手の届かないものであった。また、仕事を依頼できる彫刻家の数がアメリカではそもそも限られていたし、ヨーロッパ人の彫刻家の場合、費用があまりに高額で手が届かないことが多かった。だからといって、建設費の負担が軽いというだけの理由で、オベリスクがかくも広範に受け入れられたのではない。記念碑協会にとって、オベリスクには死や古典古代を連想させるものがあったということが、根本的とまではいえないまでも、選択の大きな理由の一つであった。アメリカ人は、古代エジプトのオベリスクのことも十分承知していたし、彫像では腐食が進むことも考慮していた。バンカーヒル・モニュメントのためにオベリスクが選択された際にも、これらモニュメントはアメリカ文明が滅びたあとでも生き残るであろうとの期待を公言する者がいた。[*41]

いくつかの地域でナショナリズムの息吹をこめた、凝った記念碑を作ろうとする動きがはじまった。一八一四年にイギリス軍に勝った余韻が続くなか、ボルティモアではワシントンとボルティモア防衛軍をたたえる巨大な記念碑が作られる。まず一八一五年七月四日、ボルティモア市ワシントン記念碑協会が、アメリカ生まれの建築家ロバート・ミルズの設計による巨大な建築物を建てるための礎石を据えた。この記念碑は円柱の頂点に据えられたワシントンの像が特徴になっており、その円柱の土台の部分はトロフィー展示室になっていた。それから数週間後の九月一二日には、ボルティモアの市民が、また別の記念碑の建設開始を祝う式典のために集まり、行進した。その記念碑は、フランス生まれの建築家マクシミリアン・ゴドフロワの設計によるもので、ボルティモア市の防衛戦において亡くなった人びとを記念するためのものであった。さらに一八一八年には、マサチューセッツのワシントン記念碑協会がようやく建設資金確保の目途をつけ、ボストンの州議会議事堂の敷地内に据えるためのワシントンの彫像制作を、イギリス人彫刻家フランシス・チャントリー卿に依頼した。[*42]

※16　独立戦争中の一七七七年九月二〇日の早朝、ペンシルヴァニア邦パオリで、野営していた大陸軍にイギリス軍が奇襲を加え、三〇〇人を殺害し、七〇人を負傷させた事件。

連邦政府は、独立革命の記念事業支援については相変わらず消極的な姿勢をとり続けていた。芸術家や彫刻家は、議会に自分たちが設計した記念碑を建設するための資金を支出するよう求めた。また各地の地域社会は、独立戦争の戦場跡に記念標識を設ける事業やその地方の英雄を記念する事業に助成金を出すよう議会に嘆願した。議会の上下両院の委員会は、ときにはそうした要求の承認を決議したが、本会議ではそうした予算が認められることはほとんどなかった。[*43]

その一方で議会は、議事堂を飾る記念碑や芸術作品に対しては、直接資金援助をすることがあった。一八一七年、議会はコネティカットの芸術家であるジョン・トランブルに、議事堂の大広間を飾る、独立革命の重要な場面を描いた四枚の壁画の制作を依頼したが、これが公共の芸術に対する初めての大がかりな支出となった。トランブルは、出来上がった壁画が議事堂に据えつけられる前に各所で公開された際に入場料を徴収し、これは見苦しい行為として一部で非難を浴びた。トランブルの作品は、一八二五年に完成したのだが、一般人や同じ画家仲間、そして議員からも酷評された。ジョン・クィンシー・アダムズは、私的な場でのことだが、トランブルの作品は、「主題がもつ重みに比してあまりに低劣である」と吐露している。下院議員のジョン・ランドルフは議会の場において、「独立宣言」と名づけられたこの作品は国家を当惑させるものと叱責し、さらに、このような脚のコレクションのような絵が、かつて人前に観賞用として提示されたことは一度もないとして、これを「脛《すね》を描いた作品」として非難した。[*44]

ワシントンの生誕から一〇〇年経った一八三二年になって初めて、議会はついにワシントンを記憶するための記念碑に資金提供することになった。以前に出されていた騎馬像やピラミッドを建設するという案に代わり、議会はホレイショ・グリーノーに、独立戦争の英雄であり初代大統領であるワシントンの巨大な像を

1783年12月23日、アナポリスの会議においてワシントン将軍が大陸軍総司令官の職を辞す場面。ジョン・トランブルが1822年から1825年にかけて制作した作品の複製。連邦議会議事堂の大広間を飾るトランブルの一連の作品は、議会でも市民の間でも物議を醸すことになった。（農務省所蔵写真）

制作するよう依頼した。一八四一年に初公開されたが、グリーノーの手になる像は突然の物議を醸すことになった。グリーノーは、古代ローマの神ジュピターを彷彿させるワシントンの座った姿を描き出し、しかもウエストから上を裸にした。多くの人は、部分的にとはいえワシントンが裸であるというのは品がなく不適切だとし、古典的な作風は不必要だと考えた。また、この像を非難する人びとは、この像を撤去して議事堂の地下室か辺鄙《へんぴ》な場所へ移すよう求めた。ある議員は、彫像の頭部だけを残し、他の部分はポトマック川に投棄するよう求めた。[*45]

　こうした非難の嵐を生んだのは、議会が委嘱した作品のなかの一握りのものであったが、それでも議会において記念碑に対する財政支出への関心を一段と減退させることとなった。記念碑を建設しようとする試みは、首都におけるものであっても、民間団体か地方の政府に大きく委ねられており、そのことが独立革命に関する解釈を相変わらず多様で論争の絶えないものにしていた。記念碑が建つには、少数の裕福な人びとや地方・州政府の関心を引きつけるか、あるいは小額寄付者の支持を幅広く集めるかしかなかった。こうして、ジョージ・ワシントンの場合であっても、記念碑に対する社会からの資金援助は、移ろいやすく予測できないものになっていた。

しかしながら、一八三〇年代に、市民活動のリーダーたちが設立したある私的な組織が、ワシントンの巨大な記念碑を屋外に建設するための募金活動を引き受けた。議会は直接的な支援は一切おこなわなかったものの、このワシントン全国記念碑協会に連邦の認可を与え、建設用地として首都の公有地を与えた。認可の条件のなかには、協会の会員資格を購入した寄付者が毎年管理者委員会を選出し、建設事業を監督することが盛りこまれていた。[*46] しかし、この協会が目指したのは、慎ましさには程遠い大がかりなものであった。一八三六年に協会は、少なくとも一〇〇万ドルの費用が見こまれるような記念碑プランの提出を、何人かの専門家に求めた。そしてその九年後、協会は建築家のロバート・ミルズの設計を採用した。それは、高さ一〇〇フィートのドーリス様式の柱廊に囲まれた、六〇〇フィートの高さの装飾つきオベリスクを作るもので、柱廊の内部には独立革命の英雄の壁画や彫像で埋め尽くされた広間を備えるものとされた。

一八四八年七月四日、各界重鎮が居並び、また大勢の人びとが見守るなかで、定礎式が催された。それから数年にわたり、州政府、さらには外国政府さえもが、そのためにとくに切り出した石を寄付し、それらがオベリスクの建設に組みこまれた。これらの石が加えられて記念碑がとくに大きくなったわけではなかったが、それは事業の宣伝にはじつに有効で、かつその正当性を一段と強めるものとなった。[*47] しかし、ワシントン記念碑協会は全国規模の代理人のネットワークを保持して支援を求め続けたにもかかわらず、記念碑への資金援助は途絶えがちとなっていった。一八四八年の『ニューヨーク・ホーム・ジャーナル』誌のある記事が、その状況をよく示している。ブルックリンとニューヨーク市の住民はワシントンを記憶する義務を十分はたしていない、と激しく非難するその記事は、一八三〇年代に両市民が記念碑に二〇〇ドルしか寄付しなかったとして、募金運動にもっと積極的になるよう求めた。けっきょくその四年後、記念碑協会は資金難を理由に建設を凍結した。寄付金を増やすべく、協会は二五ドル寄付した者はだれでも管理者委員会の名誉会員になれること、また一〇〇ドル寄付した者には名誉副会長の肩書きが与えられると宣伝した。さらに多額の寄付をした者は、完成した記念碑におさめられる四枚の大理石の板に氏名と居住地が刻まれることとされた。[*48]

資金不足だけがワシントン記念碑を完成させる努力を妨げたのではなかった。一八五五年のある夜、ネイティヴィストの一団が、教皇領から記念碑用にと寄贈された石を強奪し、持ち去ったのだ。さらにネイティヴィストは、記念碑協会の年次会議に押しかけ、管理者委員会を自分たちがコントロールするものと置き換えた。旧管理者委員会はネイティヴィストによる乗っ取りを拒否したため、数年間、二つの競合する委員会がそれぞれ記念碑協会の運営権を主張する事態となった。協会の主導権を握ることでネイティヴィストがねらったのは、記念碑を手段としつつ、海外からの多様な人びとの受け入れに積極的でない国の姿勢をさらに推し進めることであった。それはつまり、その多くがローマ・カトリックであるアイルランドやドイツからの新来の移民をとくに排除するような国の姿勢である。合衆国はこれまで、均質な、英語を母語とするプロテスタントの国家であったし、これからもそうあり続けるべきだというのが彼らの主張であった。記念碑がこうしたヴィジョンと確実に結びつけられるようにと、管理者委員会は、ノーナッシング党[※17]の党員のみがこの建築物に寄付することができると定めた。[*49]

ワシントン記念碑を完成させるためのネイティヴィストの努力は惨めな結果に終わり、やがて彼らは元の管理者委員会との争いに敗れて事業の主導権を失った。しかし、このことは、この計画に対する社会からの支援を復活させることにはほとんどつながらず、支援に乗り出した女性ワシントン全国記念碑委員会も困難に陥った。一八六〇年に出されたある呼びかけの文書において、女性委員会はアメリカ国民に向け、記念碑を完成させるための寄付をおこなうことで、ワシントンの「美徳」、「犠牲」そして「人間の自由という大義への献身」を忘れないようにしようと呼びかけている。また寄付の要請をさらに強めるべく、投票所の投票箱の隣に寄付金箱を置かせてくれるよう選挙監視人に依頼した。このようなさまざまな手段を通じて女性委員会は、幾分かの寄付を集めることには成功したが、一八六一年四月付でマーガレット・C・ブラウンが協会の会計担当者に宛てた手紙を読むと、協会の努力が結局は失敗に終わったこと、そしてその原因がわかる。この手紙でブラウンは、過去数カ月の間にフロリダで二三ドル五一セントの寄付を集めて本部に送金したことを報告しているが、「連邦からの離脱により、私はフロリダの副会長として事務所を手放さざるを得なくなるのではないか？」と尋ねている。実際そうなってしまった。そして、連邦政府がついにこの計画に責任をもち、必要な資金を提供した一八八〇年代になって、ワシントンを記念するオベリスクはようやく完成した姿を見せることになった。[*50]

こうして、南北戦争が間近に迫った時期には、女性たちもワシントン記念碑をとん挫状態から救い出すことができないことが明らかになったわけだが、別のケースでは、女性はもっとうまく記念碑を完成させたし、また自分たちはアメリカ独立革命を解釈し、世に伝える役割を担う者だという主張を打ち出している。連邦政府や民間団体が記念碑を企画したものの完成を断念したような場合、女性たちがしばしばそこに参入し、完成にこぎつけたのだ。たとえばボストンでは、女性たちはバンカーヒルの戦いを記念するオベリスクの完成に必要な資金を集めるべくフェアを開催し、そこで集めた資金を、記念碑建設に責任をもつ男性だけの団体に引き渡した。また別のケースでは、女性たちは、独立革命や、その他いくつかの戦争の記念碑を建設し保護する責任をもつ、従来の組織とはまったく別の組織を立ち上げたりした。*51

一八五〇年代初頭、ジョージ・ワシントンの相続人が将軍のヴァージニアの自宅を競売にかけた際、連邦議会は政府が購入するという案を僅差で否決した。議員のなかには、このことが浅はかな先例を作ることになると考えたため、反対票を投じた者がいた。ある議員は、もしマウント・ヴァーノンが連邦政府の所有地となれば、次はモンティセロ※18だろう、と言い放っている。他の大統領の自宅だけでなく、戦場跡を購入することを求める圧力も出てくるように思われた。このような動きに対し、憲法の厳格な解釈を説く者は、合衆国憲法はこうした購入の権限を連邦政府に与えてはいないと主張した。事実、マウント・ヴァーノンを購入する権限付与のための決議案では、まず最初にヴァージニア州政府が連邦政府のこうした行為を許可することが必要だとされていた。この決議案に反対票を投じる際、あるヴァージニア州選出の下院議員は、ヴァー

※17　一八四九年、移民、とくにカトリック系アイルランド人の公職からの追放と、帰化条件の強化を求めて秘密結社として結成。党員は秘密主義を貫き、組織については、"I know nothing about it" と答えたという。
※18　ヴァージニア州シャーロッツヴィル郊外の小高い丘にある、トマス・ジェファソンの邸宅。

ジニア州政府は、「合衆国憲法が規定している目的を除いて、同州領域内のあらゆる土地にたいする支配権を連邦政府に」譲ることはけっしてないであろうと語った。[*52]

しかし、一八五六年に女性のグループがワシントンの自宅を購入・管理するために合衆国マウント・ヴァーノン女性協会を設立したことで、けっきょくマウント・ヴァーノンは守られた。マウント・ヴァーノンを守ろうという試みは全国的なものになったのだが、その試みの起源は地域に根ざしたものであった。つまり、協会を陰で支えたのは裕福なサウスカロライナのプランターの娘、アン・パメラ・カニングハムであり、彼女は当初、マウント・ヴァーノンを守ろうという主張を「南部の淑女」に向けて発信していた。一八五三年のあるアピールで、彼女は愛国的な南部の女性に、「国家の、なかでもとくに南部の、名誉という感覚」をもって、マウント・ヴァーノンの保護に立ちあがるよう求めていたのである。[*53]

女性たちがマウント・ヴァーノンの保存やそれに類するいくつかの動きに関わったことは、男性の支配する社会が作り出したさまざまな境界のいくつかを、女性たちが越えていくことにつながった。その場合、法人化した組織を通じて活動することで、女性たちは、普通は女性には認められていない法的権利を行使することができた。そのような組織としての記念碑協会は女性たちが公の場で活躍することに道を拓いたが、その活躍ぶりは、当時の女性のおもな社会参加の場である慈善団体の事業における女性の活躍ぶりに匹敵した。そうした協会では、女性たちは政府役人とやり取りし、公の場で演説をおこない、資金を集めて管理し、そして事務所を構えたのである。[*54]

革命の記憶に関して女性たちがはたした役割——とくにマウント・ヴァーノンの場合——は、ある面で、アメリカ独立革命の記憶に女性的なものをもたらすことにつながった。たとえば、ワシントンの自宅を愛国の聖地とするにあたり、女性たちは、アメリカ版キンキナトゥスともいうべきワシントンの家庭生活に世間の関心を向けさせることができたのだ。また、ワシントンの母の記憶を尊ぶことへの関心が高まったため、一八三三年、母メアリー・ワシントンが晩年を過ごしたヴァージニア州フレデリックバーグの住民は、彼女が葬られた場所を明示する新たな墓の建設を開始した。礎石を据える式典の中でアンドルー・ジャクソン大統領は、このモニュメントが宗教的インスピレーションのある種のシンボルになっていくという見通しを示した。さらにジャクソン大統領は、「アメリカの巡礼者《アメリカン・ピルグリム》」が「将来、この気高く神聖な場所を訪れて神聖な墓の石柱に手を載せ、……そしてワシントンの母の記憶に祝福があらんことを祈りつつ、この下に眠っている彼女の美徳を思い出し、この場を離れるときには気持ちが浄化され、その信心が強められている」ようになることを願ったのである。[*55]

　こうしたことがあったにもかかわらず、女性たちは依然として男性より下位に置かれた存在であった。だが一般に女性たちは戦争に対する男性の貢献を記念するためのモニュメントを建設し、自分たちが締め出されている行動領域を支え、賞賛することによって、自らの地位を改善していったのだ。そうした女性たちの行動を、男性は概して称賛した。ある観察者は、「すべての慈善活動や愛国的活動において、一人の女性の奉仕は男性七人半の奉仕に匹敵する」と述べている。[*56]

　では、独立革命後のアメリカ人にとって、記念碑はどのくらい重要なものであったのだろうか。ワシントンと彼の母の記念碑は、完成するまでに数十年の時間がかかっている。一九世紀半ばに活躍した歴史家ベンソン・ロッシングは、一八五一年に独立革命の戦場を旅した際の記録を残しているが、そこで彼は、戦争記念碑を適切に保存していないコミュニティを非難している。ロッシングからすれば、未完成の記念碑の場合、

A・C・ハウランド作『7月4日の行進』（1886年）では、かつて兵士として独立革命を戦った者たちが年老い、その隊列が1800年代の初頭にはやせ細って来た様が描写されている。

その一部を記念に持ち帰ろうとする遺物荒らしに破壊される危険がとくに大きいという。また、記念碑作りに携わる人びと自身も、記念碑とは別の、戦争の記憶を伝えるさまざまな資料によって彼らの努力が浸食されかねないことに、次の例のように気づいていた。それは、バンカーヒルの戦いで生き残った老年の兵士たちが、その戦いの記念碑の礎石を据える式典に呼ばれたときのことである。バンカーヒル記念碑協会は彼らに戦いの様子を記録として書き残すよう求めた。しかし、それらの記録を集めた協会は、彼らが書いた記録がたがいにたいへん矛盾したものであったため、それらは公にせず、「協会の管理者のみがいつでもチェックすることが」できるようにしておくべきだと判断した。つまり協会は、それまで進めてきたバンカーヒルの戦いとアメリカ独立革命についての説明に疑義を差し挟みかねない記憶の源を押さえこみたかったのである。*57

革命世代が他界すると、独立記念日に関して、興味から無関心、そして無視の状態から再び興味が惹起されるという一連のサイクルが見られるようになった。個々のコミュニティについていえば、ある時代の七月四日にはパレードや演説、花火、晩餐会などを含む手のこんだ式典が催されたが、別の時代にはこの祝日そのものが完全に無視されることもあった。記念碑の場合と同様、独立記念日の式典を連邦政府が支援することはほとんどなく、陸軍と海軍の基地においてのみ、例外的に式典を支援した。マディソン政権の末期に起きたある外交上の些細な出来事が、各地域の七月四日式典の支援に対する連邦政府の消極性を見事に映し出している。それは、次のようなものだ。

一八一六年、ボルティモアの連邦郵便局長であり、地方議員でもあったジョン・スチュアート・スキナーが、独立記念日の式典で祝杯の音頭をとる際、フランスのルイ一八世が王位に復帰したことを批判する言葉を口にした。駐米フランス公使のイド・ド・ヌヴィルは正式に抗議してスキナーの解任を要求したが、マディソン政権は、スキナーの解任はアメリカ人の立場からすれば不適切であると回答した。この件についてジェイムズ・モンロー国務長官は、新任の駐フランス公使アルバート・ギャラティンに宛てた書簡のなかで、政府の公式見解として以下のように述べている。

我が国の独立記念日は、つねに合衆国を挙げた祝祭の日となっている。我が国の市民は独立記念日を、日常の仕事から解放され、それぞれの仲間で集い、そして臆することなくすべての社会的関心事について自身の意見を表明する日としている。公職にある者は、いついかなるときであっても一般の市民よりも自身の発言に細心の注意を払うべきことは確かであるが、また独立記念日というこの国を挙げた大祝祭においては、公人であっても、その公人としての立場より市民としての立場が優先されることもまた同様に確かである。*58

アメリカ側の一歩も引かない姿勢、そして自国がアメリカに対して相対的に劣勢な位置にいるという現実を前にして、フランス政府は先の要求を取り下げ、やがてこの件は双方の記憶から薄れていった。しかし、スキナー事件は、連邦政府が――とくに独立革命直後の時期において――独立革命やその他の戦争の公的記憶を形作る上ではたした役割を明らかにしている。すなわち、これらの戦いを記憶するために自らの儀式や記念碑を作る権利が国民にはあり、政府はそれを受け入れるし、ときにはその権利を支援し、また守ってくれるものだということである。アメリカ人が過去の戦争を記憶する仕方には、「アメリカ的」なパターンが意図的に、また意図なしに生まれてくるのだが、そのパターンは、いつの時代も多元主義を強調するものになるのであった。[*59]

実際、大きな都市では、多様な政党やエスニック・グループ、さらにはさまざまな理念を代弁する新しいタイプの祝賀式典が増えた。一八三〇年代後半には、多くのコミュニティで、民主党やホイッグ党[※19]が競い合うように式典を開き、その機会を党勢の拡大に利用するようになった。たとえば、デイヴィー・クロケットは一八三四年のフィラデルフィアでの演説で、アンドルー・ジャクソンが第二合衆国銀行に対する専断的な行動をとったとして、これをアメリカ独立革命の民主主義的な原則への裏切り行為だと痛烈に非難した。[*60]

一八三〇年代には、禁酒・節制を主張する人びとが、自分たちの大義とアメリカ独立革命の大義とをリンクさせるべく、彼ら独自のパレードと演説の活動をはじめた。彼らは、式典で祝杯を挙げるという古くからの伝統を自分たちの式典にも持ちこんだが、飲み物はアルコールに代えて「冷たい水」を用いている。また北部南部を問わず多くの都市で、熟練工や機械工が七月四日に、自分たちの技能に特徴的な衣服を誇らしげにまとい、手には仕事道具をもって、エリートで構成される志願制ミリシアの一団とともに行進した。行進することで労働者たちは、自分たちは依然として革命の記憶の重要な守護者であると宣言したのである。と同時にパレードは、とくに一八三〇年から四〇年代にかけて、労働者間の団結を促し、雇用主に対する不平や不満をはっきりと表明する機会を彼らに与えたのであった。*61

独立記念日の式典は、労働者が自分たちの大義とアメリカ独立革命の大義とをつなぐために用いた場の一つに過ぎない。それ以外にも、たとえば、多くの労働組合や労働者の慈善協会が自らの名称をワシントンや独立革命のリーダーたちにちなんで付けたし、労働組合員や空想的社会主義者、権威を嫌う懐疑論者たちの間ではトム・ペインが独立革命の英雄たちの神殿の中心的な人物であると見なされていた。やがて一八三〇年代に、ニューヨーク州ニューロシェルの、ペインの元の埋葬地に彼の記念碑を建てようという動きが起こると、そうした人びとからささやかながらも寄付が集まり、記念碑建設の道が拓かれたのである。また彼の誕生日を祝う式典と宴会も、時折、いくつかの都市で催された。*62

やがて新たな移民が増加し、主要都市の中心部へ流れ込むことになるが、それが独立記念日への熱狂を低

※19　もともと両党は、デモクラティック・リパブリカン党として起源を同じくするが、一八二四年の大統領選挙で候補者が乱立するなど党内分裂が始まり、第六代大統領ジョン・クィンシー・アダムズの在任中にリパブリカンの部分が抜け落ちて民主党になった。抜け落ちた党員は、ナショナル・リパブリカン党を結成し、のちにホイッグ党となった。

下させることにはならず、逆に一段と高めることになった。アイルランド系移民やドイツ系移民で構成されるミリシアの部隊、そしてその他のエスニック組織が、独立記念日の行進に参加したからである。一八四五年に『ニューヨーク・ヘラルド』紙は、「イタリア人警備隊」、「シャムロック[※20]慈善協会」、「労働組合慈善協会」、その他の組織が独立記念日の式典に参加したことを、喜びをもって記している。また同紙は、「ジョン・コリンズ氏が、心に響くアイルランド訛りの英語で独立宣言を読み上げた」とも書いている。[*63]

また七月四日は、一九世紀を通して、奴隷制廃止論者が奴隷制を非難する機会としても用いられた。フレデリック・ダグラス、ウェンデル・フィリップス、ヘンリー・デイヴィッド・ソローなどが祝祭の偽善性を非難している。[*64]一八五二年、ニューヨーク州ロチェスターの聴衆の前で独立記念日の演説をおこなったダグラスは、白人アメリカ人は、鎖につながれたままの人びとに自由の恩恵を拡大せずして、どうしてこの記念日を祝うことができるのか、と問いかけた。さらにダグラスは、次のように訴えている。奴隷の身分にある人には、七月四日という日は、

> 一年のどの日よりも、自分が著しい不公平さと残酷さとの被害者であり続けていることを思い知らされる日である。彼にとって、あなた方の祝典はごまかしである。あなたたちが自慢する自由は、罪深い特許状に過ぎない。あなた方のいう国家の偉大さとは、膨れあがった自惚れに過ぎない。あなた方の喜びの声は、空虚で冷酷なものである。あなた方が専制君主や独裁者に向ける非難は、鉄面皮ともいうべきずうずうしいものである。あなた方の自由や平等という叫びは、空虚なまがいものである。あなた方の祈りや聖歌、説教や感謝の祈りは、宗教上の行進やそれらのもつ荘厳さも含めて、彼にとっては単なる大言壮語であり、欺瞞であり、策略であり、

不信心の表れであり、偽善である。これらが薄いベールとなって、野蛮人の国家の名を汚しそうな罪悪を覆い隠しているのだ。*65

ダグラスが独立記念日の演説を奴隷制批判にあてることができたということは、この祝日、そしてアメリカ人の国民意識が、ある種の順応性を備えるものであったことを意味する。七月四日は、独立革命直後の時代でさえ、一部地域においては、奴隷制廃止論者やその他の異議申立者に自由な活動の場を提供していたのである。独立宣言それ自体にも同じことがあてはまる。アメリカの歴史を通して、労働者や農民、そして主流の考えに異論を唱えるさまざまな人びとが、独立宣言の意義を議論してきただけでなく、独立宣言をベースにした独自の代替案を発表してきた。そうした宣言のなかで、もっとも有名で、かつ今日まで残るものとして、一八四八年、ニューヨーク州セネカフォールズで開かれた女性の権利獲得のための大会で、エリザベス・C・スタントンがスーザン・B・アンソニーや参加者らと発表した「所信の宣言」がある。そこでは、男女の平等が宣言され、かつ、長きに渡り続いてきた「権利侵害の繰り返し」を終わらせることが求められた。*66

独立革命はアメリカ社会に深く今日まで続く影響を与えてきた。独立革命は、連邦政府が独立記念日を公的な式典として祝うことや記念碑の建設に消極的だったにもかかわらず、国民の記憶のなかにあり続けた。実際のところ、連邦政府が地方分権論の伝統に配慮する方針をとったことが、有力なグループと異論を唱え

※20　三つ葉のクローバーのことで、アイルランドの国花。ケルト民族に関わるものの象徴としても用いられる。

るグループ、そのいずれもが独立戦争の記憶を我が物と主張することのできる曖昧さを作りだしたのである。

公的記憶は多くの事象のなかから都合のよいものだけを選択的に取りだして形成される。アメリカ史におけるあらゆる争いや紛争、戦争のなかでも、公的記憶がそのような性質を帯びていることをもっともよく表す事例は、おそらく一八一二年戦争であろう。この戦争の余韻の中でアメリカ人は、ずっと劣勢であったことを忘れ、陸軍と海軍が挙げたいくつかの重要な功績や、辛くも勝ち取った数少ない戦闘のことを記憶にとどめた。そして独立記念日には、スティーヴン・ディケーター海軍提督やエリー湖艦隊司令官オリバー・ペリー、ウィンフィールド・スコット陸軍中佐やアンドルー・ジャクソン将軍に祝杯が挙げられた。また、この戦争中にボルティモアの防衛成功を祝して詠まれた「マッヘンリ砦の防衛（後に星条旗《スター•スパングルド•バナー》と改題）」という詩は、二〇世紀に国歌となった。

一八一二年戦争によって、その時代のアメリカ人の間に新たな英雄、アンドルー・ジャクソンが誕生した。彼は、ジョージ・ワシントンが独立革命期を体現したのとほぼ同じような形で、同時代を象徴する存在となった。彼が劇的な勝利をおさめたニューオーリンズで、またその他の多くの都市においても、ジャクソンのイギリス軍に対する勝利を祝って、毎年パレードや演説などの記念行事がおこなわれるようになる。その結果、ジャクソンはニューオーリンズで勝利したことが原動力となって、一八二八年にホワイトハウス入りをはたす。ジャクソンの支持者は、彼をワシントンに、さらにはキンキナトゥスになぞらえた。その一方で、彼らはジャクソンを、人民のための人物、興隆してきた民主制を代弁する者とも呼んだ。ジャクソンは資産家であったにもかかわらず、庶民的開拓者として、しかも正規の学校教育を受けていないことを補うだけの生来的な資質をもった人物として描かれたのだ。

ジャクソンは、独立革命直後の時代に党派的対立を掻き立てるうえで大きな役割を演じた存在であった。ジャクソンに反対の立場の者は、ニューオーリンズでの彼の勝利には歓呼の声を上げたものの、彼自身や彼の動機には疑いの目を向け続けた。ジャクソンを非難する者は、ジャクソンにはワシントンやキンキナトゥスと比べうるところはほとんどないと見ていた。むしろ反対者たちが恐れたのは、ジャクソンがナポレオンのようになり、独裁者として共和国転覆のために軍事力を用いることであった。実際ジャクソンは、専断的に軍事力を行使したり、のちには大統領権限を濫用したりすることが時折あり、それらは反対派の火に油を注ぐことになった。[*67]

それにもかかわらず、ジャクソンのニューオーリンズでの勝利は、反対派からしても称賛せざるを得ないものとなっていく。ジャクソンがニューオーリンズで勝利した記念日である一月八日には、民主党が率先してその記念式典を開催する傾向があったが、しばしばホイッグ党もこの日をたたえることに意義があると見た。そもそも、政治家はそれぞれの党派的立場に安住するようになっていたのだが、そのような政治家にとっても、共和国の英雄的な軍事指揮官が手にした名声は、些細な党派的差異を超越する美徳であると思われていたのだ。一八四一年、エイブラハム・リンカンはイリノイ州議会において、ジャクソンの勝利をたたえるために一月八日には議会を半日休会するという決議案を支持するよう議員に求めた。その際リンカンは、「ジャクソンを政治家として支えようという気は一切ないが、ニューオーリンズでのジャクソンの勝利は誇りに思っており、ジャクソン将軍が軍事的な名声を得たことも誇りに思う」と述べている。リンカンはさらに、ここ六年の間、議会は一月八日を、「政争とはまったく別個に、当然のこととして」祝ってきたと述べた。[*68]

ワシントンを追悼する国立記念碑の場合は、完成までに年月がかかったが、ジャクソンに関しては一八四五年に死去するや、たちまち動きがはじまった。熱狂的な膨張主義者であったジェイムズ・K・ポーク大統領は、「頑固おやじ」（アンドルー・ジャクソン）の記念碑を建設する活動を組織すべく、ホワイトハウスで会議を開いた。ニューヨーク市の著名な新聞編集者であり、「明白な運命《マニフェスト・デスティニー》」論の指導的な提唱者であったジョン・L・オサリヴァンは、亡き将軍を追悼するモニュメント建設のために一〇万ドルを調達すべく、中央委員会の設置を提案した。ポーク大統領は、この計画のために一〇〇ドルを寄付し、かつ、自分と閣僚全員の氏名の使用を許可しようとした。しかし、海軍長官であり、著名な歴史家でもあるジョージ・バンクロフトと数人の顧問は、ポーク大統領に次のような進言をしている。ジャクソンの記念碑建設活動において、あまり重要な役割をはたしてはなりません。なぜなら、「政権や政党の目的のために、ジャクソン将軍の絶大なる人気を私物化しようとして」活動していると疑われますから、と[*69]。

ジャクソン記念碑委員会は三年の間に、ジャクソンのニューオーリンズでの戦いを記念する騎馬像の制作に十分な資金を調達し、独学で腕を磨いたアメリカ人彫刻家クラーク・ミルズにその制作を依頼した。同委員会は、騎馬像の制作のためにジャクソンが戦利品として得たイギリス軍の大砲を溶かす許可を議会に求めたが、このことはすぐに論争と党派対立を引き起こすことになった。ホイッグ党の議員たちは、委員会が「独立革命の貴重な戦利品」までをも溶かしてしまおうとしていることに危機感を抱き、こぞって反対の立場を表明した。像の素材として溶かすのはジャクソンの戦利品である大砲だけだと委員会が請け合っても、反対派をなだめることはできなかった。ある議員は、「我らの祖先の勇気の証である」これらの「戦利品」は、次の世代以降にもずっと受け継がれていくべきであるとし、「いかに著名で、愛国的で、勇敢な人物であろうとも」、その戦利品を溶かして像を制作してもらうという名誉には値しない、と主張した。また、ワシントン記念碑の建設を阻止しようとする議会下院の動きを引き合いに出して批判する議員もいた。[*70]

イリノイ州選出の民主党議員であるジョン・アレグザンダー・マクラーナンドは、大砲の寄贈を推進すべく、国家の戦利品を「勇気と愛国心でそれを得た英雄の名を後世に伝えようとする委員会に託すことは、戦利品の濫用」とはいえないと主張した。けっきょく、「勇敢で、賢く、清廉潔白な」ジャクソンは、「国家の栄光と融合し」、それと不可分の存在になっているというのである。マクラーナンドは自説を補強すべく、フランスが一八〇五年のアウステルリッツの戦いで得た大砲からナポレオンの記念柱を建てたこと、またイギリスも一八一五年のワーテルローの戦いで得た真鍮の破片を集め、ウェリントン公の騎馬像制作に用いていることに触れた。[*71]

このようにマクラーナンドがヨーロッパの先例を用いて論じたことは、共和国にとって記念碑はふさわしくないという、かつての共和主義的立場からの誤解が、どのように消えてしまったのかを示唆している。ジャクソン記念碑委員会の活動は功を奏し、アメリカ人の手になる初の騎馬像制作が進められることとなった。ミルズは一八五三年に騎馬像を完成させ、それは議会によってホワイトハウスの向かいにあるラファイエット・パークに設置された。民主党主導の議会はミルズが完成させた騎馬像を大いに評価し、制作費用としてミルズに一万二〇〇〇ドルを与え、また彼に、ジャクソン像と同じような、首都に設置するのにふさわしいワシントン像も制作するよう依頼した。[*72]

伝統的に王位や貴族政治の色彩を帯びている騎馬像型の記念碑が、このようにしてひろく受け入れられていったのだが、それは、合衆国においてマニフェスト・デスティニーの意識が最高潮に達したのと、また戦争という手段に訴えてでも領土を拡張しようという機運が高まったのと、時を同じくしていた。領土の拡大は、外交的な手段を通じて成し遂げられたときであっても、つねにアメリカ社会で論争の的となってきた。たとえば一八〇三年にジェファソンがルイジアナの購入を決断したが、フェデラリストは、それは憲法が想定する連邦政府の権限からの逸脱だとして非難した。一八一二年戦争の際には、主戦論者がカナダ侵攻を強硬に主張したが、それは多くの、とくにニューイングランドのフェデラリストがその戦争を否定的に捉えることにつながった。また、一八二〇年のミズーリ協定は、領土拡張の問題と奴隷制の問題を密接不可分なものとした。[*73]

連邦政府が領土の拡大をつねにリードしてきたというわけではなかった。たとえば、フロリダやテキサス、カリフォルニアでは、入植者たちが合衆国によるその地の獲得に道を拓いた。テキサスの場合、アメリカ人入植者が一八三六年からメキシコ政府への反乱を開始し、結果として、テキサス共和国の樹立に至った。テキサスのアメリカ人入植者が反乱を起こしたのは、サンタ・アナが政権を掌握し、テキサスの自治を制限すると宣言したことによって、自らの宗教的自由や政治的自由が奪われることを危惧したからであった。と同時に、多くのテキサス人（アメリカ人）は、奴隷制の維持を望み、自らの財産権を制限しようとするメキシコ政府の一切の試みを押しとどめようとしたのである。いくつかの敗戦――もっとも有名なのは一八三六年アラモの戦いであるが――の後、テキサス人は、サム・ヒューストンの下、反乱を成功させた。[*74]

奴隷制はテキサスの併合を遅らせる大きなつまずきの石となった。合衆国は一八四五年にテキサスを併合したが、その後まもなくメキシコと戦争状態に入ってしまう。それは多分に、ポーク政権が両国間の係争地に、さまざまな意見があったにもかかわらず陸軍を展開させたことに起因していた。一八四六年、この戦争を奴隷制廃止論者は、「ポーク氏の戦争」と呼び、激しく反対した。彼らは、合衆国がメキシコとの戦争に突入したのは、いかがわしい領土要求を押し通すためであると考えていた。戦争に反対したのは奴隷制廃止論者だけではない。奴隷制の拡大に反対する自由土地党も、ホイッグ党と連携してこの戦争に反対した。議会ではホイッグ党がこの戦争の正当性に疑問を呈し、ポーク大統領はこの戦争を回避することができたはずだと主張した。アメリカ＝メキシコ戦争に反対する者は、合衆国は自らの国家樹立の原則を裏切る戦争をおこなっていると主張した。またチャールズ・サムナーは、一八四五年の独立記念日の演説において、集まったマサチューセッツのミリシアを前に、国家間の紛争を解決するために軍事力を行使することに対して激しい非難を加えていた。さらにアルバート・ギャラティンは、ひろく人びとに読まれた戦争反対のパンフレットのなかで、領土的野心のために戦われたこの侵略戦争を、共和国の建国者たちはけっして許さないだろう、と述べた。[*75]

メキシコとの戦争やマニフェスト・デスティニーの原則を支持する者は、反対する者たちから提起されたイデオロギー的な挑戦を無視したわけではなかった。領土の拡張とマニフェスト・デスティニーを正当化する際、彼らは、多くの領土を加えることによって合衆国は、自由と民主主義の原則をもっともうまく促進することができるのだ、と主張した。メキシコの場合、彼ら支持者は、合衆国はメキシコによって戦争を挑まれたのであり、リオグランデ川周辺におけるアメリカ軍への不当な攻撃に報復しなければならない、との立場を崩さなかった。奴隷制の問題については、北部の民主党員は依然として無関心であり、この問題はあくまで連邦政府の管轄の外で起こっている問題だと考えていた。一方、多くの南部民主党員は新たな領土の獲得を歓迎し、それは奴隷制の存続に不可欠なことだと見ていたのである。[*76]

アメリカ＝メキシコ戦争は、アメリカの戦争遂行パターンの歴史の重要な分水嶺となった。それ以前の戦争とは異なり、プロのジャーナリストが軍の行動をレポートするようになり、それを伝える新聞の数もどんどん増えてきたのだ。そしてアメリカ人は、自分たちが別の文化や社会と戦争していると意識するようになった。またこのメキシコとの戦争は、ウェスト・ポイント陸軍士官学校で養成された専門の将校団の指揮下で戦われ、合衆国がこれまでに戦った戦争のなかでも、もっとも成功裏に終わったものの一つだ。ホイッグ党のウィンフィールド・スコット将軍の練達した戦術と指揮の下、アメリカ軍は、その二倍もの兵力をもつメキシコ軍を破る。一八四七年のスコット将軍によるメキシコシティの制圧によって、サンタ・アナは合衆国に領土問題で大きな譲歩を迫られることになった。[*77]

メキシコ戦争が記憶されるパターンは、いくつかの点で、過去の戦争と同じパターンをたどることになった。従軍時の僚友関係を維持し、また自分たちの戦いの記憶を保持すべく、将校たちはアステカ・クラブを設立した。独立戦争の際のシンシナティ協会と同じく、下士官兵はアステカ・クラブの会員になることはできなかった。この戦争では、ザカリー・テイラーとウィンフィールド・スコットという二人の英雄が誕生し、両将軍とも大統領選挙に出馬した。テイラーのみが大統領職を手に入れたが、それはかつてのジャクソンの場合と同様で、「粗野だが頼れるおやじ」という彼のニックネームが、つねに庶民に寄り添う軍の英雄的な指揮官というイメージを振りまいたことが大きい。それに対し、スコットの場合、テイラーよりもはるかに優れた将軍かつ戦略家であったものの、皮肉なことに、「見栄っ張りおやじ」という、当たっていなくもない評判が立ち、それが一八五二年の大統領選挙での敗北につながったのである。[*78]

アメリカ＝メキシコ戦争で戦死した一般兵卒の埋葬場所が記録されて墓標が作られるのに、何十年もかかることはなかった。これは、アメリカ独立革命はもとより、一八一二年戦争の場合とも大きく異なっているところである。早くも一八四七年には、ケンタッキー州がアメリカ＝メキシコ戦争で亡くなった同州出身者のために共同墓地を建設している。メキシコで亡くなった兵士の遺体はケンタッキーに運ばれ、その費用は州政府が負担した。さらに同州議会は、この戦争で亡くなった一般兵卒を以前の戦争での死者と合わせて顕彰すべく、ロバート・ラウニッツ（ロシア生まれでアメリカに移住したドイツ系の彫刻家）に銅像のデザインを依頼した。その数年後、こんどは連邦政府が、メキシコシティで倒れたアメリカ人兵士の遺骨を埋葬するための恒久的な墓地を同地に建設する。戦闘で倒れた将校や一般兵の骨は、メキシコシティのゴミ捨て場近くにあったのだが、そこから移送され、記念碑の建つ巨大な恒久的墓地に埋葬しなおされたのである。[*79]

アメリカ＝メキシコ戦争から戻った志願兵たちは、アメリカ独立革命や一八一二年戦争の退役兵士に与えられたよりもはるかに多くの土地を報償として受け取っている。少なくとも一年間従軍していれば、帰還した志願兵は一人につき一六〇エーカー（約六二ヘクタール）の公有地権利証を受け取れた。一八一二年戦争の退役兵士が同じくらいの公有地権利証を受け取るには、少なくとも五年間従軍するか、あるいは戦死するのが条件だったのとは著しく異なっている。そして一八四七年の退役兵士へのこうした優遇措置は、一八一二年戦争の退役兵士を刺激し、戦争の記憶のさらなる民主化を求める彼らの動きを促進することになる。[*80]

一八五〇年代を通じて、一八一二年戦争の退役兵士たちは、一八一二年戦争の記憶をとどめるべく、また自分たちにもっと気前よく報償地が与えられるべきであると主張するべく、州に協会を立ち上げ、全国組織の枠組みを作りはじめた。シンシナティ協会やアステカ・クラブとは異なり、一八一二年戦争協会は、将校だけではなく、兵卒も含めたすべての退役軍人がこの戦争の記憶の守護者にふさわしい、との立場を明確に

アメリカ＝メキシコ戦争に従軍した兵士の墓を示すシンプルなオベリスク。メキシコシティにある。これは、一般の兵士の埋葬地を保存しようとした連邦政府の最初の試みのひとつの例である。（国立公文書館所蔵写真。92-CA-30A-1）

メキシコシティにあるアメリカの共同墓地の外観。1900年代の初期に撮影された。（国立公文書館所蔵写真。92-CA-30A-2）

した。そればかりか、彼らは、過去の自分たちの従軍を自画自賛すること、そしてその功績ゆえに自分たちは補償を受けるべきであると要求することに、少しもためらいがなかった。一八五四年にフィラデルフィアで、一八一二年戦争の退役軍人のための初の全国会議が開かれたが、そこである参加者は、「独立革命に従軍した多くの将校や兵士は、自分たちが従軍したことの『完全な記録』が国民の眼に見える形で保持されて来なかったために深刻な損害を被っている」と発言している。[*81]

一八一二年戦争の退役兵士たちは、自らの戦いの記憶を独立革命の記憶と同じように育むことによって国家の絆を強化することを願っている、との宣言を発表した。それは、政府からもっと大きな給付を得たいという自らの主張を強めること、そしてその主張をより高い次元のアメリカの理念につなげることを目的としていた。そして彼らは機会あるごとに、独立戦争と一八一二年戦争という二つの戦争の間に存在すると彼らが信じる「つながり」を示そうとした。たとえば、ニューヨーク州の退役兵士は一八五六年、独立戦争でバーゴイン将軍麾下のイギリス軍が降伏した記念日に、その降伏の地サラトガに集まり、そこでおこなわれた演説のなかで、一七七七年になされた名誉ある戦闘についてしばし思いを巡らせた。彼らはまた、議会にサラトガとヨークタウンの戦場跡を整備し記念するための予算を要求し、ニューヨーク州に対しては一八一二年戦争の退役兵士が求める未払いの給与と年金の問題に決着をつけるよう要求した。*82

戦争の記憶に一般兵卒も含めるという民主化の動きの拡大、そしてアメリカ＝メキシコ戦争を記憶しようとする初期の試みにもかかわらず、このメキシコとの戦争は、アメリカの歴史においては、依然として、もっとも「忘れられた」戦争のひとつである。その原因としてある程度いえるのは、独立革命や南北戦争という重要な戦争が、メキシコとの戦争における将校や一般兵卒の英雄的な行為の影を薄くしていることだ。また別の観点から見れば、この戦争がかくも無視されるのは、合衆国がメキシコを征服するためにこの戦争を戦ったとは見なしたくない、とのアメリカ人の心理によるものであるといえる。この解釈は、メキシコ領テキサスに入植したアメリカ人の反乱、なかでもとくにアラモ砦の陥落という出来事が、いまもアメリカ人のイマジネーションのなかで大きく膨らんでいることをよく説明してくれる。*83

アメリカ人は、アメリカ＝メキシコ戦争を公的記憶の奥隅に追いやってきたにもかかわらず、アラモ砦の出来事は記憶してきた。その多くがアメリカ生まれで、テキサス共和国の独立のために戦った一握りの革命家の敗北という出来事は、この国の記憶、とくに二〇世紀におけるそれにおいて、強い光を放っている。なぜ、アメリカ人は敗北を記憶し、その一〇年後のアメリカ＝メキシコ戦争においてメキシコシティを攻略したアメリカ陸軍スコット将軍の作戦行動を無視するのだろうか？　アラモ砦が現在のアメリカ領にあることが、ある程度アラモの記憶を容易にしてきたといえる。当初、アラモは、アングロ・テキサス人のアイデンティティを規定するための重要な地域的シンボルとして広がった。一八八三年には、テキサス州が、アラモに関係する現存建築物の取得と、そのサン・アントニオ市への引渡しをはじめた。一九〇三年に現存する建築物の取得が完了したあとは、テキサス人とアメリカ人の愛国心のための霊廟として、「テキサス共和国の娘たち」※21という団体に、そこを管理する許可を与えた。一九世紀にフィクションとして語られたこと、そして二〇世紀のハリウッド映画が描いたものが、アラモが地域的、国家的なシンボル――それは、しばしばデイヴィー・クロケットの役割を強調する――として形成されるうえで重要な役割をはたしたことは明白であった。*84

アラモは、アメリカ人がテキサス革命とメキシコ革命を正当化するための役割をはたしてきた。アラモ砦に立てこもって敗北した勇敢な守備隊に対して指揮官サンタ・アナとその軍が助命措置を拒んだことで、メキシコ側の体制の野蛮な本質が、説得力のある形で証明されたと考えられているのだ。アラモ砦の守備についていた者たちは、その勇敢な態度によって殉教者と見なされるようになり、またテキサス革命は、専制政治に対して自由を獲得するために起こされた闘争として気高いものと見なされるようになった。このような

※21　テキサス共和国に貢献した者の子孫を会員として一八九一年に設立され、現在もアラモ砦の維持管理に携わる団体。テキサスに入植した開拓者の活動や意識を伝えることを目的とする。

アラモ評価のなかでいつも忘れられているのは、反乱に際して、また合衆国によるこの共和国の編入に際して、奴隷制がはたした役割である。

奴隷制は、独立革命後の時代に、国民の一体化を阻む諸力の中心となっていく。奴隷制をめぐる南部と北部の対立は、ほとんどすべての連邦政府の行動に入りこんだし、またアメリカ独立革命やテキサス革命、そしてアメリカ＝メキシコ戦争の記憶の仕方をも規定した。たとえば、一八三二年のジョージ・ワシントンの生誕一〇〇周年記念の日、連邦議会のヴァージニア州選出の議員幾人かが、ワシントンの遺体を議会議事堂に埋葬することに反対の声を上げた。この国が長く存続するか確信がもてず、解体した場合には、南部生まれの同胞であるワシントンが異郷に埋葬されていることになるから、というのがその理由であった。また、南部人たちが奴隷制を擁護するには、独立宣言の諸原則がアフリカ系アメリカ人に適用されないことをレイシズムをもって説明するしかなかった。しかしその一方で南部人は、自分たちが連邦から離脱する権利を主張し擁護するためには、独立宣言の原則を受け入れなければならなかった。南部人たちは、合衆国憲法が主権国家同士の盟約といったものであり、それは、連邦政府の──とくに奴隷制の問題に関しての──権限を制約するものである、と理解していた。[*85]

多くの北部人と南部人が、奴隷制をめぐってアメリカ社会内部に生じている分裂に警鐘を鳴らし、また連邦政府の適切な役割について意見を表明していた。アメリカ独立革命の記憶を蘇らせ、セクション間の対立を沈静化させるものとして、祝典や記念碑が望ましいと考える者もいた。ボストン生まれの文芸批評家であるH・T・タッカーマンは、一八五七年発行の『ノース・アメリカン・レヴュー』誌に長いエッセーを寄せ、アメリカ人が祭日や市民の式典に興味を示さないことに失望を表明した。アメリカ人は、七月四日を除けば、国民の祝日を一つたりとも祝っていなかったからである。しかし他方で、多様なエスニック・グループがいろいろな地域で数多くの祭日を祝っていた。たとえば、マサチューセッツ州チャールズタウンの市民は、毎年、バンカーヒルの戦いを記念する活動をおこなっていたし、またニューヨーク市の住民は一七八三年のイギリス軍撤退を歴史に刻むために「撤退記念日」を設け、毎年祝っていた。こうしたことについてタッカーマンは悲しげに次のように述べている。七月四日は、その祝典がひろくおこなわれてはいるが、もはやそれは自由を献身的に守るべきことを人びとが再認識する日ではなくなり、また「神聖な祝宴、高潔な記憶、神聖な聖別式、さらには自由の日としての安息日」などをもって記念される日でもなくなり、「炸裂する大砲、汚れ傷んだ旗、混み合った蒸気船、教養ある人びとが抱く嫌悪感、そして群集の騒動」によって特徴づけられる祭日となってしまった、と。*86

セクション間の対立を収束させるために合衆国に必要だったのは、タッカーマンのいう、「市民同士の友愛に満ちた共感を大切にするための、そして市民全体で敬うべき、共通の霊廟、国を挙げた祝宴、場所、土地、時間、あるいは記憶」であった。タッカーマンのエッセーは悲観的かつ批判的なトーンで貫かれてはいるものの、彼はなお望みを失ってはいなかった。失望するどころか、彼は、「文学や芸術の分野で、そして弁舌において、ワシントンを尊ぶ努力がなされていることを賞賛し、次のように書いている。今こそ、ワシントンの誕生日を中心とした「国家を挙げた荘厳な祝祭」を制定するにふさわしい時である。もしそのような祝祭が適切に実行されたなら、それは「この国の分断された心を溶かし合わせて一つの幅広い感情を形づくることになるだろう。党派対立の不協和音が祝福と愛の聖歌にかき消されるほどまでに。また国民すべての忠誠という尊い精神を前にして、セクション間の憎悪が畏れかしこまり、普遍的な畏敬の念へと回収されていくほどまでに。[*87]」

最初の就任演説においてエイブラハム・リンカンは、国家分裂という切迫した危機を回避するために、「すべての戦場跡、そして愛国者の墓」から伸びている「神秘的な記憶の弦」に留意するように、と国民に向けて訴えた。しかし、ある意味リンカンは、南北の分裂が差し迫っていた一八六一年の時点で、国民の絆が相変わらずとても壊れやすいものであることに驚いてはいけないのであった。なぜなら、けっきょくのところ、アメリカ人は戦場で倒れた兵士の墓をしばしば無視していたし、連邦政府も、独立革命と一八一二年戦争の戦場跡地に標識を建てる程度のことを散発的に試みただけであったのだから。また政府は、ワシントンを記念するための国立記念碑建設に、あるいは彼のマウント・ヴァーノンの邸宅購入に、政府資金を支出することさえ拒否したのだから。そのような合衆国が、リンカン政権の最初の任期が終わる頃には、多くの新たな戦場跡地と埋葬が済んだばかりの多数の墓を抱えることになるのである。[*88]

第二章

南北戦争の二つの遺産――記憶をめぐる対立と和解

南北戦争は、逆説や矛盾が際立つ戦争であった。当初、多くの北部人は――奴隷制を廃止させるためではなく、連邦を守るために――反乱を鎮圧する戦争に進んでいく。しかしけっきょく、軍事上、外交上のメリットを求めてエイブラハム・リンカン大統領が奴隷解放予備宣言[※1]を一八六二年に発布すると、この戦いは解放戦争になった。南部側も北部側も一つの決戦がこの戦いを終わらせると見越して一八六一年に戦争へ突入した。だがそうはならずに戦争は苛烈な消耗戦となり、最終的には六二万人余りの兵士の命が犠牲になったのである。

※1　正式な宣言発布は翌一八六三年元日。六五年には憲法修正一三条で奴隷制そのものが禁じられた。

一般に内戦というものは勝者が敗者を処刑し、追放し、略奪するものであり、しばしば大殺戮になる。しかし戦争中の過酷さにもかかわらず、北部は勝利の際、非常に大きい度量を保った。南部の指導者のなかに反逆罪で裁かれたものはなく、捕虜になっていた南軍兵士は一八六五年の降伏後、故郷に戻ることを許された。南部のプランターたちは所有していた奴隷を失ったが、彼らの多くは、自分の土地や奴隷以外の財産をもち続けることを許された。

ある意味、北部が慈悲深くなりえたのは完全な勝利を得たからである。南軍は粉砕され、南部の全領域が連邦軍に占領された。アメリカ独立戦争以後の時期を通じてセクション間分裂の根本的な原因となってきた奴隷制は、憲法修正の結果、廃止された。にもかかわらず、北部の勝利は、損失を伴う、そして不確実性を帯びた勝利でもあった。戦争は、多数の人命を奪い、また損なうという形で、恐るべき犠牲をアメリカ社会に強いた。さらに、連邦側の最終的な勝利の直前に、エイブラハム・リンカン大統領が南部の刺客に撃たれたのである。

戦争の終結後、南部や解放されたアフリカ系アメリカ人が将来どうあるべきかについて、北部の指導者の意見や世論は分裂し続けた。アンドルー・ジョンソン大統領は北部民主党員とともに、連邦が南部を早急に再統合する政策を支持し、また解放された男性奴隷に市民権を与えることには反対した。しかし、数多くの奴隷制廃止論者やアフリカ系アメリカ人から見れば、再統合された国家は、あらゆる人間の生得権としての自由を含む、アメリカ独立宣言で掲げられた理想を実現する機会をついに手に入れたのであった。また多くの共和党の指導者は、もっと現実的な理由から、元奴隷の政治的・法的権利を広げることによって将来の南部政治における優位を確立できると考えていた。

急進的な南部再建の支持者、とくに奴隷制廃止論者やアフリカ系アメリカ人は、南北戦争は、奴隷制に抗してなされた戦いとして記憶される必要があると力説した。彼らの見解では、この戦争を引き起こした責任は、まさに南部の奴隷所有者層の貪欲さや罪深さ、尊大さにあった。それゆえ、この戦いを記念する式典や記念碑は、連邦の防衛と自由の大義のために支払われたおそるべき代償を北部人に思い出させ、勝利の成果をむしばむ南部人の試みに抵抗する愛国者を励ますようにデザインされるべきだと考えられたのである。

南部白人の大多数は敗北と連邦政府の支配を認めたが、反抗し続けたものも多かった。南部人は奴隷制の廃止を進んで認めたが、完全な法的・政治的権利を元奴隷にまで広げる連邦政府の努力には反対したものも多かった。多くの元南部連合の支持者は、投票や非合法な手段を通して、連邦に支持された再建期の南部諸州の政府に挑戦した。

南北戦争を追憶する際、南部白人は戦時に彼らが被った凄まじい損害と苦難を悲しんだものの、連邦から離脱したことについては、たいていの分離主義者が、それが間違いであったとは認めようとしなかった。記念碑や式典で南軍戦死者を顕彰することによって、これらの南部人は、奴隷制が戦争の主因であったという見方は甘受したものの、戦死者が正当で崇高な大義のために亡くなったことを強く表現したのである。

南部再建の期間中、[※2]セクションや政党、あるいは人種の相違によって、南北戦争を記念し思い起こすため

※2　一八六五年から七七年までとされる。一八七七年に南部からの連邦軍の引き揚げが完了し、再建政策は終了した。

ヴァージニア州フレデリックスバーグの北軍の埋葬地。南北戦争は、連邦政府が戦死者のための恒久的な共同墓地を維持する責任を負った初めての戦争であった。（国立公文書館所蔵写真、ブラディー・コレクションから。111-B-4817）

のいくつかの異なった方法が現れることになった。だが同時に、それらの相違を超越したアメリカ特有の戦争記念パターンも出現した。たとえば、南部と北部の双方において、まったく新しい休日である戦没者追悼記念日（Decoration Day、またはMemorial Day）が現れた。この日には青色の軍服（北軍）、灰色の軍服（南軍）、どちらの軍服を戦時に着ていたかにかかわらず、一般兵卒の犠牲者をすべて追悼したのである。

南北戦争の最初の戦死者が出てからまもなく、陸軍省は、北軍の兵士の墓には連邦政府によって適切な印が付けられ登録されると公表した。『ニューヨーク・タイムズ』はこの発表を歓迎し、「この世に残されたものは、愛する者の墓に対しもっとも丁重で慈悲深い扱いがなされることに慰めを見出すだろう」

と書いた。一八六二年に議会はこの行政的な措置を立法化し、北軍戦死者のための恒久的な共同墓地を保持する権限を陸軍長官に与えた。しかしながら、あらゆる共同墓地が中央政府によって設置されたわけではない。一八六二年九月のアンティータムの戦いの後、この戦いにおける北軍戦死者の共同墓地は、メリーランド州の連邦主義者《ユニオニスト》※3からなる一民間団体によって建設され、整備された。一年後には、南北戦争のなかでも最大規模の戦闘であったゲティズバーグの戦いの後、ペンシルヴェニアその他の諸州が、リンカン政権の賛同を得て、ゲティズバーグで死んだ北軍戦死者の共同墓地を設立した。[*1]

すべての兵士の墓に印を付けて識別しようとする連邦政府や州政府、さらには民間団体の取り組みは、それ以前の慣行からの劇的な離脱であり、また死者に対するアメリカ人の態度に大きな文化的変化が生じたことの反映でもあった。南北戦争以前の段階ですでに、民間の共同墓地はかなり手のこんだものとなり、庭園の趣《おもむき》も帯びていた。このことは、中産階級や上流階級の人びとのための終《つい》の棲家《すみか》としての墓地でとくに認められる。また都市労働者の場合は、適切な葬儀をあげてもらえるよう、また身元不明者などの共同墓地に葬られることがないよう、相互扶助の協会を作って備えるようになっていた。連邦政府は、南北戦争当初、志願兵からなる軍隊を招集していたこともあり、死者の埋葬に関する北部生まれのアメリカ人の変わりつつある期待を無視できる立場になかったのだ。[*2]

※3　奴隷制を認めていた諸州のなかで、南北戦争の際に連邦からの離脱に反対した人びと。メリーランドの場合、彼らの力で連邦側に留まった。

エイブラハム・リンカンは、統合された民主国家を保つための闘いをもっともよく象徴するものとして、戦死者、さらには北軍の共同墓地を持ち上げている。それは、一八六三年一一月にリンカンと彼の政権の主だった高官が、ゲティズバーグの戦いで亡くなった兵士たちに共同墓地を捧げるため入念に準備された式典に参加したときのことである。マサチューセッツ州出身の政治家で学者でもあるエドワード・エヴェレットは、二万人以上の聴衆にむかって追悼演説をおこない、そのなかで、ゲティズバーグに北軍戦死者を埋葬することを、死んだ勇士を悼む古代ギリシアの伝統とむすびつけた。彼は、南部反乱の原因と過程をくわしく話し、また一八六三年七月の三日間続いた戦闘の詳細な経緯を語った。演説の後半では、ハーヴァード大学元総長で元国務長官でもあるエヴェレットは、反乱という恐るべき罪について長々と説明したうえで、それでもなお、最終的な勝利と和解という期待を表明したのであった。北部の勝利に対するみずからの信念を励まし、南部の抵抗に終止符を打つため、エヴェレットは、ヨーロッパでそれまでに起こった数多くの内戦でかきたてられた深い敵意が、時間の経過とともに薄れていったことを指摘して演説を締めくくった。[*3]

リンカンは、式典の終了間近に語り出し、二分ほどの演説をしただけであったが、それは彼のもっとも有名な演説となった。印象深い言葉で彼は、アメリカの民主主義と国家の特質を定義づけ、次のように宣言した。創設に際してこの国の政府は直接人民から権威を与えられ、またこの国は、「すべての人は平等に造られているという命題」に基づいているのだ、と。さらに彼は、「この国が、神のご加護のもと、新たな自由を誕生させるべきこと、そして、人民の、人民による、人民のための政治は地上から消滅させてはならないこと」を保証する一段と大きな戦いの象徴として、ゲティズバーグの戦いの「名誉ある死者」はいつまでも生き続けると力説した。[*4]

一八六五年に平和が訪れても、戦死者と彼らを埋葬した共同墓地は、北部人にとって、勝利と国のあり方との重要な象徴であり続けた。一八六六年の『ハーパーズ・ニュー・マンスリー・マガジン』のある号に、亡くなった北軍兵士のために合衆国陸軍が進めてきた、一連の恒久的な陸軍共同墓地造りについてジェイムズ・ラスリングが書いた記事がある。ラスリングにとって北軍の戦死者の埋葬という仕事はきわめて重要であり、そのため彼はこの分野における陸軍省の権限を明確にするさらなる法律を制定するよう、連邦議会に勧めたのである。ラスリングは次のように述べている。貴族制や君主制の政府とは対照的に、「人種間の平等に基づく……民主的な共和国」は、国を守った人びとを無視できない。適切な葬儀で兵卒の戦死者に栄誉を与えることによって、「階級やカーストという狭量で偏狭なものが消え去るような」新時代の夜明けを南北戦争が印したことを示せるだろう、と。

南北戦争の陸軍共同墓地が「連邦の力と威厳」を具現したものとなるよう、ラスリングは連邦政府に対し次のように注意を促した。それは、墓地に対する責任を、ゲティズバーグでかつておこなわれたように各州に任せてしまわないこと、あるいはアンティータムでかつて見られたように一民間団体に譲ってしまわないことである。彼は、州の参入を抑えるような方法で戦死兵を埋葬するように決めたチャタヌーガの戦い直後のある北軍将軍の決定を賞讃した。ラスリングがその心情を歓迎したこの無名の少将は、自分の決定を次のような言葉で説明している。すでに「うんざりするほど十分な州権があるが、これらの兵士は、連邦のために尽くそうと反乱諸州に対して戦って死んだのである。ゆえにいま我々は、彼ら戦死者を一つにまとめ、少しでも彼らを国民化すべきだ」と[*5]。

ラスリングらがロビー活動をした結果、連邦議会は、北軍戦死者のための恒久的な国立共同墓地という大規模な制度を創設することを一八六六年に認めた。さらに、陸軍の補給局は、各地に点在する墓を探し出し、個々の墓が適切に印づけられ確実に維持されるように、綿密な調査をおこなった。南部では、たびたび合衆国陸軍が、散在している埋葬場所から遺体を移すことを決め、それらの遺体を石壁で囲まれたもっと大きな共同墓地に埋め直した。この措置は、北軍兵士の遺体が、南部人によって冒瀆されないようにするためのものであった。連邦議会はまた、北軍兵士の墓をさらに保護するため、国立共同墓地の破壊を連邦犯罪として処罰するための法律も新たに制定した。[*6]

連邦の共同墓地という制度は、過去の戦争を記念する際に連邦政府がはたす役割という点で、劇的な転換を印している。これらの共同墓地はまた、連邦政府が、首都の外に国立メモリアルを建設した最初の大きな取り組みでもある。その多くは陸軍補給局によって建設され、維持されたが、州政府や民間団体も、これらの敷地に特定の連隊や州、または個々の英雄の貢献を明記した適切なメモリアルを建てることは許された。[*7]

北軍が設けた最初の国立共同墓地の一つは、ロバート・E・リー将軍に対する復讐行為として造られたという面がある。一八六二年に補給局のモンゴメリー・C・メイグズ将軍が、リンカンの同意を得て、ヴァージニア州アーリントンにあったリーの大農園に共同墓地を設立したのである。そしてこれが、後にアーリントン国立共同墓地になった。しかし、多くの点でこの処分は例外であって、戦後、連邦政府が南部人の資産を国立共同墓地用として取り上げる際、政府は彼ら南部人に補償したのである。さらに、補給局長や司法長官、そして最終的には連邦議会も、連邦政府がある州内に国立共同墓地を建設する場合、憲法上、連邦政府は当該州に許可を求めねばならないという結論に達した。その結果、陸軍省は、既設の国立共同墓地の事後承諾を南部諸州の高官らに正式に要請し、それらはすべて順当に承認された。[*8]

勝利が確定する前から、戦争を記念するメモリアルの建立《こんりゅう》を考えるコミュニティや集団もあった。一八六一年六月には、ある市民委員会がデトロイトに集まり、連邦の防衛で亡くなった人びとのためにモニュメントを建てる計画を公表した。また陸軍正規軍の将校らは、終戦を待たず、ウェストポイント陸軍士官学校に戦没将校のためのメモリアルを建てた。一八六四年六月のその除幕式で、ジョージ・B・マクレラン将軍が追悼演説をおこない、連邦のために戦った志願兵や正規兵の貢献を賞讃した。マクレランは、「平時の職業を棄て、志願兵の隊列のなかで血を流した」「州民の奉仕」を忘れないように、各州がメモリアルを造ることを期待していると述べた。マクレランはまた、正規兵は特定の州に属していたわけではなく国全体に奉仕していたのであり、彼ら「神聖な戦友」の記憶は、それにふさわしいメモリアルで保たれることが不可欠だ、とも述べた。[*9]

戦争を終結させたアポマトックスでのグラントの勝利から十年経たないうちに、数十ものモニュメントが北部各地の市や町に出現した。国立共同墓地の場合とは対照的に、南北戦争を記念するこれらの取り組みは、一八九〇年代まで民間の個人、コミュニティ、そして州がおもに担当しつづけた。これらのメモリアルは、国立共同墓地と同様に、兵卒や水兵の貢献を記念するものであった。多くの場合、とくに小さな町に造られた典型的なメモリアルは、ただ一人の兵士のリアルなブロンズ像という形をとった。ふつう、町の広場や市の公園に置かれたこれらのメモリアルには、当該市町村から出征して亡くなった兵士のリストが付随していた。[*10]

北部の兵士のモニュメントは勝利を賛美するものであり、このことは独立革命後に造られてきた典型的な戦争メモリアルがもつ「葬送」的性質から離脱する画期となった。なお、独立革命後のメモリアルの多くは、戦没した革命派の兵士の墓を後になってから探し出して標識を付けるという活動の産物であった。オベリスクは完全に消滅したわけではなかったが、以前に比べるとメモリアルとしてこれを採用するコミュニティの数ははるかに少なくなっていた。様式上、北部の兵士のモニュメントは、大きい都市におけるものほどその傾向が強いのだが、人命の損失、苦闘、勝利といったテーマを強調したリアルで寓意的な彫像を使用した。もっと手の込んだものになると、兵卒や水兵を特徴としただけでなく、歴史や平和、正義に関する有名な出来事や指導者、寓話的な人物を描いた浅浮き彫りや多くの彫塑をも備えていた。兵士のメモリアルを資金面で支えるパトロンたちはさまざまな寓意的な像を提案したが、その中でもとくに好んで持ち出されたのは自由や勝利を表す女性像であった。たとえば、一八七四年に完成したマサチューセッツ州ウスターの兵士モニュメントには、地球儀の上に立つ、翼のある勝利の女神像が含まれている。その像は、上げた片手に剣をもち、もう片方の手に平和を象徴するヤシの枝をもっていた。[*11]

南北戦争は、数多くの写真イメージを生んだアメリカ史で最初の大戦争になり、写真というこの新しい表現形式は、セレモニーの創設やモニュメント建造を促すのに役立った。マシュー・ブラディやアレグザンダー・ガードナー、ジェイムズ・F・ギブソン、その他の写真家たちは、戦争に関する恒久的で忘れられないイメージを大衆に提供した。技術上の理由のため、写真家たちは、実際の戦闘を記録することはできなかったが、広範囲にわたる強烈で際立ったイメージを彼らは捉えることができた。また、北部人であれ南部人であれ、兵士はしばしば、故郷を出る前に、真新しい軍服を着て写真撮影のためにポーズをとったが、これは家族のために自分の形見を残す一つの方法であった。北部の写真家たちは、作戦行動中の各部隊に従軍し、キャンプ生活や将軍たち、奴隷主の下から逃亡してきた奴隷たち、そして戦場の戦死者を写したものなど、さまざまな写真を銃後の人びとに提供した。さらに、北軍、なかでもとくに技師部隊や医療班は、自分たちの仕事を促進したり記録したりするために、写真を活用した。[*12]

写真自体、メモリアルとしての特徴を帯びた。未亡人や家族にとって、一枚の写真は、戦闘で死んだ、愛する者の永続的なイメージであった。一八六二年の秋に多くの著名なニューヨーカーたちが、ブラディの公開ギャラリーに、彼が撮った戦死者の写真を見るため群がった。またリンカンの死が契機となって、写真家たちは大統領の生前の写真を売りに出すため複写したり、首都ワシントンDCからイリノイ州スプリングフィールドに至る大統領の葬送列車の旅を記録したりした。南北戦争直後には、写真を用いて戦争の過程を記録した高価な歴史書も出現している。[*13]

もちろん写真は、戦争の歴史の特定の部分を選び出して提供したにすぎない。そしてこの不完全さが、すべて写真器材そのものから来る技術上および資材補充面の制約によるというわけではなかった。たとえば、南部封鎖作戦が成功したため、入手できる南部連合側の写真点数は非常に限定された。さらに、写真家も大衆もともに、リアルさと美しさの両方を備えた写真イメージを求めたという問題もある。写真家はそのために、撮りたい写真像について先入観をもち、ある場合には、写真を撮る際に作為を施すこともあった。たとえば、アレグザンダー・ガードナーは、ゲティズバーグにおける南軍戦死者の遺体を、写真に撮る前に動かし、整然と並べ直したのであった。[*14]

写真の存在は、功績を上げて人気があった北部の将軍たちのモニュメントが造られるまでに何十年も経過した理由を説明できるかもしれない。英雄となったこれら軍人の写真イメージが広く普及し、それがモニュメントに代わって彼らの名声を記録し、宣伝するのに役立ったという面があるからだ。もっとも、彼らを記念するモニュメント建設が遅れたのには、大きな功績を上げた軍事指導者が生き残り、戦後に重職に就いたということも、あきらかに影響している。一八八〇年代、九〇年代にグラントやシャーマン、シェリダン、その他の著名な元北軍の将軍や提督らが亡くなって初めて、彼らを記念するモニュメントが出現するようになるのである。しかし、それら北部の有名な指揮官のだれ一人として、リンカンの名声には近づくことすらできなかったのだが。

リンカンは、将軍や一般兵卒のだれよりも南北戦争を体現し、そして暗殺されたことによって連邦の大義の殉教者になった。死後数十年経過してもわずかだったジョージ・ワシントンのメモリアルとは対照的に、死後わずか十年以内に、サンフランシスコやワシントンDC、ブルックリン、そしてニューヨーク市など各地に、数多くの像がリンカンを記念して建てられた。ある民間団体が一八七四年に、イリノイ州スプリングフィールドの共同墓地にリンカンのための手の込んだ墓を献呈したが、それは、巨大なオベリスクや彼のイメージをかたどった一連の彫像、および南北戦争期の兵士たちの寓意的な像を特徴としている。*15

亡くなった大統領リンカンや南北戦争期の英雄的な将軍たちは、南北戦争より前の戦争における大統領や将軍たちにもまして、市民兵※4の利害や願望を反映する人物として描かれることになった。たとえば、ジョージ・B・マクレラン将軍が平均的な一般兵士の福利を気遣い、また戦闘の際に兵の損耗を減らそうとしたことが、兵士たちの間で彼の人気を高めることにつながった。それに対してグラント将軍の場合は、輝かしい戦歴はあるのだが、名家の出でもなく、服装にも無頓着であるといったことが、常勝将軍としての軍人らしいイメージにそぐわなかった。大農園主であったワシントンのイメージとは対照的に、グラントは、戦場で名声を勝ち取るまで、あらゆることで失敗してきた。大統領任期中のワシントンの姿は、彼の名声を高めるのに役立つばかりであったが、大統領としての二期八年間のグラントの姿は、彼の名声にけっきょく泥を塗ることになってしまう。大衆はグラントを、腐敗の蔓延を許した決断力のないばかげた大統領だと見なしたのだ。大統領の任から自発的に去ったワシントンと違って、グラントは三期目の任も得ようと望んだ。手短に言うと、一般大衆がイメージするグラントは、生前でも死後でも、神格化された英雄ではなく、戦争では勝ったが、そのほかには勝ったといえる領域がほとんどない、非常に人間らしい英雄であり続けたのだ。[*16]

リンカンは、配下の将軍たちにもまして、英雄としての庶民《コモンマン》を代表していた。大統領候補として、そして後には大統領として、リンカンは、常識的な判断力や実直、勇敢、そして辺境開拓者の機知を体現する人物という自己のイメージを作り上げていった。彼は一八五〇年代にすでに鉄道企業の顧問弁護士として成功していたのだが、一八六〇年の大統領選挙運動用の文書は、リンカンを横木挽き[※5]として売り出すものであった。彼は暗殺されたが、そのことは、フロンティアが生んだ気高い息子という彼のイメージを、むしろ一段と高めることになった。生前の彼に向けられていた対立する党派からの批判、とくに南北戦争中の彼の行動に関する批判は、忘れ去られたのである。[*17]

※4　第一章訳注3（一七頁）参照。職業的な兵士とは対照的な兵士像で、アメリカの理想的な兵士とされた。平時にあっては市民として暮らし、戦時には軍務に馳せ参じる者。

※5　柵に用いる横木を切り出す人の意。大統領選挙出馬に際して庶民的出自を強調するために用いられた異名。

リンカンの死後の名声は、ワシントンのそれに匹敵し、場合によってはいくぶん凌駕するものとなった。ワシントンは共和国の創立を助けたが、リンカンは連邦を救い、しかも奴隷を解放した。一八六七年に連邦議会は、「アメリカに解放と普遍的な自由をもたらした大憲章を記念する」メモリアルを建てる設立認可状をリンカン・メモリアル協会に与えた。三年後の一八七〇年に、同協会のメンバーで合衆国衛生委員会の元会長であったヘンリー・W・ベロウズ博士が、すでに提案されていた一辺七〇フィート（約二一メートル）の三角錐形メモリアルの詳細な説明書を提出した。そのデザインは、まず六人の偉大な北軍の将軍たちの乗馬像を置き、それらの上、二段目の土台の周りに、南北戦争期のおもだった文民指導者のブロンズ像二一体をすえるというものであった。モニュメントの頂点には、奴隷解放宣言に署名するリンカンの巨大な座像をすえる予定であった。さらに、一連の寓意的な肖像や浅浮き彫りを施す予定であって、それらは奴隷制の歴史や、サムター要塞への砲撃、奴隷制を非合法化する憲法修正といった南北戦争に関わるおもな出来事を記録するはずであった。[*18]

しかしリンカン・メモリアル協会は、その壮大な構想を実現するのに十分な資金を集められなかった。実現に向けた決意が社会に乏しかったのだが、それは、南北戦争中に奴隷制と人種がはたした役割について、北部に相反する感情があったことを反映していた。もしベロウズらが、提案されていた規模のモニュメント建設をうまく進めることができていれば、南北戦争を、何よりも自由と解放のための軍事・非軍事両面での戦いとして記念する、恒久的なシンボルが首都にできていたはずなのだ。

けっきょく、アフリカ系アメリカ人たちが、前述の構想よりも小さなメモリアルをワシントンDCの公園に建てた。このメモリアルは、リンカンを、囚われの身から奴隷を解き放った、いわばアメリカのモーセとして描いている。像の建設資金はアフリカ系アメリカ人らが出したが、必要な資金集めと彫刻家選定の責任は合衆国衛生委員会が負い、彫刻家トーマス・ボールが選ばれた。しかしボールが制作したこのモニュメントには、北軍におけるアフリカ系アメリカ人の軍務を記念するという面が欠けており、また機会があったときには彼らが自由を求めて大勢で南部を脱出したという認識も欠けていた。これらの表象の欠如は、自分たちの解放をなしとげる上でアフリカ系アメリカ人自身がはたした役割をもっとも小さく見せる役目をしている。ニューイングランド生まれでヨーロッパ風の訓練を受けた彫刻家ボールは、アフリカ系アメリカ人の兵士を描くかわりに、ひざまずく奴隷の像と彼に自由を与えるリンカンの立像とでモニュメントを構成したのである。*19

一八七六年に、このメモリアルの除幕式で、アフリカ系アメリカ人の有名な奴隷制即時廃止論者《アボリショニスト》であったフレデリック・ダグラスが、ユリシーズ・S・グラント大統領や大勢の連邦政府高官を含む聴衆を前にして式典の主演説をおこなった。モニュメントのデザインについて言及を差し控える一方、ダグラスは、リンカンの記憶を大切にする努力を賞賛し、白人のアメリカ人に「リンカンの像を増やす」ように訴えた。そして像を造るにあたっては、「もっとも高価な材料で、もっとも巧みな技術でなされるべきであり、それらの像の形は均整のとれた、美しい完璧なものにすべきである。それらの像の台座はどっしりとした石の基盤に据えられるべきで、それらの像のいただきは、われらの頭上を覆う永遠の青空を背景とするよう、作られるべきである。そしてそれらの像がとこしえに永らえるように！」と訴えた。元奴隷であるダグラスにとって、殉教した大統領リンカンは、連邦を救うと共に、アフリカ系アメリカ人らを「奴隷制のどん底から、自由にそして人間らしく生きるという高みにまで」ひき上げる大義をも導いた、そのような政治家として記憶されるべきであった。ダグラスは、最終的に二〇万人もの元奴隷が、「隷属というぼろ服」を脱ぎ捨て、「合衆国兵士の青い軍服」を着るために軍に集まったこと、そしてその軍をリンカンがいかに統御したか、誇りをもって物語ったのだ。[*20]

北部の人びとの間では、南部社会の行く末がどうあるべきか、意見がなかなかまとまらなかった。民主党員たちは、南部社会が連邦にそのまま再統合されることを望んだ。その一方、多くの共和党員、とくに同党の急進派の人びとは、連邦政府が南部社会を再編し、分離派のプランター層の支配を終わらせるべきだと主張した。また共和党員は、一八六六年の連邦議会選挙に向けたキャンペーンを皮切りに、北部の票を集めるため、南北戦争期の分断の記憶を長く保とうとした。たとえば、一八六〇年代に考案され、一八八〇年代まで断続的に使われた「血染めのシャツ」キャンペーンは、民主党員と南部を反乱と不忠誠に結びつけるものであり、選挙運動集会の間、血がしみ込んだ一枚のシャツが空中にひるがえり、戦争中に失われた北部の人びとの命を象徴したのである。また、この時期の大統領選挙運動における共和党員は、南北戦争を経験した退役軍人を集めて「青い軍服を着た男たち」という組織を作り、巨大なたいまつを灯したパレードで、北軍独特の青い軍服を身につけた彼らに行進させたりもした。[*21]

また共和党の指導者たちは、最大かつ一番成功した北軍の退役軍人組織、つまり共和国軍人協会（GAR）の創設にあたっても、決定的な役割を演じた。そしてこのGARは、表面上は無党派の協会として一八六六年に設立されたが、共和党の目標のために計り知れないほど貴重な貢献をした。オハイオ州選出の合衆国上院議員で、元北軍将軍のジョン・A・ローガンの指導の下、GARは、共和党のために北軍退役軍人の支持を固め、人びとの脳裏に戦争の記憶を呼びさまし続けた。ただし、GARの存続過程を通じ、北軍退役軍人の多数はこの協会に参加せず、その会員数は一八九〇年にピークをむかえた時でさえ四〇万人を少し超えた程度であった。加えてＧＡＲの会員数は、一八六〇年代後半や一八七〇年代には変動がきわめて大きく、一八七六年の会員数はわずか二六、八九九人というありさまであった。おまけにＧＡＲは、北軍退役軍人の忠誠をひきつける唯一の組織というわけでもなかった。元将校たちは、下士官や兵卒を入れない排他的な協会を数多く作った。そのもっとも著名なものはロイヤル・リージョンである。*22

ＧＡＲという組織の重要性や意義は、アメリカ社会全体で南北戦争を記念する動きを作り上げる際に、きわめて重要な役割をはたしうるその能力に由来する。たとえば、南北戦争の終了後まもなくＧＡＲは、戦争で亡くなった人びとを思い起こすことに捧げられた日である戦没者追悼記念日《メモリアル・デー》の式典を奨励し始めた。もっとも、ＧＡＲのしたことは、南北でだんだん共通のものとなってきていた記念活動をただ標準化し、公式行事化したにすぎないという面もある。すなわち早くも一八六五年に南部で、複数の女性団体が南軍兵士の墓を装飾し、春には追悼の礼拝を催していた。これが、一八六六年から一八六七年に北部にも広がり、春の新たな習慣として、さまざまな日に執りおこなわれるようになった。そしてこの段階で、ＧＡＲは、戦没者追悼記念日を北部で広く認められる休日に変え、けっきょく、その日を連邦の公休日にする上で決定的な役割をはたしたのである。一八六八年にローガンは、ＧＡＲの各地方支部に、北軍兵士の墓を装飾し、戦没者に敬意を表して五月三〇日に記念式典を催すように指示した。ローガンの声明によると、「英雄的な戦死者」は、みずからを「我が国と敵の間のバリケード」にしたのだ。彼らは、「鎖につながれた人種にとっては自由の起床ラッパ」として尽力し、一方、彼らの死は、「武器をもって反乱を起こした専制政治の帰営ラッパ」となった。ローガンは、ＧＡＲの各地方支部に、彼らの「墓を油断なくおごそかに」守るよう指令した。この指令は、次世代が、「自由で分断されない共和国を維持するために必要な代価」を意識できるようにするためでもあった。[*23]

ローガンの要請に応じて国じゅうのGARの地方支部は、祈りや賛美歌、愛国の歌や葬送歌を呼び物にする式典を開催した。たいていの式典は、プロテスタントの色合いを強く帯びていたけれども、カトリックの僧侶が主宰したり参加したりした都市もあった。たいていは元将軍か聖職者が講演し、一つに統合された国民への道が戦死者の犠牲によってどれくらい整えられたのか、そしてその犠牲が自由の恩恵をいかにもたらしたのかを説いた。多くの人びとは、戦争の結果をアメリカ独立革命やアメリカ独立宣言の約束の実現だと見なした。式典を催すコミュニティの戦死者の名前が読み上げられたこともしばしばあった。また通例、式典の最後に参加者は花や花輪を墓に供え、小さなアメリカの国旗を墓に供える場合もあった。たとえば、ヴァージニア州アーリントン国立共同墓地における式典は、後に大統領になるユリシーズ・S・グラントとジェイムズ・ガーフィールドが、招待された高官らとともに見守るなか、南北戦争で孤児になった子供たちが、一万二〇〇〇以上の墓に花をまいて幕を閉じるというものであった。ローガンがかつて望んだように、メモリアル・デーは、北部のほとんどの地域で、また南部でも各所で、毎年広く追悼がおこなわれる休日になったのである。[*24]

政治に関しては中立というGARの方針は、たびたび破られはしたが、GARがメモリアル・デーの主催者として成功を収めるには不可欠であった。ローガンやGARの指導者たちは、明らかに党派的な演説や象徴的な行為を賢明にも差し控えていた。だが休日そのものが、戦争中に蒙ったすさまじい損失をアメリカ人に思い出させ、共和党の主張を支えたのだ。また多くの講演者も、戦争を始めた責任が南部にあったと主張した。一方、南部では、メモリアル・デーの儀式を通して、各コミュニティのなかの誰が、連邦議会による再建や共和党を支持しているのかが明らかになるのであった。[*25]

初期のメモリアル・デーの式典や共和党の選挙運動で用いられたレトリックは、南北戦争の勝利の成果を守るためには警戒を怠ってはならないというものであった。ローガンや共和党の指導者たちは、GARが、たんに南北戦争の記憶を守り、共和党が選挙で勝つ可能性を高めるためだけの組織ではないと見なしていた。たとえば、一八六八年にアンドルー・ジョンソン大統領弾劾決議をめぐって生じた危機の間、ローガンは、ジョンソン大統領が正規軍を使ってエドウィン・スタントン陸軍長官[※6]を陸軍省の彼のオフィスから追い出したり、連邦議会を解散したりするのを阻止するため、GARを動員する計画を進めていた。[*26]恐れられた軍事クーデタはけっきょくおこらず、連邦の勝利や憲法を守るためにGARがもう一度武器を取る必要もなかった。ジョンソンは、街頭で軍事力を使うことなく、議会上院で、自分に対する弾劾の動きを首尾よく克服したのだ。ただしこの出来事は、再建期の間、平和と戦争のあいだの境界がいかにきわどいものであったかを鮮明に示している。実際、再建期を通じ、まず連邦議会の共和党員が、そして後にはグラント政権が、再建政策に従う南部の各州政府を支え、アフリカ系アメリカ人の権利を保護するために南部で正規軍を使用した。共和党員は、ジョンソン大統領の下でアメリカという共和国の政体そのものに対する脅威があまりにも大き

※6　リンカンにより陸軍長官に任命され、その死後も留任。閣僚の中で唯一人、議会が進める急進的な南部再建策を支持していた。

1890年代後半のニュージャージー州モリスタウンにおけるメモリアル・デーの式典は、南部・北部双方に共通する追悼のパターンを反映していた。（モリスタウン図書館所蔵写真）

くなっていると考え、超法規的な軍隊使用も是認されると信じたのである。*27

一八七〇年代、再建が脅かされてい るという懸念が薄らぐにつれ、GARの会員数は、減っていった。地方支部が消滅した地域もあったが、GARそのものはなんとか生き残った。GARは無党派性を謳っており、実際には党派性が透けて見えていたにせよ、政党への長引く不信感を一般のアメリカ人がまだもっていたため、その無党派性は、組織が存続する上で決定的な役割をはたすことになった。党派的な色合いが明らかな退役軍人組織は、長続きしなかった。さらに、GARが自立した組織であったため、その会員は、会の活動目標を定める際に一定の役割をはたすことができた。会員からの圧力の結果、ＧＡＲは共和党との関係を控え目にし、その代わり、障害を負った北軍の退役軍人のためによりよい恩給を確保することをいっそう重視した。その結果、民主党員の退役軍人が、常に少数派であり続けたものの、共和党寄りの協会の姿勢に立ち向かうべくＧＡＲに参加するようになった。[*28]

北部の民主党員は、大統領選挙で共和党の「血染めのシャツ」運動に挑むのは難しいとわかっていたが、南北戦争を象徴するものすべてを共和党に譲ることは拒んだ。何回かの大統領選挙運動の間、民主党員は、共和党の「青い軍服を着た男たち」に対抗して、彼ら自身の北軍の退役軍人協会、「青い軍服を着た白人男性たち」を立ち上げた。さらに、民主党はしばしば、民主党員である南北戦争時の将軍を大統領候補に指名するという構想を弄び、一八八〇年には実際に具体化させた。ゲティズバーグの戦いの英雄ウィンフィールド・スコット・ハンコック将軍を民主党の大統領候補として選んだのである。もっとも、この戦術は失敗した。共和党員が、ハンコックは個人としての誠実さを備えているが、南部の利害関係者の手先にすぐ変身するだろうと揶揄したからである。北部の民主党員の、南北戦争がらみの言動のなかでもとくに重要なのは、アフリカ系アメリカ人の新しい地位に関して多くの北部白人がもつあいまいさや人種的偏見に訴えかけたことである。[*29]

南部の白人にとって南北戦争は、社会秩序をさかさまにひっくり返してしまう大敗北であった。元奴隷は、自由になっただけでなく、その多くが連邦軍で兵役についた。このことは、南部人の感情にとって究極の侮辱であった。さらに共和党急進派が、アフリカ系アメリカ人奴隷を市民の地位まで高めるいくつかの法律や憲法修正条項を、戦争直後に可決していた。その上、多くの黒人連隊をもつ連邦陸軍が、南部において占領軍として機能したのだ。

戦争や戦後の余波によって引き起こされた大変動にもかかわらず、大多数の元南部連合支持者は、連邦からの脱退が失敗であったことを認めようとしなかった。ひそかに、あるいはしばしばおおっぴらに、彼らは、連邦に力ずくで引き戻されたことへの不満を示した。彼らは、メモリアル・デーや独立記念日にGARがスポンサーを務める式典への参加を避けたため、これらの式典はすべて、南部共和党員である黒人、白人の領域となった。そしてたいていの南部人は、「失われた大義」の記憶を守るために、独自のモニュメントを作り、休日を設け、さらには組織まで形成するのであった。[*30]

南北戦争中に巨大な経済的損失をこうむったにもかかわらず、南部人は北部人同様、戦争を記念するモニュメントの建設にすぐとりかかった。北軍のモニュメントの大多数を建てたのは市民団体や州・地方の政府、復員軍人組織であったが、初期の南軍モニュメントの発起人を務めたのは、ほとんどの場合、「女性が主宰するメモリアル協会」であった。また、南部連合の大義を記念するモニュメント造りが最初のブームを迎えた際には、その立地とデザインの両面で、連邦側のそれとは違いが見られた。北部のモニュメントと違い、たいがいの南部のメモリアルはオベリスクになりがちで、普通、共同墓地のなかに設置された。[*31] オベリスクを好むことを[※7]、ある女性メモリアル協会は、次のように説明している。

> 失われた大義のメモリアルということになると、それは勝利のメモリアルではありえない。死者の都市たる墓地の入口付近に設置されたその光景は、それが記念する悲しい歴史の記憶を必ず呼び起こすにちがいない。死者の都市にすばらしいモニュメントを造っても、物憂い無関心な目に見つめられるただの一装飾にすぎなくなるだろう。そしてそれは、死者のメモリアルにはならずに、冷たい美術批評の対象になるだけであろう。[*32]

そのような南部の追悼活動のおもな対象は、北部の場合と同様に、一般兵卒であった。女性のメモリアル各協会は、一八六五年から一八六六年にかけて、南軍戦死者を捜し出して彼らの恒久的な共同墓地を造ろうと尽力した。この取り組みのなかに、南部人が引きずっている疎外感を見ることができる。たとえば、北部に埋葬された南軍の兵士たちは、ゲティズバーグのような国を代表する重要な戦場に葬られた兵士たちでさえ、埋葬し直すため南部に送り返されたのである。[*33]

南部人は、南軍戦死者を、さまざまな日取りで執りおこなわれる彼ら自身の戦没者追悼記念日の式典で顕彰した。けっきょくそう呼ばれることになった「南部のメモリアル・デー」には、GARの式典とよく似たものが含まれていたが、重要な違いもあった。もちろん、連邦の勝利を称賛するかわりに、南部の講演者は、彼らの「失われた大義」の正当性がいつか立証されると予言した。そして戦死者記念の日取りを決める際、南部諸州は、地方主義《ローカリズム》に対する愛着を引き続きよく示すことになる。たとえば深南部のコミュニティは、概して、ジョセフ・E・ジョンストン将軍が自軍とともに降伏した四月二六日に式典を開催した。しかし、南北両カロライナ州では、トーマス・「石の壁《ストーンウォール》」・ジャクソンの戦死記念日である五月一〇日が式典の日とされた。一方、ヴァージニア州の各コミュニティでは、五月半ばから六月半ばにかけてのさまざまな日に、戦死者が顕彰された。[*34]

※7　オベリスクが好まれたことについては、第一章四二頁以下、および序文の訳注2（一三頁）を参照。

南部の白人は、南部のアフリカ系アメリカ人に政治的・経済的諸権利を与える連邦政府の取り組みに対し、頑強に抵抗した。アフリカ系アメリカ人に従来どおりの服従を強いるため、白人の南部民主党員はしばしば、違法な暴力に訴えた。再建期当初の数年間、多くの南軍の退役軍人は、クー・クラックス・クラン（KKK）に参加した。この組織は、新たに解放された奴隷に対し、テロ活動をおこなったのである。手のこんだ入会式で、会員は秘密厳守を誓い、かつて南軍で戦った軍人の未亡人や子供らを守ることを誓い、そしてGARや再建を支持するその他の多様なグループへの抵抗を宣言した。「ニグロをそのふさわしい地位に」とどめておくため、KKKの各支部はアフリカ系アメリカ人を激しく襲撃し、彼らから強奪し、しかも彼らをリンチした。[*35]

KKKは、伝統的な意味での公的な退役軍人組織といえるものではなかった。一八六八年にKKKが南部じゅうに広がるにつれ、その会員資格は組織の目標を受け入れる白人男性なら誰もが得られることになった。そしてその儀式の多くは、大学キャンパスに作られたギリシア文字の名称をもつクラブや、男性同士の仲間意識に基づく一九世紀の多様な秘密結社との共通点をいくつももっていた。[*36]とはいえKKKは、伝統的な意味のものではないが、やはり退役軍人組織であった。重要な違いもあったものの、GARとKKKの間には著しい類似点がいくつかあったのだ。たとえば両協会の初期の発展において、南北戦争期の元将軍らがきわめて重要な役割をはたしている。KKKの場合、ネイサン・ベドフォード・フォレスト将軍が、最初で唯一のグランド・ウィザード（大魔術師）を務めた。フォレストは、状況証拠からすると、元南軍の戦友を対象に、KKKへの支援を募るキャンペーンを実施し、多少成功したようだ。GARの方は違法な暴力に訴えることはけっしてなかったが、そのGARでも、一八六八年のジョンソン大統領弾劾をめぐる緊張時に、首都ワシントンへ行進する準備をしたことはある。ＫＫＫとＧＡＲの両組織は、元をたどれば秘密結社として始まったものだ。もともとＧＡＲも、手のこんだ入会式で、退役軍人に戦死者を忘れないよう求める秘密結社として始まった。たとえば、ある入会式で入会予定者は、目隠ししたまま入室して、ひざまずくよう求められた。そして目隠し布が取り去られたとき、彼の眼に入るのは、アンダーソンヴィル捕虜収容所[※8]で亡くなった兵士の名前が書かれた棺、二本の交差した剣、アメリカの国旗、そして開かれた一冊の聖書であった。宣誓の儀式で入会予定者は協会の秘密をけっして暴露しないことを約束し、そして自分の仲間の会員や組織のリーダーたちへの忠誠を誓ったのである。[*37]

ＫＫＫの場合、初期の頃は、暴力を振るう際に、白いコスチュームで身を包んだ会員は、自分たちが死んだ南軍兵士の亡霊だと宣言した。会員はこの変装で、アフリカ系アメリカ人を脅すだけでなく自分たちの身元を隠そうとした面もある。しかし、白い扮装を使うことには、ほかの儀式の多くもそうだが、もっと深い象徴性が含まれていた。つまり、魔力に訴えることで敗北という現実に対処しようとする南部人の努力を表していたのだ。会員は、ある意味、北部の現実の力に対抗するため、これらの儀式や亡霊のイメージを用いたのである。しかしもちろん、南部の女性を保護するため暴力に訴えるというＫＫＫの主張は、さらにいっそう利己的な試みであり、アフリカ系アメリカ人や共和党主導の再建の支持者に対する根拠なき暴力を単に正当化しようとするものであった。しかしまた、彼らの主張は、南部の多くの白人男性が気づいていた必要

※8　北軍兵士多数が収容された悪名高い南部の収容所で、ジョージア州南部にあった。

性をも反映していたのかもしれない。それは、自分たちの名誉を回復し、北部人(ヤンキー)に対する降伏によって失われたと思われていた男らしい勇気という自分たちの感覚を強化することであった。[*38]

南部の名誉を保つことに向けられた関心は、女性が主宰するメモリアル協会の成功を説明するのに役立つ。南部の男性は、南軍戦死者の記念事業を女性に適した活動領域だと考えたので、多くの地域で裕福な男性が、これら協会の財政面におけるおもな後援者となった。南部の女性は、戦死者への自分たちの貞節を示すことで、また南部の「失われた大義」に敬意を表すことで、ある意味、生き残った南部の男性に対し、女性も彼らの男性としてのアイデンティティを尊重し続けていることを示して彼らを元気づける役割をはたしたのである。一方、南部の男性は、KKKに参加し、また再建に反対することで、彼らの政治的・人種的優越性という目標を追求すると同時に、自身の男らしさという観念を強化するために女性や子供の保護者役を引き受けたのである。

一八七〇年代初頭に連邦政府が介入したこともあり、クー・クラックス・クランは排除され、その後一九〇〇年代の初頭まで再生することはなかった。しかし、クランの当初の成功は、その後に再建に降りかかることになる運命のおそろしい前兆であった。多くの南部白人は、奴隷制の終りは認めたものの、アフリカ系アメリカ人に政治的権利を与えることに関しては、どんな権利であってもしぶとく抵抗した。南部白人の民主党員は、状況に応じて弾丸と投票を使い分け、共和党に支配されたあらゆる南部の州政府を、一つずつなんとか転覆していったのである。

北部が南北戦争に勝ち、国民はもはや奴隷制問題という重荷に苦しまずにすむようになっていた。しかし一八七七年に南北戦争は新たな段階、すなわち曖昧な和平解決を生みだした。これによって再建期の成果が壊され、南北戦争の遺産が新たに形作られることになる。ここまで共和党は、軍の力とアフリカ系アメリカ人への権利の付与を通じて南部を政治的に作り変えようと、一貫性のない努力を重ねてきたのだが、その試みは再建終了とともに崩壊した。実際、南部のアフリカ系アメリカ人は、手にしたばかりの政治的・経済的諸権利の多くをけっきょくはぎとられた。農業面での小作農化とクロップ・リーン制度[※9]の出現は、多くのアフリカ系アメリカ人を、数多くの貧しい白人《プア・ホワイト》と同様、借金返済のために奴隷のように働く労働者の身分におとしめたのである[*39]。

けっきょく北部共和党員の大多数は、血染めのシャツという民主党へのネガティブ・キャンペーンと別れ、民主党員と同調してセクション間の和解を主張することになった。この南部再建の放棄は、一つは南部の継続的な非妥協性に対するフラストレーションから、もう一つは経済上の安定性に対する欲求から生じた。北部のビジネス関係者は、新南部に、低く抑えられた賃金率のためにとりわけ安い労働力や原料の豊かな源泉を見出した。また南部白人も、南部の経済資源開発を北部ビジネス関係者に任せることで、経済上の再統合のために北部が求める条件を十分満たした。さらに一八七〇年代や一八八〇年代には、商工業の発展を好む新しい南部のエリートも現れた。そして連邦政府がアフリカ系アメリカ人擁護のための断続的な介入を止めるにつれて、南部白人は国全体という考え方を受け入れ始めたのだ。ただし、新しい南部のあり方を支持す

※9　予定収穫物を担保に、生活必需品を商店から利子つきで購入する制度。

る者は、再統合を求めたものの、かつての南部連合を無視したわけではない。それどころか彼らは、旧南部の退役軍人に加わって、組織を形成したり、モニュメントを建てたり、失われた大義のために大規模なセレモニーを準備したりしたのである。[*40]

一九世紀末の二〇年間に、元南軍兵士は退役軍人組織に対する関心をさらに強めた。一八八九年に設立された南部連合退役軍人連合（UCV）は、もっとも多くの退役軍人を引きつけた。ある見積りによると、二〇世紀の初めには、存命中の南軍退役軍人は三人に一人という高い比率でUCVに参加していた。組織や目的に関する多くの点で、UCVはGARに似ていた。会員たちはキャンプと呼ばれる地方支部に属しており、またキャンプの多くは自治権をもっていた。キャンプの上に、州、地域、そして全国レベルという何層ものヒエラルキーが存在した。GARにおいてと同様、UCVの役員は軍の階級をもち、そして彼らは通例、元将校であった。さらにGARと同様、UCVは、女性のための補助的な組織や、後には退役軍人の息子のための補助組織を備えることになったのである。[*41]

UCVは、女性のメモリアル協会とは別に、モニュメントの建造やメモリアル・デーの式典準備にかかわり、その責任の大半を引き受けた。UCVやその女性の補助組織である「南部連合の娘たちの会」によって建てられたモニュメントは、各種の市民委員会や政府機関が建てたものもそうなのだが、再建期のものとは異なっていた。すなわち、再建期には共同墓地にオベリスクが建てられたのだが、それにかわってこの時期には、北部ですでに起こっていた変化と同様に、郡庁舎の周囲あるいは街の広場に兵士のモニュメントがすえられるようになったのである。これらの像は、営利的なモニュメント会社によって大量生産されたものである場合が多かったが、通例、それはマスケット銃をもって「休め」の姿勢をとる一人の南軍兵士をかたどったものであった。もっと大きなコミュニティでは、ロバート・E・リーや「ストーンウォール」・ジャクソンといった指揮官、さらにはジェファソン・デイヴィス南部連合大統領を記念して多くのモニュメントが建てられた[*42]。

南部の大義に捧げられたモニュメントや式典には、ある種の祝賀の雰囲気が漂っていた。南部のメモリアル・デーでさえ、戦死者に焦点を合わせてはいるものの、哀愁を帯びた雰囲気はすこしもなかった。式典で講演に立った者は敗北を強調せず、代わりに、普通の兵士の勇気や度胸、そして不屈の精神に焦点をあてた。UCVが毎年主催する全国規模の大会は、多くの演説や社交イベント、そして南部の旗とアメリカの国旗を目立つように並べて掲げた巨大なパレードを呼び物にし、幅広い参加者を集めたのである[*43]。

新南部のリーダーたちもそうであったが、退役軍人組織は、南北戦争を引き起こした状況における奴隷制の意義を最小限に評価し、そのかわりに、連邦政府の介入に反対することや州権にかかわる憲法上の問題を強調するようになった。新南部のリーダーや退役軍人たちは、正当な権利を守るために戦ったので南部が謝る理由は何もないとの主張は繰り返したが、敗北という戦争の結果に関する遺憾の念を公に表明することはほとんどなかった。南部連合共和国の再生を望むものはほとんどいなかったし、大多数は、南部が一枚岩の形で、経済的に成長しつつある国家の一部として留まるべきだと主張した。南部のメモリアル・デーの式典で演説をした新南部のリーダーのなかには、南北戦争の結果、奴隷制という災いを最終的に取り除くことができ、南部は救われたとまで指摘したものもいる[*44]。しかしながら南部人は、再統合を受け入れるに際して、人種間関係に関する南部の自律性を承認するよう要求し、また南部の大義を名誉あるものとして祝うことが許されるよう要求した。しかし和解に決定的な役割をはたしたのは、多くの点から見て、やはり北部共和党員であった。彼らは、アフリカ系アメリカ人を見捨てただけでなく、民主党員に同調して、南部の大義に正当性を与える一連のあらゆる姿勢の後ろ盾を務めたのである。

北部人、とりわけ共和党員は、南北戦争で勝ったのは誰かを忘れはしなかった。北部で再統合に肯定的な心情が育つにつれて、モニュメント建造の機運に拍車がかかった。多くのコミュニティが、モニュメントを初めて建てたり、追加のものを注文したりした。首都ワシントンでは、連邦政府が南北戦争中の主要な将軍たちを記念する一連のモニュメントを建て、エイブラハム・リンカンを記念する最大級のメモリアルもそこに含まれることになる。そして一八八九年に、連邦議会はメモリアル・デーを国民の休日と定めたのである。[*45]

一八九〇年代から二〇世紀の初めにかけて、南北戦争をめぐって続けられてきた争いがついに終わったことを明示しようとする意識的な努力が始まった。メモリアル・デーの講演で、北部の勝利を覆そうとする南部の試みに警戒する必要が強調されることは、もはやなくなった。それにかわって、講演では、戦争によって強められたセクション間の分裂を癒すことの重要性が強調された。この和解というテーマを強調するため、ゲティズバーグその他の北部の主要な戦跡で南部人がメモリアル・デーの講演をすることが多くなったし、GAR等の復員軍人組織は、南部の同種の組織と共同で再会の集いや野営行事をおこなった。一九一五年にカリフォルニア州ロングビーチのGARの地方支部と市民からなるモニュメント委員会がエイブラハム・リンカンの記念像を建てた際には、連邦側と南部双方の復員軍人組織に寄付を求めている。そしてモニュメント委員会は台座にユリシーズ・S・グラントの有名な訴え、「平和を維持しよう」という言葉を刻み、さらに、ひるがえるアメリカ国旗を彫り込んだ。このメモリアルの除幕式を主催したのはGARの地方支部であったが、冒頭演説者に選ばれたのは南部のテネシー州生まれであるロングビーチの聖職者であった。[*46]

一八九〇年代後半のウィリアム・マッキンリー大統領から始まる歴代の共和党政権は、党に対する南部の支持を得る手立ての一つという面があるのだが、南部連合側の死者への敬意をなんども示している。元北軍将校であったマッキンリー大統領のもとでは、アーリントン国立共同墓地に南軍戦死者のための特別埋葬地区が設けられた。彼の後継者であるセオドア・ローズヴェルトは、北部にある南軍戦死者の墓の管理責任を連邦政府が負うという法律に署名した。ローズヴェルトの後継者のウィリアム・ハワード・タフトは、「南部連合の娘たちの会」がアーリントン国立共同墓地に南部連合メモリアルを建てることを認める法案を承認した。また一九二九年には、大統領の地位を去る直前のカルヴィン・クーリッジが、南軍の退役兵に、陸軍省が支給する墓石を得る権利を認める法案に署名した。これは、私営の共同墓地に埋葬されている北軍の戦死者に一八七九年以降に与えられていた権利と同じものであった。[*47]

一八九〇年代に連邦議会は、南北戦争の戦場跡に営利企業が進出するのを防ぐため、それらの土地を恒久的な戦争メモリアルとして入手し始めた。国立のメモリアルとして購入されたものの、完成したチカマウガやチャタヌーガ、ゲティズバーグやアンティータムの国立軍事公園は、地方のコミュニティや州、そして地域の強い結びつきを認めるような国家のあり方を記念するものとなった。それは、連邦議会が、州や地域の単位で編成された個々の連隊を顕彰する記念碑やモニュメントをこれらの公園のなかに建てる権利を、各州や退役軍人各協会に認めたからである。その結果、南北戦争の各戦場には、北軍の各連隊と同様に、南軍の各連隊を記念するモニュメントも建ち並んだのである。[*48]

南北戦争のおもな戦場跡地を政府が購入することを支持した人びとは、それらの戦跡が、そこで戦われた戦闘の雄々しさゆえに保護されるべきだと主張した。たとえば、下院軍事委員会のある報告書は、チカマウガやチャタヌーガの戦場跡地を購入するよう求めるに際し、この戦場で戦死した兵士の数は、同じ一九世紀にヨーロッパでおこなわれた多くの有名な戦闘の戦死者数を上回ると論じている。また、これらの跡地を軍事公園として認可するのには、実用的な理由もあった。連邦議会は、合衆国陸軍の将校たちが戦術や地形を研究する訓練用地としてこれらの戦跡を役立てるよう求め、これらの戦跡を陸軍省の管轄下に置いたのである。[*49] なお、南北戦争の各戦場を保存するにあたって、連邦政府は北部と南部の両者に戦争を記念する上での平等な権利を認めた。

連邦議会の活動以前でも、一八八〇年代にペンシルヴェニア州やその他の北部諸州は、ゲティズバーグの戦場の大部分を購入したり、州の各部隊を顕彰するモニュメントを建てたりするために公的資金を支出していた。ペンシルヴェニア州が認可した組織であるゲティズバーグ戦場メモリアル協会は、戦場の保存と標識や案内板作成を監督したが、その活動を、ポトマック軍[※10]と関係のあった戦線と場所に限定した。

連邦政府がゲティズバーグに国立軍事公園を造った際、政府はゲティズバーグ・メモリアル協会の資産を管理下に置くとともに、さらに南軍関連の戦場跡もそのなかに組み込んだ。連邦政府はその際、州が建てた銘版や像がこの地を戦場と示している状態をそのまま引き継ぐしかなかった。それでも、ゲティズバーグの戦跡が州から中央の政府の手に移ったことで、南部の諸州や復員軍人の各協会がこの北部の戦場にメモリアルを設置することが、政治的にも文化的にも可能になったのである。逆に、南部の戦場跡に設けられた国立軍事公園では、連邦政府の管理下に置かれたことにより、北部の諸州や各部隊がその地にメモリアルを建てることがいっそう容易になった。

連邦政府が所有する南北戦争の戦場跡地ほど数多くのモニュメントがある場所は、地球上にほとんどない。ゲティズバーグの場合、州や復員軍人の組織がおよそ四〇〇ものモニュメントを建てた。それらのモニュメントは多様で、ペンシルヴェニア州が建てた、彫像で飾られたどっしりしたメモリアル建築から、さまざまな戦闘行動をとる兵士の姿を表す像にまで及ぶ。乗馬像は戦跡の風景のあちこちに点在し、南北両軍の将軍の役割を想起させる。また、ゲティズバーグ戦場メモリアル協会、各州の政府、連隊ごとに作られた協会、さらには連邦政府などが建てた何百もの案内板もまた、戦線の跡を示している。

ゲティズバーグに連隊協会や州政府によって建てられた戦場メモリアルから、地域や州のレベルの結びつきが最重要であるとする国民像が見てとれる。南北戦争期のたいていの連隊は、個々のコミュニティ単位で招集されたため、各連隊の軍務を記念する戦場モニュメントは、それら独自のエスニック的・地域的アイデンティティをしばしば反映していた。たとえば、アイルランド系旅団を構成した連隊の一つ、ニューヨーク連隊の軍務を記念する多くのメモリアルには、アイルランドを象徴する三つ葉《シャムロック》のクローバーの装飾が施されている。また、ニューヨーク第四五連隊はドイツ系移民を主体とする部隊であったが、一八八八年におこなわれたその戦死者を記念するモニュメントの除幕式で、かつて同連隊に属して戦ったクリスチャン・ベームが、ドイツ語で戦友と来賓にむけて演説した。[*50]

多くの南部州政府と南軍の退役軍人組織は、連邦政府が保存・管理する戦場跡にメモリアルを建てたもの

※10　北軍の主力部隊の一つ。首都防衛や南軍リー将軍の部隊の抑止を任務とした。

の、これらの活動は論争を引き起こすことになった。たとえば、ミシシッピ州ヴィックスバーグ[※11]に州のメモリアルを建てることに賛成した同州の議員たちは、そのようなメモリアルは北軍の勝利を記念することになりがちだという反対意見を克服しなければならなかった。ゲティズバーグに関しては、たいていの南軍復員軍人組織がモニュメント建設に反対したのだが、それは連邦が、「主要な戦線で司令部が占めた場所」にのみメモリアル建設を認め、陸軍の各部隊が到達した前進地点には、「補助的な銘版」を置くことだけを許すという政策をとったからであった。元南軍の人びとから見れば、このルールは彼らの部隊を不当に差別し、しかも、先に北部が建てたモニュメントがこのルールに従っていないことを無視していた。[*51]

ゲティズバーグをはじめとする軍事公園のたいていのメモリアルは、戦場における個々の部隊の貢献を想起させるものだが、なかには平和というテーマを意識的に呼び起こすモニュメントもあった。たとえば、ニューヨーク州は、チカマウガやチャタヌーガの戦場にすえたモニュメントを、平和のモニュメントとしてデザインした。また連邦政府は、和解の意思表示として、ゲティズバーグの戦いの五〇周年記念日と七五周年記念日の二度にわたって、その戦場で南北両軍兵士が再会する機会を設けた。一九一三年の五〇周年記念日には、年老いた復員軍人たちが、南北間にできあがった和解を、平和メモリアルを作って象徴させようとし、その実現に向けて働きかける約束を交わした。連邦議会はこの約束を実現させ、一九三八年における南北両軍の最後の再会（七五周年記念日）に間に合うように連邦政府が平和の塔を建設した。[*52]

南北和解は南部の大義を立派なものと認めることにつながるため、一九世紀から二〇世紀にかけての世紀転換期頃には、まだ和解に対する反対意見が残っていた。一九一〇年に、元北軍将校たちの協会、合衆国ロイヤル・リージョンのニューヨーク支部は、元南軍の将軍、ロバート・E・リーを記念する国立モニュメントをワシントンDCに建てるよう求めた連邦議会の提案に対し、激しく抗議した。リージョンは次のように言う。合衆国に反逆し、公然と謀反を起こした者たちが、連邦政府によって、連邦の共同墓地内のモニュメントや碑文を使って名誉を回復されることは、あまりにも不適切である。国家の首都におけるメモリアル建設については、一線が画されるべきだ、と。[*53]

南北再統合に向けた動きに対しては、以上のほかにも反対する声があった。フレデリック・ダグラスその他のアフリカ系アメリカ人のリーダーたちは、南北和解には、あまりにも高い犠牲が払われていると主張した。南部は、アフリカ系アメリカ人に完全な市民権を与えることなく、また悔い改めることもなく許されてしまった。数多くのアフリカ系アメリカ人のリーダーたちにとって、南北戦争は解放戦争であり、そしてエイブラハム・リンカンは、何よりもまず偉大な解放者と見られていた。彼らが恐れたのは、再統合を目指す活動によって、南北戦争における彼らの集団の位置が周縁化され、また、アフリカ系アメリカ人や奴隷制に関する一連の人種差別主義的神話が、北部で広がるような事態であった。[*54]

ダグラスの恐れは、一八八〇年代や九〇年代に現実のものとなった。南北戦争のメモリアルのうち、アフリカ系アメリカ人兵士の軍務を記念したものはほんのわずかだった。モニュメントで記念されている場合でも、彼らの役割はしばしば周縁化され、服従や分離を示す姿であったり、背景に置かれたりしていた。たとえば、ブルックリン・メモリアル・アーチのために、フレデリック・マックモニーズの手で一九〇〇年に完

※11　一八六三年に激戦の末北軍に攻略された町。この攻略が、戦局転換の契機の一つとなった。

成したモニュメントとしての群像のなかでは、一人だけ黒人船員がひざまずき、ほかの白人船員たちは彼の背後で立っている。また、ボストン・ブラーミン[※12]が、ロバート・グールド・ショー大佐や全員黒人の志願兵連隊、マサチューセッツ州第五四歩兵連隊の戦没者記念のために建てたモニュメントでさえ、人種と南北戦争の問題については曖昧さを残していた。一八九七年に除幕されたショー・メモリアルは、オーガスタス・セイントーゴーデンズによって作られ、マサチューセッツ州の州議事堂の向いのボストン・コモンズにすえられた。それは、馬に乗った若い大佐ショーと、背景に部下たちが行進している様子とを描いた浅浮き彫りが特徴になっていた。モニュメントの裏側には、ショー・メモリアル委員会が作成した、一八六三年のフォート・ワグナー攻撃で戦死した、全員が白人である将校のリストが石の台座に刻み込まれた。しかしそこには、その同じ攻撃で戦死した下士官兵の名がまったく入れられていなかったのである。数年後に出版された回顧録のなかで、セイントーゴーデンズは、アフリカ系アメリカ人、とくにショー・モニュメント作成のために自分で雇ったモデルに対し、自らの品位を落とすような、相手を見下す人種差別的な態度を露呈している。[*55]

多くの南部白人は、動産としての奴隷という制度が、野蛮なアフリカ人を文明化した慈悲深い制度として記憶されるべきだと主張した。彼らの見方によると、家父長的な主人と女主人が、のんきで楽天的な「黒んぼ」でいっぱいの大農園を取りしきっていた。南部白人は、元南軍兵の再会の集いやメモリアル・デーの式典、そして連邦議会の演説においてすら、北軍が間近に迫った時でも主人に対し忠誠であり続けた奴隷、とくに忠実な「黒人乳母」の思い出を語るのであった。一九三七年には、「南部連合の娘たち」協会が、ウェスト・ヴァージニア州のハーパーズ・フェリーで、ヘイウォード・シェパードに対し石碑を捧げた。シェパードは、同地においてジョン・ブラウンが一八五九年に連邦軍の兵器庫を襲撃した際、参加を拒んだ元奴隷である。そのメモリアル・ストーンの碑文は、シェパードの忠誠を称賛しただけではなかった。碑文は、南北戦争中に解放への誘惑に抵抗し、主人の家に留まった何千人もの忠実な黒人を、彼が代表しているのだと主張している。[*56]

多くの北軍の退役軍人は、南北再統合の動きを認め、支持した。一八九〇年代には、南北両軍兵士の再会はありふれたことになり、それはしばしば戦場跡でおこなわれた。そして北軍の退役軍人は、北部のビジネス関係者もそうであったように、南北和解の承認と引き換えに報償を得ることになる――彼らの場合は、連邦政府からの気前のよい恩給がそれである。その経緯はこうだ。まず、退役軍人の年金支給要件を緩和する法案にグローバー・クリーブランド大統領が拒否権を行使した。このことが伏線となって、大統領が最初の在任期間中に、戦争中に捕獲した南軍の戦闘旗を和解と統合のために南部に返すと提案したとき、GARが激しく反対することになった。一八九〇年代、一九〇〇年代の議会や行政の活動により、障害をもつ退役兵の年金受給要件が緩和された後の一九〇五年になってようやく、連邦議会は、抗議をほとんど受けることもなく、戦闘旗を南部に返すことができたのである。[*57]

南北和解に向けた一連の動きのなかで、エイブラハム・リンカンは、奴隷制に反対した者としてよりも、戦争によって生じた分裂の修復を求めた重要人物として、記憶されることになった。南部の民主党員は、共和党員と同調し、リンカンのための国立メモリアル建設を支持した。一九一一年の選挙で、民主党多数の下

※12　各界で指導層を形成する古いイギリス系の上流階級を指す。カースト制度のバラモンに由来する語。

1897年5月31日、ボストンでのショー・メモリアルの除幕式。ロバート・グールド・ショー大佐とマサチューセッツ州第54連隊を記念する、オーガスタス・セイント－ゴーデンズ制作のモニュメントは、北部で建てられた、アフリカ系アメリカ人兵士たちの南北戦争での軍務を記念する数少ないモニュメントの1つである。（ジェイムズ・H・スミスとウィリアム・J・ミラーの撮影写真）

院が一八九二年以来初めて誕生したが、この年の連邦議会は特別委員会を設置し、リンカンにふさわしいメモリアルの建設資金の歳出を認めた。その委員会は、ギリシア風の殿堂と、ダニエル・チェスター・フレンチが手がける、どっしりとした椅子に座って物思いに沈むリンカン像という案を決めた。リンカン像の上に同委員会は、「誰をも恨まず」という言葉を刻むこととした。一八七六年にアフリカ系アメリカ人によって建てられた「解放黒人がリンカンに捧げるメモリアル」とは対照的に、新しい国立メモリアルには、アフリカ系アメリカ人のイメージがなかった。またイリノイ州スプリングフィールドのリンカンの納骨堂は、南北戦争中の兵士のイメージを特徴としていたが、新しい国立メモリアルにはそうした兵士のイメージもなかったのである。*58

主として敗北の時のいさぎよい態度の結果、ロバート・E・リーのイメージは、国民的英雄として現われてきた。多くの北部人にとって、リーは、産業発展の勢いに押されて破滅が運命づけられていた気高い貴族的世界を体現していた。ワシントンDCにリーのメモリアルが建てられることはけっしてなかったが、ヴァージニア州北部のリー家の大農園をアーリントン国立共同墓地にする際、連邦議会は、リー一族に金銭的補償を提供した。和解を強調するためにアーリントンの大邸宅は、その元の家具やオリジナルを真似て再現した備品とともに、一九二五年に国の史跡に指定された。そしてそれは、南北戦争以前のリーの家庭生活を示す博物館になったのである。*59

一八九〇年代や一九〇〇年代の初頭には、シャーマンやシェリダン、ローガンやその他の南北戦争の英雄たちの乗馬像が、ワシントンDCに出現した。一八八五年にユリシーズ・S・グラントが亡くなると、彼の軍人としての経歴を記念しようという動きがほとばしるように出てきた。ニューヨークのビジネス界や市民のリーダーたちからなる民間団体によって一八九七年に巨大な廟堂が建設され、グラント元将軍の棺が納められる際には、一〇〇万人以上のニューヨーカーがその式典に参列した。シカゴやフィラデルフィア、セントルイスその他の主要都市では、彼をしのんで乗馬像が建てられ、ファンファーレが鳴り響く盛大な献呈式が執りおこなわれた。*60

初期の共和国にあっては、乗馬像は、その姿が君主制のヨーロッパを連想させるため、物議をかもすものであった。グラントら南北両軍の将軍を記念する場合にそうした乗馬像が使用されたことは、戦争の役割、そして社会のなかの軍人の役割に対する態度が変化してきたことを反映していた。手短に言うと、全国や地域レベルのエリートたちが、戦争を崇高で英雄的な事象だと見なすようになったのである。たとえば著名な判事オリバー・ウェンデル・ホームズも、一九〇〇年代初頭に自身の南北戦争経験を物語った際、「他人には伝達不可能な自己の戦争経験」を「栄光」と「ヒロイズム」の時だったと追憶した。[*61]

また、戦場跡を中心としておこなわれたセクション間の和解促進の活動が広がったのと時を同じくして、軍事的な成果をナショナリズムと結びつける見方が広がった。一九世紀末から二〇世紀初頭にかけて、セオドア・ローズヴェルトを筆頭に多くの全国的なリーダーたちが、合衆国は大海軍を整備し、またすべての成人男性を対象とする軍事訓練制度を採用すべきだと論じた。なお、第一次世界大戦前には、ウェストポイントの合衆国陸軍士官学校が、同校の生徒の士官候補生に戦術を教えるため、南北戦争の戦場を実際に利用していた。

全国的な和解は、戦争モニュメントや記念式典によって、さらには退役兵などの組織を通して、南北戦争を記憶し思い出すことで広がっていった。その際、メモリアルが、兵卒を追悼するものも将軍を記念するものも、いずれも人びとの関心を戦場に集中させたことによって、南部でも北部でも、南北戦争を取り巻いていた政治問題の再燃を避けるか最小限に抑えることが可能になった。南軍の退役軍人であった判事ジェイムズ・M・グリーアは一九一六年に、メンフィスの国立軍事共同墓地で催された州立モニュメントの除幕式に参加しようとしていたミネソタ州の退役軍人代表団を歓迎し、こう述べた。戦争経験が、「南軍兵士」と「北軍兵士」のあいだに「強い憎しみ」を引き起こすことはまったくなかった、と。さらにグリーアは、「かつての敵」であるミネソタの代表団に対してこう主張した。「あの戦争から生じた辛さは、何であれすべて、偉大なリンカンやグラントが権力を失い、彼らを継いだ取るに足りない政治家たちが、われわれの共通の祖国のこの南部セクションに『再建』という恐怖をもたらしてから大きくなって来たのだ――『再建』、それはあなた方の北部セクションの白人が、私たちの南部で、その役にもっともふさわしくない黒人を支配階級にしようとした時代である」[*62]。

戦争という共通の体験が、南北戦争を記念する上での焦点であり続けたが、戦闘の残酷な本質を思い出したがるものは、ほとんどいなかった。退役軍人が戦争について語る時、概して彼らは戦争を、勇気を発揮し名誉を得る機会として語った。再会の集い、とくに南部と北部の元兵士がともに集う時、彼らは、かつての敵との間でさえ、戦友同士の友情について延々と語るのであった[*63]。町の広場や戦場に建てられたモニュメントも、こうしたテーマを繰り返した。死や破壊という側面が無視されたわけではない。それらは英雄的なこととされ続けたし、崇高な目的に貢献したと表現されていた。モニュメントは、瀕死の兵士や負傷した兵士を、目的に忠実であり続けたものと描いていた。また、戦闘をリアルに描こうとした小説は、戦争の恐ろしさの全体像を完全にとらえるには遠くおよばなかったが[*64]、だからといって暴力や流血の惨事が、南北戦争後の時代のもっとも有能な作家たちに無視されたわけではない。一八六一年の時点では未熟だった新兵が、戦場の殺戮と向かい合うにつれて無邪気さを失うことは、多くの小説でいまなお相変わらず重要なテーマである。傑出しているのは、スティーブン・クレインの『赤い武勲章』[※13]であろう。にもかかわらず、平均的な戦闘員が経験する、ありとあらゆる不潔さや退屈さ、そして恐怖感を伝えきることは、戦争をもっともリアルに描く作家たちでさえ、実際に戦闘に参加した経験のあるなしにかかわらず、あきらめざるをえなかった。

※13　架空の戦争を描いた小説だが、戦場のむごたらしさや兵士の恐怖を印象的に描写した作品。

ハリー・H・ウッドリング陸軍長官が、南部連合退役軍人連合の指導者と共和国軍人協会の指導者のあいだに立つ。1938年に連邦政府の後援で開催された、ゲティズバーグにおける七五周年記念のキャンプにて。（国立公文書館所蔵写真、111-SC-109184）

アンダーソンヴィルをはじめとする南部各地の捕虜収容所で受けた苦しみに対してさえ、多くの退役軍人や北部諸州はけっきょく眼をつぶることになる。再建期の間は、アンダーソンヴィルの記憶は、多くの退役軍人の怒りを駆りたて、また共和党の「血染めのシャツ」のキャンペーンにおいて重要なテーマであり続けた。そして南北和解の後も、アンダーソンヴィルは、完全に忘れられたわけではなかった。しかし、一九〇〇年代初頭にニューヨーク州やミネソタ州、その他いくつかの北部諸州の国立共同墓地に南北戦争の戦死者を追悼するモニュメントが建てられたとき、これらのモニュメントは、セクション間に激情を引き起こすようなシンボリックなものを、もはや何も備えてはいなかった。モニュメントの献呈式典で、北部人はアンダーソンヴィルに収容された北軍兵士の英雄的資質を強調したものの、次のような言葉をそれに付け加えた。「南北戦争は終わった。そして終戦とともに、あらゆる怒りや憎しみも終わったのである」と。[*65]

ここまで、南北戦争の記憶が、南北間の和解を推進するために作りかえられたことを考察してきた。では、戦争を勇ましい企てとして記念することがなかったとしても、セクション間の和解は起こりえただろうか。退役軍人の大半は、戦争が終わってから数十年経つまで、退役軍人組織に参加し損ねたり、自分たちの戦時体験について話しそびれたりしていた。また、一八七六年のペンシルヴェニア州一〇〇周年博覧会では、その正規の事業として催される美術展覧会に戦争を扱った作品を出展することが禁じられた。[*66] 退役軍人の再会の催しが兵士たちの共有体験——野営のような——の再現という形をとることが多かったということは、彼らが亡くなるにつれて、南北戦争記念行事に対する関心が色あせてゆくであろうことを意味していた。その後の世代は、自身が経験したわけではない戦争の記念式典やモニュメントに説得力や魅力を感じなかったのである。一九世紀の末、退役軍人は、メモリアル・デーが商業化していくことを、また多くのアメリカ人がその厳粛であるべき日にピクニックその他のレクリエーション活動を楽しむようになったことを嘆き悲しんだ。GARやUCVでも、会員の息子の世代が、これら二つの組織の関連団体につぎつぎと加入するようなことは、もはやなかった。そのかわりに、おもに復員軍人の未亡人からなる女性だけの関連団体が、南部でも北部でも、南北戦争の記憶を守り解説する役割の主要な担い手の一つとなったのである。[*67]

南北戦争が生んださまざまな対立は人びとの記憶に、徐々に和らぎながらも、ずっと残ることになった。たとえば、南部の大統領であったジェファソン・デイヴィスは、南部でも北部でも評価が定まらず、とくに北部では彼がロバート・E・リーほどの名声を得ることはけっしてなかった。一八八〇年代・九〇年代には、南部の数多くのコミュニティが、デイヴィスをたたえるモニュメントを建てたが、南部白人の間では、戦争中の彼の役割をめぐる対立が続いた。彼らの多くが見るところ、南部崩壊の責任の大半はデイヴィスが負うべきであった。同様に、ジェイムズ・ロングストリートは、ゲティズバーグの戦いで過ちを犯したとされ、リーの部下の将軍のなかでただ一人、スケープゴートにされ続けた。[*68]

二〇世紀には、南部の象徴やモニュメント、あるいは諸組織が、南部を他地域と区別するために使われた。たとえば、一九六〇年代の市民権運動の間、南部白人の人種差別支持者は、白人の優越性の象徴として、また連邦の介入に対する反発の象徴として、南軍旗を利用した。これに対し、一九九〇年代の初期にアフリカ系アメリカ人の指導者たちが、南部のシンボルの公認やそれに準ずる扱いを一切取りやめるよう、各州や連邦政府に求め始めた。[*69]

映画という新しいマスメディアの登場は、南北戦争の記憶を思い起こしたり、またその記憶を保存したりする新たな方法を提供することにもなった。この新たな方法の影響で、アメリカ白人の間で、セクション間の和解の代償として人種差別主義受け入れが進むこととなる。それをよく示す例が、南北戦争終結五〇周年記念の年にD・W・グリフィスが発表した『國民の創生』という映画だ。この映画は、観衆に、南北戦争の悲劇的な性質を思い出させ、戦後のいわゆる「再建」がもたらした害悪とされるものに注目するよう働きかけた。この一九一五年の映画のプロットは、奴隷制廃止論者を中傷し、アフリカ系アメリカ人については、忠実な「アンクル・トム」か、あるいは白人女性を脅かす退廃的な性欲の怪物のどちらかとして描くものであった。そしてこの映画は、南部「再建」を、高潔な南部白人社会にアフリカ系アメリカ人と北部からの渡り者《カーペットバッガー》による圧制を押しつける試みとして描いた。他方でこの映画は、南部を再建の害悪から救い、南部の白人女性の貞操を守ったとして、クー・クラックス・クランの役割を称賛したのである。[*70] この映画のなかでリンカンは英雄として描かれているが、それは彼が奴隷解放のために戦ったからではなく、南部に対し節度ある政策を意図したからであった。

新たに結成された全国黒人向上協会（NAACP）がボイコットし、また抗議したが、『國民の創生』の興行成功の勢いをそぐことはできなかった。逆にそのことで、ハリウッド映画界は南北戦争中のアフリカ系アメリカ人の役割を実際より割り引いて描いたり無視したりすることになった。モニュメントやメモリアル・デーにおこなわれる記念講演においてと同様、たいていの長編映画は、南北双方に見られた勇気やヒロイズムを物語ることに重点を置くようになったのである。南北戦争における人種問題をさらにあいまいにしたり矮小化したりするために、映画での戦争描写は、しばしば西部やフロンティアでの軍事作戦に焦点をあわせることになった。[*71]

ハリウッドは、南北戦争から注意をそらす手段として西部というモチーフを使ったが、これは前例のない独創的な手法というわけでもなかった。モニュメントを建設したり和解のジェスチャーを見せたりすることで再統合の動きを作った人びとは、南北戦争によって生じた分裂がなかなか消えないことに気づいていた。そうした分裂を最小限にして和らげるため、彼らは、後には国民統合の時代として記憶されることになった、南北戦争以前のいくつもの戦争を、アメリカ人に思い出させようとしたのである。つまり、一九世紀末から二〇世紀初頭にかけて、文化、ビジネス、政治分野の全国的エリートたちが、南北戦争だけでなくアメリカ独立革命や一八一二年の第二次米英戦争、そしてアメリカ＝メキシコ戦争を記念する休日を創ったり、これらの戦争に関するモニュメントを建てたり、組織を結成したりすることにあらためて強い関心をもち、取り組んだのである。

一八七〇年代から、アメリカ独立革命を記念する一連の活動が始まった。一八七六年には、何百万人ものアメリカ人がフィラデルフィアに集まり、アメリカ独立一〇〇周年を記念して企画された万国博覧会を訪れた。また、ジョージ・ワシントンを記念する巨大なオベリスク・モニュメントが首都ワシントンで未完成のままになっていたが、連邦議会は、これを完成するのに必要な資金を支出することになった。また、独立戦争の戦場跡にメモリアルを建てて記念しようとする動きが出てきたが、議会はこれにさらに積極的に対応し、個々の団体に相応の補助金を提供する意思を示した。長く休止していたシンシナティ協会の各支部も、独立革命世代の孫たちが協会に参加しようと集まってくるにつれて、復活することになった。また、独立戦争で戦ったにもかかわらず、この協会の会員になることを拒まれた兵卒らの子孫は、一八七七年の「アメリカ革命の息子たち」(SAR)を皮切りに彼ら自身の別組織を結成した。さらに一九世紀末には、アメリカ革命や独立当初の歴史に結びつくもろもろの出来事の記憶を保存するため、系図の上で繋がる人びとの協会がつぎつぎと形成された。[*72] 革命を記念する活動へのこうした関心は、セクション間の境界を越えて広がった。再建が終わった後、南部人は、七月四日を彼ら自身の祝日として再び受け入れるようになったのだ。南部における独立記念日の演説者や新聞各紙の社説は、アメリカ人の共通の伝統を強調し、それが南北戦争によってただ中断されていたに過ぎないと論じたのである。[*73]

次にアメリカ=メキシコ戦争についていえば、南部の各州には、この戦争の退役軍人の組織が、再建期終了の前からもう出現し始めていた。一八七六年には、元南部連合大統領のジェファソン・デイヴィスが、ルイジアナ州のアメリカ＝メキシコ戦争退役軍人連合で演説している。その演説のなかでデイヴィスは、この戦争におけるアメリカ人の成果や勇気を列挙し、彼らが戦争から故郷に帰ってきた時のことを次のように語った。

> 略奪品をもたずに帰郷し、また、無防備の人びとを不当に残酷に扱うことなく、それゆえそういう行為から生じる重圧で心を痛めることもなく帰ってきた。彼らが戦地を離れた後には、家族団らんの場で非戦闘員の夫が殺されて未亡人だけが残されるといったことはなかったし、また彼らが戦いの場を離れた後には、進攻した軍によって財産が破壊され横領されたために孤児が極貧に陥るようなこともなかった。彼らは、出征前より貧しくなって帰ってきたが、一つだけ彼らが例外として持ち帰ったものがある。それは真の兵士の宝物、すなわち名誉、栄誉である。

演説のなかで南北戦争にあえて言及することはなかったが、デイヴィスは、主として南部人で構成されていた以前のアメリカ軍に備わっていた美徳が、北軍には欠けていたと暗示していた。彼は続けて、次のように力説している。「自国の祭壇に、一点の曇りもない貴重な名声を、犠牲を払いながら捧げた[*74]」これらのりっぱな南部の男たちに、連邦政府は年金を与えるべきだと。

一九世紀の残りの期間、連邦政府から年金を受ける北軍退役軍人やその家族の数はどんどん増えていった。一九〇〇年代の初めの北部では、アメリカ生まれの男性高齢者の少なくとも半数が、南北戦争時の軍務の結果として年金を受けるまでになっていた。ビジネス界は連邦年金の拡大にしばしば抵抗したが、連邦議会の共和党議員が、退役軍人の支持を繋ぎとめるためにGARの政治的圧力に屈したのである。*75

南北戦争の年金からは締め出されたが、一八一二年戦争やアメリカ＝メキシコ戦争で兵役についた南部人たちも、これらの軍務を理由として年金を要求した。その結果、ほとんど議論もないまま、一八七〇年代の初め、一八一二年戦争の退役軍人たちには連邦からの年金が支給されることになった。しかし共和党は、アメリカ＝メキシコ戦争にかかわる年金については、受給予定者のなかに元南軍の軍人が数多く含まれていることを理由に反対した。一八八五年にグローバー・クリーブランド大統領の下で民主党がホワイトハウスの支配権を取り戻して初めて、これらアメリカ＝メキシコ戦争の復員軍人は年金を手にした。アメリカ＝メキシコ戦争の復員軍人に毎月の手当を与えることで民主党は、彼らにとって政治的にきわめて重要な地域である南部が、年金という形で施される連邦の寛大さに与れるよう計らったのである。*76

こうして、年金を受ける退役軍人が増えたが、彼らは――南部北部いずれにおいても――国に対する彼らの奉仕からすれば、年金受給権だけではない特別なステータスが自分たちに与えられるべきだとも主張するようになる。退役軍人はまた、彼らが戦った戦争の記憶を彼ら自身の手で守りたいとも主張した。戦争のメモリアルが公共の資金で建てられる場合でさえ、かつての戦闘員はそのデザインや建設工事の監視役になることを望んだ。要するに、彼らは自身を国益の保護者と認識していたのである。そのためGARは、公立学校におけるアメリカ史の授業を彼らに委ねるよう各州議会でロビー活動をしたし、また軍備拡充を促し、市民による国旗の掲揚を奨励した。*77

一九世紀末、系図上の繋がりをもつ人びとが作る協会が急増していたが、中・上流階級に属する多くの生粋のワスプ[※14]がこれに参加し、次のように主張した――自分たちの先祖は建国に貢献したのであり、それゆえ自分たちこそアメリカ独立革命やアメリカ史における重要な出来事の適切な解説者たりえると。実際、「アメリカ革命の娘たち」（ＤＡＲ）など諸組織は、史跡保存やモニュメント建設のために働き、また、その数がつぎつぎと増えてきた各種記念日の祝賀式典にも欠かさず参加した。さらに、これら諸組織は、地方や州の政府、そして連邦政府に対しても、同様の活動をするよう強く求めたのである。

これらの協会が、そして独立戦争その他の戦争に対して抱かれるようになった新たな関心が、文化の面ではたした役割は、じつは以下のように複雑なものであった。まず、協会の会員となったアメリカ生まれのエリートたちには、ある程度、自分たちを一九世紀になって新たにやって来た移民と区別するために先祖を利用したという面がある。その一方でＤＡＲとＳＡＲは、独立の戦いを記念する際に一般兵卒の子孫にも役割を与えることによって、あるいは、当時の将校およびその子孫の長男だけが革命の正統な保護者であるという、復興したシンシナティ協会の主張を拒むことによって、独立革命の記憶を民主化しようという動きを、一部ではあるが担ったのである。

ＤＡＲをはじめとする諸協会がおこなった戦争を記念する活動は、過去を描き出す際に理念や思想よりも形のある物を優先することにつながった。記念のためにつぎつぎと造られた銅像、あるいは模造遺物や跡地と指定された土地は、ある意味で、独立革命その他の戦争の、もっと根源的な側面から人びとの注意をそら

※14　ＷＡＳＰ。白人でアングロサクソン系の新教徒。第一章四七頁以下も参照。

す役割を演じたのだ。さらに、将軍や偉大な政治家の邸宅ばかりを保存し、都市労働者や自由なアフリカ系アメリカ人のものに関しては怠ったため、後者の役割は忘れられ、また不明瞭になった。また、過去の戦争に関係する大砲やマスケット銃、その他の品を得ようとする熱狂的な試みが広がったが、これは歴史の記憶を、形ある物に宿るものとして描く努力を象徴していたのだ。*78

有形物に焦点をあわせるということは、それら有形物の所有者——中央・地方の政府、家系に基づく協会、あるいは個人——が、戦争の記憶の主たる保護者役を務めたということを意味する。しかし、それとは別に、戦争を記憶する手段として有形物を強調することは、歴史のなかの重要なものの定義を広げることにつながり、とくに女性の役割を次のような形で拡大することになった。まず、歴史のなかを生き抜いてきた住宅が、とくにDARのような家系に基づく多くの協会にとっては主要な関心の対象となった。ひとたび保存されて博物館にされたり、あるいは「復元され」たりすれば、これらの家はしばしば、独立革命期をはじめ、アメリカ史のさまざまな時期における日常生活に人びとの注意を集中させることになった。家具やキッチン用具、そしてその他の家庭用品の展示は、家庭という領域が過去の、とりわけアメリカ独立革命期の記憶の重要な部分であり続けているということを明らかにしたのである。

過去を記憶に残すという場合、全国政治の指導者は、ときにはそれをある種の国民像の輪郭を描くために利用しようとした。東南欧からの新移民受け入れに慎重なままの、あまり包含的ではない国民像である。たとえば、セオドア・ローズヴェルトなどの政治家は新しい有機体的ナショナリズムの理論を推進した。そしてそれは、アメリカ人が一つにならなければならないことを強調し、また軍隊への加入を、忠誠な市民が自国になしうる奉仕のなかでももっとも重要な形態の一つと見なすものであった。この理論に対抗したのは、以前からある人道主義的で遵法主義的な愛国心の伝統、すなわち自由や公正、そして平和の促進という諸理念だけがアメリカ国民の真の基礎になりうると主張する愛国心の伝統であった。後者の見方を慈しんだ人びとはより寛容であり、狂信的愛国主義《ショーヴィニズム》や好戦的愛国主義《ジンゴイズム》、そしてミリタリズムを国家への忠誠と同一視した人びととしばしば論争することになった。彼らはまた、新移民諸集団がつぎつぎと到来する状況に対して違和感をもつことが、相手方に比べてはるかに少なかった。*79

少数民族の諸集団《エスニック・グループ》の側は、彼らを排除してアメリカ独立革命の歴史を書こうとする試みや、アメリカの歴史を人種・民族的に均質なものとして描く動きに異議を唱えることになる。多様な移民コミュニティに属する人びとが、一九世紀末に、独立戦争時に活躍した彼らと同じ民族の英雄を記念するモニュメント造りを進めたのだ。たとえば、ポーランド系移民は、カシミール・プラスキ※15やタデウシュ・コシチュシュコ※16を顕彰し、アイルランド系移民はジョン・バリー※17の、ユダヤ系移民はハイム・サロモン※18の、そしてドイツ系移民はフレ

※15　ポーランドの貴族。ロシアへの抵抗に失敗した後に渡米し、独立戦争に協力。騎兵隊を組織したが戦死。後に合衆国名誉市民の称号を授けられた。

※16　コシューシコとも。ポーランドの愛国的軍人。アメリカ独立戦争に志願して参加。帰国後ロシア軍と戦うが、けっきょく敗北した。

※17　アイルランド生まれで独立戦争時に海軍提督として活躍し、合衆国海軍の父とされる。

※18　アメリカの金融家。独立戦争を支持し、イギリス軍に捕われるが脱走。独立運動に経済的援助を与え続けた。ペンシルヴェニア州に最初のユダヤ教会を設立。

デリック・ヴィルヘルム・フォン・シュトイベン男爵[※19]の栄誉をたたえたのである。多くの地域で、これらの人びとの誕生日が、パレードや夕食会、または祭りで祝われた。さまざまな少数民族の組織は、独立革命期における各民族の英雄のメモリアルをワシントンDCに建てる許可と公的資金の援助を得るため、連邦議会でロビー活動を展開し、徐々に成果を上げるようになっていった。連邦議会は、民族的英雄のモニュメント建設を認めたときには、その建設を監督する特別委員会を設置し、きまってその委員会にはその民族集団からの代表らが含まれていた。たとえば、プラスキ・モニュメント委員会の会長は、議会によって連邦政府のプラスキ・メモリアル委員会の委員に任命された。制作者についていえば、特別に任命されたメモリアル委員会が、栄誉を授けられる英雄と同一民族の彫刻家を選ぶのが普通であった[*80]。

　多くの場合、アメリカ生まれのプロテスタントのエリートは、独立革命期の外国生まれの英雄たちを顕彰する計画を認めはした。たとえば、「アメリカ革命の娘たち」も「アメリカ革命の息子たち」（SAR）も、ワシントンDCにメモリアルを建てようとする全米ジョン・バリー提督像協会のキャンペーンを支持した。一九一〇年にはシンシナティ協会の書記長が、プラスキやコシチュシュコのモニュメントの除幕式への参加招待状を喜んで受け取っている。しかし同時にこの書記長は、招待してくれた協会の委員会に、正統な慣例に基づくなら、行進の際にはシンシナティ協会が他のあらゆる民間協会の前を行かねばならないと注意している。この書記長は八頁にもわたる手紙で、その直前の時期のメモリアル除幕式や独立革命を祝う記念式典に、シンシナティ協会が参加した際の様子を説明したのである[*81]。

　式典の慣例に関するシンシナティ協会の過敏なまでのこだわりを見ると、少数派の民族的英雄を記念する動きに生粋のアメリカ人がどのように対応したかよくわかる。エスニック・メモリアルは、それが既存の秩序を支持するメッセージを示す限り、かなりの程度まで受け入れられた。一九一四年にバリー提督メモリアルの除幕式で演説したとき、ウッドロー・ウィルソン大統領は次のように述べている。いまは亡きこの海軍の英雄は、「アイルランド人であったが、彼の心は彼とともに大西洋を越えた」と。市民の忠誠心の分裂が懸念されていた一九一四年という時期にバリー提督を称賛することで、ウィルソンは、「真のアメリカ人を見極める、絶対確実なテスト」すなわち、投票のときでも何か行動するときでも戦うときでも、その心と思考とを合衆国の感情や目的や政策の中心に置いているか否かというテストに合格できない、そのようなハイフン付きのアメリカ人がいることを嘆いたのであった。[*82]

明らかにウィルソンは、自分の発言を、アイルランド系アメリカ人コミュニティに暮らす多くの人びとに向けていた。その人びとが、イギリスの帝国主義、とりわけアイルランドにおけるそれに対し、アメリカ合衆国が強硬な態度をとるように望んでいたからである。たとえば、バリー・メモリアルの建設を強く促す一九〇四年の演説において、マイケル・ドリスコル下院議員は、彼がアメリカ海軍の父と呼ぶバリーの業績を列挙した。同時に、このニューヨーク州の下院議員は、ロシャンボー[※20]やシュトイベン、プラスキのような

※19　プロシアの軍人。独立戦争中に渡米。大陸軍の顧問を務め、『合衆国軍教典』を執筆。戦後にアメリカ市民権を獲得。
※20　フランスの軍人で一七八〇年に独立戦争の援軍司令官に就任。翌年ワシントンと合流し、ヨークタウンの戦いでイギリス軍を降伏させた。

英雄とは違って、バリーはアメリカでイギリスと戦ったため、独立戦争が終わった後も、イギリス支配下にある故国には帰れなかったことを同僚議員たちに思い出させた。バリーに栄誉が授けられることで、国民は、「貧窮や逆境、そして制約の多い環境」で生まれ、「圧制的で先見の明のない政府」から逃がれざるをえなかったこの偉大な人物をあらためて思い出すことになった。ドリスコルにしてみれば、バリーのメモリアルは、イギリスの専制政治と、その帝国権力が合衆国に対しておこなった戦争とを思い出させるものとして役立ったのである。[*83]

一九一〇年にSARのワシントンDC支部は、コシチュシュコ・メモリアルの台座に、コシチュシュコが参加した「ラツワヴィツェの戦い[※21]」というヨーロッパの戦闘も含めるのに抗議した。SARの見解では、合衆国のメモリアルでこの出来事に言及することは、「アメリカ独立革命の歴史と調和していない」のであった。彼らはまた、そのような言及が、合衆国と「これまで友好的であった」国であるロシアの感情を害するかもしれないと感じてもいた。SARは、そうした碑文が、将来のメモリアルにとっての悪い前例になると考えたのである。[*84]

アメリカ生まれのエリートたちは、彼らが「不適当」だと見なしたエスニック・メモリアルに反対の声を上げたが、その最たるものは、おそらくボストンで上がったものであろう。一八八七年にマサチューセッツ州議会が、ボストン虐殺事件の犠牲者を追悼するモニュメントの建設を提案すると、マサチューセッツ歴史協会のブラーミン（訳注※12参照）たち多数が抗議の叫び声をあげた。彼らの考えでは、事件の犠牲者は「ゴロツキや暴徒、そして無法者」など価値のない人物であり、独立のための闘いと結びつけて考えられるべきでもなかった。この強い抗議にもかかわらず、ボストン市当局はメモリアル計画を推進し、モニュメントの制作依頼に踏み切った。このボストン虐殺メモリアルは、イギリス軍に殺された西インド諸島生れの元奴隷クリスパス・アタックスを含め、数人の民衆を描いていることが特徴になっており、アフリカ系アメリカ人が戦争に参加したことを記念して一九世紀に作られたほんのわずかなメモリアルのうちの一つとして残っている。*85

職業芸術家や彫刻家や建築家、さらには一部の営利的なモニュメント製造業者《メーカー》でさえも、エスニック・グループが建てたメモリアルを批判したが、彼らの場合は審美的な理由からであった。彼らは、「安っぽく」て「けばけばしい」モニュメントを建てる傾向があるとしてエスニック・グループを強く非難した。この傾向を止めるため、芸術コミュニティは、公共の場所に設置される芸術作品や建築の適切さを判定する公的な芸術委員会を、中央・地方のあらゆるレベルの政府に設置するよう求めた。営利的なモニュメント・メーカーのための業界誌『モニュメンタル・ニュース』は市に芸術委員会を置くというアイデアを褒め、私心のない芸術委員会なら、「モニュメントという形をとっているものなら何であれ、公共の場所に建てるのを認める」という一般的な慣行を終わらせてくれると称賛したのである。同誌はまた、シカゴ芸術委員会が、コシチュシュコの乗馬像を市の公園に設置しようという提案を拒否したことを称賛した。さらに同誌は次のように見通している。この提案が拒絶されたことで、ポーランド国民は、「価値ある芸術作品」を生みだせる新しい彫刻

※21　一七九四年にコシチュシュコ率いるポーランド軍が、ポーランド西部のラツワヴィツェ村周辺でロシア軍を破った戦い。

家を選ばざるを得なくなったが、このことにいずれは感謝するだろう、と。[*86]

各地で市の芸術委員会が増えたが、一見したところ、この傾向を生みだしたのは、アメリカ生まれの白人でプロテスタントのエリートたちが、「私的利害を超越した」、任命制の、「専門家による」委員会を作り、民族グループに支配されている市政を自分たちの統制下に置きたいという願望であったように思える。アメリカ芸術連盟や全国彫刻協会、そしてニューヨーク市の芸術協会は、公共芸術や建築に関する判断を下せるような芸術委員会を設置するよう州政府や地方政府に働きかけた。一八九〇年に、まずボストン市を皮切りにして、すぐにニューヨーク市やシカゴ市、そしてフィラデルフィア市が続き、さらにいくつかの都市がそのような委員会を設けたのである。[*87]

エスニック組織が建てる公共モニュメントのデザインを管理しようとする芸術家組織と芸術委員会の取り組みは、単に偏狭な文化観を押しつけるアメリカ生まれのアメリカ人の側の排外主義的な努力を表すだけのものではなかった。まず、この時期の「アメリカ的」と見られたおもな職業的彫刻家や芸術家は、多くが外国生まれであったことに留意しなければならない。一番目立つ例は、オーガスタス・セイントーゴーデンズである。その上、多くのアメリカ生まれの芸術家は、ヨーロッパで、なかでもしばしばパリやローマで訓練を受け、また住みついていた。アメリカの芸術家の多くにとって、パリの美術学校が見習うべきモデルだったのである。[*88]

東南欧からの移民だけが、公共芸術に関する委員会の標的になったわけではなかった。退役軍人たちも、安っぽい、商業ベースで大量生産されたモニュメントを多数設置してアメリカの各戦場や町の広場を「醜くした」という理由で、きわめて厳しい批判をなんどか浴びた。芸術誌『ブラッシュ・アンド・ペンシル』に再録された『シカゴ・イヴニング・ポスト』紙のある記事で、イザベル・マクドゥーガルは、テネシー州ミッショナリー・リッジの南北戦争の戦場跡にイリノイ州が建設を提案したモニュメントを非難している。GARのメンバーたちからなる委員会が選定したそのメモリアルは、マクドゥーガルの表現を借りると、「ばかげたほど堅苦しい、厚い継ぎ目で接合された、品のない」勝利の女神が、「ソーセージのような腕や脚をもち、合わない軍服を着た」四体のブロンズ製の兵士に取り囲まれていたのである。この「滑稽」な芸術のためにイリノイ州は、一万八〇〇〇ドルも使うことを予定していた。マクドゥーガルの主張では、このミッショナリー・リッジの完全な失敗は、例外的なケースというわけではなかった。彼女によれば、南北戦争メモリアルの七五パーセント以上が、「あいも変わらず、休めの姿勢をとっている歩兵」を模《かたど》り、しかも「これらのうちの五〇パーセントが、同じモデルから作られていた」のであった。[*89]

芸術家や彼らと志を同じくする者は、全国彫刻協会のような専門家の協会を組織し、芸術委員会の必要性を宣伝した。彼らは、商業ベースで大量生産されたモニュメントを、専門的な訓練を受け、まともな資格をもつ芸術家によって仕上げられたメモリアル・アートと取りかえたかったのだ。そうしたメモリアル・アートを制作する際、様式上、過去の立派なメモリアル芸術作品をそのまま複製することはできなかったが、着想や寓意的な象徴については、古典的なギリシアやローマ、そしてルネサンスのスタイルに頼った。彫刻家たちの言によれば、写実的な像を造る場合でさえ、古代ギリシアの美や型の原則に従うべきであった。要約すると、すぐれた「現代の」メモリアル・アートは、新しいもの、そして時間を超越したもの、この両者の総合なのであった。[*90]

プロの芸術家や彫刻家は、政界における彼らの支持者と同様、次のように主張した。つまり、すぐれたメ

「あんなひどく醜いモニュメントはもう要らない！」　この時事風刺漫画は、大量生産される兵士のモニュメントに向けられた、19世紀末および20世紀初頭におけるプロの芸術家や彫刻家の感情を反映している。（ゴードン・ミラー氏撮影。1885年8月19日の『パック』誌から。）

モリアル・アートというものは、そこに描かれた英雄的な行為をアメリカ人が見習うよう促し、また強力な軍の存在をアメリカ人が支持するよう仕向けるべきだと。彼ら専門的芸術家の見解では、アメリカのモニュメント芸術を代表してきたオベリスクやブロンズ製の兵士のモニュメントは、この点で失敗を重ねてきた。アメリカの彫刻家フレデリック・ウェリントン・ラクスタルは、これらのメモリアルは「慰め」は提供したが、次世代にインスピレーションを与えることはできなかったと述べている。ボストン公共図書館での一九〇二年の講演で、ラクスタルは次のように主張した。よいモニュメントというものは、次世代を鼓舞するだけでなく、その父親たちをも激励すべきである、と。「自分の息子がより立派な男になるようできる限り後押しし、息子を国への捧げものとするべく育て上げるよう、そしてそのことを通して、父親としての最高の贈り物で人類を質的に向上させる」よう、父親をも激励すべきなのだ、と。[*91]

公共芸術に関する委員会はその数も影響力も増やしたが、「劣悪な」モニュメンタル・アートを抑えるという点では、一部で成功を収めたにすぎなかった。『アート・アンド・プログレス』誌の一九一〇年のある記事のなかで、ジェイムズ・バーンズは、次のような結論を下している。無数の戦場が、劣悪なモニュメンタル・アートによって、「弾丸や砲弾でそうなった」以上に醜いものにされており、地方や国立のほとんどの共同墓地も、同様に台無しにされている、と。彼は、大都心におけるメモリアル建築の最近の傾向については希望を表明したが、「小さな町では、何も知らないため、町の景観を自ら損なうような作業をいまだに続けているかもしれない」と不安を述べている。[*92]

時には、復員軍人や地方の人びとが、専門の芸術家や彫刻家や建築家の判断に公然と反抗したが、必ずしも高尚な動機からとは限らなかった。一八九八年にニュージャージー州ジャージーシティのGAR地方支部は、全国彫刻協会所属の三人の彫刻家からなる審査員団が選定したメモリアルを、「兵士と水兵のモニュメント委員会」が建てるのを中止するよう求めて訴訟を起こした。GARは、勝利を表すのに女性像を用いるという選択をしたことで、本来あるべき「軍事的特質」が抜け落ちていると見たのである。また彼らGARは、ギリシア神話のシンボルを用いてニュージャージー州の歴史の一時期を表すことにも疑問を表明した。ハドソン郡の「花崗岩・大理石ディーラー協会」もGARの地方支部に加わって、このフィリップ・マーティニー作の「勝利」像に反対した。また営利的なモニュメント・メーカーは、像の制作をニューヨークの彫刻家に外部委嘱することに抗議し、地元の会社なら、もっと安い値でよりよいモニュメントを提供できると主張した。しかしながら、ニュージャージー衡平法裁判所は、メモリアル建造の差止め命令を出すのを拒んだ。判事は、モニュメント委員会が戦死したジャージーシティの兵士や水兵の名前をメモリアルに書きこむことにしたことで、モニュメントは同州の適切な記念となっているとの判断を示した。裁判所はまた、次のように、時の流れがそのデザインの卓越性を証明するだろうとも述べたのである。

このことに関する個々人の平均的な趣味をつかむことは、とても難しい。……高等教育機関の学者たちは特定の意見をもつだろうし、下級学校の子どもは別の意見をもつだろう。一方、飲み屋の常連は、もっと違う風に提案するだろう。世間の気持ちに沿って言えば、個々人の趣味が教育によってよりよくなる頃には、委員会が受け入れたデザインが戦争を象徴することになるということだ。葉、剣、そして逆さのたいまつも、教育を受けた人びとの心には、その象徴的な意味が理解される。世界は、より高い知識水準にむかって進みつつあるので、このモニュメントは、何世代にもわたって立ち続けることになろう。[*93]

彫刻や芸術の専門家は、ジャージーシティのモニュメントをめぐる争いが、次の二つに起因すると考えた。一つは、すぐれたメモリアル・アートの本質に関する大衆の理解不足であり、もう一つは、営利的なモニュメント・メーカーの愚かな利己主義である。しかしながら一部の退役軍人に関していえば、彼らは、彫刻の専門家が使ったシンボルや寓意的な像は、やはりモニュメンタル・アートの目的にふさわしくないと考えていた。彼ら退役軍人の見方では、彼らこそが戦争の究極の解説者であるべきなのであり、それゆえ彼らは、すぐれた経歴や資格を誇る専門家集団に対しても、その権威を譲るのを渋っていたのである。一方、営利的なモニュメント・メーカーは、その問題を別の観点から見た。しばしばこれらの会社は、職業彫刻家のレトリックを使い、よりよくデザインされたメモリアルの必要性を強調した。『モニュメンタル・ニュース』誌は、各モニュメント・メーカーが、デザインの水準を上げるため、協会を通じて共同作業することを勧め、公共芸術に関する各地の委員会の成長を称賛した。*94

にもかかわらず、営利的モニュメント・メーカーのなかには、彫刻家サイドを脅威と見なすか、あるいは少なくともそのような見方を装うものがあった。たとえば、短命に終わった業界出版物『モニュメント・リテーラー』誌には、次のような不満が書かれている。すなわち、彫刻家が専門職の協会と結託して、あるいはコンペそのものが、質の高いモニュメント・メーカーがたとえ価値あるデザインを出したとしても、メーカーを締め出そうとしている、と。同誌はまた、一九一六年一一月のある論説で、マサチューセッツ州シチュエートの南北戦争陸海軍モニュメント委員会の二人の芸術家を、次の理由で非難している。それは、同委員会がデザイン案を投票で決定しようとした際、GAR会員でもある委員二人が、著名な彫刻家オーガスタス・ルークマンのデザイン案ではなく同地のモニュメント・メーカーが提出した案に賛成票を投じると、その二人の芸術家がそれに抗議して委員を辞任したからであった。この論説はまた、委員会がメーカー界のモニュメントを選びはしたが、それが「メーカー界への信用の表れではない」こと、また過去にモニュメント・メーカーが、「採石場でかさばる不格好な石のかたまりのために芸術を犠牲に」してきたことを率直に認めていた。それにもかかわらず、シチュエートのこの出来事は、芸術家の協会が、芸術家とモニュメント会社の間に越え難い障壁を作りたがっていたことを示唆している。要するに、協会を結成することで彫刻の専門家側は、競争における自分たちの成功を実質的に保証したのだ。営利企業にとっての教訓は、自分たちも協会を作り、それに参加することであった。*95

公的なメモリアルを造るにあたっての芸術家の役割をめぐる問題が、美術委員会の創設に関する連邦議会の討論で危機的なまでに過熱した。この委員会は一九一〇年に設立され、ワシントンDCにおける公共芸術や公共建築の美的価値に関し、専門家としての助言を与える責任を負う。連邦政府がこの種の常設機関として初めて設立したものであった。それは法的権限をほとんどもたなかったが、首都の発展を方向づけ、また二〇世紀にそこに建てられる国立メモリアルを定める上で中心的役割を演じることになる。同委員会を設立するための法案をマサチューセッツ州選出のサミュエル・W・マッコール下院議員やニューヨーク州選出のエリヒュー・ルート上院議員が提出した際には、幾人かの議員が猛烈な異議を唱えた。彼らは、自分たちから見れば信頼の置けない専門家が選挙も経ずに配置される、行政部門のなかのこの種の委員会に、政治的権限を長期にわたって委任することに抗議したのである。反対派からすれば、「専門家」は過去に、あまりにもたびたび間違いを犯していたのだ。多くの人びとが遠回しに非難したのは、ワシントンDCの将来を展望した基本計画である。これは一九〇一年に、ダニエル・バーナムや、チャールズ・マッキム、フレデリック・ロウ・オルムステッド・ジュニア、オーガスタス・セイントーゴーデンズが、上院公園委員会——委員長を務めたミシガン州選出のジェイムズ・マクミラン議員にちなんで、マクミラン委員会としてよりよく知られている——のメンバーであったときに作成したものである。この委員会の基本計画に対し、多くの反対派が、農務省の建物を不適切な場所に配置しているなどとして非難した。また、ユリシーズ・S・グラント・メモリアル委員会がグラント元大統領のモニュメントを設置した際、ダニエル・チェスター・フレンチその他、職業彫刻家たちの助力を得て場所を選定したが、けっきょくワシントンの植物園の美観を損なうことにしかならなかったと、暗に専門家を非難する声もあった。[*96]

また、独立戦争の英雄、バリー提督のメモリアル建造を提唱した中心人物、ニューヨークのマイケル・ドリスコル下院議員は、一九〇九年に大統領職を退く直前のセオドア・ローズヴェルト大統領によって設立された美術評議会がバリー・モニュメント用に選んだデザインを、以下のように批判している。すなわち、そのデザインは、「歩いている」姿ではあるのだが、このすぐれた海軍将校を「横揺れする甲板の上を偉そうに歩くバワリー[※22]のごろつき」として描くものだ、と。ドリスコルからすれば、このモニュメントは英雄的なアイルランド系アメリカ人としてのバリー提督を記念すべきなのだが、美術評議会が選んだ像は、ドリスコルの言葉でいえば以下のようになる。

周りには小さな池があって、像は噴水になっており、くっきりした浮彫の人物像が並ぶ帯状の装飾も施されている。その装飾は、人びとが裸であるか獣皮を着ていた頃のアイルランドの歴史から始まっている。それは、聖パトリックによるタラ王の洗礼から現在までの、アイルランド人の歴史におけるさまざまな出来事や苦しみを描き出そうとしたものだ……住民が西へ追いたてられたこと、彼らが味わった不幸や苦しみも。そしてそれは最後に、キャッスル・ガーデン[※23]に素っ裸で上陸した多様なアイルランド人移民の男女を表現している。[*97]

※22　バワリーはニューヨーク市の一角で、酔っ払いの多い街の代名詞として用いられる。
※23　ニューヨークの移民受入れセンター。一八五五年から州がここで受け入れ手続きを始めた。

ドリスコルらが酷評し反対したにもかかわらず、連邦議会は、国立の美術委員会の創設を圧倒的多数で可決した。この委員会が一つの様式の流派に牛耳られるのではないかという不安を批評家たちが表明していたが、それは正しかった。一九一〇年から一九四五年までこの委員会の彫刻家のメンバーは、フランス風が吹き込まれた美術スタイルに傾倒し続け、そしてすぐれたモニュメンタル・アートを、古典的でルネサンス的な美の原則を固守するものと考えていた。委員会も、モニュメンタル・アートがあまりにも独創性なく古典主義に執着することは避けるように望んだが、モダニズムのデザインに対しては、一貫して冷淡であった。そのメンバーは、古代ギリシアやローマから引き出された寓意的なデザインを広く使ったメモリアルを好み、マクミラン委員会が策定した基本計画の強力な擁護者であり続けた。美術委員会が論じたところによると、ワシントンDCを創設した人びとは、ここを古典的な都市と見なしていたのであり、それゆえここは、そうした方針に沿って開発され続けるべきだということである。その結果、両世界大戦それぞれの後に建設された国立メモリアルの大半は、古典的伝統にしっかりと留まっていた。[*98]

古典主義が広く用いられたことは、南北戦争や両世界大戦の残忍性に眼をつぶり、うわべだけを飾る動きに貢献することになった。それは、これらの戦争がもたらした莫大な被害を軽視し、また合理化しようとする努力を反映するものであった。広く普及した古典主義は、戦闘そしてそのなかで母国のために命を落とすことの雄々しさを強調することで、近代戦を社会に受容させたいと考えていた人びとを大いに励ますことになったのである。

アメリカの過去の戦争を思い起こしたり記憶したりすることに、一九世紀末から二〇世紀初頭のこの国のエリートは何を求めたのか。戦争という形の闘い《ストラグル》の有効性を確認し、さらにまた、アメリカ社会内部の調和や平穏も促したかったのである。南北戦争を記念することによって、彼らはそれがもたらした分裂を癒そうとした。アメリカ独立革命や革命後の戦争を思い起こすことで、彼らは、アメリカ社会におけるセクション間対立などの分裂を一時的なものと見なす国家像を、一段と浸透させようとしたのだ。しかし、過去のさまざまな闘い《ストラグル》の軍事的な側面に焦点をあて、戦争がナショナル・アイデンティティの根幹をなすと見ることは、けっきょく高くついた。

一九世紀末から二〇世紀初頭における多くの知識人は、戦争を、以前の「文明化されていない」時代のもので、文明からの逸脱だと表現した。オーギュスト・コントのような実証主義哲学者たちは、産業化や国際通商の重要性が増したことによって戦争はますます時代遅れなものになっていると論じた。この自信に満ちた見解は、合衆国内だけでなく、ヨーロッパにおいても非常に普及した。また組織された平和運動が、多くの場合は上層中流階級や上流階級の関心にとどまったという面があるものの、力を伸ばした。世界の舞台では、一部の国が、調停をつうじて紛争を平和裏に解決する方向へ動き始めたかにみえた。この時期、ハーグなどで開かれた国際会議では一連の条約が結ばれ、戦争のやり方を「人道的」にし、捕虜を保護することになったのである。[*99]

常に市場が拡張し続け文化がグローバル化する新しい時代には各国の相互依存が強まり、そのことが平和の見通しを育み、かつ保証したのだが、そうした見通しをあらゆる人びとが歓迎したわけではない。セオドア・ローズヴェルトのように、抑制のない産業化が人間生活のあらゆる面を商業化し、さらには男性の男らしさを蝕むことになりかねないと恐れた人びともいた。また、公的機関としての芸術委員会を支持する人びとからは、次のように委員会を評価する見方も出された。すなわち、横暴な利潤追求によって美しいものや不朽のものの価値が脅かされているが、委員会がこれらの価値を奨励することで、資本主義の最悪の行きすぎを抑えるのに役立つというのだ。このような考え方のなかでは、戦争はたしかに恐ろしいものではあるが、個人の勇気や戦友同士の友情、そして崇高な犠牲の精神が現れる時と見なされたのである。[*100]

南北戦争その他の戦争を記念する活動では、戦争が生む恐るべき損失と平和がもたらす恩恵が強調されたのだが、それでも戦争は、国益が危険にさらされた場合には許容可能な選択肢と考えられるようになった。国家は強力な軍をもつべきだと提唱する者のなかには、海軍戦略家アルフレッド・T・マハンのように、強い海軍こそ、世界における一国の安全と位置づけにとってきわめて重要だと論じた者もいた。

一八九〇年代末には多くのアメリカ人が、ある程度まで、戦争を求めていた。そして一八九八年に、スペインは合衆国の格好の標的となり、また戦争に必要な口実を与えてしまった。多くのアメリカ人の見方では、合衆国は、植民地キューバを解放するためにスペインと戦争を始める必要があった。競合していたハースト系とピューリツァー系の新聞が、キューバに対するスペインの暴政や残虐さを恐ろしく、そしてセンセーショナルに描いた物語を数多く掲載した。しかし、好戦的愛国主義者《ジンゴイスト》だけが、スペインを非難したわけではない。ウィリアム・ジェニングズ・ブライアンやその他多くの中西部の農本主義者たちも、キューバの苦境に対する同情を表明したのである。[*101]

ハバナ港における米艦メイン号の爆発・沈没は、一八四九年以来となるアメリカの対外戦争を引き起こす火種の役目をした。メイン号を沈めた爆発とスペインをつなぐ証拠はほとんどなかったのだが、部数を競う新聞にとって、また「メイン号を忘れるな」というスローガンに扇動された多くの国民、そしてマッキンリー政権内の多くの人びとにとって、証拠の有無などほとんど意味をもたなかった。多くの人びとの考えでは、破壊工作だけがメイン号喪失を説明でき、メイン号の亡くなった乗組員は記憶されるべきであり、彼らのために復讐しなければならないのであった。沈没から何日も経たないうちに、ニューヨーク市のハースト系各紙は、メイン号殉職者のメモリアル建造を求めて、また対スペイン開戦を求めて、キャンペーンを始めた。けっきょくウィリアム・マッキンリー大統領は、そうしたプレッシャーにしぶしぶ屈し、合衆国を、戦争を避けたがっていたスペインとの戦争に導いたのである。*102

戦争当初、州が編成する志願兵連隊には参加希望者が多数集まったが、そのような部隊のなかでフロリダを出発して戦地キューバに向かったのはただ一つ、「ラフ・ライダーズ《荒馬乗り》」※24であった。けっきょく、正規軍が、戦闘の大半を担ったのである。そして相手のスペイン軍は、多くの点で、この戦争でアメリカ軍に立ちはだかった障害のなかでもっとも与しやすいものであった。陸軍省側の計画が不十分であったため、アメリカ兵には十分な装備が与えられず、また補給も滞り、部隊は最低限の衛生基準すら保てなかった。その結果、スペイン軍の手にかかって死んだ兵士は一〇〇人ほどにすぎないのに、病死した兵士は千人以上にのぼったのだ。それでも米西戦争は、海上でも陸上でも、合衆国にとって「すばらしい小戦争」となった。アメリカの艦隊は、マニラ湾やサンチャゴ湾でスペイン海軍に壊滅的打撃を与えた。マニラ湾の海戦で勝利したジョー

※24　陸軍正規兵の不足を補うために編成された部隊の一つで、海軍次官補を辞したローズヴェルトが指揮した志願騎兵隊の通称。西部出身の荒くれ男が多かったことに由来する。

ジ・デューイ提督はたちまち全国的な有名人になり、大統領候補としての指名も有望視されるようになった。デューイの驚くべき勝利と帰還に敬意を表するため、ニューヨーク市は入念な歓迎セレモニーとパレードを企画し、また全国彫刻協会は、ニューヨーク市にそのサービスを提供しようと進んで申し出て、仮設のものだが、彫像で飾られた巨大な勝利のアーチを建造したのである。[*103]

職業軍人が勝利の立役者であったという事実にもかかわらず、ほとんどのアメリカ人はこの戦争を、セオドア・ローズヴェルト大佐とラフ・ライダーズが威勢よく突進するイメージに結びつけて考えた。ローズヴェルトによると、戦場で活躍することによって自己を際立たせるチャンスを米西戦争が彼の世代に与えてくれたのである。そして、彼が一九〇七年にアーリントン国立共同墓地で、彼の連隊の戦死者にメモリアルを献呈する際におこなった演説の言葉でいえば、「自国の旗のため、存分に戦った戦場で立派に戦死するというこの上ない幸運」を少数のものが獲得したのである。また一九〇〇年代の初めにローズヴェルトは、自身がかつて率いた志願兵連隊を、アメリカ社会に固有のセクション間や経済上の、そしてエスニック集団間の緊張に対処するための模範として描いている。さらにラフ・ライダーズの一九〇五年のある再会の集いで彼は、幅広く多様な人びとが国家の栄光を求めるなかで一つに結び合わされたのだと語っている——ハーヴァード大学やイェール大学の学生、金持ちもカウボーイも、新移民、そしてその祖先がメイフラワー号までさかのぼれる者も、すべてが一つに結び合わされた、と。[*104]

ローズヴェルトは、一八九八年にキューバのサンファン・ヒルでスペイン軍に勝利したときのラフ・ライダーズの働きを称賛し、正規軍部隊、とくにアフリカ系アメリカ人連隊の役割については最小限の評価しか与えなかった。にもかかわらず、大統領としてのローズヴェルトはアメリカ陸軍を専門職業化し、全国民の軍事訓練制度（UMT）を設けるように努めた。さらに、一九一四年にヨーロッパで戦争が勃発すると、ローズヴェルトは、合衆国の戦争準備をせきたてる動きに加わった。その後死ぬまでローズヴェルトは、米西戦争が、アメリカ国民を鍛え上げてくれた、なくてはならない闘争であったと論じた。しかし国民の大半は、この戦争が成し遂げたものについて彼ほど確信をもてないままであったし、合衆国が戦争に突入した経緯についても疑問を投げかけた。さらに、マッキンリー政権がフィリピンを保持し、そこをアメリカの植民地にしようと決定したことで、合衆国内で激しい論争が起こった。他方、フィリピンでは多くの人びとが、即時の独立を求め、合衆国に対して戦争を起こしたのである。

フィリピンの反乱は、米西戦争とはまったく異なる戦いになった。それは三年以上続き、四〇〇〇人以上のアメリカ人と一〇万人以上のフィリピン人の死者を出して終わった。ゲリラ作戦を抑えるため、合衆国は、拷問や反乱軍を餓死させる目的の焦土戦術に訴えた。合衆国内では介入反対派が、暴動の鎮圧に使われた戦術を道徳や人道に反するものだと非難し、アメリカ軍の撤退を求めた。*105 米西戦争と異なり、フィリピン反乱は、二〇世紀アメリカの忘れられた戦争となった。連邦政府による国立のモニュメントはまったく建てられず、この戦争に関する公的な場での討論は、戦闘終了後すぐに減少した。しかも一九二二年まで連邦政府は、このアメリカ＝フィリピン戦争に参加した合衆国の兵士に退役軍人としての地位を与えることすら拒んだのである。

フィリピン反乱は、多くのアメリカ人の米西戦争観に影響した。たとえばそれは、デューイの評判が落ちる一因となり、彼の勝利をたたえようという動きに水を差した。一八九九年には多くの都市で、マニラ湾における彼の勝利の一周年記念を祝う式典がおこなわれたが、二〇世紀の初めには、米西戦争中に彼がフィリピン人指導者と交渉した際の振る舞いが問われるにつれ、これらの式典は消えていった。[*106] ニューヨーク市のデューイ凱旋記念アーチは、恒久的メモリアルになることはなく、けっきょく取り壊された。アメリカ人はデューイから距離を置くようになったが、メイン号のことは覚えていた。そして一九〇〇年代前半の時期には、二月十六日のメイン号沈没の記念行事が引き金となって、沈没事故で亡くなった水兵の追悼集会がニューヨークその他で開かれるようになっていった。また復員軍人らが、一八九八年のメイン号沈没の真の原因を究明するよう、そして亡くなった水兵らの遺体を回収するためにハバナ港からメイン号を引き揚げるよう、連邦議会に強く迫ったのである。[*107]

一九一〇年に連邦議会は、メイン号引き揚げに必要な予算の支出を決めたが、陸軍技師部隊がその任務を成し遂げるまでに二年かかった。メイン号で亡くなった人びとの遺体は沈んだ船から回収され、アーリントン国立共同墓地に埋葬するべく合衆国に送り返された。追悼式典には、ウィリアム・ハワード・タフト大統領や連邦議会議員、各国の大使館付き武官、軍の部隊、そのほか大勢の人たちが参列した。以前にメイン号で従軍司祭を務めていたローマ・カトリック教会の神父ジョン・P・チドウィックが式の主演説をおこない、そのなかで一八九八年の一連の出来事がもつ悲劇的な性格を強調した。[*108] チドウィックは、合衆国が崇高な目標のためにキューバで戦ったことを肯定する一方で、次のように、アメリカ人に平和のためにも活動するよう促す、多元的なナショナリズム像も提示した。

わが国の戦死者の墓のまわりで我われは、神がわが国のためになさってきたことすべてに対し、感謝の心を神に捧げよう。そして、我われの心のなかに憎しみや怒りの感情を抱かないようにしよう。戦争中には、犠

ハバナ港における合衆国艦船メイン号の引き揚げ。船体は海底から引き揚げられた後、外洋へ曳航され、栄誉を称えられ沈められた。この船のマストはアーリントン国立共同墓地のメモリアルの一部になった。この船の残りの一部は、合衆国内の至るところでさまざまなモニュメントに組み込まれた。(国立公文書館所蔵写真、111-SC-84882)

牲を厭わぬように愛国心をかきたてるものだが、平和のなかでも、我われの愛国心を新たにしよう。神がわが国を危機や戦争で試されるときに我われがそうするように、神が我われを平穏や成功で祝福なさるときにも、願わくば、それと同じような純粋で私心のない愛をもって、我われが国を愛せることを……。戦死者の墓の前で、我われの理想を思い出し、理想の実現を誓おう――その理想とは、だれであれ、この国の子であるなら彼ら一人一人の権利と才能を認め、励まし、高める国、そのような国の市民相互の同胞愛である。そして、……願わくば、青い海の向こうの国にある司教座の周りに、我われアメリカ人も兄弟としていつか集まらんことを。*109

メイン号そのものについて言えば、船体のさまざまな部分が記念品にするために取り去られた。たとえばメインマストは、船に乗り組んでいて命を落とした人びとのためにアーリントン国立墓地で葬儀用メモリアルの一部になった。フォアマストは海軍士官学校に運ばれ、学校付属のファラガット広場に展示されている。全国各地のコミュニティは船のもっと小さな部分を受け取っている。たとえば、サウスカロライナ州のコロンビア市は小型の大砲一門を手に入れた。ニューヨーク市クイーンズ区のあるモニュメントには一発の砲弾が置かれている。そして、マサチューセッツ州のウォバーン市は換気口のカバーを得た。錨《いかり》は米西戦争復員軍人協会に送られた。戦後に現れた退役軍人組織の一つであるこの協会は、会員のために錨を溶かして会員記章を作っている。記念品にならないような部分は海に葬られた。合衆国海軍は廃船になったメイン号をキューバの港から外洋へ曳航し、その後入念なセレモニーの一環としてこの船を沈めた。*110 メイン号に対する関心は後のちまで続いたが、そのなかでもっとも際立っていたの

1912年3月23日に、ワシントンDCの国務省や陸軍省、海軍省が入る古い庁舎の南端で催された、合衆国艦船メイン号から回収された乗組員の遺体の埋葬式典。これらの式典がおこなわれたことで、1898年に沈んだこの船は、好戦的愛国主義のシンボルから、もっと物悲しい状況を象徴するものへと変わった。（土地建物局所蔵写真）

は次のことである。それは、スペイン政府にはこの船の沈没に責任がなかったのではないかという認識が、海軍および多くの人びとに共有され、広がっていったことである。すでに二〇世紀初頭に、海軍やその他のところで、メイン号が沈んだのは、外部の爆発ではなく艦内の爆発が原因だという議論もあった。[*三]

メイン号を粗野な好戦的愛国主義的シンボルからもっと多義的で悲劇的なシンボルへと転換させるのに、時が貢献した。大多数のアメリカ人にとって、転換後のイメージは、テディ・ローズヴェルトやラフ・ライダーズの好戦的なイメージとはまったく対照的なものであった。ローズヴェルトらは戦争を許容しうるものだと見なしていただけでなく、戦争を歓迎してもいたのだから。米西戦争はどう記憶されるべきかという問題をめぐって現れた分裂は、一九一四年にヨーロッパで戦争が始まった際のアメリカ人のさまざまな受け止め方に影響を及ぼす。ローズヴェルトやマハンのような一部の人びとにとって、米西戦争は軍備の必要性を裏づけ、戦争が崇高で英雄的な企てであることを立証するものであった。しかし、ウィリアム・ジェニングズ・ブライアンやアンドリュー・カーネギー、ウィリアム・ジェイムズその他の反帝国主義を主張する人びとにとって、戦争というものは、米西戦争やフィリピン反乱を含め、合衆国がぜひとも避けるべき害悪であり続けたのだ。

第二章

「戦争をなくすための戦争」を記憶する

ヨーロッパの戦争にアメリカを初めて介入させる際に、ウッドロー・ウィルソンは、エイブラハム・リンカンのような控えめな態度をほとんど見せなかった。北部諸州を南北戦争へと導いた際に、リンカンは当初次のように主張していた。戦争は合衆国を救うためにおこなわれるのであり、けっして奴隷制を廃止するためではない、と。内戦を解放戦争といったイデオロギー的立場をめぐる闘争へと転換させるのに、じつに彼は一年以上も待ったのである。これに対し、一九一七年に参戦する際、ウィルソンは第一次世界大戦をマニ教的な善悪二元論の闘争として描写した。大戦に勝利しなければならないのだが、それは、あくまで新たな民主的世界秩序を構築するためであって、けっして偏狭な自国の利益拡大のためでも、アメリカの貿易保護のためでもないとされた。理想主義[※1]が、合衆国の参戦にあたって主要な役割をはたしたのである。

戦争に対する支持を得るため、参戦してすぐにウィルソン政権は大規模な広報キャンペーンを組織した。新設された広報委員会（CPI、クリール委員会）は、全米じゅうをポスター、演説者、パンフレットなどで埋め尽くした。それらは、あたかも連合国側が全人類の利益のために犠牲となる覚悟があるかのような表現を用いた。委員会はいう。アメリカはもっとも恥ずべき残虐行為を犯した敵を相手に戦っており、フン族[※2]を「すべての戦争を終わらせるための戦争」によって打ち倒すことで、アメリカは「民主主義にとって安全な世界」を創り出すであろう、と。参戦後にはこのような熾烈《しれつ》な調子のプロパガンダがおこなわれるが、じつはアメリカは参戦になかなか踏み切れなかった。ようやくそれが実現したのは、長く苦しい論争を経てからのことであった。

アメリカの参戦に対して、地方の孤立主義者やアイルランド系、ドイツ系アメリカ人を中心とした多くのエスニック集団は強く反対した。ウィルソンは一九一六年に大統領に再選されていたが、それには、「彼は我われを戦争に巻き込まなかった」というスローガンが貢献していた。一九一七年の初めにアメリカの商船がドイツ側の攻撃を受けてから後も、大多数のアメリカ人は参戦の是非に関して態度を決めかねていた。アメリカ人はけっして戦争に向かって猪突猛進したわけではないのだ。兵力について見ても、志願兵だけでは足りず、合衆国は史上初めて、戦時の兵力の大部分を徴兵制によって集めねばならなかったのである。左派

※1　「宣教師外交」とも評されるウィルソンの外交方針は、セオドア・ローズヴェルトのような帝国主義的な「力の外交」とは対照的であったが、自由貿易拡大のためにフィリピン領有を肯定するなど、アメリカの利益実現の意図も多分に含んでいた。

※2　第一次大戦下におけるドイツ人の蔑称のひとつ。四～五世紀にアジア西部から欧州に侵入し、のちのゲルマン民族大移動のきっかけを作ったアジア系遊牧民であり、匈奴の後裔とされる。

の多くは、この戦争が主に資本家の利害を守るためであるとの理由から不支持を表明していた。また、労働不安が多くの基幹産業を苦しめた。かねてから存在した社会的分裂状況は戦争によって悪化し、アメリカへ移民してきたばかりのエスニック集団、なかでもとくにドイツ系アメリカ人の、合衆国に対する忠誠には疑いの目が向けられ続けた。

反対派を抑え込むために、連邦政府のあらゆる部門がプロパガンダをおこない、それでも足らない場合は強圧的措置をとった。ウィルソン政権は防諜法の下で反戦活動家たちを投獄し、ストライキ中の労働者を徴兵することまで検討した。また、急進派、ドイツ支持者、そして「徴兵逃れ」などとされた者たちを対象とした、かつてない自警活動の波が生じたが、ウィルソン政権はそれを目の当たりにしながらも見て見ぬふりをした。しかしながら、このような分裂状況にもかかわらずアメリカは戦争に勝利し、他の参戦国とは対照的に、よりいっそうの権威、富、そしてパワーをもって戦後の世界にたち現れた。しかし、戦勝で国内の安定が確保されたわけではなかった。多くのアメリカ人は、ロシアやヨーロッパの大部分を捉えつつある革命の気運が、容易に大西洋を渡ってこないかと心配した。一九一九年には数百万人もの労働者がストライキに参加し、人種暴動が北部のいくつかの都市を覆い尽くし、多くの国家指導者たちが爆弾を用いたテロリストの攻撃の標的になった。そして、こうした大混乱の責任の多くは、東南欧系移民の人びとに帰せられた。連邦政府は、司法長官ミッチェル・パーマーの指揮のもとで急進主義者と疑われた何百人もの外国生まれの人びとを即座に国外退去させた。

ドイツが粉砕されたとはいえ、多くのアメリカ人は戦争が達成したものについて、依然として確信が持てずにいた。ウィルソンは、恒久的な平和を保障するために国際連盟の存在を容認するよう国民に呼びかけた。

しかし、連盟規約は国家主権を制約し、合衆国をヨーロッパの争いに引き込む恐れがあると反対派が非難したことにより、その批准は上院において否決された。一九二〇年にウィルソンは自らの後継者をめぐる選挙を、国際連盟加入の是非を問う国民投票とするべく国民に訴えたが、国民は合衆国を「平常」へ復帰させると約束した大統領を選出したのである。[*1]

休戦が成立した後、国家指導者たちはアメリカの勝利を称えるための記念碑建造や式典の創設に奔走した。彼らは、これらの記念碑や式典によって、戦争で引き起こされた国内の分裂状況を覆い隠そうと考えたのである。また彼ら指導者は、国民がこの曖昧模糊とした戦争に抱いている疑念や、場合によっては罪悪感を、それらが消し去ってくれるよう望んだ。何よりも彼らは、階級、人種、地域などに対する忠誠心を超越した、アメリカ人としてのアイデンティティを定義したかったのである。こうして、アメリカが初めて経験したこのヨーロッパの地上戦は、石碑に刻まれたり、儀式で繰り返し語られたりして、自由と民主主義という大義のために一体となった人びとが遂行した理想主義的な戦いという意味合いを長く持ち続けた。また、第一次世界大戦の退役軍人が立ち上げた最大の組織、アメリカ在郷軍人会《アメリカン・リージョン》の場合は、自分たちがこの戦争の遺産の代表者であり守護者でもあると考えていた。一九一九年にパリで設立されたこの組織は、その使命を、戦場で育まれた戦友意識を維持すること、そしてラディカリズムに対する防波堤としての「アメリカニズム」[※3]の

※3　厳密な概念というよりは、多くの場合、広義の「アメリカ・ナショナリズム」を含意する表現として使用される言葉だが、在郷軍人会にあっては、次のように定義されている。すなわち、アメリカへの愛であり、また人間が神から与えられた生命や自由を守る最良の制度としてのアメリカの諸制度への忠誠心であると。

原則を教え広めることだと宣言していた。

一方で、第一次世界大戦を記念する試みが憎しみによって覆われていたことも事実であり、このことは国家指導者たちを戸惑わせた。たとえば、いかなる記念碑を国内に建立するかをめぐって白熱した議論が繰り広げられた。多くの革新主義[※4]の立場に立つ改革者たちは、伝統的な石の記念碑を実用性のある建造物に置き換えたいと考えていた。芸術団体は、そのような活用《リビング》できるメモリアルを提唱する運動に対して罵声を浴びせ、価値ある記念碑は私利私欲を伴わないものであると主張した。さらに、戦没者の遺体は祖国に埋葬すべきか、それとも国外に留めたままでよいのか、といった問いをめぐっては、凄まじい論争も浮上した。

陸軍省は、アメリカが一次大戦に参戦した直後に、この戦争の死者たちの埋葬地に関して検討しはじめた。米西戦争とフィリピン独立紛争の場合には、戦争後に連邦政府はこの二つの戦争で死亡した数千もの兵士たちの遺体を本国へ送り返していた。それゆえ、一次大戦の多くの遺族たちは、仮に自らの息子がフランスで死亡した場合、最終的に亡骸は彼らのもとに帰ってくると予想していた。

戦死者の扱いについては、軍の負っている責務を軽減させようとボランティアが援助を申し出た。新たに設立された葬儀業界の団体である「紫十字」は、多くの死体防腐処理師たちをフランスに送り込むことで、戦死者たちに適切な処置が施されるよう提案した。同団体によれば、もし「アメリカの英雄一人一人」に最新の死体防腐学を活用した処置を施せば、「死後何年もの間、衛生的でかつはっきりと個人が特定できる状態で」合衆国に送り返すことが可能であった。[*2] これに懐疑的な陸軍省は、紫十字の申し出を断ったうえで、当初はその代わりに死者の埋葬を新たに創設した墓地登録部に委ねようと考えた。しかし戦争動員の遅延と船舶数の不足を受けて、ヨーロッパ派遣軍の在フランス総司令官ジョン・J・パーシング※5は、一九一七年一二月に墓地登録部の役割を制限せざるをえなくなった。つまり、もっと古い時代の戦いの時と同様に、パーシングは、個々の部隊がそれぞれの戦没者の埋葬に関して主要な責任を負うべきであると命じたのである。墓地登録部局は、墓すべてを登録することに責任をもち、また、応急措置として各地に散在する形で作られた墓の確認に専念する責任を負うとされていた。しかしながら、稀少な貨物スペースを埋葬のための物資や備品にあてがうことはできるはずもなく、さらには、死者の本国移送のためには終戦まで待たなくてはならないことも明白であった。[*3]

戦争が終結した際に、多くの軍関係者、連邦議員、そして他の指導的立場に就いていた人びとは、合衆国がヨーロッパへ介入したことの象徴として、戦没者たちは海外に埋葬されたままにすべきだと論じた。一九二〇年一月には、タフト前大統領、アメリカ労働総同盟会長サミュエル・ゴンパーズ、ヨーロッパ派遣軍の従軍牧師であるチャールズ・H・ブレント、その他の海外埋葬の支持者らは、国外に共同墓地を設立するよう働きかけるため、「アメリカン・フィールド・オブ・オナー」という組織を創設した。この組織は、

※4　世紀転換期に起こった改革的思潮である革新主義に基づき、広範な社会運動に従事した人びとの総称。担い手は主に中産階級市民であり、科学的合理的な方法によれば社会問題を解決し正義が実現可能であるとする理性万能主義に立脚する。

※5　一八六〇～一九四八年。アメリカの陸軍軍人。士官学校卒業後は、先住民掃討作戦で名を馳せる。アメリカの第一次大戦参戦の直後に欧州派遣軍（ＡＥＦ）総司令官に抜擢される。

アメリカ兵たちの「神聖な遺骨」によってフランスに造られた墓地の土は永遠にアメリカ的なものに変えられており、そこでは常に星条旗がはためくことになろうと主張した。[*4]

陸軍のなかでもとくに補給局は、より実際的な理由から遺体の本国移送に反対した。彼らは、フランスから何千もの腐乱死体を輸送するのに伴う数多くの運搬上の諸問題を指摘した。彼らの懸念にもかかわらず、一九一九年に陸軍長官ニュートン・D・ベイカーは、陸軍は祖国に兵士たちを送り返す業務に携われるならば誇りに思うであろうと述べた。ベイカーは、息子をそのままフランスに留まらせるか、もしくは国立共同墓地に埋葬するために、ないしは一族の墓地に埋葬するために母国へ移送するか、その選択については、最終的に遺族が決断するのを認めた。

一九一九年から二〇年にかけて、海外墓地を支持する人びとは、未亡人や両親に対して、夫や息子の遺体の移送を求めないよう説得するために、精力的なキャンペーン活動をおこなった。彼らは、一年から三年もの間埋もれていた死体を掘り出すことに伴う明白な問題点を数多く指摘した。たとえば、戦争によって打ちのめされたフランスでは、希少な鉄道資源を戦死者の輸送に使用することに対して強い異議が唱えられていた。公然と話題にすることは憚《はばか》られたものの、海外埋葬を支持する人びとは、遺体の輸送にともなう莫大な費用に関してもしばしばあえて言及した。その結果、多くの人びとが、フランス側が遺体の輸送を禁止し、連邦政府の手から決断の労を取り去ってくれることを内心では望んでいたのである。[*5]

フランスの軍人墓地を支持する人びとは、遺体の本国移送に関わる費用上ないしは運搬上の諸問題に拘泥するよりも、むしろフランスに埋葬される戦没者たちが引き続き将来にわたって祖国や西洋文明に対して貢献できることを力説した。それはつまり、それぞれの戦没者たちの墓が、彼らが自由という大義のために血を流し殉死したことを象徴する、永続的なモニュメントとしての役割をはたすからであった。戦没者の遺体をアメリカ全域に散在させず、フランスに凝集させておくことで、その歴史上の英雄的な役割はけっして忘れ去られて曖昧になることはないだろう、と説かれた。また、戦死したアメリカ兵の存在は、フランス国内において米仏両国の友好を高める役割をはたしていたのだが、それについては、フランス人はすでにアメリカ兵の墓を崇敬の念をもって扱い、「神聖」であるとみなしている、と論じられた。*6

残された遺族のうち、とくに母親たちは、最愛の息子をヨーロッパに残しておくことで、祖国のために最後の犠牲を払うように要求された。遺族は、遺体の本国移送に反対する人びとから、元大統領セオドア・ローズヴェルトの例に倣うように促された。彼は、兵士にふさわしい埋葬地は戦場であるとの哲学に基づき、息子であるクエンティンの戦死を知らされたとき、息子は死んだその場に埋葬されるべきであると主張したのであった。*7

しかしながら、ほとんどの遺族は、ローズヴェルトに倣って国家にさらなる奉仕を捧げることを拒否した。じつに七割近くもの遺族が遺体の本国移送を選んだのである。それと同時に、多くの人びとは連邦政府がヨーロッパに共同墓地を維持するための口実として、遺体の本国移送に対するフランスの異議申し立てを利用するのではないかと恐れた。一九一九年には「異国の地で戦死したすべてのアメリカの英雄のための、アメリカにおけるアメリカの墓」を確保しようとして、一部の人びとによって「戦死兵を返せ！」連盟が結成された。大量の手紙が、多くの場合同連盟の取り組みに触発されたためなのだが、ワシントンに送り届けられ、連盟の浸透ぶりをウィルソン政権や議会に知らしめた。ある母親は、ランシング国務長官に次のように率直に書いている。「あなたは息子を私から奪い、戦場に送り出しました…。息子はアメリカの招集に応じて自らの命を犠牲にしました。いまやあなた方は、〝絶対に〟わたしのもとに息子を返さなくてはならない義務があります。[*8]」

戦死者の処遇をめぐる議論は厳しいものとなっていた。遺体の本国移送を支持する人びとは、海外墓地を維持することでフランスは利益を得ようとしているのだと主張した。ある下院議員は、愛する人の墓を見るために大西洋を横断してまで旅をしなければならない数千もの悲嘆にくれたアメリカ人を、フランスはペテンにかけようとしているのだと示唆した。別の下院議員は、再度ドイツが武力侵攻してきた際に、フランスはアメリカ兵を「捕虜」としてフランス国内に埋葬しておくことで、強制的にアメリカを自国の墓地を守るように仕向けたいのではないか、と懸念した。[*9]アメリカの墓地をヨーロッパに設置したいと望んでいる人びとは、悪徳葬儀屋を、本国移送の運動を支える陰の立役者として描こうとした。実際に、いくつかの業界誌や業界団体では、五万もの遺体を本国に送還する際に予測される経済的利益に関して露骨に語られていた。そこに明確な関係があったかどうかはいまもって霧の中ではあるのだが、葬儀業界は本国移送のキャンペーンを組織するにあたって主要な役割を演じた。それにしても、息子や夫をアメリカに呼び戻したいと強く願う多くの両親や未亡人たちの存在なくしては、運動は成功しなかったであろう。[*10]

最終的に、陸軍省は両親や未亡人たちの願いを聞き入れた。一九二〇年三月にフランスが遺体の移送に対する異議を取り下げてからは、一次大戦で戦死した者の七割以上がアメリカに戻ってきた。残りの戦死者に関してアメリカは、フランス、ベルギー、そしてイギリスに永続的な共同墓地を設置した。衝撃的なのは、アメリカがどこに共同墓地を〝維持しない〟と決めたかである。一九一九年に陸軍省は、アメリカの戦死者たちをロシア、ドイツ、そして旧オーストリア＝ハンガリー帝国から移出する旨を布告した。この決定によって、次のようなアメリカ側の意図が明るみに出された。すなわち、かつての連合国、とりわけ英・仏との間に存在した繋がりを想起させる役割を、ヨーロッパ大陸における自国の共同墓地に、どの程度まで担わせようとしていたのか、という点である。『ニューヨーク・タイムズ』紙は、死者たちを「荒廃した」ロシアから連れ戻す決定を賞賛し、かの地は「安息の地にふさわしいような関係を、死んだ米兵にも他の米国民に対しても」提示しなかったと主張した。さらに同紙は、これとは著しく対照的に、フランスでは、戦死した兵士はあたかも「もう一つの祖国」であるかのように眠りにつくことができるだろう、と述べ、戦死者がフランスに留まるのを認めることこそが「彼らの名誉が数世紀にわたって保持される最善の選択」であると、遺族に呼びかけたのだった。[*11]

陸軍省と米国美術委員会が海外墓地とモニュメントの設計に着手し始めたときに、両組織はそれらに平等主義的なナショナリズムのヴィジョンを象徴させたいと考えていた。両組織はイギリスの例をあげながら、士官と兵卒のあいだで埋葬の仕方に区別を設けるべきではないと主張し、実際、イギリスの慣習に従って、アメリカの士官は部下の兵士と隣接して埋葬され、同等の墓石でその死が記念されたのである。[*12] 記念の仕方にみられる平等性は、委員会やその他の団体が、国家全体に対する個々人の自発的かつ協力的な犠牲を強調するようなアメリカのナショナリズムを育てようと試みたことを物語る。それぞれの碑文にわずかな違いが見られるだけの、これらの均質な墓石は、この国が掲げる大義の下に個人のアイデンティティが埋没してしまったことを象徴していた。またそれらの墓石は、軍務は軍を構成する個々人の階級的・地域的差異を最小化するものでなければならないとするセオドア・ローズヴェルトの信念を反映してもいた。結果として、上流の出である陸軍大将の隣に東欧からの新移民が眠るということにもなった。軍務に就くことで、だれもが平等に遇される権利を得たのだ。この象徴的な平等主義は、貧困がはびこり、多くの人が無縁墓地に葬られるアメリカ社会の状況のなかにあっては、大きな権利を意味した。

共同墓地に関して陸軍省と米国美術委員会は、いくつかイギリスの慣例を採用したにもかかわらず、それでもなお共同墓地をはっきりとアメリカ的な特徴をもったものに作り上げたいと考えた。イギリスは一〇〇万人以上の兵士を一次大戦で失っており、ヨーロッパ大陸に数百もの共同墓地を維持していた。必要に迫られたイギリスは、墓と墓のあいだに僅かな空間しか設けず、大きめの墓石を設置した。これに比べると、アメリカの方がはるかに少ない被害――おおよそ五万五〇〇〇人の戦死者――で済んだ。これにより、陸軍省と米国美術委員会は、ヨーロッパ各地に存在する八つの巨大な共同墓地へ戦死者を集中して埋葬することとした。それは両組織が、アメリカが大戦へ参加したことを示すのに十分なシンボルとして墓地を機能させるため、共同墓地にはそれにふさわしい大きさを保証しようと企図したことによる。陸軍省と委員会の一致した意見は、多くの木や大量の芝生を植えることで、アーリントン国立墓地内の兵士の区画にみられる公園のような環境を、ヨーロッパにも作ろうということであった。イギリスの墓地とは対照的に、これらの墓地は墓と墓のあいだに空間的余裕が設けられ、それぞれの墓には死者の名を刻んだ小さめの墓石が置かれた。[*13]

陸軍省と米国美術委員会は、象徴的・審美的な理由から、南北戦争の戦場を埋め尽くしたような、おびただしい数の記念碑が乱立する状況だけは避けたいと願っていた。両組織は、フランスに建立されるいかなる記念碑も国家の行為全体を記念すべきだと信じ、州や民間の手によって芸術的に欠点のあるメモリアルがいくつも建設される事態を回避しようと努めた。アメリカ兵の戦った場所が適切に記念されるように、また、民間のそうした試みを頓挫させるために、陸軍省は一九二一年に戦闘記念碑会議を省内に設立した。それは、歴史的に正確な情報を記したブロンズ製プレートを設置して、ヨーロッパの重要な戦場を記念することを任務としていた。一九二三年には議会が、陸軍省と米国美術委員会に促されて独立機関であるアメリカ戦闘記念碑委員会（以下、ＡＢＭＣ）を設立し、国外にメモリアルと墓地を建造する際の監督責任をこれに一任した。同委員会の設立に向けたロビー活動に携わった人びとからは、民間や州がヨーロッパに計画しているモニュメントに対して、委員会が細心の注意をもって指導するよう要望が出された。また陸軍省は、大統領によって任命されたこの新しい委員会が、海外の墓地を調査・記録するという戦闘記念碑会議の計画をも継承して遂行するべきだと主張した。[*14]

ジョン・Ｊ・パーシングが議長を務めたＡＢＭＣは、ペンシルヴェニア州から選出されたデヴィッド・リード上院議員の他、下院議員一名、三つの退役兵団体の代表、そしてフランスで息子を失った母親一名で構成されていた。始動してすぐに、ＡＢＭＣはフランスやベルギーに対して、自らが認可しないすべてのアメリカ戦没者記念碑を禁止するよう働きかけた。ＡＢＭＣはフランスの前例に従い、南北戦争の際の追悼行為とは対照的に、ヨーロッパにおける連隊ごとのモニュメントは許可できないこと、そしてアメリカ三軍の各部門ごとの、あるいは師団もしくはその他のより大きな単位に対する顕彰行為のみが可能であることを主張した。ＡＢＭＣは、ペンシルヴェニアやその他の州によって提案された数点のモニュメント案については認可したが、「特定の地域出身」の部隊を顕彰するモニュメントに対しては苦い顔をしたのである。[*15]

一九二六年にＡＢＭＣは、州政府や民間団体によって提案されるあらゆるモニュメントが、単に追悼のみならず、実用的な機能を併《あわ》せもつことを要求した。この方針を発表する際に、委員会は、自らが考案した公

フランスに造られたアメリカ軍墓地の夕暮れ時。撮影時期は、1920年代末〜30年代。（国立公文書館所蔵写真。66-G-7A-12）

式のメモリアルは、アメリカが一次大戦へ介入したことを顕彰するにふさわしいものだと宣言した。またABMCは、ヨーロッパの国々はわずかな数のメモリアルしか考案しておらず、そのなかで不出来なアメリカのモニュメントが増殖していくのは悪趣味であろう、と言い添えた。こうしたモニュメントは、かりに民間団体や州政府によって作られたとしても、ヨーロッパ人からはアメリカのメモリアルであると見なされてしまう。ヨーロッパに比べてアメリカ側の被害が少なかったという状況を考えると、ささやかな数の非公式のモニュメントですら「目立ってしまい」、「アメリカがそれらを建立する目的に関して、まったく誤った印象を植え付けるだろう」、と。[*16]

実用的なモニュメント以外はすべて禁止することによって、ABMCは自らのメモリアルの優位性を確保したかったのである。一九二五年には、ＡＢＭＣは、アメリカ軍が戦った場所にレリーフの地図を掲げてその位置を示すという以前の提案を破棄した。なぜなら、せっかくのレリーフも、フランスやベルギーの、アメリカ人がほとんどだれも訪れたことのない地域に設置されることになりそうであったからだ。戦場に鮮烈な印象を与えるモニュメントや墓地が存在しない限り、アメリカ人や他国の人びとが戦場に惹きつけられることはないだろう。ＡＢＭＣはそう断定した。結果としてＡＢＭＣは、アメリカの一次大戦における何回かのもっとも重要な戦闘を記念するために、いくつかの巨大モニュメントを建造すると決断した。その他の注目すべき、しかし小規模な戦闘については、それらを顕彰するために、第二弾として比較的安上がりなモニュメントや記念銘板の使用を計画した。また、各地の墓地には、特定宗派に属さない礼拝堂設置の計画が定められた。[*17]

ＡＢＭＣは、過去と現在の連続性をモニュメントによって表現したいと考えていた。建築様式上、多くの記念碑は古代ギリシア・ローマや中世様式を採用していた。したがって、米国美術委員会がデザイン案を検討する際には、常に西洋建築の文脈を念頭に置いていた。委員会のあるメンバーは、モンフォコンに設置予定のモニュメントとして、古代の儀礼を思わせる大きな円柱を建てるという案を褒めたたえた。その円柱は「建築の最高の形態」を表現しており、「知性の時代」の遺産であるから、というのがその理由であった。彼が例として引き合いに出したのは、トラヤヌスの円柱から「わが国のヨーロッパ派遣軍第一師団モニュメント」にいたるまでの、円柱を使用した「世界じゅうの有名なモニュメント」であった。[*18]

海外墓地のために計画された礼拝堂をみて、そこがキリスト教徒以外のための場所だと、誰が思うだろう。ＡＢＭＣと美術委員会は、国家的一体感を構築するもう一つの試みとして、アメリカのナショナリズムをキリスト教と一体化させようと望んだ。ユダヤ福祉委員会の委員長であるサイラス・アドラーが、シュレーヌ礼拝堂のデザインに十字架が使用されていることを批判した際に、その設計者であるチャールズ・A・プラットはこう書いた。礼拝堂は特定の宗派に基づいてはならないのだが、私は「戦死した兵士たちはキリスト教徒であった」と信じるようになっていた、と。プラットはさらに、もしアメリカ戦闘記念碑委員会に命令されれば、十字架は取り外すと自らの意思を表明しながら、「もしキリスト教を連想させる一切のオブジェの使用を妨げるほどにユダヤ人が力をもっているのであれば、きっと私は彼らの要求に従わなければいけないのだろう」と辛辣な意見を述べている。美術委員会は、ユダヤ福祉委員会の権限は審美的な問題にまでしか及ばないと主張し、十字架の撤去に反対した。ABMCはといえば、シュレーヌ礼拝堂の十字架の撤去を拒絶し、キリスト教のシンボリズムの使用に対して全面的な責任を負った。現に、ソンム礼拝堂の設計者であるジョージ・ハウがキリスト教的なシンボルの使用を拒否した際に、ABMCは難色を示した。ハウが「ローマ時代の墓を翻案したもの」としてソンム礼拝堂のデザイン案を提出した際に、ABMCは外観がキリスト教の様式に沿ったものでないとの理由で、荒涼とした、窓なしで殺風景な印象を与えるブロック状の礼拝堂を当初は拒否したのである。けっきょくハウはパトロンに譲歩して、「ロマネスク様式」の窓とクリスタルの十字架を加えて祭壇を明るくした。*19

十字架は海外墓地の中心的なシンボルとなっていった。戦時中や終戦直後には、陸軍は兵士を埋葬したところに応急措置として木製の十字架やダヴィデの星を付《ふ》して目印としていたが、やがて陸軍省はそれらを、上端に適切な宗教的シンボルが彫り込まれた同一の恒久性のある墓石に取り換えようと考えた。陸軍省や美術委員会の観点では、それらの墓石は「個々人の特徴」を最小限に抑え、デザイン上の調和をもたらすものであった。しかしながら、こうした計画があったにもかかわらず、一九二四年にABMCは、海外墓地の恒久的墓石として大理石の十字架を採用すること、またダヴィデの星がふさわしい場合にはそちらを採用することに決定した。初期の方針を覆すにあたってＡＢＭＣは、一般の人びとは十字架とアメリカの墓地を結び付け考えるものだと主張した、数多くの退役軍人団体や宗教団体からの圧力に応えたのである。[*20]

十字架が使用されたということで、多くのアメリカ人、なかでもとくに、数多くの国家的エリートたちが、アメリカ合衆国をキリスト教国家だと、いかに強く考えていたか明らかになった。加えて、それは彼らが戦争をどのように捉えていたのかに関しても、多くのことを暗示してくれる。キリスト教の伝統において十字架は再生の展望を意味するが、それはまた受難と自己犠牲をも表している。十字架を採用することによって、戦死者は国家を救済するために自らの生命を犠牲にしたのだと、アメリカ人は暗に宣言したのである。たしかに彼らの払った犠牲は格別のものであり、不徳であるとはとうてい言い難い。しかし、十字架の採用は同時に、多大な犠牲を払った非キリスト教徒のアメリカ人に対する配慮のなさを示してもいたのだ。

犠牲を払ったことによって顕彰されたのは何も戦死者だけではない。息子を戦地で失った母親たちにもアメリカ人は着目したのである。戦時中に自宅に金星章を飾り付けることを要請されたことから、「金星章の母」として知られているこれらの女性たちは、息子を国家のために犠牲にしたことで称賛を浴びていた。金星章の母たちは、一次大戦を記念した数多くの演説や詩作の題材となり、彼女たちの名誉を称えてモニュメントが建設された。そして金星章の母たち自身が、一次大戦の記憶を維持し、また兵士たちを養育した役割を強調する意図から、自らの組織を形成した。[*21]

一九二〇年代に金星章の母たちは、息子が海外に埋葬されている母親たちのために、連邦政府が支援するかたちでのヨーロッパ巡礼を実現しようと、精力的なロビー活動をおこなった。金星章の母たちの主張によれば、国家のために息子を犠牲にした母親たちに対して、最低一回は墓を訪れる機会を連邦政府は提供する義務があるという。金星章の母、そして議会内の彼女たちの支持者は、母と息子のあいだに存在する、切り離すことのできない絆について延々と語った。ある金星章の母は、惜しげもなく息子を国家に捧げたので、彼女たちの心臓は「息子の墓を見たいという一心でいまにも張り裂けそう」だと述べた。[*22]

金星章の母たちのフランス巡礼に抵抗することは政治上不可能であり、一九二〇年代を通して何十人もの議員が、こうした旅行に必要な基金を認可するための法案提出の中心となった。このような考えに表立って反対した者は少なかったものの、議会や陸軍省には費用に関して不平を述べる者もいた。しかし費用が話題として浮上すると、巡礼法案の起草者たちは、息子の遺体を本国に呼び戻さなかった母親たちのおかげで、連邦政府は二三〇〇万ドルもの予算を節約できたのにと主張した。こうした数字を挙げながら、彼らは巡礼の費用について批判するのは見当違いだと主張したのである。[*23]

一九二九年に議会では、最近親者が海外に埋葬された金星章の母や未亡人を、国家のゲストとして旅行させる権限を国防長官に与えるという趣旨の法案が通過した。一九二九年三月に、予算の徹底節約で悪名高いカルヴィン・クーリッジは、任期を終える直前に同法案に署名した。恐慌が猛威をふるい、赤字に直面した連邦政府が国家支出を削減しているなかでさえも、ハーバート・フーヴァー、そして後のフランクリン・D・ローズヴェルト政権は、一九三一年から一九三三年にかけて巡礼を認可した。

金星章の母による巡礼を取り上げることにより、多くの母親、ひいては社会が、この国の母と息子と戦没者の間に存在した関係性をいかに描き、定義づけようとしたのかに関して、注目に値する洞察が可能になる。つまり、人生における女性のもっとも重要な役割は、いまも母親や養育者としてのそれであるとのメッセージを、金星章の巡礼は発していたのである。加えて、母親とのつながりは、父親とのそれに優越していると も。父親を巡礼に加えるべきとの議論も多少はあったが、最終的に議会は母親のみ参加が可能であると決定した。夫が戦死した未亡人の場合、興味深いことに、彼女たちには、後からの思いつきであるかのような形で招待状が送られた。つまり、一九二四年に否決された巡礼法案の提案議員は当初は未亡人を法案から除外していたが、その理由は、彼が、未亡人と夫との関係は母親やその息子たちとの関係性に比べれば取るに足りないものだと信じていたからであった。[*24]

金星章の母たちの巡礼は、祖国のためにヨーロッパで戦死した人びとは、高貴な大義のために戦ったのだという見方を確固たるものにする役割をはたした。巡礼の最中に母親や未亡人に与えられた手厚い処遇は、ある意味では、彼女たちの貢献がどれほど突出していたかを強調するためのものであった。巡礼の旅に出発するために、母親あるいは未亡人が、郷里から列車に乗ろうとしたまさにその瞬間から、連邦政府は妥当だと判断された費用のすべてを賄《まかな》った。ヨーロッパへ出発する前に、金星章の巡礼者たちはニューヨークに集結し、市庁舎で催されたレセプションに参加し、そこで彼女たちは地元の市庁の幹部に迎えられた。議会によって具体的に指示されたとおり、巡礼に参加した女性たちは特別二等席で旅行し、一流のホテルに滞在し、海外では多くの陸軍将校、医師、そして看護師などに付き添われた。息子や夫の墓に連れていかれただけでなく、巡礼一行は毎回パリもしくはロンドンのいずれかの地に一週間ほど滞在し、英・仏の政府はレセプションを催して敬意を表した。[*25]

巡礼を扱った陸軍省や報道機関の説明では、参加した女性たちがあまねく同じ待遇を受けた事実が強調されていた。共通の絆をつくりだすことで、戦争はあらゆる階層や地域の女性たちを結びつけたのだ。社交界

1930年代初め、ヨーロッパへ旅立つ準備を整えた、アフリカ系アメリカ人である金星章の母の一団。（国立公文書館所蔵写真。RG92, Office of the Quartermaster General Miscellaneous File, 1922-1935, 004.511）

や農村の女性。カトリック、プロテスタント、ユダヤ人。アメリカ生まれ、そして移民。それらすべての女性が、息子を国家に捧げ、いまや同じ喪失の感覚を共有していたのである。[*26]

それにもかかわらず、実際はすべての女性が同等の待遇を受けたわけではない。金星章の巡礼は、アフリカ系アメリカ人を従属的地位に置く国民国家のヴィジョンを表していたのである。陸軍省は白人の巡礼者から黒人巡礼者を隔離し、別の船に乗せさえもした。白人巡礼者が豪華客船に乗って旅をしたのに対して、アフリカ系アメリカ人たちは貨物船で大西洋を渡った。アフリカ系アメリカ人団体が抗議しても、またアフリカ系アメリカ人の金星章の母の一部が巡礼への参加を拒んでも、陸軍省に方針を変えさせることはできなかった。[*27]

従って、アフリカ系アメリカ人である金星章の母や未亡人に対するジム・クロウ[※6]（人種隔離

フランスの無名戦士の墓に花輪を捧げる、アメリカ金星章の母の代表団。(国立公文書館所蔵写真。RG92, Office of the Quartermaster General Miscellaneous File, 1922-1935, 004.511)

制)の扱いは、彼女たちの息子や夫に対しておこなわれた不平等な待遇を反映していたということになる。アフリカ系アメリカ人の兵士は人種的に隔離された部隊で戦い、通常は兵站部隊に配置され、従属的かつ単調である補佐的な軍務を不当に高い率で割り当てられた。散在する墓から死体を掘り出し、移動させ、再びそれを埋めるといった不愉快な仕事は、通常アフリカ系アメリカ人の部隊に割り当てられた。死亡した際にも、彼らは白人兵から隔離された。軍部や国民は彼ら

※6　奴隷制廃止後、世紀転換期にかけてアメリカ南部で再構築された黒人差別体制。当初は単なる慣習であったが、やがて州法や市条例などによって黒人の公共施設使用が禁止・制限されるに至る。

の功績を無視するか過小評価し、一九一九年の休戦記念日にパリで催された大勝利パレードでは、黒人の連隊は行進しなかった。フランス陸軍に付属部隊として預けられて多くの勲章を授与されたアフリカ系アメリカ人部隊、すなわち米軍第三六九連隊の活躍を記念するモニュメントをフランスに造ろうと、ニューヨーク選出の共和党議員ハミルトン・フィッシュが努力を重ねたが、これにはＡＢＭＣが立ちはだかった。国内外に建造された圧倒的多数のモニュメントは、兵士を白人としてかたどっていたのである。[*28]

アフリカ系アメリカ人の兵士に対する処遇は、いまなお、民主主義の原則のための戦争として一次大戦を描こうという試みに内在するもっとも明白な矛盾の一つである。しかし、けっしてこのことだけが、アメリカの最初の欧州戦争を記念しようとする試みの抱える矛盾ではない。たとえば、国外のモニュメントや墓地の多くがアメリカとヨーロッパの強い絆を強調したにもかかわらず、上院はアメリカの国際連盟への加盟に対する批准を拒否した。また、モニュメントが示す国民の姿は、各々の異なったアイデンティティを自発的に国家の下に埋没させ、一つに団結しているものであったが、戦死者の両親や未亡人の大多数は、自らの最近親者を故郷に戻してほしいと望んでいた。さらに、国民のあり方をめぐる新しい多元的なヴィジョンは、アメリカを白人のキリスト教国家として定義するヴィジョンと、まさに競合していたのである。

海外に造られたものと同様に、国内に建造されたモニュメントも、国家を定義し、祝福することを目標としていた。そして、いかなるモニュメントがこの目標を達成するのに最良であるのかをめぐって、ここでもまた明確な意見の相違が生じ、議論の渦中にいる双方の人びとは、たがいにそれぞれ次のように主張した。すなわち自分たちは社会のより大きな善のために貢献しようとしているのに、相手側は単に狭い自己利益を

フランスの無名戦士の墓で1930年代初めに式典がおこなわれた際、参列者名簿に記帳する金星章の母。（国立公文書館所蔵写真。RG92, Office of Quartermaster General Miscellaneous File, 1922-1935, 004.511）

巡礼の旅の最終目的地、ヨーロッパのアメリカ軍墓地につき、戦死した息子の墓の傍に立つ金星章の母。（国立公文書館所蔵写真。RG92, Office of Quartermaster General Miscellaneous File, 1922-1935, 004.511）

促進させたいだけなのだと。国内における一次大戦の記念のあり方をめぐって悲惨な分裂が生じたが、けっきょくこれは、国家の指導者やコミュニティの指導者が、モニュメントや式典に重要な役割をはたして欲しいと願っていた事実を反映していた。それらは、ばらばらになった社会にコンセンサスを生みだすのに役立つものと見なされたのである。

多くの革新主義改革者たちの主張によれば、南北戦争を記憶に残そうとする試みは、無用かつ不愉快な彫刻という、意義の疑わしい遺産を残したのだという。一次大戦を記念する際にはこの過ちを繰り返さないようにと国民に促し、それに代わるものとして、橋、公園、遊び場、そしてコミュニティ・センターなどを含む、活用できるメモリアルを推奨した。彼らによれば、戦争記念碑はアメリカ社会の再建に資するべきであり、コミュニティの要望に応えるべきであるというわけである。多くの革新主義者にとって、「自由の建物」や「メモリアル・ビル」などという愛称をつけられたコミュニティ・センターや公会堂こそ、この課題を達成するための最良の選択肢であり、また戦争の民主主義的精神を捉え、鼓吹するものでもあった。[*29]

実際、専門職員としてレクリエーション施設で働く人たちが、このような記念建造物の建設を支援した。コミュニティを動員する諸活動の拠点として役立つと信じたからであった。一九一九年には、全国公園・レクリエーション協会に所属するコミュニティ・サービス社に対して、ローラ・スペルマン・ロックフェラー記念財団[※7]から助成金が与えられ、同社は記念建造物の建設推進キャンペーンを始めることができた。また、

※7　スタンダード石油の創業者ジョン・D・ロックフェラーが一九一八年に設立。同財団では社会改革に応用可能な社会科学的研究を支援するための運営体制が敷かれ、おもに大学に助成の重点が置かれた。

都市問題評論誌『アメリカン・シティ』は、市の行政担当者に、コミュニティの調和を促進する手段として、また都市改善の手段として、自由の建物とメモリアル・ビルを受け入れるべきだと呼びかけた。同誌は、単にこうした建造物の必要性を宣伝するために誌面を割いただけではなく、その採用を促すために関係者の調整委員会さえも組織したのである。[*30]

メモリアル・ビルの目標や意図を説明しながら、『アメリカン・シティ』誌は、それが達成しうることを次のように雄弁に語った。メモリアル・ビルは、多種多様なニーズに応えることによって、コミュニティの一体化に貢献する。メモリアル・ビルには、公会堂に加えて、プール、体育館、成人教育用の教室、コミュニティ団体のためのオフィスなども備えることができる。また、隣保館《セツルメントハウス》の範囲を超えて、特定の階層・階級の人びとのみならず、あらゆる人びとの役に立つであろう、と。そしてそうなるためには、メモリアル・ビルは「政党、階級、派閥的な意図」から自由であるべきであり、そのなかで「雇用主と被雇用者、共和党員と民主党員、カトリックとプロテスタント、ユダヤ人とキリスト教徒、男性と女性は、対等の立場にあるべきだ」と。[*31]

メモリアル・ビルの支持者たちは、こうした建造物は税金ではなく、有志による寄付によって資金が賄われるべきだと主張した。そして、それらが有効に機能するためには、個々の町や都市のニーズを反映させ、かつそれに応えなければならない、とも。メモリアル・ビル建設のために広範な〝大衆の〟支持を集め、政府による公的援助を排除したいという欲求は、社会改革を達成するために必要となる強制力をできるだけ小さくしたいと願う、「活用できるメモリアル」論者の側の考えに由来するものであった。彼らからすれば、一次大戦におけるアメリカの成功も、広報宣伝と公教育を通じて効果的に国内戦線を動員できたことに由来するのであった。

　しかしながら、メモリアルの支持者たちが標榜した、市民の一体感と公共善を促進させるといった目的には、不吉な側面もあった。革新主義に基づく他の改革と同様、彼らが抱いたコミュニティの構想は、依然として移民や組合に属する労働者を警戒する姿勢をとっており、ときには敵対的ですらあった。メモリアル・ビルがあらゆる市民を団結させると主張することで、そこに包摂されない人びとは、社会からの逸脱者であると見なすことも可能であった。メモリアル・ビルの支持者の一人は次のように述べている。「たった二種類の市民しか存在しない。一つはアメリカ人であり、もう一種は強制収容されるべき連中である」、と[*32]。

　多くのコミュニティがメモリアル・ビルやその他の実用的なモニュメントを採用したにもかかわらず、それに根強く反対する人びとも存在した。芸術家、商業的なモニュメントの製造業者、専門的な芸術団体、そして公共芸術《パブリックアート》委員会は、実用的なモニュメントの粗野な物質主義を批判した。彼らは、彫刻、絵画、その他の芸術的表現のみが、一次大戦を適切に記念できると主張した。また伝統的なモニュメントの支持者らには、モニュメントは社会の安定に貢献しなければならないという信念もあり、彼らは、沈思黙考と魂の滋養の場であることによってのみ、モニュメントはそうした機能をはたせる、と主張した。実用性ではなく、美によって戦争記念物は判断されなければならない、と。かなりの程度において、彼らは戦争記念物を、現代資本主義社会に特有の緊張に対する解毒剤であると見なしていた。たとえばある批評家は、次のように語っている。「例の物質主義者たちに思い出させようではないか。すなわち、理念的なもの、スピリチュアルなもの、そして詩的なものからの呼びかけに答えることこそが、人類の達成した文明に向かう一歩一歩になったのだということを。そして、あらゆる後退は、粗野な物質主義によるものだということを[*33]」。

彼らは、変化によって特徴づけられる社会において、彫刻は安定のための永続的なシンボルとしての役割をはたすのだと、次のように述べている。

我われの公園や広場のモニュメントは永久的なのだ！　炎や科学の進歩によっても破壊することはできない！　商業もこれを追放しようというほど大胆にはなることはない！……芸術作品としては粗末なものかもしれないが、戦没者追悼記念日には、我われはそこに集まって帽子をとり、遠い日の名誉ある男たちに敬意を表するのだ！　メモリアル建設の基金として大金だけが残されていても、我われはその前に集まることなどできない。……我が町の古ぼけたメモリアルホールでは我われ大勢をとても収容しきれないだろう！　しかし、ここ、神聖なるモニュメントの影の下、祭壇の周囲に我われは会衆として集い、そして、誠実かつ感動的な追悼を、我われが自由と独立を謳歌できるようにと永遠に自らの生命を投げ出した何千何万もの人びとの記憶に捧げるのだ。[*34]

理念性を帯びたモニュメントの支持者たちは、慎重に時間をかけて第一次世界大戦のモニュメントを建設する必要があると強調した。彼らは、大量の「低劣な」南北戦争のモニュメントは、活用できるメモリアルの理念を鼓舞する役割しかはたさなかったと認めていた。ある批評家は、米国芸術連盟の機関誌で、南北戦争のブロンズ製モニュメントは、その時代を象徴する醜悪さを備えていると主張していた。すなわち、

それは芸術上の失敗が続いた時代で（もし芸術が当時存在したとすれば、の話だが）、また悪趣味に満ち満ち

「もしも、実用的メモリアルを主張する変人たちが作っていたら、こうなっていた。」プロの彫刻家や商業的記念碑メーカーらがおこなった、実用的メモリアルを皮肉る攻撃の一例。［駐車場になったリンカン記念堂、アパートになった凱旋門などを描いている］(国立公文書館所蔵写真。66-G-12B-18, 1919年2月の『モニュメンタル・ニュース』を複写したもの)

た時代であった。……審美眼を含めたあらゆる領域において、この時代の特徴を誰も取り違えることはない。偉大な大統領が身につけていたフロック・コートもブーツも、彼の傍らに置かれている天板が大理石のテーブルも醜く、斑点のついたブラッセル・カーペットも鋳鉄製のインクスタンドも痰壺も。そしてこの時代の彫像までもが、それらと同じ醜さを備えているのだ。[*35]

一次大戦のモニュメントは、こうしたものとは異なっていなければならない。独自性と美によって、それらはアメリカが新時代に突入したことを提示しなくてはならないのだった。[36]

伝統的なメモリアルの支持者は、革新主義改革の支流の一つを代弁していた。他の革新主義者と同様に、彼らは伝統的なモニュメントの価値に関する広報活動を通して、公衆を教育する必要性を強調した。悪しきモニュメントを排するために、彼らは「私欲のない」専門家たちに、公共のモニュメントに関して裁断を下す権利を持って欲しいと考えていた。多くの専門的な芸術団体、なかでもとくに著名な米国芸術連盟、全国彫刻協会、ニューヨーク市の市立芸術協会、そして米国美術委員会などは、あらゆる州ないしは大規模なコミュニティに、芸術家、建築家、そして彫刻家などから構成され、モニュメントが建設される前の最終決定権を有する、公共芸術委員会の設立を求めていた。[37]

当然ながら、「理念性を帯びた」モニュメントの提唱者の多くは、それが採択されれば利益を得るのであった。たとえば、「活用できるメモリアル」運動の身勝手さに向けられたモニュメント製造業者らのレトリックは、彼らの業界の自己利害から注意を逸らせる役割をはたした。モニュメント業界は、同時代の多数の特殊利益団体と同様に、自らの目的はより大きな公益に奉仕するのだと主張した。モニュメントは、商業ベースの企業に収入源をもたらすために造られるのではなく、国家のために奉仕した人びとの身体を想起させるのにふさわしい唯一のものを提供するからこそ造られるべきである、と。

けっきょく、多くのプロの芸術家が嘆いたにもかかわらず、多数のコミュニティが選択したのは、平均的な兵士を表し、また記念している大量生産型のメモリアルであった。大抵の場合、その平均的な兵士は戦闘装備すべてを身にまとい、まさに戦闘に突撃していくか、もしくは直立不動の姿勢の歩兵であった。往々にして、モニュメント基底部の銘板には、コミュニティの戦死者や退役軍人の名前が記されていた。その傍らには、しばしば戦利品――連邦政府から提供されたドイツ軍の重砲――がおかれた。[*38] 歩兵像の人気から、国家的大義として一次大戦を記憶しようという、多くのコミュニティの指導者や退役軍人らの熱意を感じ取ることができる。往々にして、歩兵像は、ジョニー・レッブやビリー・ヤンク[※8]を顕彰した南北戦争のモニュメントと並んで立てられた。これらの彫像の落成式で、演説者たちは、一次大戦が、南部・北部間の和解に向けた長い道のりを引き継いでいるのだと、アメリカ人に説いたのであった。

一次大戦の直後に現れた、退役軍人の最大規模の組織であるアメリカ在郷軍人会は、この、国民の結束という主題を繰り返した。政治的、社会的に卓越した地位にある将校や下士官兵によって一九一九年にパリで設立された同会は、退役軍人たちが大戦でドイツの脅威からアメリカ社会や西洋文明を救ったのであり、彼らは自身の功績が確実に記憶されるよう自ら努めなければならない、と主張した。また、退役軍人は引き続き平和を維持する責任を有しているのだとも主張した。ドイツの専制政治が生んだ脅威には対処できたのだが、しかし急進主義によってアメリカ社会が破壊されるのではないかという恐怖の影が、彼らにとって常に存在する脅威として残っていたのだ。

一九一九年から一九二〇年にかけての「赤の恐怖《レッドスケア》[※9]」の間、アメリカ在郷軍人会は急進主義粉砕の試みを活

※8　それぞれ南軍、北軍を擬人化した言葉。また、南軍、北軍の一般兵士の代名詞でもある。
※9　ロシア革命の成功とヨーロッパでの労働運動の広がりにより一次大戦後に蔓延した「革命の危機」に対する恐怖と、それに伴う反体制派弾圧の総称。一九一九年には四〇〇〇人もの急進主義者が逮捕されたが、一九二〇年代初頭には沈静化する。

ビクトリー・アーチをくぐるドノヴァン大佐と第165歩兵旅団。1919年、ニューヨーク市にて撮影。第一次大戦での勝利を記念して同市在住のプロの芸術家たちが造ったこのアーチは、恒久的なものとして残ることはなかった。（ポール・トンプソン撮影、陸軍省所蔵写真。）

発に支援した。彼らはまた、連邦政府がおこなった外国生まれの急進主義者に対する国外退去の措置や世界産業労働者組合に対する攻撃に称賛を送った。法の遵守を主張したとはいえ、長引くストライキに対処するためには、超法規的な手段の使用をも彼らは許容した。多くのコミュニティで、同会会員の集団が、急進派の扇動者であると疑われた人びとを攻撃し、またスト破りとして活動した。

世界革命という差し迫った脅威が過ぎ去った後でさえ、反ラディカリズムは依然として在郷軍人会が標榜したアメリカニズムの定義の中心をなしていた。彼らの信じるところでは、外国の岸辺から流れ出てくる左右の専制主義に、アメリカはいっさい影響されてはならないのであった。しばしば不明瞭な概念であるとされる在郷軍人会の「アメリカニズム」は、セオドア・ローズヴェルトの哲学に深く影響されていた。在郷軍人会は新しい国際主義を拒絶し、国民国家こそがあいかわらず文明の最高形態であると説いていた。また、市民は常に兵士として祖国のために奉仕しなければならないと考えていたため、同会は国民皆兵の必要性を強く主張した。[*39]

アメリカ在郷軍人会は、第一次世界大戦が多様な国民を団結させ、それに加わった人びとをアメリカ人に作り変えたと主張した。彼らは、外国からの移民の制限を求めて熱心に運動したにもかかわらず、外国生まれの兵士をメンバーとして承認し、自らを、異なる宗教、階級、民族集団、そして人種からなる退役軍人を団結させる、多様性をもった団体であると自画自賛した（ただし、アフリカ系アメリカ人を隔離・差別された立場におき、多くの州では組織から排除していた）。一九二〇年代には、カトリックの司祭やユダヤ人のラビを何人か、一年の任期で全国的な宗教行事担当者（チャプレン）として選出している。在郷軍人会の発行する雑誌記事のなかでは、しばしば宗教的・民族的寛容の必要性がながながと述べられていた。レッド・

スケアが終わった後に、在郷軍人会はストライキに対する中立的な方針を宣言し、労働者の団結権を――とくに、主流であるアメリカ労働総同盟に加盟している場合には――認めた。[*40]

アメリカ在郷軍人会は、自らが南北間の分断や忠誠心の差異という問題を超越しているのだと主張し続けた。それを裏づけるため、同会は共和国軍人協会（ＧＡＲ）や南部連合退役軍人連合会からの承認を求め、実際に獲得した。戦没者追悼記念日（第二章七六頁参照）には、在郷軍人会は南北戦争や米西戦争の退役軍人たちとともに戦没者を顕彰するセレモニーや儀式に参加した。このようにして同会は、この日があらゆる戦争で死んだ人びとを顕彰する記念日になるのに一役買ったのである。同会の支部では、国旗や花束を一次大戦の戦死者の墓に添えた。また、この日に海外墓地がそれぞれふさわしい形で注目されるよう、同会の全国本部は、特別な基金を設立した。[*41]

アメリカ在郷軍人会は前述のような形で戦没者追悼記念日を受け入れたが、他方で同会は、大戦の休戦記念日については、この日がもっぱらアメリカの一次大戦への参戦記念に特化した日になるような取り組み方を推進した。同会にとって休戦記念日は、新たな平和の時代の到来を告げるものであり、アメリカ史や世界史における分水嶺を意味した。同会は国民や退役軍人に向かって、賢明にもアメリカは、ヨーロッパを自己破壊から「救済した」のだと説いた。在郷軍人会が支援する休戦記念日のセレモニーは、アメリカ社会の敏感な感情を揺さぶった。なぜなら、それらは戦争がもたらした悲惨な損失や犠牲を強調する一方、平和のメッセージを提供したからであった。セレモニーでは、祖国に帰還できなかった人びとを追悼するために、聖歌や祈りの言葉が捧げられ、ところどころでコミュニティの戦没者の名前が読み上げられた。また演説者が、戦没者が無駄死にしたのではないことを保証するためには、新しく、より調和のとれた世界秩序に向けて努力する必要があることを力説した。一一月一一日の一一時には、戦没者を顕彰し平和の理念を普及させるために、市民が在郷軍人会の会員とともに二分間の黙禱を捧げたのである。[*42]

二つの大戦に挟まれた時代に休戦記念日を取り上げた新聞の論説、風刺画、そしてニュース記事が、この平和という主題を繰り返した。すなわち、すべての戦争のなかでも「最大の」ものとなったこの戦争は「恐るべきもの」であったので、これを記念することは大戦の再発を防ぐことになる、と。一九二五年に『シカゴ・トリビューン』の風刺漫画は、「かつて平和をどれだけ有難く思っていたか、世界がそのことを常に忘れないようにしてゆくのであれば、もう二度と戦争は起こらないであろう」と断言している。新聞論説では、新しくより良い世界を推進していく努力の進展、ないしはその不足がよく述べられている。一九二〇年代には、いくつかの軍縮条約が結ばれたこと、アメリカが提案したドーズ案によってヨーロッパの債務問題が整理されたこと、さらにロカルノ条約を受けてドイツが国際秩序へ復帰したことなどにより、平和に関して楽観的意識が醸成された。ある年の『クリスチャン・サイエンス・モニター』紙によれば、「あらゆる国の新聞論説」が国家間の「親善が憎しみを打ち負かした」と宣言しているという。[*43]

アメリカ人は平和を欲したが、それをどうやって維持していくかに関してはコンセンサスが得られなかった。一次大戦には悲惨な破壊性が伴ったにもかかわらず、在郷軍人会はアメリカが賢明に戦争に介入したと断言していたし、さらには、軍備の充実こそ、アメリカがもう二度と戦争をしないことの最良の保証を生みだすとも述べていた。同会のパレード、とくに大都市で催されたパレードでは、アメリカ軍のさまざまな部門から部隊が参加し、戦没者を追悼するためにライフル銃や大砲による礼砲（軍隊の礼式の一つで、敬意を表するために発する空砲）を放つのが売り物になっていた。また、在郷軍人会の演説者は平和について語ったが、しばしば同時に反戦論・非戦論や急進主義に対する非難の言葉も語ったのである。[*44]

国際主義者によれば、アメリカが集団安全保障を承認することによってのみ、恒久的平和は達成されるという。一九二三年の休戦記念日の前夜、ウィルソンはラジオ演説で国民に向けて、アメリカが国際連盟に加盟しないという利己的な決定を下したことによって一次大戦の記憶は永遠に損なわれてしまった、と明言した。一九二四年にウィルソンが死んだ後、連盟の支持者たちは、追悼セレモニーを組織し、休戦記念日にワシントンの大聖堂で毎年開催することになった。[*45]

一方、平和運動に参加している人の多くは、軍縮と平和主義によってのみ戦争は抑止できると主張していた。こうした人びとは、休戦記念日が帯びている軍事色を取り除きたい、そして戦争という悲劇は回避可能なことを強調したいと考えていた。この目的を達成するために、全米戦争防止評議会は、休戦記念日におけるセレモニーの代替案――ほとんどの場合礼拝の形をとった――を提案し、それを支援した。一九二五年に大ボストン地区教会連盟は「平和のためのパレード」までも開催し、これに障害を負った退役軍人も参加させたが、アメリカ軍の部隊はそこに含めなかった。数年後には、大学の反戦主義者らが、マサチューセッツで開催されるアメリカ在郷軍人会のパレードに、招待なしにもかかわらず行進することを決定している。[*46]

一九二九年に『シカゴ・デイリー・トリビューン』紙は、休戦記念日は単に平和を象徴するのではなく、勝利をも意味するのだということを読者に思い起こさせる風刺漫画を掲載した。社説では、なぜ一次大戦に参戦することが国益に適《かな》っていたかが論じられていた。この社説と風刺漫画が示すのは、一次大戦に対してどれほどアメリカ人が両義的な感情を抱き続けていたのか、という事実である。戦間期にもっとも広く読まれた戦争関連の小説や詩には、エーリッヒ・マリア・レマルク[※10]、アーネスト・ヘミングウェイ[※11]、ロバート・

グレイヴズ[※12]、そしてジョン・ドス・パソス[※13]らの手になるものがあり、一次大戦がもたらした疎外、無意味さ、そして残忍性などについて深く考察するものであった。そしてレマルクの『西部戦線異状なし』や、ヘミングウェイの『武器よさらば』を原作とした映画は、大観衆を引き付けたのである。他方、アメリカの参戦を支持した多くのリベラル知識人は、部分的には大恐慌、そしてドイツ、イタリア、日本における軍国主義体制の台頭などを受けて、自らの立場を再検討することになった。チャールズ・ビアード[※14]のような歴史家は、アメリカが参戦したのは、連合国側（協商側）の大義名分に経済的な面で依存してしまったからだと論じた。

※10　一八九八〜一九七〇年。ドイツの小説家。第一次大戦に従軍し、その体験を基に執筆した小説『西部戦線異状なし』（一九二九）により、世界的名声を得る。のちにナチスの迫害を避け、スイス、アメリカへ亡命。

※11　一八九九〜一九六一年。「失われた世代」の代表的作家。第一次大戦やスペイン内戦での経験を基に『武器よさらば』『誰がために鐘は鳴る』などの傑作群を著し、一九五四年にはノーベル賞を受賞。

※12　一八九五〜一九八五年。イギリスの小説家、詩人。叔父は歴史家レオポルト・フォン・ランケ。第一次大戦に出征し、致命傷を負うも一命をとりとめる。代表作に『アラビアのロレンス』など。

※13　一八九六〜一九七〇年。アメリカの小説家。「失われた世代」の一人。救急隊員として第一次大戦に従軍した体験に基づいて『三人の兵士』などの作品を発表。三〇年代には共産主義思想に傾倒し、代表作『U．S．A．』三部作を著す。

※14　一八七四〜一九四八年。アメリカの歴史家、政治学者。コロンビア大学で政治学を講じていたが、一九一七年に学問の自由をめぐって大学当局を批判し、辞職。歴史発展における経済的要因を重視する立場から『合衆国憲法の経済的解釈』などを著す。

実際、一九三〇年代の半ばには、議会の委員会のひとつであるナイ委員会が公聴会を開催したが、そこでは、アメリカが参戦する以前に、アメリカの軍需産業や主要な金融機関と英仏との間に強いつながりが存在したことが実証された。[*47]

一九三〇年代に戦争の脅威が生じてくると、多くのアメリカ人は、アメリカが新たな戦争を回避することの保証を求めた。多くの平和団体や孤立主義者に促されて、議会は、交戦国との間に生じうる経済的・人的結び付きを制限した、厳格な中立を求める法律を数次にわたって成立させた。国際情勢がさらに悪化すると、休戦記念日から平和を連想して両者を結び付ける動きが強まった。新聞の論説は、ヨーロッパの戦争に巻込まれる事態を回避する必要性を強調するようになった。一九三六年にある新聞は、「平和という理想に向かわせるべく、また、世界のどの国民にも降りかかりうる最大の悪、すなわち戦争に対する永遠の憎しみをもたせるべく」、この国をあらためて神聖なものにする必要があり、休戦記念日はその再聖別化を象徴する日でなければならない、と論じた。[*48]

一九三〇年代には、一次大戦に関するシニシズム、そして大戦の記憶を管理しようという動きも広がった。一九三六年には、全国各地で大学生が「未来の戦争の退役軍人会」に参加するために集結した。ルイス・J・ゴリンをはじめとするプリンストン大学の学部生によって創立されたこの組織は、退役軍人たちが、自らの大戦中の軍務を根拠にして連邦政府から現金給付を引き出そうとするのを皮肉った。つまり、ゴリンや彼の組織は、連邦政府に対して、一八歳から三六歳までの男性市民に将来の戦争の後に支払われるはずの補償を先払いするよう求めたのだ。彼らはまた、政府は、いずれアメリカの妻や母親になるはずの女性に対して、「未来の戦場を視察」するために、ヨーロッパへの「神聖な巡礼」に参加する機会を提供すべきだと要求した。

ゴリンは、その著書『対価先取りの愛国主義』のなかで、未来の退役軍人たちに次のように呼び掛けている。支持を得るためには、退役軍人団体の例を模倣し、パレード、大会、制服、美しい女性、鼓笛隊、そして平和のためのあらゆる陽気な装飾などのプログラムを採用せよ、と。組織の正式な敬礼のスタイルについては、ゴリンは彼の仲間の学生たちに、掌を開いたまま腕を前に差し出すように求めた。[*49]

未来の戦争の退役軍人会は一年しかもたなかったが、この小さな事例は、アメリカ人がいかに一次大戦に幻滅しているかを明るみに出すものであった。多くの大学生にとって、犠牲、勝利、団結、そして平和などを訴えかける式典やモニュメントは、退役軍人たちによる連邦政府資金の略奪を正当化するものと映ったのである。より重要なのは、ゴリンや他の会員たちが、自らの世代は新たなヨーロッパ戦争を回避することができないだろうと察知していたことである。[*50]

第一次世界大戦を記念しようとする多くの試みには前例が存在したが、なかには次のような、前例のないものもあった。一九二〇年の終戦記念日に、イギリスとフランスはそれぞれ凝った国葬を執りおこない、国立聖堂に埋葬することなどによって数百万もの死者のなかから一人の身元不明兵士を顕彰した。パリの凱旋門の真下に設けられた墓は、フランスの無名戦士[※15]にとって永眠の地としての役目をはたしたし、イギリスの

※15　政治学者ベネディクト・アンダーソンによれば、無名戦士の墓は、墓碑の「匿名性」が個々人を抽象化・普遍化するため、訪れる人びとの国民的想像力を強く喚起し、ナショナリズム形成に多大な影響力を及ぼす。

無名戦士の場合は、ウェストミンスター寺院に埋葬されることで、著名な詩人、将軍、政治家らの墓の近くで眠ることになった。そのちょうど一年後には、アメリカが自国の無名の戦死者一名を、アーリントン国立墓地内の円形メモリアルシアターに設けられた特別な墓に埋葬した。[*51]

イギリスやフランスは、無名戦士が地域、階級、そして政治的忠誠心の違いを超越した、国民結束の象徴となってくれるよう望んだ。名前ないしはアイデンティティがないことによって、こうして埋葬された人物は、模範的な兵士や市民としてのあらゆる美徳を獲得した。彼の勇ましさや私心の無い犠牲を強調するために、この象徴的な市民兵――平時には市民として働き、緊急時に軍務にはせ参じた兵士――には最高の勲章が授与された。また国家的な政治、軍事指導者たちが、彼に敬意を表したが、それは、彼の功績の重要性を認識し、国家には彼に対する恩義があることを認めるため、さらには市民兵が国に対して負っている義務を暗黙のうちに強調するためであった。[*52]

ヨーロッパでもアメリカでも、無名戦士という考え方は、現代戦の記憶を民主化しようとして力を合わせた多くの人の努力が、ひとつのピークに達したことを示している。この概念を創造した人びとは、この無名戦士という形象によって、国家のために戦ったあらゆる兵士を記念し、戦争における人命の多大な損失を理解可能なものにしようと望んだのである。象徴的なのは、無名戦士という概念の創造によって、一兵卒の地位が将軍や大統領と同程度まで引き上げられたということである。またそれは、兵士たちが総力戦としての一次大戦下、各国の軍隊で経験した、個々のアイデンティティの喪失という事態を反映したものでもあった。

一九二〇年に上院議員ハミルトン・フィッシュ・ジュニアが、身元不明の兵士一名を英雄としてアーリントン国立墓地に埋葬するよう陸軍長官に要求する趣旨の法案を提出した。議会では、フィッシュの提案は党派を超えた支持を得た。また、パーシング将軍、海兵隊のフランス派遣部隊指揮官であったジョン・A・レジュネ少将、そしてアメリカ在郷軍人会の複数の指導者らによる推薦もあった。無名の英雄を顕彰したい人びとは、ヨーロッパの場合と同様、「国民精神」と、国家に奉仕した人すべての「不滅の」犠牲とを、彼に体現させたいと考えていた。[*53]

フィッシュが提案してすぐに、無名戦士の埋葬地をめぐって意見の不一致が生じた。また、議会の一部議員は、各州もしくは軍の各部門を代表する何人かの無名戦士を選出した方が良いのではないかと主張した。一九二〇年一一月には、ニューヨークの市民団体の指導者たちのグループが、陸軍長官ニュートン・ベイカーに対し、当時ニューヨーク市によってマンハッタンの中心部に建設が予定されていた、市民会館や公会堂から成るヴィクトリー・ホールに、身元不明兵士を埋葬する許可を申請した。他のコミュニティが似たような要求をするのではないかと恐れたベイカーは、アーリントンへ埋葬するために選ばれた兵士を例外として、その他の身元不明兵士の返還に関して検討することを拒否した。[*54]

一部のアメリカ人は、はたしてアーリントン国立墓地が無名戦士の埋葬に適しているのか、といった懸念を口にした。また『ニューヨーク・タイムズ』紙の社説は、アーリントンの比較的孤立した立地と、国民一般の意識のなかでは南北戦争との連関が強いことを指摘し、国会議事堂の大広間に埋葬した方が良いのではないかと疑問を呈した。アメリカ在郷軍人会は、非公式にではあるが同様の願いを表明し、国会議事堂へ埋葬地を変更するよう、次期ハーディング政権を説得したいとした。じつはフィッシュ自身、当初は無名戦士を国会議事堂の大広間の真下に埋葬することを望んでいた。そして後に、建築家トマス・ヘイスティングから、完成して間もないアーリントン円形メモリアルシアターの方が良い立地を提供できると説得されたのであった。けっきょく、一九二一年初頭にハーディング政権は、議会決議で規定されたとおり、アーリントンを墓所として指定することを決定した。[*55]

議会は陸軍長官に対して、無名戦士の選定と、その埋葬に先立っておこなわれるセレモニーに関する決定権を与えた。ウォレン・ハーディング政権の陸軍長官であるジョン・ウィークスにあてた手紙のなかで、フィッシュは、南北の和解を促進するために、無名戦士の埋葬は、一九二一年の戦没者追悼記念日《メモリアルデー》におこなわれるべきだと促した。セレモニーと埋葬を戦没者追悼記念日におこなうことによって、この祭日から地域的な特色のほとんどが失われ、国家全体の式典になることが期待されたのである。また、感動的なセレモニーにより、大戦の退役軍人たちが記念日に対してより大きな関心を持ち、それを自らのものとすること、そして共和国軍人協会から記念日の主導権を奪い取ることも期待された。大戦の退役軍人たちをよりいっそう取り込むために、フィッシュは、在郷軍人会各支部から一名ずつ会員をセレモニーに招くよう陸軍省に要求した。しかしハーディング政権は、休戦の三周年記念日にあたる一九二一年一一月一一日に無名戦士を埋葬しようという、陸軍長官ベイカーの当初の決定を追認し、フィッシュを落胆させたのであった。この決定は、休戦記念日を独自の国民の休日にしようという在郷軍人会の活動を大いに鼓舞することになった。[*56]

無名戦士を記念するセレモニーは、大統領や将軍のためのどんな葬儀にも匹敵するほどのものであった。無名戦士として埋葬される遺体が一九二一年一〇月末にフランスで選定され、大西洋横断の旅に出るために、かつて米西戦争時にデューイ提督が用いた旗艦「オリンピア」にのせられた。フィラデルフィアとニューヨークが寄港を懇願したにもかかわらず、陸軍省は無名戦士を直接ワシントンに輸送し、一一月九日に遺体は国会議事堂の大広間に安置された。遺体はリンカンの棺台の上に置かれ、大統領、副大統領、下院議長、最高

アーリントン国立墓地に納めるのに先立って、議会の大広間に安置された無名戦士の棺に献花するウォレン・G・ハーディング大統領。1921年11月9日。（アメリカ陸軍所蔵写真）

裁長官、陸海軍両長官、そしてパーシング将軍の全員が、棺の前に花冠《リース》を捧げた。翌日には、外交団や、多数の退役軍人・友愛・奉仕団体などが、それぞれ花冠を捧げた。また九万人を超える一般市民が、列をなして無名戦士の棺の前を歩み、当局者は群集受け入れのために真夜中まで国会議事堂の大広間を開放した。[*57]

一一月一一日には、アーリントンの円形劇場まで無名戦士を送り届ける人たちが行進する長い列ができ、その道中の一部では軍の儀仗兵が付き添った。列をなしたのは、大統領、連邦議会の全議員、最高裁判事たち、閣僚、州知事、そして諸外国代表団の高官らで、さらにそこに、陸軍省によって招待された多数の公式の会葬者が加わった。ウッドロー・ウィルソンは、馬車に乗って少しの間参列し、彼の戦時中の閣僚もまた列に加わっていた。軍の各部門からは、兵卒と将校一名ずつが代表で参列した。議会栄誉勲章を授けられている者は、全員がセレモニーに出席するよう呼びかけられ、多くの者は出席した。ほとんどの州と準州からやって来たアメリカ在郷軍人会の支部代表者も、行列に参加した。*[58]

陸軍省による公式会葬者の選定は、この国の、多様性をもちつつも統一されているという性質を象徴するべく意図されたものであった。南北戦争、米西戦争、そして一次大戦の退役軍人を代表する十数もの組織が行進に参加した。赤十字、米国図書館協会、そしてYMCAなど、大戦中に政府の戦争遂行政策と密接な関係があった奉仕団体や専門家組織も代表者を送り込んだ。「アメリカ革命の娘たち」、「シンシナティ協会」、そして他の代々存続してきた組織も代表団を送った。ユダヤ福祉委員会、ユダヤ人大戦退役軍人会、コロンブス騎士団、全米カソリック戦争評議会、そしてワシントン地区の著名なアフリカ系アメリカ人の指導者も、参列して無名戦士を称え、敬意を表した。*[59]

円形シアターでのセレモニーは、一体化した国民というヴィジョンをいちだんと浮かび上がらせるものであった。たとえば、ユダヤ教のラビがキリスト教の賛美歌第二三番の一節を読み上げたし、式典の司会を務めた牧師はカソリック神父の礼拝参加を実現するために尽力した人物であった。またハーディング大統領は、集まった会葬者に語りかける際に次のように言い切った。すなわち、この無名戦士が「アメリカ生まれかそうでないか」は、さほど重大事ではない。なぜなら、どちらも「同じように犠牲を払った」のだから、と。出身が「大邸宅でもあばら家でも」、人びとは国家と文明を守るために同じように自らの息子たちを送り出したのだから、無名戦士の「実社会における身分」など知るよしもない、というわけである。さらに、先住民クロウ族のチーフ、プレンティー・クープスが、彼らの主神グレート・スピリットに祈りを捧げ、戦争用の頭飾りと乗馬用短鞭を棺の前に置くことで、全国民的な和解という主題をよりいっそう強調したのであった。[*60]

アメリカじゅうの何百万何千万もの人びとが、二分間の黙禱をというハーディング大統領の求めに従った。大小のコミュニティが無名戦士に敬意を表するため、それぞれ公式のセレモニーを組織した。一次大戦の退役軍人はパレードをおこない、アメリカ在郷軍人会は記念イベントを催した。新聞の記事や社説は、「アメリカの魂」を体現した「名前のない兵士」の「犠牲と忠誠心」に授けられた、未曾有の名誉を説明していた。たとえば、この行事を伝える『ワシントン・ポスト』紙のある見出しには、次のように書かれていた。「金持ちも貧乏人も、老いも若きも、大統領も庶民も――すべてのアメリカ人が、無名の英雄に対して、厳粛に脱帽している」と。[*61]

ジョン・ドス・パソスは、後年に小説『一九一九年』のなかで、無名戦士に関するこの国の指導者たちの偽善を皮肉り、次のように主張している。すなわち、彼らは部下に、「諸君、無名兵士が黒人でないことを確かめろ／彼がイタ公やユダヤ人でないことを確かめろ」、と働きかけたのだ、と。[*62]ドス・パソスは完全に間違っていたというわけではない。無名戦士と結びついた多くの式典やシンボルは、理想のアメリカ人は白人であり、多くの場合、プロテスタントのキリスト教徒であると定義していた。また、一一月九日に無名戦士がワシントンの海軍ヤードから連邦議会議事堂に送り届けられた際に、騎兵楽団は、賛美歌「進め、キリスト教の戦士たちよ」を演奏した。円形メモリアルシアターではプロテスタントの聖歌が響き渡り、埋葬の際には、大戦時にアメリカのヨーロッパ派遣軍の従軍牧師を務めた米国聖公会の主教チャールズ・ブレントが、次のような祈りを捧げた。「我々の主である神」の名の下に、戦死したこの英雄は復活するであろう、と。生き残っていた南軍の元兵士はもちろんのこと、南部人であれ北部人であれ、この無名戦士が非白人であると考えるような白人などほとんどいなかったのだ。実際、無名戦士の出自についてイメージする際、彼が黒人シェアクロッパー[※16]の出身だとかハーレム出身であると示唆するようなスピーチはまったくなかった。数年後、ユダヤ福祉委員会が、無名戦士の墓として提案されたものには十字架が付されているという事実を知った際、彼らは米国美術委員会に対して、もしかするとこの身元不明の個人はユダヤ人であったかもしれないのでは、と釘をさす必要があった。[*63]

円形メモリアルシアターにおけるセレモニーのなかで、ハーディング大統領や外国政府の代表によって、英雄的行為をたたえる勲章が無名戦士に授与された。アメリカ議会栄誉勲章、殊勲十字章、ビクトリア十字勲章、フランスの軍功十字章、イタリアの勇猛金章、ポーランドの勇気勲章、その他いくつかである。ハーディングは、共和国アメリカひいては人類全体のために近代戦に耐え抜いた無名戦士の積極果敢な意欲を褒めたたえた。[*64]

しかしながら、セレモニーの中心的テーマはやはり平和であった。アメリカの教会指導者やハーディングは、メモリアルには何か超越的な目的を象徴させ、それを特定の戦闘や戦争の記念以上のものにしたいと望んでいた。式典の数カ月前には連邦教会会議が、平和の理念に焦点を合わせた礼拝を一一月一一日におこなうよう各教会に呼びかけていた。そしてハーディングは、無名戦士の墓前でおこなった演説の大半を割いて、公平で平和な世界をつくることこそ、この国が無名戦士に授与できる「もっとも崇高な贈り物」であると説いた。加えて、この平和の演説には現実的・実用的な側面もあった。つまり、この無名戦士の埋葬式典は、国務長官チャールズ・エヴァンズ・ヒューズを議長役としてワシントンで開催された軍縮に関する重要な国際会議（ワシントン会議）と、時を同じくしておこなわれていたのである。[*65]

戦争を求めるアメリカ人は少なかったが、それでもこの一一月の式典は、いかにして次の戦争を回避するかという問題に関して、アメリカ人の間に存在した葛藤を完全に覆い隠すことはできなかった。一一日に、ウィルソンとハーディングはおたがいに挨拶を交わしたにもかかわらず、彼らはそれぞれ、いかにして安定した平和な世界を創設すればよいのかという課題に関して別のヴィジョンを提案した。ウィルソンは、亡くなるまで情熱的な国際主義者であり、アメリカが国際連盟に加盟できなかった事実を前にして、彼は比喩的にも、また文字通りにも、心臓を痛めることとなった。ハーディングの場合、連盟への加盟はアメリカの主権を侵害することにつながるとして拒否したが、他方で積極的外交政策を追求し、ワシントン軍縮会議の例でいえば、海軍力の大幅削減をもたらした。

戦間期を通して、無名戦士の墓は、はたして戦争あるいは平和のどちらを象徴しているのか、という問いをめぐって次第に緊張が高まっていった。平和活動家は無名戦士を、人びとに戦争の甚大な損害をしっかりと想起させる悲惨な象徴的人物であるとみなしていた。ある全国的な教会団体は、無名戦士が生き返って平和主義と軍縮の大義をいつくしむという内容の劇を、戦間期に各地に広めた。また一九三四年にニューヨークでおこなわれた平和パレードの主催者は、参加者に向けて、パレードの山車一台でも次のようなことが

※16　南北戦争後のアメリカ南部で普及したシェアクロッピング制（一種の小作農制度）の下で隷属的労働に従事する黒人小作農の通称。

伝えられるのだと語っている。すなわち、無名戦士が命を捧げた、あの、戦争をなくすための闘いに「我われはまだ勝ち得ていないこと、そして軍国主義による彼の受難はまだ続いているということ」、を。[*66] 他方で、陸軍省とアメリカ在郷軍人会は、墓のメッセージは誤解されていると信じていた。一九二三年に陸軍省情報部の将校W・K・ナイラーは、いまや墓が「軍縮の方針を擬人化」しているのではと恐れた。彼はまた、休戦記念日の厳粛な献花のセレモニーは「愛国心よりもむしろ追悼の精神を伝達しているのではないか」とも心配した。彼によれば、聖職者は墓のメッセージを誤解しており、それを「理想主義的な平和の説教をおこなうためのテクスト、もしくはある種の国際主義を提唱するための根拠として」使用しているのであった。[*67]

一九二〇年代に在郷軍人会は、墓の尊厳を高め、それにふさわしい畏敬の念を呼び起こすために、衛兵を付けるよう軍部に求めた。同会は、多くの訪問者が墓所に対して適切な敬意を表明していないのではないか、場合によっては、墓をベンチやピクニック・テーブルとして使い、無名戦士を侮辱することになっているのではないかと不満を述べた。資金難の軍はその提案に抵抗し、訪問客は無名戦士の名誉を汚しているわけではないと反論している。しかし、ホワイトハウスと議会の圧力により、一九二六年に軍は態度を軟化させ、近くのフォート・マイヤー基地から墓を警護させるために毎日兵士を派遣することになった。[*68]

アメリカ在郷軍人会と陸軍省は、無名戦士の墓の上に適切なモニュメントが建立されることで、その象徴的な含意が正しく解釈されることを願った。しかし、議会指導者、美術委員会、そして陸軍の間で、いかなるメモリアルが建設されるべきかをめぐって意見が鋭く対立した。美術委員会は、円形メモリアルシアターの建築家ヘイスティングに、墓の上に設置する記念柱をデザインしてもらおうと考えた。しかし議会や陸軍省内の多くは、できあがったそのデザインを不適切だとみなし、陸軍長官は承認を拒んだ。逆に陸軍省の側

トマス・ヘイスティングがデザインしたアメリカの無名戦士の墓。暫定的に設置されたが、必要とされていたアーリントン円形メモリアルシアター委員会の承認を得られず、けっきょく撤去された。（国立公文書館所蔵写真。RG66, Project Files）

彫刻家トーマス・ハドソンと建築家ローミア・リッチの案が無名戦士の墓のデザイン・コンペを勝ち抜いたが、そのデザインを具体化するにはアーリントン円形メモリアルシアターを相当手直しすることが必要となった。（国立公文書館所蔵写真。66-G-4-88）

からは大理石の石棺が提案されたが、こんどは美術委員会がそれを退けた。そして、委員会を失望させたことに、議会は適切なデザインを模索するために、建築家や彫刻家を対象としたコンペの開催を命じたのである。[*69]

一九二八年、古典様式の強い影響を受けたデザインを提出した彫刻家トーマス・ハドソン・ジョーンズと建築家ローミア・リッチが、コンペを勝ち抜いた。リッチの案は、墓に至る長い階段を設け、傍らの道は撤去するというものであった。ジョーンズは、大理石の石棺の三側面に間隔をあけて装飾を施す案を提供した。ジョーンズは、残りの面、つまり円形劇場の外に向いた面には、どんな古代ギリシア・ローマのモニュメントに付けてもその品位を増すであろうような、三体の寓意的な彫像をデザインした。

ジョーンズは三つの寓意を重ね合わせることで、これらの彫像に、「一次大戦の連合国側の魂」を象徴させたいと願っていた。そして彼は、「勝利」像が翼を広げ、右隣に男性像である「勇気」を、左隣に女性像の「平和」を伴っている姿を示したのである。ジョーンズが説明するところでは、「平和」は、「正義の理念を勝たせようとして勇気をもって進んだ献身と犠牲に栄誉を授けるべく」そこに立っているのであった。[*70]

無名戦士の墓によって記念された勝利と平和は、やがて束の間のものにすぎないとわかる。一九四一年に、アメリカは別の世界大戦に巻き込まれることになるからである。アメリカ人は、再度、自らの勇気を証明して見せねばならなかった。アメリカ人は、一次大戦から一世代という時間も経たないうちに、二度目の世界大戦の経験を自分のものにしなくてはならなくなったのだが、まさしくその第二の戦争の経験が、一九一七年の戦争を観察する方法の再検証へと導いてくれたのである。それにもかかわらず、一九四五年の後にも、一次大戦を記念する式典、組織、そしてモニュメントは生き残り、ナショナル・アイデンティティの定義づけに貢献した。休戦記念日は新たな名称と重要性を有するようになった（第四、五章参照）が、国民の休日という点には変わりなかった。アメリカ在郷軍人会はその会員資格を、二次大戦の退役軍人にまで広げた。そして、無名戦士の墓は、国家の聖堂の一つであり続けたのである。

第四章

「よい戦争」としての第二次世界大戦、そして新しい記憶のありかた

ヨーロッパでもう一度戦争することなど、アメリカ国民のほとんど誰も望んではいなかった。一九三九年に第二次世界大戦が始まってから一九四〇年の春にフランスが突如降伏するまで、世論も議会内の声も孤立主義[※1]に支配されていた。ナチス・ドイツは合衆国にとっての脅威だとアメリカ人の多数が見ていたが、彼らにしても、イギリスに経済的・軍事的援助を供与しておけばアメリカは実際に参戦しなくても済むと考えていたのである。

日本が一九四一年一二月七日に真珠湾を攻撃し、その数日後にドイツがアメリカに宣戦するにいたって、世論はようやく変化した。二次大戦中のアメリカの戦争宣伝活動は一次大戦時と比べて抑制のきいたものであったが、それは多くの点でこの参戦の仕方から説明できる。つまり、一九一七―一八年の戦争宣伝で多用された道徳的でメシア的なテーマが、一九四一―四五年にはほとんど見当たらないのだが、それは国民の大

半が第二次大戦は自衛のための戦争であり、またとくに太平洋での戦いはアメリカに対する奇襲へのリベンジだと考えたからである。そのため、フランクリン・D・ローズヴェルト大統領が戦時情報局を設置したのは、比較的遅い時期になってから、しかも躊躇しながらであった。彼は、一次大戦中に国全体を席巻した戦争ヒステリーの原因の多くを、ウィルソン大統領が設立した広報委員会が生み出したと見ており、その再発を避けようとしたのである。また大統領は、二次大戦の結果に関する世論の期待が、一九一七年の場合のように非現実的なレベルにまで高められてはいけないと考えていた。彼は多くの同世代人と同様、一次大戦後に世論がヴェルサイユ条約や国際連盟に幻滅を覚えたのは、ウィルソン政権が戦争中に発した過大な約束や見通しのためだと信じていた。

しかし、二次大戦中の宣伝活動から理想主義がすっかり姿を消していたというわけではない。政府やマスメディアは、道徳的に相容れないイデオロギー、すなわちナチズム・ファシズム・軍国主義に対して合衆国が、ローズヴェルトのいう「四つの自由」——信教の自由・言論の自由・恐怖からの自由・欠乏からの自由——を守るために戦っているとたびたび強調した。また政府は戦争中の声明で、合衆国がイギリス、中国、ソ連と「大連合」という形の協力体制をとっていることを力説した。この戦時連合を母体として、安定した平和な世界を確立する狙いで恒久的な国際組織、すなわち国連が誕生するであろうという見通しが、一九四四年

※1　アメリカの行動の自由を強調し、南北アメリカ圏以外の地域、とくに欧州の紛争に介入しないという立場。一九世紀に強かったが一次大戦後に再び強まり、一九三五年には議会が国際司法裁判所加盟も否決した。

にはアメリカの広報活動のなかで語られるようになる[*1]。

アメリカの宣伝活動は感情も掻き立てた——とくに日本人に対する感情に関してはそうであった。日本人は邪悪で劣等で野蛮な人種であって一切の品性を欠いていると宣伝には描かれた。たとえば、このアジア人は真珠湾を奇襲したのだ、と。また少し後には、「バターン死の行進」でアメリカ人捕虜を虐待した、とも描かれた。このようなステレオタイプ化された日本人への憎悪はすぐに過熱し、太平洋岸に居住する日系市民を連邦政府がキャンプに強制収容[※2]する事態となった[*2]。

真珠湾攻撃とそれ以前からの孤立主義のために、対日戦への国民の支持は対独戦のそれよりもはるかに強力なものとなった。それは当初、日本に対処する前にまずドイツを倒すという戦略を転換せざるを得ないのではないかと大統領が懸念するほどであった。アメリカの宣伝は、世論もそうであったが、ドイツに対しては抑制的であり続け、日本に対するものとは、あるいは一次大戦中の一九一七年に「フン」[※3]に対して掻き立てられた感情とも、比べものにならないほどマイルドなものであった。戦争の末期に強制収容所の存在が明るみに出されてアメリカ国民がそれを知るまで、残虐さを強調したストーリーは対独宣伝活動の主軸にはなりえなかった。おそらくこれは、合衆国に暮らすドイツ系市民の数が多かったこと、さらに、合衆国では一般的に日本軍に対してよりもドイツ軍・ドイツ兵に対して、より大きな敬意が払われていたことなどによるものであろう[*3]。

ドイツ打倒の必要があるのか——残っていたこの疑問は、ナチスの強制収容所発見によってようやく払拭された。第一次世界大戦後には参戦をめぐってさまざまな解釈が出たのに対し、二次大戦時にアメリカがヨーロッパで参戦したことについての根本的見直しの議論は出なかった。修正解釈は、古くからの孤立主義者から、そして後には新孤立主義者[※4]から若干出てきたものの、マイナーな底流にとどまった。大半のアメリカ国民は、ドイツとの戦いを善と巨悪との抗争として記憶したのだ。実際、後に出てきた批判も、合衆国がナチズムの正体を早い時期に十分に見抜けなかったことに対してのものであった。一九七〇年代・八〇年代になると、合衆国はホロコーストを押し止めるためにもっと行動すべきだったと非難する動きが高まった[*4]。

第二次世界大戦の記憶を残すために合衆国が利用した組織や式典の多くは、一次大戦を契機として作られたものである。合衆国政府は一次大戦時にならって海外に墓地とモニュメントを作ったし、国内では無名戦士という考え方を再度持ち出し、アーリントンにその埋葬場所を設けた。また、アメリカ在郷軍人会《アメリカン・リージョン》が退役兵士の中心的組織であり続けたこともそうである。

多くのアメリカ人の目には、第二次世界大戦が一次大戦の意義を明らかにしたように思えた。一九一七年にドイツによる侵略を押し止めようとした決断は正しかった、ヒトラーの台頭を防げなかったのが誤りであった、というわけである。国際主義という立場をとる者にとっては、合衆国はもう孤立主義を放棄しなければならないというのが、そこから得られる大きな教訓であった。アメリカは国際秩序を作り上げるために

※2　一九四二年二月に行政命令で、西海岸に居住していた日系人約一二万人が市民権の有無に関係なく一〇カ所の収容所に強制移住させられ、議会は全会一致で命令を事後承諾した。
※3　遊牧民、匈奴を意味する言葉だが、ドイツ人に対する蔑称として用いられる。第三章参照。
※4　第二次世界大戦後に深まったアメリカの対外関与を批判する立場。一般に、海外の紛争への過度な干渉は批判するが、国際政治におけるアメリカの主導権は擁護する。

経済的・軍事的な力を使えと彼らは主張する。ソ連の協力と支援を得ながらそれをやるべきだと考える人びとも、とくに左翼の側には存在した。しかし一九四〇年代の末期には、リベラルも保守派も、多くが共産主義ロシアは世界平和に対する最大の脅威だと考えるようになった。

皮肉なことだが、アジアでの戦争については、対ドイツ戦に比べると不明瞭で曖昧な面がはるかに多くあった。極東での戦争は、アメリカが原爆で二つの都市を破壊したことによって終幕を迎えたが、その終わり方は後に論争を呼び、また真剣な関心を集めることになった。先例のない破壊力をもつ兵器の必要性、またそれを使うという判断をめぐって、やがて論争が広がった。適切に規制しないと原爆は人類の破滅につながるとの懸念が生まれ、歴史家のなかから早くも一九五〇年代の初めには、一九四〇年—四一年のアメリカの対日政策に疑問が出され始めた。チャールズ・ビアード、さらに後にはジョン・トーランドが、ヨーロッパにおけるアメリカ参戦の促進などの狙いをもったローズヴェルトの政策が、日本による攻撃を誘発したと論じた。もっとも、これにはほとんどの歴史家が、そして一般の世論が反論したのだが。[*5]

アメリカが第二次世界大戦に参加したことは、一次大戦の意義を小さくしてしまうことにもなった。アメリカは一五〇〇万を超える兵士を動員し、アジアとヨーロッパの二つの前線をもつ戦争を戦い抜いた。この戦争中にアメリカの工業生産は跳ね上がり、自国の軍隊の装備を整えただけではなく、イギリスやソ連などの需要の多くをまかなった。アメリカが築いた海軍力と空軍力は世界最大のものであった。アメリカが払った人的犠牲は日本、ドイツ、ソ連に比べて格段に小さいが、アメリカ人にしてみれば十分大きく、実際一次大戦時の死者数と比べてはるかに大きいものであった。たとえば海軍の場合、たった一日の真珠湾攻撃による死者数だけで一次大戦全期間中の死者数を上回った。陸軍兵、水兵、海兵隊員などアメリカ軍全体を合わせると、一次大戦時の約五万人に対しておよそ三〇万人が命を落としたのである（事故死や病死も含めると約四一万人）。[*6]

二次大戦中のとてつもない規模の戦争遂行努力にもかかわらず、それを記念する特別な国民の休日をアメリカが作ることはなかった。また、第二次大戦を担った兵士のみを代表する特別な組織を作ろうという試みも、生まれはしたのだがけっきょくは頓挫した。一次大戦直後には大戦の熱気が尾を引いていたのとは対照的に、一九四五―四七年のアメリカに新しい形の戦争モニュメントを作ろうという関心はほとんど出てこなかった。

海外に軍人墓地を維持することの是非については、一九一九年同様、一九四五年にもアメリカ国民は熟慮することになった。陸軍当局もアメリカ戦闘記念碑委員会（以下、ＡＢＭＣ）も、海外の墓地は国民結束の象徴として、また合衆国が払った犠牲を他国民にたえず思い出させるものとして、さらには諸国との友好進展の象徴としても、有益であると考えていた。一九二〇年代に、一次大戦で戦死した個々の兵士の埋葬地を海外にするか本国にするかの決定権が近親者に与えられていた経緯から、一九四五年にこの選択権を否定することは事実上不可能であった。一九二〇年代に闘わされた「不快な論争」を繰り返すことはほとんど誰も望まず、軍部とＡＢＭＣは、一次大戦兵士の海外墓地を早急に修復して一九四〇年以前の美観を取り戻せば、アメリカ国民に二次大戦の戦死者の海外埋葬を「自発的に喜んで受け入れる」覚悟を決めさせることができると見込んだのである。[*7]

この判断はメディアの間でかなりの支持を得た。『リーダーズ・ダイジェスト』誌や『サタデー・イヴニング・

ポスト』誌、その他の紙誌が、戦死者を、とくにヨーロッパから本国へ戻さないでおく根拠を読者に明示した。戦闘中に亡くなった兵士は戦友の傍に葬られたままでいることを望むであろうと、ここでもまた論じられた。この感情を強めるために、生き残った兵士の見解がいつも引用された。戦場に埋葬すれば、戦死した兵士のことは、「歴史上の偉大な成果の一つ」である大戦勝利と永遠に結び付けて記憶される、という声や、もっと実際的なレベルでは、海外墓地に埋葬されれば、あなたがたの息子や夫は美しい公園のような墓地で安らげる、という声もあった。[*8]

第一次大戦後の場合と比べるとその熱狂ぶりははるかに低いものだったが、一九四六年に議会は、戦場で亡くなった愛する者の埋葬地に関して、未亡人、遺児、両親、兄弟姉妹がその順で最終決定権をもつと定めた。埋葬地からの移動を望まないようにという政府の懇請にもかかわらず、けっきょくこのときもまた、未亡人や両親の大半は、肉親の遺体の本国移送を望んだ。[*9]

海外墓地に埋葬されたまま残った死者のために、ふたたび政府は、孤立した、あるいはアクセスの困難な土地にある墓地を整理し、すべての遺体を数カ所の大規模な軍人墓地に集約することを決めた。また政府は、ドイツにも日本にも恒久的墓地は作らない旨を宣言した。それは両国がかつての敵国だからであり、同じく一時は敵国であったイタリアについては、後に連合国に加わったことから墓地建設の適地と認定した。アメリカ陸軍とABMCはまた、アフリカとアジアにある暫定的埋葬地のほとんどは、アクセスのむつかしさゆえに正式な墓地としては受け入れられないと結論づけた。けっきょく、合衆国の埋葬地の大半（全一四カ所中一〇カ所）はヨーロッパに位置した。恒久的墓地として建設されたもののうち、アフリカにあるのは、当時フランス植民地であったチュニジアの一カ所だけで、太平洋地域には三カ所、すなわちアメリカの準州であったハワイとアラスカ、そしてアメリカの旧植民地フィリピンである。硫黄島、沖縄、タラワ、その他の島には、そこでおこなわれた戦闘の凄まじさにもかかわらず、埋葬地はまったく建設されなかった。戦死者の両親も未亡人も、このように遠く離れた島に肉親を埋葬しておくことには耐えられないであろうと、陸軍もABMCも述べている。アメリカ在郷軍人会も遺族のそうした感情への共感を表明し、それら荒涼とした島は「火山活動、地震、台風、その他の危険な自然現象にさらされている」と論じるとともに、「文明」からの距離がありすぎて戦死したアメリカ兵が永遠の眠りにつく場としては適さないと主張した。[*10]

陸軍もABMCも、アメリカの軍人墓地をヨーロッパ大陸に設けて、アメリカとヨーロッパの絆を象徴させることを望んだ。フィリピンの場合、アクセスや管理のうえで問題があるが、陸軍もABMCも、そうした不便よりもアメリカの旧植民地と政治的関係を維持することの方が重要であると決断したのである。こうして、関係当局はマニラに軍人墓地を建設した。ABMCのある会合で、かつて陸軍参謀長だったジョージ・マーシャル将軍はその「心理的効果」が重要だと主張している。つまり、フィリピンの墓地は「アメリカが払った犠牲の永遠の証拠」としてフィリピン国民に作用するのだと。委員会の一部は、インドにも墓地を望んだが、陸軍はこれに反対した。陸軍の記念碑局長の見解では、インド国民に対しては墓地が意味をなさないという。彼から見ると、死者に対してインド人は「敬意を払わない」からであった。[*11]

海外の墓地や記念碑をデザインする際、ABMCとアメリカ美術委員会は、第一次世界大戦後に築いてきた方針の多くをふたたび用いた。第二次世界大戦の戦没兵の墓はどれも同じ墓石で作られ、芝と木々が墓地を埋め尽くすことになる。各墓石の上には十字架かダビデの星が付けられ、各墓地に一カ所ずつ、特定宗派に属さない礼拝堂が設けられることとなった。[*12]

この二次大戦後の墓地の礼拝堂は、一次大戦後のそれと同様、合衆国はキリスト教が優勢な国であると断定している。ユダヤ教の象徴も何カ所かの礼拝堂に組み込まれているとはいえ、ＡＢＭＣは再度かなりの無神経ぶりを露わにすることになる。いわゆる「ユダヤ問題」を検討する際、礼拝堂のデザインに十字架の使用を控えるか、あるいは宗教上の象徴について助言する諮問会議を置くようにという要求が多くのユダヤ系アメリカ人から出たが、委員会は一九四九年にそういう声に留意することを拒んだのだ。この問題に関しては、後退した面すらある。つまり、一次大戦時に身元不明のまま埋葬された兵士の墓に、戦後になって委員会は身元を特定できた戦死者のなかのキリスト教徒とユダヤ教徒の比率に応じて、適当に十字架の、またはダビデの星の印をつけていた。そして一九四八年に委員会は、こんどは二次大戦のすべての身元不明者の墓に、「身元不明のキリスト教徒」かもしれない人物の墓にダビデの星を記してしまう過ちを避けるためという名目で、十字架の印をつけると決めたのである。[*13]

海外に設置する二次大戦記念碑制作のために建築家と彫刻家を選定する際、美術委員会もＡＢＭＣも、伝統的な様式に沿って創作活動する者を優先した。その結果、礼拝堂と記念碑は大半が古典的な流れに沿うものとなった。いくつかのモニュメントでは、古代ギリシア市民、古代ローマの兵士、あるいは中世ヨーロッパの聖人などの衣服をまとった想像上の人物像が中心的な位置を占めた。両委員会は、戦間期にもそうであったのだが、アメリカの在外記念碑を、ヨーロッパに基礎をおいた、古代のギリシアやローマにまで遡れる長い文化の伝統の一部をなすものと見ていたのである。[*14]

二つの世界大戦の連続性を強調するために、ＡＢＭＣは、パリ郊外シュレーヌにある一次大戦の際の墓地を改修して二つの大戦の墓地とし、また追悼の場とすることにした。そして二次大戦で亡くなった身元不明兵士二四体の遺骨が、この墓地に葬られた。同時に委員会は、両大戦の身元不明兵士を追悼するために、もともとあった礼拝堂の周りに柱廊《ロッジア》を二カ所設けている。北側のロッジアは一次大戦の死者のために、そして南のそれは二次大戦の死者のために。*15

一次大戦が二次大戦の序曲に過ぎないと見なされるようになった経緯については、クェンティン・ローズヴェルトの埋葬地の歴史をみればよく分かる。第一次大戦後、元大統領セオドア・ローズヴェルトは、戦死した息子クェンティンを倒れたその場に葬るよう求めた。政府はこの要求を受け入れ、さらに、フランスで他とは分離されたクェンティンの墓にローズヴェルト家が特別な慰霊碑を建てることも認めた。二次大戦の際には、元大統領のもう一人の息子セオドア二世が、ノルマンディー攻撃の最中に心臓発作で亡くなった。彼の妻と弟アーチボルドは、二世がノルマンディー近くの恒久的アメリカ軍人墓地に埋葬されるべきと考えたが、戦後まもなく、ローズヴェルト家はクェンティンの遺体を孤立した墓から兄弟のすぐ隣に移すよう求めたのである。陸軍とABMCはしばらく躊躇した後この要求を受け入れ、今日では、ローズヴェルト家の二人の息子はノルマンディー墓地で寄り添って眠っている。*16

海外の軍人墓地は、一九四五年以降合衆国が背負ったグローバルな軍事的コミットメントの象徴として機能している。陸軍は海外墓地の大半をヨーロッパに置くことで、ヨーロッパ大陸との絆をさらに大きくしたいという意図を表したのだ。実際、合衆国は一九四八年にマーシャルプランの下、ヨーロッパ諸国に経済援助を提供し始め、一年後には西ヨーロッパ諸国とともに北大西洋条約機構を設立して恒久的な軍事同盟を形作った。

アジアや第三世界の諸地域に恒久的な軍事墓地をもたないと決めたことがレイシズムに基づいているのか

否か、決定的な証拠はない。ＡＢＭＣの書簡や議事録では、非ヨーロッパ地域はアクセスが不便という地理的な理由によってのみ除外されたと強調されている。それでも、第三世界とくにアジアに恒久的な埋葬施設を置きたがらなかった政府の姿勢は、これら地域に対して多数のアメリカ人が感じている曖昧さを映し出したとはいえる。大多数の国民は、文化的にも政治的にも、アフリカやアジアの国民ないし民族とはほとんど共有するものがないと感じていたのだ。一九四〇年代末にアメリカの外交政策は経済的・軍事的に西欧諸国を支える必要を強調していたのに、実際にはアメリカはその後の二つの戦争をヨーロッパではなくアジアで戦うことになる。

一九四〇年代の後半、毎年Ｖ‐Ｊデー[※5]を国家的な休日と定めようという動きがいくつか生まれた。その一周年記念の日に、トルーマン大統領は国民に向けて一九四六年八月一四日を「勝利の日」として祝うよう呼び掛け、市民が星条旗を掲げること、「正義と自由と平和と国際的な善意」という大義のために戦争で命を落とした人びとを追悼することを求めた。これを受け、多くの地域社会が教会での礼拝や公的な式典を催して記念の意を表した。また、一九四六年から四九年まで毎年、ニューヨーク州知事トマス・デューイが州の市民に八月一四日をＶ‐Ｊデーとして記憶するよう呼び掛ける声明を出した。アーカンソーやロードアイランド州は四〇年代後半にはその日を州の休日と定めた。[*17]

けっきょくＶ‐Ｊデーは、国家的な休日とはならなかった。その代わり、一次大戦の休戦記念日一一月一一日が、二つの大戦を記念する日として定義しなおされ、さらにはアメリカ史上のすべての戦争を記念する日と定められた。そういう日として休戦記念日が選ばれた理由の一つは、第二次大戦が、（アメリカから見ると）ヨーロッパでのV-Eデーが一九四五年五月八日、アジアでのV-Jデーが同年八月一四日と、二つの異なる日に終わっていることである。この厄介な点に加えて、V-Jデーを国の休日とすれば、大戦への関心の半ば以上が太平洋での戦いに向けられてしまうという問題もあった。休戦記念日は二次大戦に従軍した多くの兵士にとって、まだ特別な意味をもち続けていた。年長の将校の多くは、一次大戦にも参加した経験をもっていたのである。また、二次大戦の市民兵の多くは、二つの大戦に挟まれた時期に成人しており、物心ついて以来ずっと休戦記念日を毎年経験していたのであった。[*18]

第二次世界大戦を別個の休日をつくって記念するという動きを妨げた最大の要因は、ソ連との冷戦そして敵対関係が作り出す脅威である。朝鮮戦争（一九五〇-五三）後には、休戦記念日を公式に定義しなおさねばならないことが誰の目にも明らかになった。それは、ある議員の言葉を借りて言えば、「一つ一つの戦争が終わるたびにその終結を記念する休日を作ることなど、到底やっていられない」のであった。こうして一九五四年に議会はそれまでの休戦記念日を「退役軍人の日《ヴェテランズ・デー》」に改称し、この日をアメリカ史上のあらゆる戦争に参加した者を称える日と宣言した。議会下院のある委員会はこの変更を支持し、朝鮮戦争と第二次世界大戦の際の兵士もそれまでの戦争の参加者と同じく、「わが国の民主的理念を破壊しようとする侵略者を押しとどめ、恒久平和を」促すという崇高な目的のために闘った、との声明を出した。[*19]

※5　対日戦勝利記念日。日本のポツダム宣言受諾は、アメリカでは八月一四日夜に大統領がラジオで国民に伝えた。政府の公式の記念日は降伏文書調印日の九月二日だが、多くの記念行事は八月一四日におこなわれている。多くの州も九月二日を州の記念日としたが、現在ではロードアイランド州だけが記念行事を続ける。

二つの世界大戦で戦死した兵士を追悼するために国内に作られたモニュメントは、その二つの戦争の連続面を照らし出す役割をはたした。二次大戦が終わった一九四五年に多くの国民が、一次大戦後の世代と同様、アメリカ国内の改革を促しアメリカ社会を立て直すために、戦争の際の意識の共有や犠牲的精神、そして戦勝そのものを利用したいと考えた。一次大戦後に「活用《リビング》できるメモリアル」を提唱した人びとが、子どもの遊び場や公園、幹線道路、橋、その他コミュニティの生活向上につながる有用な施設の建設をふたたび求めた。「真に社会的な目的」をもつモニュメントこそ、ある批評家がいみじくも「過去の戦争の後に造られ残されてきた凡庸な、あるいはさらに言えば、まさに『記念碑的』な大きくグロテスクでけばけばしい代物」と呼んだものより、はるかによく戦死者を追悼することができるというわけである。[*20]

このような活用できるメモリアルを擁護する立場から、詩人で議会図書館長でもあるアーチボルド・マクレイシュは、すぐれたモニュメントがインスピレーションを刺激することはありうるとしつつも、それを制作できるすぐれた彫刻家の数は限られており、また彼らが制作に携わった場合の費用を賄いきれる市や町はほとんどないと述べている。彼の主張では、ほとんどの市町村はせいぜい「凡庸な作品」を購入できるにすぎず、そのような作品はあっという間に人の目に入らなくなってしまうのだ。適切に選択された「活用できるメモリアル」の場合、それが地域社会の「生活」と「意識」のなかに浸透する可能性ははるかに高い。マクレイシュが言うには、地方はそれぞれ異なっており、ある所でうまくいっても、別のところでは失敗するかもしれない。それゆえ、公園が有意義なモニュメントになるところもあれば、学校を造る方が好ましいところもあるのであった。[*21]

「活用できるメモリアル」を求めたグループは、一次大戦後に同じ主張を繰り広げたときに比べれば、その効果について今回は控えめであった。『アメリカン・シティ』誌は、コミュニティと「実践的民主主義」とを向上させる力をもつとしてこの種のモニュメントに賛同はしたが、しかし一九一九―二〇年に用いたレトリックとは大きく異なり、それが社会の階級的・エスニック的な大変動の防波堤となってくれるといった理由をもちだすことはなかった。それに代わって、コミュニティハウス、プール、公園、その他の市民生活を向上させる施設が、すでに安定した社会をさらに高めるものと説明された。[*22] 美術委員会や全国彫刻協会など従来通りのモニュメントを求める伝統主義者の側からは、一九一九、二〇年に「活用できる記念碑」を批判したのと同じ議論がもちだされた。彼らが言うには、「真の」戦争メモリアルには、美と精神性、つまり実用的な建造物では到底ありえないものが吹き込まれなければならないのである。さらに、伝統的な彫像に比べて、活用できるメモリアルの場合はその建造目的が忘れられやすいことも指摘している。[*23]

街の広場では南北戦争を記念して作られた厳粛な歩哨の石像や一次大戦時の歩兵をかたどった像がよく見られるのに、「GIジョー」(二次大戦時の米兵)の像はどこにもなく、このことは全国彫刻協会にとって心強いことであった。しかし多くのコミュニティが、大きいところも小さいところもつぎつぎと、彫像よりもスタジアムや公園、レクリエーション・センター、講堂、図書館その他の建造物を選択し、全国彫刻協会は当惑したのである。多くの市や町で、第二次世界大戦を記念するモニュメントとして作られたのは、ブロンズのテーブルや戦死者の名を記した御影石の碑であり、それらが一次大戦の死者を悼む碑の傍に置かれた。[*24]

第二次大戦の記憶を維持し記念したのは、実のところ伝統的なモニュメントではなく、新聞の写真、ニュース映画や劇映画、そして究極的にはテレビであったという面が大きい。硫黄島での激戦のさなか、五人の海兵隊員と一人の海軍医療兵が摺鉢山の頂上にアメリカ国旗を掲げるドラマチックな写真は、報道写真家ジョゼフ・ローゼンタールによるものだが、またたく間にもっともポピュラーな二次大戦のシンボルとなった。一九四五年二月に発表されると、すぐに編集者や議員たちが、この写真をアメリカ史上の歴史的重大事件の一つを表現する「芸術作品」と呼んだし、それが映し出す雄々しさや勇気は、イマニュエル・ロイツェが描いた「デラウェア川を渡るワシントン」のそれとよく比べられた。また、財務省は第七次戦争債券販売キャンペーン用ポスターのベースとして、硫黄島国旗掲揚のイメージを利用した。郵政省でも、この図像を描いた切手が作られて切手販売の記録をすべて更新したのである。[*25]

議会では、硫黄島における国旗掲揚を記念する恒久的モニュメント建設のための法案が提出された。あっという間に事が運び、海軍に所属するオーストリア生まれの彫刻家フェリックス・デウェルドンが上官の命を受け、英雄的なシーンを再現する彫像の制作にあたった。大急ぎで作られ八月に完成した像は、暫定的に首都ワシントンのコンスティテューション・アベニュー（首都の中心部、モールの北側の大通り）に置かれた。[*26]海兵隊連盟[※6]と海軍省は、デウェルドンの手になる像を高く評価し、硫黄島での出来事と海兵隊の「闘争心」を見事に表現したものと見た。海兵隊連盟は、過去の戦争で亡くなった海兵隊員すべてを追悼するものとして、ローゼンタールの写真とデウェルドンの彫像をベースにした恒久的モニュメントの建設を許可するよう議会に働きかけた。美術委員会、全国彫刻協会、そしてワシントン芸術家ギルドにとってみれば、これは驚嘆すべき提案であった。これらの組織から見れば、デウェルドンの専門家としての資質にはまだ疑問符がついたままだったし、彼の手になる急造のモニュメントは芸術的にはひどいものであったからだ。元海軍士官で彫刻家でもあったある人物は、デウェルドンが業績と教育歴を偽っていると非難している。さらに、デウェルドンが一九三〇年代に非合法的にアメリカへ入国し、保険金詐欺を働こうとしたこともあるとするレ

硫黄島における星条旗の掲揚。1945年2月23日。AP通信社のジョゼフ・ローゼンタールが撮り、後に広く複製されたこの写真は人びとに大きな衝撃を与え、すぐにそのモニュメント化その他の記念活動が盛り上がった。(アメリカ海軍所蔵写真)

ポートも出た。これらを受けて、美術委員会は、このメモリアルも、また二次大戦に関するほかのどんなメモリアルも、その制作に際しては最高のデザインと最高の彫刻家だけが選ばれるよう、コンペが開かれるべきだと主張した。さらに同委員会は、どんなメモリアルであれ、ローゼンタールの写真をモデルとして忠実に再現することには反対した。一位に選ばれるデザインは、古典的伝統にのっとり、この出来事を最高の形で表現するものであってほしいと考えたからである。[*27]

けっきょく、美術委員会その他の専

※6　一九三七年に認可された海兵隊の退役兵組織。隊の伝統維持、退役兵の相互扶助などを目的に掲げる。

門家組織は、デウェルドンのモニュメントに対する戦いに敗れた。あの写真のイメージがあまりにも強固に世論を捉えていたのである。議会はローゼンタールの写真のイメージを利用するよう求め、海兵隊連盟にコンペの開催を義務付けることはなかった。デザインの最終決定には美術委員会の同意が必要とされたものの、議会はこの問題に関する同委員会の権限に制約を課したのである。デウェルドンのデザインは海軍、海兵隊、さらにはその退役兵の多くからも支持を得た。美術委員会の側は、デウェルドンの作品に若干の手直しをさせ、またその最終的な設置場所の決定に影響を及ぼしたものの、その作品の完成を押し止めることはできなかった。トルーマン大統領が一九五〇年に彼を委員の一人に任命し、ここに美術委員会は彼を同僚として歓迎せざるを得なくなった。*28

美術委員会と全国彫刻協会がデウェルドンの

フェリックス・デウェルドンが制作した、硫黄島における星条旗掲揚を記念した最初の作品は、最初はワシントンDCのコンスティテューション通りに置かれた。この芸術家、そしてこの作品には、プロの芸術家の世界から激烈な非難の声が浴びせられた。(国立公文書館所蔵写真。80-G-386592)

している。

硫黄島モニュメントの建設を抑えることができなかったことは、第二次世界大戦の記念の仕方が決められる際、両委員会の立場が脆弱であったことを示している。パブリック・アートに対して保守的で古典志向のアプローチをとる両組織は、アメリカの芸術の世界でも諸分野のエリートの間でも、その支持をどんどん失いつつあった。そのあたりを、一九五一年に全国彫刻協会のメンバーの一人が沈痛な面持ちで次のように報告している。

過去二五年の間、彫刻にとっての環境と条件はけっして寛大なものではなかった。今日では、家庭や庭園や公共建築物の装飾としての彫刻は、ほとんど完全に見落とされるようになってしまった。記念モニュメントとしての利用も、最近は大きな反対の声に直面するようになった。もし彫刻が世間から忘れられ、暗い影のなかに落ち込むことがいつかあるとすれば、それはまさにいまなのだ。[*29]

多数の芸術評論家からは、はたして、古典精神を吹き込まれたモニュメントが第二次世界大戦の恐るべき破壊や暴力を十分に捉えているのかという疑問が提示された。彼らの主張によれば、メモリアル・アートは一般の芸術に比べてデザインと様式の両面でいっそうの単純さと空漠感を求める。その意味で、モダン・アートや現代彫刻の方が、現代の戦争にははるかに適しているのだ。にもかかわらず、ABMCが造った墓地やモニュメントは、メモリアル・アートでは本来避けなければいけないものすべてを備え、また象徴している。彼らからすれば、それらがもつどっしり感、画一性、堅苦しさといった要素はファシズム体制下のドイツとイタリアで造られた記念建造物とあまりにも似ているように見えた。ある評論家は、同委員会が認可した堅くて生命感のない像を「世界最悪の彫刻」とまでみたのである。[*30]

伝統的なモニュメントを建設して第二次世界大戦を記念することには関心が広がらなかったが、それはまた、政府の指導者も国民の大半も、一次大戦の際の記念碑や式典が示すアメリカのアイデンティティの在り方に満足していたことをも意味するのではないだろうか。両者とも、アメリカ国民の在り方は多人種・多民族からなるヘテロジーニアスなものとする見方を、一九四五年以降は両大戦間の時期にもまして心地よく受け入れていたのだ。休戦記念日が退役軍人の日に制定しなおされた最初の年、一九五四年に、連邦政府はそれまでに例を見ない大規模な帰化記念式典を企画・挙行した。それらの式典では、軍務が国民としての地位《シチズンシップ》に結び付けられ、また合衆国はさまざまな国からやって来た人びとによって構成されていると宣言された。硫黄島でのあの国旗掲揚のイメージが人びとの心にドラマチックに映った理由の一つは、あの場にいた兵士が、まったく異質な出自をもちつつも一つに結び付いた「平均的」アメリカ人だと認識されたからなのだ。広く報道されたように、あの場にいたのは、アメリカ・インディアン、テキサス州出身者、ケンタッキー州の山育ち、元フランス系カナダ人であったヴァモント州出身者、それにペンシルヴェニア州のチェコ系アメリカ人という五人の兵士なのだ。[*31]

大戦間の時期には、アメリカ在郷軍人会が掲げる中心的な原理といえば反共産主義であり、また外国の影響を受けた急進的な破壊活動とみなされるものに反対することであった。一九三三年にはソ連の外交的承認に反対して活発な活動を繰り広げている。また在郷軍人会は一九三〇年代に軍備を拡充して戦争に備える政策を支持したが、アメリカが対外的に軍事介入するのは西半球だけに厳格に制限するべきと考えていた。二次大戦中のソ連との同盟関係については、あくまでも必要に迫られての措置というのが、その主張であった。[*32]

しかし、在郷軍人会以外の多くのアメリカ人、そしてローズヴェルト大統領から見れば、米ソの同盟は両国の協力という新しい時代の幕開けを表すものであった。一九四五年四月二五日にエルベ河畔でソ連の赤軍と対面したアメリカ兵の多くは、アメリカへ帰国しても、この友好精神を忘れないと語っていた。そのアメリカ兵の一人、シカゴのタクシー運転手ジョゼフ・ポロウスキーは、その人生のかなりの時間を、大戦終結間際に出会った米ソ両国の兵士の再会を実現させる活動に捧げることになる。一九四〇・五〇年代には、彼は国連とアメリカ政府に四月二五日を平和追求の日と宣言するよう働きかけた。一九八三年の死の直前には、自分の遺骸を米ソ両国の友好のシンボルとしてエルベ河畔の出会いの場所に埋葬するよう指示している。[*33]

二次大戦の退役兵士が設立した組織、アメリカ退役軍人会（ＡＶＣ）[※7]は、ヤルタ会談の精神[※8]を高らかに掲げ、米ソの協力が戦後も可能だとの主張を繰り広げた。この組織は第二次世界大戦のリベラルな見方[※9]を提示し、合衆国がローズヴェルトの提案した「四つの自由」という目標を国内でも世界でも推進するよう求めた。

※7　保守的なアメリカ在郷軍人会に不満をもつ兵士が一九四四年に設立した。リベラルの立場から社会や平和の問題に発言し、軍隊内の人種分離に反対した。一九四七年で会員約一〇万人。冷戦でその後は急減した。

※8　一九四二年二月にクリミア半島のヤルタで米英ソ三首脳が戦後の国際秩序について会談し、ヤルタ協定を結んだ。戦後のアメリカでは、左派のリベラルが米ソ協調の象徴としてこの言葉を掲げた。

※9　民主党左派などがとった見方で、米ソ協力によるファシズム打倒の戦いを通して社会民主主義的で平和な世界の到来を展望した。

アメリカ在郷軍人会とは対照的に、ＡＶＣは、退役兵が自身のための給付のみを目標としてロビー活動するのではなく、国民すべての利益になるようアメリカ社会を造り変える努力をするべきだと説いた。しかし冷戦の緊張が高まり、たがいに競合していた左翼組織がＡＶＣを掌握しようとしてともに働きかけを強めたことからＡＶＣ組織内部の抗争が激しくなり、その足取りが定まらなくなった。そしてアメリカ在郷軍人会その他から共産党の前線《フロント》組織とレッテルをはられたＡＶＣは、組織内の共産党員を追い出すことでこの非難を乗り切ろうとしたが、けっきょくこの非難による痛手は大きく、ＡＶＣは一九五〇年にはもうほとんど影響力をもたない組織になった。*34

アメリカ在郷軍人会に取って代わろうというＡＶＣの狙いは挫折したが、このことは、反共主義をアメリカのアイデンティティの核にすえようとする広汎な動きの一端として、長く意味をもつことになる。在郷軍人会の側、またトルーマン大統領とその後継者側からすれば、第二次世界大戦から導かれる最大の教訓は、全体主義の侵略は初期のうちに抑え込むべしということであった。アメリカ史の以前の時代と異なり、冷戦期には平和と戦争の境界がきわめて薄いものになっており、合衆国は、ソ連の行動や第三世界でのゲリラ運動に抵抗する者へ巨額の対外援助・軍事援助を注ぎ込むことになる。

冷戦の緊張はその後ますます高まり、二次大戦時の大同盟を記念しようという動きにも長く影を落とすことになった。一九四〇年代末から五〇年代初めにかけて、退役軍人の日の記念式典では共産圏諸国の作り出す脅威に対抗する必要があることが強調された。一九五〇年には、ローズヴェルト政権下で駐ソ大使を務めたウィリアム・Ｈ・スタンドリー海軍提督から、「四つの自由」のうちの二つ（欠乏からの自由と恐怖からの自由）は共産主義に基づくものだという批判が出され、その後サンディエゴ市議会は、同市出身戦没兵の名前の後に「四つの自由」を記した第二次大戦記念碑の発起人にはならないことを決議した。

多くの点で無名戦士の墓の命運もまた、二次大戦の記憶がいかに冷戦によって形作られたかを示す縮図になっている。[*35] 一九四六年に連邦政府は、二次大戦の身元不明戦没兵の葬儀をアーリントン墓地のメモリアル円形劇場で執りおこなってその栄誉をたたえた。彼ら戦没兵は、一次大戦の際の身元不明兵と同様に、アメリカ国民の一体性と多様性を具現したものとされた。関係当局は、国のため、そして平和の大義のために戦ったすべての兵士の献身的行為を象徴するものとしても彼らを位置付けた。一次大戦に引き続き、今回も無名戦士にこうした栄誉を与えることで、議会も新設の国防省も二つの世界大戦を、外からの侵略に抗して合衆国の利益を守ろうとした戦いとして、肯定的にとらえようとしたのである。

二次大戦の無名戦士をどこに埋葬するか検討する際、国防省も美術委員会も一次大戦の無名戦士モニュメントとの関係を問題にした。一次大戦の戦士のすぐ傍らに埋葬するのか。それとも、一次大戦の無名戦士を収めたモニュメントを取り壊し、両者を称えるモニュメントを造るのか。さらには、将来の戦争での身元不明戦没兵のためにスペースを確保しておくべきか、ということまで論議された。

一九四九年には国防省が無名戦士の墓とメモリアル円形劇場の大幅な改修に関心を示し、その案の一つでは、二次大戦兵士の墓を劇場のなかに設け、そのために劇場内の大理石の床と座席を芝に変えようとした。もう少しおとなしい別の案も示された。その一つは、既存の一次大戦無名戦士モニュメントの基盤に平らな墓石を新たに加えるというものである。いま一つの案は、美術委員会が賛同したものだが、前大戦のものと同じモニュメントを隣接して建てるというものであった。[*36]

国防省は大幅な現状変更をけっきょくはあきらめた。美術委員会が指摘したように、メモリアル円形劇場は、元来、南北戦争に参加した兵士を称えるためのモニュメントであり、たとえ東側だけとはいっても、それを壊せば新たな論争の引き金を引くことになるからである。国防省にはまた、隣接するとはいえ二つも無名戦士の墓を作ると、新たな心配のタネを抱え込むという不安があった。同省のある官僚が書いていることだが、二つの墓を作れば、大統領や政府高官が無名戦士の栄誉をたたえようとしたときに、論理的につじつまの合わないことが起こりかねないのであった。[*37]

美術委員会の承認を得て、一九五〇年二月に国防省は第二次大戦の身元不明戦死兵を一次大戦の際の身元不明兵のすぐ傍に埋葬する決定を下した。既存の石棺がそのまま使われることになり、墓石に両大戦の無名戦士を称える旨の言葉を刻むことになった。同時にこのとき国防省は、将来の戦争でさらなる無名戦士をここに埋葬しなければならなくなることを予期していた。ある将軍がこう記していたのだ。手直しされる墓の計画のなかには、「少なくとも第三次世界大戦の兵士の埋葬に備えた基盤」も含まれている、と。[*38]

結論から言えば、身元不明兵を既存の無名戦士の墓に追加的に埋葬するという計画は、先見の明があったということになる。朝鮮戦争が勃発したために、一九五一年のメモリアル・デーに予定されていた無名戦士の墓への埋葬はキャンセルされた。そして朝鮮戦争が休戦になってから、議会は無名戦士の墓への埋葬者をさらに追加すると決めた。こうして、一九五八年のメモリアル・デーに、国防省は二次大戦と朝鮮戦争の無名兵士の栄誉を称える式典を催した。それは、一次大戦の無名兵士を弔うために一九二一年に執りおこなわれた式典を思い起こさせるものであった。議事堂の円形大広間に無名兵士の遺骨を納めた棺が厳粛に置かれ、ドワイト・アイゼンハワー大統領をはじめとする多数の弔問者がそれに向かって敬意を表した。その後、葬儀がおこなわれるアーリントンの円形劇場までは、兵士の隊列が無名兵士の棺をエスコートした。葬儀では、亡き兵士の軍功が表彰され、彼らの犠牲的精神を称賛するスピーチがあり、彼らの死を悼んで讃美歌が歌われた。また、この国の多人種・多民族からなる構成を強調するために、カトリック、プロテスタント、ユダヤ教、それぞれの聖職者が式典に参加した。*39

一次大戦の「無名戦士」にはもともと平和の象徴という役割が担わされていた。そして、すでに第三章で指摘したように、彼らの栄誉を称える式典は大きな国際的軍縮会議に合わせておこなわれていた。一九五八年の式典はというと、平和というテーマにまったく無縁であったというわけではないのだが、関連があったとしてもせいぜいその場限りのものであった。アイゼンハワー大統領は、生存している名誉勲章受章者のために催されたレセプションで、国防力強化のために軍の一体化を進める必要をながながと語ったのである。ともあれ、朝鮮戦争の無名戦士を両大戦で斃《たお》れた無名の仲間の傍らに葬ることで、このアーリントンのメモリアルは二つの大戦と冷戦をつなぐ環となった。*40

原爆投下は二次大戦に終止符を打つとともに核時代の幕開けを告げたのだが、その原爆投下の記憶の維持に関する連邦政府の動きにも、冷戦が深く影響を及ぼした。日本の降伏から何日も経たないうちに、内務長官ハロルド・イッキーズは国立公園局に指示を出し、ニューメキシコ州アラモゴードの最初の原爆実験地を、国立モニュメント・システムの一部として組み込み保存する計画をスタートさせた。この指示を受けて公園局は、原爆の作用と原理を解説する博物館を現地に作るという案を作成した。さらに同局は、広島と長崎に原爆を投下したB29二機の入手と展示も求めた。内務省と公園局の官僚から見て、「原子エネルギーの利用は非常に革命的なこと」であり、それゆえアラモゴードには全米および国際社会から即座に前例がないほどの関心が集まる、と思われたのであった。[41]

アラモゴードの住民も州政府の官僚も州選出の議員も、だれもがアラモゴードの実験地を国立のモニュメントにしたいと考えた。ニューメキシコ州知事ジョン・デンプシーは、実験地保存に向けて努力する公園局を激励した。それが世界平和の維持のためのきわめて重要な論点になるという理由からであった。知事はまた、国立モニュメント予定地に博物館を建設することも提案し、そこに広島と長崎における破壊の様子を描いた壁画を置き、また原爆のとてつもない力を証明するために二都市の瓦礫を展示することまで示唆した。[42]

原爆実験地の保存を提唱した人びとのなかには、この兵器がもつ意味を十分に把握しているとはいえない者もいた。ニューメキシコ州の州政府関係者や住民の多くは、アラモゴードが観光のメッカとして大きな力を秘めていることにすぐに気がついた。また、爆心地付近の融けた砂が土産物として売り物になると提案することで、この爆弾がもつ力を平凡なものに見せようと考えた者もいた。同州アルバカーキのある住民からは、土産物店をアラモゴードの近くに開き、モニュメント予定地の融解した土を数量限定で独占販売したいという申請も出された。[43]実験地、および原爆そのものに関して連邦政府が示した態度は、こんなものでは済まなかった。最初に陸軍が、原子爆弾の爆発で発生した放射線が環境中に残存するという主張に関し、「ジャップの宣伝」として懸命にその信用を落とそうと努めた。軍の主張によれば、日本に投下した原爆は相当な上空で爆発したので、土壌汚染は防げたという。軍はその立場を強化するため、原爆実験の二ヵ月後にジャーナリストと写真家の一団をアラモゴードに招いて確かめさせた。[44]

原爆実験地国立モニュメントを作り出そうという動きは、ソ連との対立が深まったために、けっきょくは挫折してしまった。実験場に残っていたいまにも倒れそうな建物は、陸軍が安全上の理由で、またそれがもつ歴史的重要性に対する無関心から、ほとんどすべてを撤去してしまった。さらに、時間の経過と自然の力が、実験場のドラマチックな特徴の多くがもちえたであろう影響力を弱めてしまった。国立公園局の地域責任者の一人が、「原爆の跡地はひどく荒れ、一面褐色の退屈なところになっている」と語っていた。ロスアラモス実験地はその後も核の技術を生みだし続けたが、おそらくアラモゴードも同じように重要で、しかもそれはかけがえのないものであった。一九四六年に陸軍省は、新設された原子力委員会にこの実験場を移管し、ロスアラモスの研究所[※10]はその後も大量破壊兵器の研究を続けることになった。国立公園局は、アラモゴードに国立のモニュメントを作る計画をすっかり棚上げしてしまった[*45]。

第二次世界大戦で用いられた武器製造技術には、連邦政府の官僚も広汎な国民も魅了されたというところがあり、そのことが、原爆開発を記念したいという意識の源としていまもなお存続している。現代の戦争に対するこのような関心のあり方は、議会が、海兵隊による硫黄島での国旗掲揚を記念するモニュメント建設を認可する一年も前に、国立航空博物館を創設するための法律を制定したその理由をよく物語っている。アメリカの軍と民間の航空技術や航空機の歴史を、史料を用いて解き明かす――一九四六年にこのような構想で、スミソニアン協会[※11]の一部門として設立された航空博物館は、両大戦で使われた有名な飛行機を幅広く収集した――もっとも著名なものは広島に原爆を投下した爆撃機、エノラ・ゲイ号である。一九七六年に恒久

※10　ニューメキシコ州ロスアラモスに原爆開発を目的として一九四三年に設置されたロスアラモス国立研究所。
※11　合衆国政府によって運営される、世界最大の博物館群およびそれらと提携する教育・研究機関。

的施設が完成するまで、航空博物館（一九六六年に航空宇宙博物館と改名）は、それら収集品をスミソニアン内部の仮のスペースに展示していた。*46

多くの州や市町村、さらには多くの私的な組織も、一九五〇年代半ばから八〇年代まで、二次大戦期の工業製品に魅了されるという点で共通しており、廃船処分となった海軍の艦船を浮かぶ博物館に転用しようとしてあちこちで大きな声を上げていた。ノースカロライナ州やアラバマ州など、いくつかの州は、その州の名のついた、廃船となった戦艦をメモリアルとして管理するために、特別委員会まで設置した。その他の州や民間グループも、それぞれ特定の船をそのユニークな特徴、あるいは輝かしい戦歴ゆえに保存したいと名乗りを上げた。一例をあげると、一九七八年に、その時点で残っていた、オークランドで造られた最後のリバティ船※12、ジェレミア・オブライエン号を保存するために、カリフォルニアでＮＰＯ法人が立ち上げられている。*47

このような州と民間団体のほとんどは、危うくスクラップの山になるところを自分たちが救い出した船は、戦争メモリアルとして役に立つと主張した。アラバマ州では、その州名を冠した戦艦が、「二次大戦と朝鮮戦争で軍務に就いたアラバマ州民の犠牲と勇気を称える州の聖堂」として役立てられるべきだと定められた。シカゴ科学・産業博物館が大戦中に捕捉されたドイツの潜水艦を一九五四年に展示した際には、「海戦での勝利に貢献しつつも海底に沈み、何の墓標もないままになっているアメリカの水兵や船乗りの思い出に」、この敵潜水艦を公式に捧げるとされた。*48　二次大戦関連で博物館に展示されるこのような船は、メモリアルと称されてはいるが、同時に、観光客を呼ぶためのアトラクションとしても宣伝され、また評価されている。一九八〇年代初期に戦艦アラバマ委員会が発行したパンフレットには、この船に「いる間ずっと楽しめます」と入場者に請け合う言葉があった。同委員会は毎年ショーを催してコンテストで若い女性を選び、彼女らに艦内で「クルーメイト」として入場者に接したり、この戦艦メモリアルやアラバマ州内の観光地を宣伝したりする任務を与えた。またマサチューセッツ記念碑委員会の場合は、ボーイスカウトやその他の青少年グループを招いてフォール川に浮かぶマサチューセッツ号で一泊させ、「忘れられない二四時間」を経験させた。同記念碑委員会はまた、この軍艦をビジネスの会合に、あるいは昼食やその他の特別な催しに最適の場として宣伝していた。*49

戦争のメモリアルが客寄せの道具に変質するのは、なにも軍艦の場合に、あるいは二次大戦後に限ったことではない。一九世紀の末から二〇世紀の初めにかけて、多くの地域で独立戦争の戦場や南北戦争の戦場には集客力があることが評価された。ただし、こうした聖地や聖なる休日の商業化という動きには、政治指導者や退役軍人の多くが不安を口にしている。一九世紀も終わりに近づくころには、南北戦争を戦った元兵士多数から、メモリアル・デーがピクニックやショッピングの日になり果てていると不快感が表明された。一九二〇年代の初めには、南北戦争の戦場跡の管轄権を陸軍省から国立公園局に移そうとする動きがあり、これに反対するある連邦議会議員が、戦場跡がホットドッグや土産物を売るスタンドでいっぱいになってしまうとの懸念から、移管をはげしく非難した。*50

※12　大戦中に約二七〇〇隻も造られた一万五〇〇〇トン級輸送船。雑な作りが問題にされたが、戦後は各国に払い下げられて活躍。

このように戦跡や記念碑・記念物を流用する動きがあったが、兵器類にしても、必ずしも一九四五年以降はじっと使われずに置かれていたというわけではない。一九五一年には、退役した軍用機の元パイロットたちが南部連合空軍（CAF）という時代錯誤的な名の団体を作り、二次大戦で使われたかつての名機を蘇らせ、実際に飛ばすという活動を始めた。一九六〇・七〇年代には、南西部諸州を基盤とするこの団体が全国規模で、さらには海外でも、会員を増やした。合衆国空軍は全国各地の空軍基地にこのCAFを招いてデモ飛行やその他のプログラムを実施させ、結果としてこの団体に正当性というオーラを与えることになった。[*51]

CAFが提供する歴史の再演[※13]では、本物の雰囲気を伝えることに意が用いられ、第二次世界大戦中の重要な政治的・軍事的出来事に焦点を合わせたナレーションが組み込まれた。飛行機は爆撃に出動するところを演じ、地上の管制チームは飛行場に埋めておいた爆薬に点火し、模擬戦闘シーンでは飛行機に「命中」すると発煙装置が作動するのである。再現された「戦闘」シーンは、アメリカの勝利に焦点を合わせたものだけではない。真珠湾のような悲劇的な事態も取り上げられた。一九七六年までだが、CAFの航空ショーは公演地の飛行場上空に一機だけだがB29を実際に飛ばし、広島への原爆投下場面さえも再現していたのである。[*52]

戦争を記念するための戦闘場面再演には、じつは長い歴史がある。南北戦争前のことだが、フィラデルフィアのエリートで構成される民兵部隊が独立記念日の祝賀行事の一環として独立戦争の際の戦場にしばしば赴き、アメリカの勝利の場面を再現していた。一九一三年には、ゲティズバーグでおこなわれた南軍・北軍再会の催しの場で、かつて南部側の将軍G・ピケットがおこなった最後の突撃[※14]、そしてそれが連邦側によって撃破される場面が再演されている。また一九五〇年代に始まる動きだが、何十ものアマチュアの部隊が作られ、南北戦争の戦闘シーン再演に関心をもつ人びとを集めている。ゲティズバーグの戦い一〇〇周年記念の際には、「南北小規模戦闘協会」という組織の会員千人ほどが、「元連邦軍兵士の息子」という団体と共同で、ピケット将軍の突撃を再現した。第一次世界大戦の後には、全国諸地域の野外ショーで、大戦を経験した退役兵と主催者とが協力し、大戦中の塹壕戦の様子を再現している。また一九二〇年一〇月には、カンザス州のアメリカ在郷軍人会の支部が大戦で負傷した二六人の仲間のために募金しようとイベントを企画した。その呼び物となったのは、「模擬戦闘であり、敵・味方、両陣地の間の無人地帯を行く恐怖であり、さらには海戦をミニチュア版で再現するもの」であった。[*53]

さらにCAFは、ある象徴的なやり方で、南部の「失われた大義」を第二次世界大戦の勝利に結びつけるのに一役買った。この、過去を混ぜ合わせて再生するという手法にも、じつは多くの先例がある。米西戦争の後、そして第一次大戦の後、全国的に著名な政治指導者や多くの退役兵、とくに南部出身者が、これら二つの戦争を南北戦争に結び付けていたのだ。CAFの指導者たちは、一九七〇年代に公民権運動グループから批判があったことを受けて、自分たちの組織とかつての南部連合を露骨に結び付けるのを控えるように

※13　アメリカでは多くの市民が歴史の再演《リエンアクトメント》、とくに有名な戦闘場面の再演活動に参加し、自分たちの歴史を「実感」する。アメリカ社会の歴史感覚や軍事への関心を理解する手掛かりの一つである。

※14　南北戦争の際、ゲティズバーグの戦いで南軍歩兵部隊がおこなった絶望的な突撃。セオドア・ローズヴェルトが少年向けの著書『英雄物語』で当時の兵士の心意気を称えるなど、アメリカではしばしば取り上げられる著名な戦闘。

なった。会員は南部連合の国旗を身に着けたり機体に付けたりするのをやめるよう要請されたし、ＣＡＦの航空ショーでナレーターが旧南部の美徳や戦闘精神を延々と称賛するのもなくなった。そうした変化があったものの、その「公式の」制服は、形の上ではほとんど二次大戦中に陸軍航空隊の将校が着ていたもののコピーだが、その色だけは、かつての南部連合の軍服の色――グレーであった。ＣＡＦのパイロットには依然として大佐の肩書が与えられていたし、彼らの間では、ＣＡＦという組織に南部連合の趣が残るよう望む声が強かった。*54

ＣＡＦがおこなう歴史の再演では二次大戦における膨大な犠牲者数や破壊が矮小化されているという批判が、一九七〇年代には出てきた。日本政府が抗議し、またアメリカ政府からの圧力があって、ＣＡＦは広島攻撃の再現をやめざるを得なくなった。譲歩はしたものの、それでもＣＡＦは自分たちの空中戦実演を擁護し、その模擬戦はけっして戦争の悲劇性を過小評価したり将来の戦争のタネを蒔いたりしてはいないと、その主張を展開した。ＣＡＦからすれば、彼らの再演活動は、将来起こりうるアメリカへの侵略を抑止するために、強力な軍隊の保持を支持する必要があることを国民に再確認させたのである。*55

このような論争はあったものの、ＣＡＦが主催する公の場での航空ショーに足を運ぶ人の数が減ることはなかった。人気がこのように続いているのは、第二次世界大戦でアメリカが被った物理的な損害が比較的軽微であったためであるのは間違いない。敵を恐怖に陥れる爆撃がヨーロッパその他の地域で市民生活の中心部を襲ったが、アメリカ本土がそれに苦しむことはまったくなかった。それだけに、個々の飛行士とアメリカのテクノロジーの強さや技を試すのに役立った輝かしい出来事として空中戦を描くと、アメリカ人はこれに簡単に飛びつくのである。多くのアメリカ人は二次大戦を「よい戦争」※15として記憶しているが、現代戦の恐ろしい本質を考えることによって、この記憶の仕方をかすませてしまいたくないのだともいえよう。さらに言えば、冷戦が起こったために、アメリカの政策立案に携わる者が、二次大戦による破壊、とくに大戦を終結させた原爆による破壊を軽く見せたいとか曖昧にしたいと考えた面も重要である。

アメリカの平和運動は、原爆の使用および一般市民を標的とした空軍力の使用を正当化する動きに異議を唱えた。早くも一九四〇年代の後半には、複数の平和団体が広島への原爆投下記念日に礼拝その他の式典を催した。六〇年代の初めには運動内部の多くの学者や活動家が、アメリカは核兵器を使わずとも第二次世界大戦を終わらせることができたと主張するようになっていた。通説を見直そうとする歴史家、ガー・アルペロヴィッツの場合は、アメリカが対日戦で原爆を使用した主たる目的が、戦後世界の主導権をめぐる競争の場でもっと従順になるようソ連を脅すことであったという解釈まで提案している[*56]。

原爆は、第二次世界大戦の、さらには冷戦の代表的なシンボルの役割を演じることになった。一九四五年以降、政治家や外交官が、また知識人や著述家、さらには国民一般が、この兵器がもたらすさまざまな影響に対処しようと苦闘した。たしかに、原爆が存在したからこそ、冷戦がピークに達した時期にあっても、二次大戦の勝利を祝う式典では平和というテーマが力説されたという面がある。「退役軍人の日」の演説や新聞の論説は、どれも戦争の回避を説いたのである。

※15　アメリカではいまも二次大戦を「よい戦争」と振り返る市民が多い。比較的小さな犠牲で大きな勝利を得たということもあるが、戦時経済で生活がよくなったことを理由に挙げる市民も多い。

冷戦でソ連との間の緊張が深まったが、そのことはアメリカに旧敵国との和解を急がせることにつながった。共産主義と戦い、ソ連膨張の可能性を抑え込もうとするアメリカは、西ドイツそして日本と同盟関係を結ぶことになった。同じ理由から、アメリカはかつてのナチスのメンバーや日本の軍国主義者が政治・経済の要職に返り咲くのを認めることにもなった。かつての枢軸国に対する憎悪がすっかり消えたというわけではなかったが、以前より弱まったことは間違いない——多くの退役軍人の間でもそうだった。一九七〇年代になると、アメリカと旧敵国の退役軍人、とくにドイツの元兵士とが、合同で再会の場を設けることが珍しいことではなくなった。[*57]

アメリカ国民の多数が一九五〇年代の中頃にはもうドイツや日本をアメリカの友好国とみなすようになっていたが、その一方で第二次大戦が、アメリカ社会がもつ想像力のなかでその大きさを増していった。この戦争は、とくに対ドイツ戦については、「よい戦争」とされていたのだが、「史上最大の作戦」(日本公開は一九六二年)、「ミッドウェー」(同一九七六年)、「パットン大戦車軍団」(同一九七〇年)などの映画は、この戦争を、国民的な勝利、また道徳上の勝利を得た壮大な戦いと描いている。多くの映画で、「よい」ドイツ人や「よい」日本人が感情移入の対象として登場するが、ナチスだけは、何百万人ものユダヤ人その他の市民を抹殺したために究極的な悪の権化として描かれた。

日本およびドイツとの和解は、冷戦の圧力があってもなお、論争や緊張なしに進むというわけにはいかなかった。太平洋戦線で戦った退役兵のなかには、日本に対して深い怒りの感情を抱き、日米間の和解に向けたアメリカ側の動きに厳しい制約を課したいと願う者もいた。また第二次世界大戦四〇周年記念の年には、ホロコースト[※16]とそれに対するドイツの役割とを合衆国はいかに記憶すべきかをめぐって意見対立が広がった。

ホロコーストの恐怖は、徐々にアメリカにおける二次大戦の記憶の一部となっていった。一九七〇年代後半、および八〇年代には、ホロコーストを記念することへの関心が高まった。一九七八年には議会が、一九七九年四月二八、二九の両日をホロコーストの犠牲者追憶の日と定めた。これを受けてジミー・カーター大統領は、その日にふさわしい追憶の仕方を勧告させるべく、またホロコーストはいかに記憶されるべきかという問題全体を検討させるべく、特別諮問委員会を設立し、死の収容所の生き残りで作家でもあるエリ・ヴィーゼルをその長にすえた。[*58]

ヴィーゼル諮問委員会の答申は、ホロコーストのメモリアル、およびその記憶を取り扱う博物館を首都ワシントンに造るよう求めるものであった。委員会はまた、ナチスの死の収容所の犠牲者を追悼する週を設けて毎年記念行事に取り組むよう国民に求めた。その取り組みを諮問委員会は、この悲劇的な出来事を追悼するためにイスラエルが制定した記念日に重ねるようにと勧告したが、それは「国際的に承認されるホロコースト記念日」をつくろうとする試みでもあった。ジェノサイドが繰り返された場合に合衆国がふたたび傍観することのないよう、諮問委員会は良心委員会ともいうべき全国的な組織を設立することも求めた。これはジェノサイドの問題をアメリカ政府や国民に提示して関心を高めるためのものであった。[*59]

※16　ナチスによるユダヤ人迫害。約六〇〇万人が犠牲になったとされる。アメリカでは、一九六〇年代にユダヤ系の人びとの社会的経済的地位が急上昇したが、その後、第三次中東戦争の頃からこの問題への関心がとくに高まった。

一九八〇年には、恒久的な機関としての合衆国ホロコースト委員会設立を議会が満場一致で可決し、委員会には首都ワシントンのモールに博物館を建設する責任が課された。良心委員会といったものが設立されることはけっきょくなかったが、議会はホロコースト委員会に毎年ホロコースト記念行事を企画する責任を課した。一九八〇年代のその取り組みは、一九七九年に打ち出されたパターンを踏襲するのが一般的で、ワシントンの議事堂内部にある円形広場などでの追悼式典が中心になるものであった。その式典では大統領あるいは主要閣僚がスピーチするのだが、メインとなるのはユダヤ教のカディッシュという死者を弔う祈禱の朗読、六〇〇万の死者を追悼する六本ロウソクの大燭台による照明、そして死を悼む賛美歌であった。委員会はまた、全国の地域社会それぞれにおける取り組みも奨励し、ホロコースト追想週間を記念して知事や市長が宣言文を発表するよう働きかけた。[*60]

ホロコーストを全国的なレベルでも地域的なレベルでも記念しようという広汎な試みは、ある意味において、ユダヤ人とユダヤ教を多元的なアメリカ国民のアイデンティティの構成要素として認めようという試みであった。同時に、ユダヤ人グループをはじめとして、ホロコーストを記念する式典やモニュメントの実現に取り組んできた人びとは、合衆国とイスラエルとの結びつきを強調したいと考えていた。たとえば、ジミー・カーター大統領は、ホロコースト委員会の設立をイスラエル建国三〇周年記念式典の場で表明したのであった。一九七八年にワシントンで催され、イスラエル首相モナヘム・ベギンも出席したこの祝賀式で、カーター大統領はイスラエルに対するアメリカの継続的な支持を確認し、またアメリカがイスラエルを、もともとナチス・ドイツに迫害されたユダヤ人の避難所として作られた国とみなしていると力説した。[*61]

ある意味で、ホロコーストを記憶に残そうとすることは、アメリカの道徳的価値を確認することにつながった。アメリカ国民はナチス・ドイツを相手によく戦い、第二次世界大戦は解放戦争として記憶しうる、というわけである。一九八〇年代には、合衆国ホロコースト委員会が主催する全国的な式典では、多くの場合、死の収容所を解放した陸軍部隊の旗を掲げる儀仗兵が登場した。一九八五年には、強制収容所を解放した兵士を追悼する独自の式典も、同委員会の手によってアーリントン国立墓地で開かれた。さらに一九八九年にはニュージャージー州が、「解放」と題された彫像をホロコーストのメモリアルとしてニューヨーク市の川向かいにあるリバティ州立公園に献納した。これは、アメリカ兵が死の収容所の犠牲者を抱きかかえた姿をかたどっている。*62

ホロコーストに関する取り組みを促すためにユダヤ人の団体やその指導者が願ったのは、二次大戦の記憶を手直しし、もっと陰鬱な解釈を提示することであった。彼らが主張したのは、ホロコーストが人類史上でも他に類例を見ない出来事であり、ユダヤ人も他の民族も二度とジェノサイドの犠牲になることがないよう、その記憶をしっかりと留めておかねばならないということであった。ホロコーストを記憶する取り組みでは収容所の解放を記念することも通例であったが、それでもなおユダヤ人組織や指導者は、そうした取り組みを通して、合衆国がこの悲劇の事前回避やユダヤ難民援助のためにはほとんど何もしなかったことをアメリカ人に思い起こさせたいと願ったのである。

マイナーなグループにすぎないネオ・ナチを別にして、大半のアメリカ人はホロコーストを人類史上もっとも暗い出来事の一つと見ていた。しかし、そこから得られる教訓、およびどのようにそれを記念するかという点については見方が分かれていた。たとえば保守派の一部は、ジェノサイドを禁止する国際協定の批准に激しく反対した。それが国家の主権を侵す先例になってしまうという懸念からである。また、ホロコース

ネイサン・ラパポートの1984年の作品「解放」。ニュージャージー州ジャージー・シティのリバティ州立公園に置かれた、ホロコーストの記憶を残すためのこの像は、アメリカで1970年代・80年代に広がった第2次大戦とホロコーストを記念する動きを代表するものである。(写真はゴードン・ミラー氏提供)

トはユダヤ人のみならず非ユダヤ人――ロシア人、ポーランド人、ロマ、さらにはホモセクシャルや知的障害の人を含む――をも苦しめた出来事として記憶されるべきだと主張するグループもいた。他にも、ホロコーストを記憶する努力が米・独間の和解を妨げてはならないという考えもあった。[*63]

一九八五年の初め、ロナルド・レーガン大統領が、第二次世界大戦の欧州戦終結四〇周年記念日の前日に西ドイツを訪問する計画を明らかにした。ホワイトハウスは、大統領が旅行の一環としてビットブルクにあるドイツ軍墓地を訪れ、二次大戦で死んだドイツ兵に花輪をささげる式典に西ドイツ首相ヘルムート・コールとともに参加する予定だと発表した。ビットブルクを訪問することで、合衆国と西ドイツとの間に生まれていた絆に一段と注目が集まることになるとレーガンは期待したのである。ビットブルク墓地には二〇名以上のヒトラー親衛隊員の墓があるのだが、レーガンはそれを知ってからもなお訪問計画を弁護し続け、旅行に先立つ記者会見では、ビットブルクに眠るドイツ兵は、強制収容所に収容された人びとと同じようにナチス体制の犠牲者なのだと主張した。けっきょく、世論の抗議を静めるためにレーガンはベルゲン＝ベルゼンの強制収容所訪問を計画に追加したものの、ドイツ人にホロコースト再認識を訴えることは、次のような理由でほとんど必要ないのだと主張し続けた。

というのは、ドイツの国民――生き残って戦争のことを覚えているごく少数の人たち、当時すでに大人で何らかの形で戦争に参加した人はきっともういないが――そういう人たちはある種の感情、つまり彼らにずっと押し付けられてきた罪悪感といった感情をもっている。だから私は再認識の訴えが不要だと思うのです。[*64]

これに対し、ユダヤ教徒、キリスト教徒、さらには退役兵のグループから、大統領は何が何でもドイツ軍墓地訪問をやりぬこうとしているという怒りの声が上がった。彼らから見れば、レーガンの行動はナチスの恐るべき罪を曖昧にしてしまうことになるのであった。またさらに、多くの人がホロコーストに関するレーガンの時代遅れの認識は問題を悪化させるだけと見ていた。エリ・ヴィーゼルその他のユダヤ指導者によれば、死の収容所訪問とナチス親衛隊員を埋葬する墓地の訪問とを繋ぎ合わせることは、ナチスの犠牲となった人たちの名誉を汚すことにしかならないという。もっとも、レーガンのビットブルク訪問という決断をアメリカ人すべてが非難したというわけではない。かつて政策立案に関わった者やマスメディアのコメンテーターのなかには、西ドイツ政府との良好な関係維持のために大統領は訪問計画を全うすべきだとする人びとがいた。レーガンの外遊の少し後、世論調査によると、国民の半分がこの旅行は和解の意思表示として適切なものであったと評価した。[*65]

しかしユダヤ系アメリカ人の多くにとってみれば、ビットブルクの問題はホロコーストの記憶が時間の経過とともに忘れられるのだという不安を掻き立てたのだ。ビットブルクをめぐる論争が生じるまでは、ホロコーストのメモリアルの設立に取り組む者もその財政的支援者も、将来の世代にこの悲劇の記憶を確実に伝えるための方法をなんとか見つけたいと願っていた。一九七〇年代・八〇年代に建設された、あるいは提案されたホロコースト・メモリアルには、そのデザインがモダンで荒涼として飾り気がないという共通点が見られた。芸術や建築分野の評論家は、それらが古典の伝統に沿ったデザインを拒否していること、悲劇の感覚を呼び起こそうとする哀しくも厳しい努力が払われていることから、「アンチ・モニュメント」という新しい傾向の一部をなすと評した。サンフランシスコに建てられたあるメモリアルは、本物の鉄条網を使ったフェンスがその一部をなしており、そのすぐ背後に一人の像が立ち、そしてずっと離れたところにいくつもの死体の像が横たわるというものであった。また、国立ホロコースト博物館は、死の収容所に用いられた建築デザインの要素を組み込んで建設されている。*66

ホロコーストをメモリアルや種々の式典で記念しようという運動は、第二次世界大戦の記念の仕方を変えようという試みを代表するものである。それはある意味で、この戦争のなかでもとくに気を滅入らせる側面の一つに人びとの関心を向けさせるのに役立った。これはまた、戦争を記憶する際の伝統的パターンを脱却するという面でも象徴的なものであった。一般に、ある戦争から時間がたつと、その戦争に固有の勇ましい面を強調しようと意識的に努力するようになるものだ。その意味で、ホロコーストを記念する運動が将来の世代に二次大戦の恐るべき本質を伝えられるかどうか、その答えは時の流れにゆだねるしかない。一九八〇年代末にドイツ再統一そしてソ連崩壊という出来事があったが、それらが合衆国国内で、二次大戦はいかに記憶されるべきかという非常に重要な論争に再点火できなかったのは驚くべきことである。その一方で、冷戦が終結したということ、そして真珠湾攻撃五〇周年記念行事は、日本との関係を悪化させ、さらには太平洋戦争、とくに真珠湾はどのように記憶されるべきかという論争を再燃させたのである。

第二次大戦中には、真珠湾攻撃は日本の裏切りとアメリカ側の準備不足の象徴となっていた。戦後になると、対日和解への関心から、歴代大統領や軍の指導者たちは、「真珠湾」の教訓を忘れないようにと国民に説きながら、他方で日本の動機についての初期のこの見方については巧みに言い抜けてきた。もっと後になると、この国の指導者たちは、真珠湾後に日系アメリカ人を「再定住」という形で強制収容するという結果を招いたヒステリー状況と人種主義に、遺憾の意を表明する。一九八〇年代には、強制収容された人びとに合衆国議会が公式に謝罪を表明し、限定的ではあったが補償金を支払った。真珠湾五〇周年に際しては、ジョージ・ブッシュ大統領がこうした感覚に共感を示し、強制収容は誤りであったことをきっぱりと表明した。ブッシュはその演説の大半を、この戦争を戦ったかつての兵士への呼びかけに費やした。大統領に歩調を合わせ、かつての敵に対する厳しさや憎しみから自分自身を解き放とうではないかとの呼び掛けである。[*67]またブッシュは、戦後の歴代大統領と同様、真珠湾が、戦争に対する準備不足の危険性を象徴するものとしてあり続けなければならないのだと強調した。冷戦の間、このテーマは核兵器が普及した結果として、その緊急性をどんどん高めていた。ソ連の攻撃を想定して対応策作りに携わっていた人たちにとっても、また「不意打ち」を食らうのではないかという不安は、彼らの中心的問題であった。[*68]

しかし、真珠湾が象徴的な重要性をもっているにもかかわらず、この攻撃を記念する国立のメモリアルが設立されるまでに二〇年もの時間が流れていた。たしかに、連邦政府は二次大戦の戦死者を葬るために入念に共同墓地のネットワークを作り上げた。しかし、戦艦アリゾナとともに沈んだ者については、彼らが眠る海中の墓を示す恒久的なメモリアルは一九六二年まで何一つなく、アリゾナも真珠湾に沈んだままであった。[*69]じつのところ、引き揚げられないアリゾナは、二次大戦が終わる前でも崇拝の対象として海軍に貢献していたというところがある。軍艦が真珠湾に出入りする際、沈んだこの戦艦のためにしばしば礼砲を放って敬意を表していたのだ。一九五〇年には海軍が正式にアリゾナを再度就役させる決定を下し、沈んだ船のマストに旗竿を取り付けて星条旗をはためかせた。海軍、退役兵組織、そしてハワイの地域指導者たちはアリゾナを記念する恒久的なメモリアルを望んでいたのだ。一九四六年にはハワイ準州の政府が太平洋戦争メモリアル委員会を設置し、二次大戦においてハワイがはたした役割を記念するメモリアル建設の促進を図った。

海軍の同意を得たうえで、同委員会は一九五八年に、アリゾナのためのメモリアル建設に向けて、全国的規模で募金キャンペーンを実施する許可を議会から得たのであった。[*70]

政府・民間双方からの資金を合わせることで、このメモリアルは一九五八年についに完成したが、それは港の海底にアリゾナをそのまま残して作られている。いったん海底から引き揚げ、船体と乗組員をあらためて埋葬すべきだという呼びかけがあったにもかかわらず、船体には手がつけられなかった。代わりにメモリアルとしての建物が、遺族やその他の訪問者がアリゾナの遺骸を見ることができるようにとの配慮から、船体のすぐ傍に設けられた。そのなかの聖堂とされている部屋には大理石の壁があり、アリゾナに乗り組んでいて亡くなった者の名がアルファベット順で記されている。[*71]

アメリカにあるメモリアルの大半がそうであるように、アリゾナ・メモリアルは戦争に伴うとてつもなく大きな犠牲に焦点をあわせており、日本に対する明白な敵対的メッセージは見られない。しかし他方で、太平洋戦争メモリアル委員会は、このメモリアルを、日米和解を強調する別のメモリアルに組み込むという提案を拒絶していた。さらに、国立公園局が、小型潜水艇など日本側が用いた兵器や用具をメモリアルのビジター・センターに展示しようと努力したのだが、これには退役兵のなかから激烈な反対の声が上がったのである。[*72]

真珠湾五〇周年記念日には、合衆国はふたたび日本の脅威に対して備えなければならないと論じるアメリカ人もいた。日本の軍事力の復活を恐れる者はほとんどいなかったが、「ルールに従わなかった」過去をもつ潜在的な経済的ライバルというラベルが日本に貼られた。自動車産業やその他の製造業の経営陣は、経済的脅威に対応するため、閉鎖的な日本市場を何としてもこじ開けるよう、また日本からアメリカ市場へのアクセスを規制するよう、合衆国政府を促した。[*73] 日米間に育った強力な絆の恩恵を受けている政治的・経済的エリートは、このように「ジャパン・バッシング」が広がることに不安を抱き、また悩むことになった。一九八〇年代にはアメリカの多数の州や市が日本からの投資を引き出そうとして日本に気を遣い、日本を敵に回すことにつながりそうな態度を避けようとしていた。その一例として、一九八八年にロードアイランド州がV－Jデーを州の休日として祝うことに終止符を打とうと検討したことが挙げられる。それは日本企業を勧誘するための行動であった。一九九二年にはハワイの観光産業界が、真珠湾記念日を好戦的なかたちで記念すれば日本人に訪問を思いとどまらせ、州の経済に大打撃を及ぼすのではないかと懸念していた。[*74]

はたして真珠湾は、恐怖、変節、裏切りといった感情を繰り返し燃え上がらせるためのシンボルとして、これから先も利用されることになるのだろうか。合衆国の経済的な地位が日本のそれに対して相対的に低下していくとすれば、それはありうることである。同時に、真珠湾の記憶は、第二次世界大戦世代の人びとがこの世を去るにつれ、この国の記憶の奥底へ向かって徐々に薄れてゆくこともまたありうる。アーリントンの軍艦メイン号メモリアルはいまも存続しているが、この船と米西戦争の記憶がアメリカ人の間に激しい感情を掻き立てることはもはやない。日本の真珠湾攻撃によって多くの命が失われたこと、そして大きな破壊があったことをアメリカ人がすっかり忘れてしまうとすれば、それは不幸なことであろう。しかし逆に、二次大戦中の出来事がアメリカの現在や将来の世代の感情をあおり、日米間に築かれてきた和解を壊すことになれば、それは悲劇的なことである。

第五章

朝鮮戦争からベトナム慰霊碑へ

冷戦はアメリカと世界との関係を根本から変えた。合衆国は自らを自由世界の指導者と公言し、共産党の脅威に対して友好国への膨大な経済的・軍事的援助をもって応じた。その一環として、合衆国はヨーロッパやラテンアメリカ、アジア諸国と多国間あるいは二国間の防衛協定を結ぶ。こうした海外での大きな役割は、かつての孤立主義の伝統と比べればいっそう顕著である。[*1] アメリカがこうした多大な責任を引き受けるためには、論争は避けられなかった。反共主義を合衆国の外交政策の基本とする考えに否定的な少数派もいたが、それでも一九六〇年代までほとんどのアメリカ人は、共産主義と対決する必要を強調し、世界中にアメリカ軍を展開する外交政策をすすんで支持したのである。

冷戦以前は、アメリカ的戦争様式なるものがあるとされてきた。しばしば合衆国は分裂して準備不足のまま戦争に突入し、緒戦の連戦連敗が常だった。しかしこのつまずきも結果的には、十全な人的・物的資源の動員に向けて、また最重要局面での勝利に向けて合衆国を駆り立てる役をはたしたにすぎない。南北戦争の南軍を例外として、アメリカは敗戦を経験したことがなかった。破滅寸前だった一八一二年戦争でさえ、アンドルー・ジャクソンがニューオーリンズの戦いで英国軍を撃破した後では、大勝利と語ることができた。*[2]

朝鮮戦争も当初はそれまでの戦いの前例にならっていくかにみえた。戦争の初期、一九五〇年八月の明らかな敗北も、例によって年末までには見事な勝利につながると思われたのだ。一九五〇年秋、国際連合軍司令官ダグラス・マッカーサー将軍はクリスマスまでに兵士たちは家に帰り、朝鮮半島は非共産主義の政府によって統一されると約束した。しかし一一月末の中華人民共和国の参戦がその希望を打ち砕く。マッカーサーは中国内の軍事目標攻撃も視野に入れた戦争の拡大を求めたが、トルーマン政権はアメリカの関与に明確な制限を定め、朝鮮を再統一する案を放棄した。一九五一年七月に合衆国は中国および北朝鮮の代表と、一九五三年まで続く休戦交渉を始めた。アイゼンハワーが一九五三年に大統領に就くと、彼はさらなる衝突を避けようとするトルーマンの政策を引き継ぎ、事実上の朝鮮分断を認める停戦協定に調印したのだった。*[3]

朝鮮での紛争や冷戦全般のはっきりしない行方に対して、アメリカ人の心情は複雑だった。マッカーシズムの出現の背景には、反共主義をアメリカの外交政策の中心とすることに反対する声を抑えようとする動きが一因としてあった。しかし同時にそれは、明快な勝利を得られず、したがって「正常」に戻れないことへのアメリカ社会の深い不満の表れでもあった。ほとんどのアメリカ人、とくに保守派は共産主義に対する勝利を欲したものの、彼らは平和を求めてもいた。このようにしばしば矛盾する目的と欲求が、朝鮮戦争と冷戦の記憶に反映されることになるのである。*[4]

1950 年 12 月 13 日。長津の戦いで中国軍の包囲網を破った後、韓国ハムフンの師団墓地でおこなわれた追悼式典で、戦死した戦友に表敬する第 1 海兵師団の兵士。第 1 次、第 2 次大戦の後に海外に造られた軍人墓地の場合とは対照的に、合衆国は朝鮮の軍人墓地を恒久的なものにはしないと決めた。（写真はユーズィ伍長が撮影したもの。）

朝鮮戦争が終わる前に、この戦争の将来における記念の仕方に関わる、ある重要な決定がなされた。一九五一年三月、国防総省は朝鮮のアメリカ軍戦没者の遺体をすべて合衆国に戻して埋葬すると決定した。つまり両大戦後の海外安置とは対照的に、朝鮮半島にはアメリカ軍の戦いを刻印する海外共同墓地が作られることはないとされたのだ。この決定は、戦争の結末について合衆国政府やアメリカ人が抱いた矛盾する感情や、大韓民国のアメリカ軍共同墓地が将来も保証されうるだろうかというトルーマン政権と国防総省の不安を反映していた。[*5]

戦没者全員を戻すという知恵に不満の声はなく、斃《たお》れた兵士にふさわしい場所は戦場だとほのめかす者もいなかった。一九五一年の『ニューヨーク・タイムズ』の社説はアメリカ人戦没者の帰国第一陣を歓迎し、自由の大義に殉じた者たちを賞賛した。ただし概してその調子は暗く、朝鮮戦争の行方に対する不安を表していた。社説は明確な答えをもたないまま問いかける。「我々から、また我々の通常の関心からも、遠く離れたこの半島は、我々の歴史のどこに居場所をもつのだろうか」。*6

朝鮮の紛争は「戦争」として記憶されるのか。一九五一年に陸軍は、朝鮮におけるこの紛争は宣戦布告されず公式には「警察行動」と称されていることを理由に、国立共同墓地の墓石には「朝鮮戦争」の文字は避け、氏名と階級、死亡日だけ刻むと決定した。議会の抗議や一般の不評を受け、陸軍長官は「朝鮮」の語句を墓石に加えると決めたが、「戦争」は含めなかった。しかしこの動きでは保守的な右派の批判をなだめられなかった。右派からすれば、政府の言う「警察行動」の実態は議会の同意なく突入した戦争であり、政府が何としてもそれを認めずに政治的「ごまかし」を続けてきたことが、墓石の語句の件によく示されていると指摘したのである。*7

一九五三年の停戦協定で朝鮮半島の戦闘は終わり、その年、帰国した兵士は英雄として歓迎され盛大な式典が開かれた。アメリカ在郷軍人会《アメリカン・リージョン》をはじめとする既存の退役兵団体は、自分たちの仲間に加わることを期待してその兵士たちにラブコールを送った。だが曖昧な結末のために、朝鮮戦争は間もなくアメリカの新たな「忘れられた」戦争となる。合衆国は、負けはしなかったが勝ちもしなかった。さらにソ連や中国との冷戦は和らぐことがなく、一九五〇年代と六〇年代初めを通して、アメリカが冷戦のために他の地域紛争にも引きずり込まれそうな状況がずっと続いた。その結果アメリカ国民や多くの指導者にとって、朝鮮戦争は不愉快で犠牲の多大な、忘れ去りたい軍事行動であり続けたのである。*8

一九八〇年代後半まで、朝鮮戦争だけを記念する国立メモリアルの建設に連邦政府は関心が薄かった。一九五四年に議会はアメリカ戦闘記念碑委員会（ＡＢＭＣ）の権限を拡大し、朝鮮半島にメモリアルを建設することを認可した。一九五〇年代後半から委員会は、韓国におけるメモリアルの建造に必要な資金を支出するよう議会の説得を試みるが、これは失敗に終わる。委員会は代案として、ハワイのパンチボウル軍共同墓地に計画中の第二次世界大戦メモリアルを拡大し、朝鮮戦争の記念も兼ねさせることを決めた。メモリアルの「博物館」では、朝鮮戦争を記録するために、ブロンズ板に刻まれた解説文や一連のモザイク地図が、第二次世界大戦におけるアジア・太平洋の戦いを記録した同様のものに付け加えられた。メモリアル施設の外にある長い壁には第二次大戦太平洋戦線の行方不明者の氏名が記され、別の壁には朝鮮戦争のそれがある。*9

パンチボウルのメモリアルを第二次大戦と朝鮮戦争の両方を記念するものに拡大したことで、新しいメモリアルを建造する場所の問題が解決された。この動きはまた、これら二つの戦いを象徴的に結びつける、すでにおこなわれていた別の動きにも通じるものだ。それは、すでに第四章で指摘した、朝鮮戦争が一九五〇年代初めに休戦記念日を退役軍人の日《ヴェテランズ・デー》に変える触媒となったことである。さらに一九五八年には、朝鮮戦争および第二次大戦における身元不明の遺体一体ずつが、アーリントンの無名戦士の墓でいっしょに国葬として弔われ埋葬された。

このようにして第二次世界大戦と朝鮮戦争との継続性を強調するような決定がなされると、当然、後者は明らかに影が薄くなった。第二次大戦は空前の世界戦争であり勝利に終わったが、まったく対照的に、朝鮮戦争は世界の「辺境」の小さな半島に限定された「警察行動」であり、手詰まりに終わったというように。

一九五〇年代と七〇年代には合衆国ではなく韓国政府が、朝鮮戦争へのアメリカの参戦を称えるいくつかのメモリアルを捧げた。一九五七年、もっとも輝かしい作戦を顕彰してダグラス・マッカーサー将軍の記念像が仁川に建てられた。一九七五年には坡州の国防部の正面に韓国政府がメモリアルを建設した。それは、アメリカの各州を表す五〇の旗竿が、四面の三角形黒大理石板でできたモニュメントを取り囲むもので、各黒大理石板は頂点を下にして立ち、丸い開口部をもつ四角い天板を支えている。アメリカ四軍を意味する四枚の三角形大理石板には、ブロンズのレリーフで戦闘場面が描かれている。三年後には、釜山の国連記念公園も韓国がアメリカの参戦に敬意を表する場となった。釜山のメモリアルは、三角形をなす三面のくぼんだ壁でできており、三つの角それぞれには二人の座った人物像がつながれて置かれ、各組の彫像のうちの一体は自由を守り戦った諸国の結束を象徴するため、片手を高く上げている。メモリアルの二つの壁面《ファサード》には、国際連合を代表した合衆国やその他の国の参戦を語る文を刻んだ、二二のブロンズ製記念額がある。また、平和の象徴として、メモリアルの壁面には枝をつかむ二羽の鳩が描かれている。[*10]

ＡＢＭＣは朝鮮半島にメモリアルを建造する試みを正式には放棄しなかったが、ベトナム慰霊碑に関する合意の成立を受けて、一九八〇年代にワシントンＤＣに朝鮮戦争慰霊碑を建てるべく議会の許可を求めた。一九八六年、ついに議会は朝鮮戦争の国立慰霊碑建設を認可したが、民間の寄付によって必要な資金を集めることを要求した。

一九五〇年代と六〇年代の多くのアメリカ人にとって、朝鮮戦争は冷戦の一挿話に過ぎず、しかも成功例ではなかった。いわば、ぼやけた結末のために、朝鮮戦争は忘れられた戦争となっていたのである。共産主義勢力との闘いは続いており、まだこうした限定戦争のメモリアルを作る時機ではなかったのだ。

合衆国とソ連との冷戦は一種の紛争《コンフリクト》ではあったが、戦争とはいえない。以前の紛争と同様、冷戦期の国家指導者はアメリカ人を鼓舞する方法としてそれまでの戦争を国民に思い起こさせようとした。朝鮮戦争中にＡＢＭＣは、アメリカの士気を高めるために第二次世界大戦のメモリアル建設を継続するようトルーマン政権を説得し、成果を上げた。また、戦没将兵追悼記念日《メモリアル・デー》や、独立記念日、退役軍人の日に記念演説に立った人びとは、父祖より始まる自由のための闘いを続けるようアメリカ人に訴えた。[*11]

一九五〇年代と六〇年代には国立冷戦メモリアルと呼べるものを建てる試みがいくつかあった。一九五三年に議会を通過した構想は、自由の原則に捧げるメモリアル、またその原則を永続させるためのメモリアルの建造だった。国立記念碑委員会はヴァージニア州アーリントンの硫黄島記念碑の近くに大規模な自由の神殿を計画し、このメモリアル構想の支持者は巨大で古典的なギリシア神殿を模したものを建て、アメリカ史を描く浅浮き彫りで埋めたいと考えた。だが郡役人や住民ら地域が反対したため、また国立記念碑委員会には議会を説得して計画を支持させる力がなかったために、企画は頓挫した。[*12]

そのような状況のなかで、ドワイト・アイゼンハワー大統領は元陸軍司令官ケニヨン・ジョイスに促され、国立軍事メモリアル建設の案を復活させた。もともと第二次大戦中に出された案である。大統領は一九五六年、当時のニューヨーク州知事ネルソン・ロックフェラーを中心とする委員会を設け、その必要性を検討させた。ロックフェラー委員会は、国立軍事博物館を、スミソニアン協会の後援を得て設立するよう求める。それは軍隊の歴史を記し「健全な愛国心」を促そうとするもので、この提案には継続的な強い国防の必要性を民衆に教育する「現在の回廊」が含まれていた。新しい仕掛けをもつ展示を通して来場者は、ＮＡＴＯ（北大西洋条約機構）の平和維持の重要な役割や、人工衛星の経済価値、核攻撃の抑止力となる核シェルターの効果について、じかに学ぶことができるとされた。[*13]

ロックフェラー委員会の報告書を受け、アイゼンハワーは最高裁判所長官アール・ウォレンを長とする委員会を一九五八年に発足させ、軍事博物館の運営や場所、活動についてより具体的な案を作らせた。委員会は「ダイナミックな」博物館をつくるアイゼンハワーの指示には同意したが、そのための最善策に関しては委員の間で意見が分かれた。ケニヨン将軍は古典ギリシアやローマの建築を模した大規模な記念碑らしい造りを構想し、たとえば、ローマのヴィットーリオ・エマヌエーレ二世記念堂の威容にならって、切妻屋根の両端に戦車を飾ろうとした。ロックフェラーは博物館が単なる「モノ」のコレクションにならないように考え、国防についての社会教育の必要を強調したがっていた。ロード・アイランドからのスミソニアン協会理事だったジョン・ニコラス・ブラウンは、テーマパーク案に賛成だった。彼は植民地時代の砦や、独立戦争の野営地、南北戦争の戦場の一部、第一次大戦の塹壕、第二次大戦の上陸作戦の再現を求めた。[*14]

ウォレン博物館委員会は意見の違いをまとめられず、大統領への最終報告書には計画される博物館について具体案はあまりなかった。報告書を受けたアイゼンハワーは、この問題を研究するため第三の委員会を、こんどはスミソニアン協会の下に設置するよう議会に求めた。一九六二年に議会はこれを承認し、同じくアール・ウォレンが指導する新委員会を設立した。表向きはウォレンが委員長だったが、委員会を左右したのはジョン・ニコラス・ブラウンと、この計画に派遣された海兵隊大佐のジョン・マグルーダー三世である。[*15]

連邦政府の部局間の論争や、マグルーダー大佐の指導の失敗、スミソニアン職員の不支持で計画はくじかれた。ブラウンとマグルーダーが構想した博物館のデザインはあまりに費用がかかりそうで、論争を呼んだのである。ベトナム戦争のただなかの一九六六年にマグルーダーは、軍事飛行場や軍艦、再現された戦場、弾道ミサイル地下格納庫などを擁する博物館をポトマック河畔に四〇〇〇万ドルで建設するという計画を公表した。これには「破壊のディズニーランド」との批判が上がり、戦争賛美の試みと非難された。博物館に熱心でないスミソニアン職員は計画からさらに距離をとり、優先的には考慮しなかった。国立公園局は博物館に必要な土地の提供さえ拒否した。[*16]

軍事博物館をなんとか実現させるため、委員会は論争を避けようと一九六九年に新たな案を提出した。二〇世紀に重点を置きながらアメリカ軍事史全体を記すという案に代えて、二〇〇周年記念の野外公園を建設し、独立戦争期の野営地や地域コミュニティの生活を見せる体験型の展示を売り物にした案を委員会は提案した。新計画はニクソン政権の支持をなんとか得たものの、必要な資金を投入するよう議会を説得することはできなかった。最終的に委員会は計画を放棄し、収集品をスミソニアン協会に譲渡することを決めたのだった。[*17]

ベトナム戦争への反対が国立軍事博物館の完成を阻止するのに一役買ったのだが、反戦運動だけでは博物館建設計画の失敗を説明できない。博物館への反対は、スミソニアン職員が計画に抱き続けていた疑いを助長しただけである。たとえば一九六六年にスミソニアンの事務次長補は軍事博物館反対論に同情を示した。彼は事務長への覚書で、かつて冗談で言った、軍縮局に軍事博物館を管理させるという計画も、そう悪くないのではと述べている。[*18]

国立軍事博物館の命運が示すのは、冷戦の間ずっと維持されねばならない巨大な軍事体制に対して当局者や一般人が抱いた不安だった。つまりアメリカ人は自分たちを軍国主義者と考えたくなかったのである。

B29が長崎に原爆を投下した後、濃い煙の柱が上空1万8000メートルまで立ち上った。原爆が使われたことを記念しようという動きは、アメリカ国民がためらったことにより、挫折する。(国立公文書館所蔵写真)

一九五〇年代後半の軍事博物館の推進派でさえ、合衆国が強力な軍をもつのは防衛と平和な世界の実現のためであり、征服のためではないとたえず強調した。

冷戦メモリアルの計画はつまずいたものの、公共の芸術や文化への政府支出は増大した。また、国立軍事博物館の計画は失敗したが、スミソニアン協会は一連の新しい芸術博物館、なかでもハーシュホーン博物館と国立肖像画美術館をふくむ野心的な拡大計画を実施した。一九六五年にはワシントンDCにジョン・F・ケネディを追憶する国立文化センターができる。アイゼンハワーとケネディが提案し、最後にリンドン・ジョンソンが議会を納得させ、国立芸術基金（NEA）を通して芸術に政府が直接支援できるようになった。一九六〇年代と七〇年代にNEAは、わけても最新の現代彫刻を購入する資金を州や市町村などに提供した。

芸術における連邦政府の役割を拡大させた推進派――とくにケネディ大統領――は、あからさまでないにせよ、文化を共産主義との闘いの武器と見ていた。芸術や文化は一般的に考えられているよりも、もっと大きく超越的な目的をもっている、とケネディは主張した。芸術の業績は文明の成功の尺度であり、ケネディにとって芸術家や学者、作家は、現在の人びとを奮起させ長い時に耐える永続的な芸術作品を生むことで、国家に奉仕できるのだった。芸術が繁栄しアメリカ文化固有の多様性を反映することを保証するには、芸術家は十分な創造の自由をもたなければならない。その結果、政府ではなく職業的な芸術家が、美の規準を決める力を独占しなければならないとされたのである。

芸術家にパブリックアートの選択基準を決めさせたことによって、国立芸術基金は合衆国における現代彫刻と芸術の優位をさらに促した。モダニズムへの政府支援は、社会主義リアリズムの要求に芸術家や彫刻家を従わせたソ連との対照を際立たせている。合衆国とは逆に、ソ連は一九五〇年代と六〇年代に第二次世界大戦を記念するメモリアル建築に乗り出し、制作者を彫刻と建築の厳格で薄暗い様式へ強引にはめこんだ。ジョン・F・ケネディとリンドン・B・ジョンソン両大統領はアメリカ社会に固有の自由を代表するものとして芸術的自由を祝福したが、ソビエトの指導者たちはモダニズムをブルジョア的退廃を反映したものとして非難したのだった。*19

一九五〇年代と六〇年代の合衆国ではモダニズムの芸術、建築、彫刻を受け入れる人びとが増えたが、反対派もまた根強かった。国立の機関である美術委員会は、モダニズムに強く影響されたメモリアルに対して、一九七〇年代まで消極的だった。最も有名な例は、一九六二年に同委員会がフランクリン・D・ローズヴェルト記念碑委員会の提出した革新的な記念碑案を拒否したことである。

アメリカの政策立案者も国民も、その多くが一九五〇年代と六〇年代に平和を求めていたが、彼らは共産主義を封じ込めようともした。朝鮮戦争はそうした合衆国の第三世界に対する干渉の高まりの一例である。朝鮮戦争の結果、トルーマン政権は台湾の国民党政権への援助を再開し、本土の共産党政権を認める案を無期延期とした。またアイゼンハワー政権はジョン・フォスター・ダレス国務長官のもとで、自由世界の境界線を明確にするためにアジアや中東諸国と相互防衛条約を結んだ。第三世界の「友好的な」政府への軍事的・経済的援助は増大し、共産主義の抑止を優先したために、合衆国は抑圧的で非民主的な政権とも同盟していった。中央情報局（CIA）は、アメリカの経済利害を脅かし、CIAの政治的立場から見てあまりに急進的なグアテマラやイランの政府の転覆を画策した。

多くのアメリカ人は共産主義の脅威に対峙するためにアメリカの意思を代行してくれる政府（代理政府《プロキシ》）

に頼ろうとし、合衆国の直接関与に興味を示さないことが多かった。ベトナムの場合は、合衆国がその関与を最小限に抑えるためにあらゆる手段をとり、南ベトナムが陥落しそうになったときに初めて戦争へと全面突入したのである。一九六五年に南ベトナム政府の状況悪化によってリンドン・ジョンソン大統領はアメリカ空軍と地上兵力を大量投入せざるをえなくなった。投入がなければ、共産側の勝利に終わることもありえただろう。多くの点で、彼の戦争拡大の決定の下地には、二〇年間の冷戦イデオロギーがあったといえる。政策立案者の大部分と同じように、ジョンソンは世界をはっきり両極化してとらえ、遠いベトナムであっても共産党の勝利はアメリカの安全保障を脅かすと考えていたのだ。もしベトナムが共産主義の手に落ちれば、ほかの東南アジア諸国はドミノのように倒れるだろうとジョンソンは主張した。合衆国の関与を正当化するため、ジョンソンは手遅れになる前に共産主義勢力の攻勢をくい止める必要を強調し、何度も第二次大戦を引き合いに出した。国家の命運を意識する政治家としてのジョンソンはミュンヘン会談[※1]の記憶に囚われており、大衆的人気を気にする政治家としてのジョンソンは新たなマッカーシズムの波を避けたかったのだ。[*20]

ジョンソン政権が地上部隊を大量投入してまもなく、激しい反戦運動が展開する。平和運動の参加者の多くは、アメリカのベトナム関与は不道徳かつ非合法であると主張した。抗議活動やティーチイン、宣伝活動

※1　一九三八年に開かれた英・仏・独・伊の首脳会議。領土問題をめぐって英仏が独のヒトラーに譲歩し、第二次世界大戦の勃発の一因となったと批判される。

を通して反戦活動家は一般大衆を諭そうとし、彼らは戦争に関連する伝統的象徴をも破壊しようとした。タカ派を狼狽させたのは、ベトナムで戦死したアメリカ人の名が平和集会で声高に読み上げられたことだった。また「反戦の母」という団体は、戦争に反対するよう、そして、すすんで息子を国の犠牲にしないようほかの母親に訴えた。また、数は少なかったが、戦争の現実を見たことで急進化したベトナム帰還兵は、「反戦ベトナム退役兵」という団体を結成する。この団体は、反戦抗議の一つとしてワシントンDCの中心部で抗議行動を起こし、勲章を受けた何人かのベトナム退役兵がそこで勲章を投げ捨てた。反戦抗議の有名な事例である。*21

ところで、大きな反戦の動きを巻き起こした戦争はベトナムが初めてではない。最も凄惨で破壊的な徴兵反対が見られたのは、ベトナム戦争ではなく南北戦争だった。だが第二次世界大戦と冷戦の期間に存在していた、いうなれば相対的な「合意」のために、政府高官も国民の大部分も、多くの戦争がアメリカ人の間に亀裂を生むことを忘れていたのである。

平和運動はベトナム戦争の経過に大きな影響を与えたが、過大評価してはならない。一九六八年のテト攻勢まで、多くのアメリカ人はこの戦争を第三世界における冷戦戦士の新しいモデル、つまりグリーンベレーに結びつけてイメージしていた。一九六〇年代初め以降には主要な役割を担わなかったにもかかわらず、グリーンベレーの手柄と勇敢さはベストセラーの小説やヒットチャートを駆け上がる音楽の主題だった。六〇年代にベトナムを扱った唯一のハリウッド映画では、ジョン・ウェインが演じるグリーンベレー指揮官が主役であった。ウェインの『グリーンベレー』は戦争を赤裸々に、かつ道徳を振りかざすようなかたちで描き、善良なアメリカ人と邪悪で不誠実な共産主義者との衝突として描いた。*22

一九六九年、ノースカロライナ州フォート・ブラッグ陸軍基地に、ベトナムや他地域で犠牲となったグリーンベレー隊員のための記念碑が建てられた。ブロンズ像は自動火器を携行し、特殊部隊の「あの軍帽」を着用した部隊員のイメージを強調したものだった。もしも合衆国がベトナムで「勝って」いたら、グリーンベレーの像はアメリカのあちこちで見られるようになっていたかもしれない。[*23]

だがインドシナの勝利はアメリカの手から滑り落ちた。一九六八年のテト攻勢はアメリカの希望的観測に一撃を与え、リンドン・ジョンソンと後任者のリチャード・ニクソンはアメリカの軍事的直接関与を軽減しようとした。退任する前にジョンソンは北ベトナムと停戦交渉を始め、アメリカ空軍力の行使に制約を設けた。一九六九年にはニクソンが戦争のベトナム化政策[※2]を実行し、アメリカ軍を撤退させ南ベトナム軍に置き替えていった。また、戦争の最後を勝利で締めようと、ニクソンは北ベトナムとベトコン（南ベトナム民族解放戦線）の補給路を遮断するためカンボジアに侵攻して戦争を拡大した。その方針は、軍事的に見ても、また国内政治の面でも、悲惨な結果に終わったが、それでも最終的にニクソンは合衆国をベトナムから引き揚げさせることに成功する。一九七三年、合衆国は北ベトナムとの協定に調印し、参戦を公式に終了させた。

しばらくニクソン政権は、合衆国が「名誉の平和」を勝ちとったという幻影を維持しようとした。リチャード・ニクソンが一九七四年三月二九日をベトナム退役兵の日とする議会決議に署名したとき、彼はベトナム

※2　北ベトナムの共産主義者との戦いにおいて、南ベトナム軍の拡充を進めてアメリカ軍の関与を軽減させる方針。

やその他の東南アジア諸国に防衛のための物的支援をおこなったニクソン・ドクトリンの成功を自賛した。政権がワシントン近郊の基地で南ベトナム大使も参列した盛大な式典を催したときも、ニクソンは同様の演説をおこなった。[*24]

しかしこうした表現をよそに、ベトナムを記憶する試みには敗北感と喪失感が蔓延していた。三月二九日という日が選ばれたのは、この戦いから合衆国に帰国した最後の捕虜の到着の一周年を記念したためだった。戦争を終わらせた「停戦」の一周年、一九七四年一月二九日は、いまだ安否が確認されていない一一〇〇人のアメリカ兵に注意を向けさせるために、戦闘中行方不明者（ＭＩＡ）の日としてニクソンによって布告された。それでも一九七五年の南ベトナム陥落は二つの記念日の意義を低下させ、どちらも一般の暦や意識に入ることはなかった。

戦闘中行方不明者の問題が人びとの意識に大きく立ち現われたのは、とくに一九七五年に北ベトナムが決定的な勝利を収めてからである。多くの保守的なアメリカ人にとって、行方不明者の調査を拒否し、合衆国に遺体を回収させせない北ベトナムが卑劣に思えた。最悪の場合、かつての敵は捕虜を確保し続け、アメリカに圧力を加えて将来の駆け引きの材料とするのではないかと疑う者もいた。[*25]

一九八三年にレーガン政権は、北ベトナムにアメリカ捕虜が生存する証拠はないと結論づけた。しかし多くの保守派や行方不明者の家族はこの結論を受け入れようとしなかった。なかにはアメリカ人の捕囚を隠蔽する米国政府側の陰謀を主張する者さえいた。このテーマはいくつかの映画で繰り返されたが、最も有名なのが『ランボー』だろう。この映画でシルヴェスター・スタローンは、捕われたアメリカ兵の救出作戦に送り込まれたベトナム退役兵を演じ、アメリカ人の捕虜キャンプを発見し解放することに成功したあと、彼は味方の陰謀で敵の手に落ちたのである。[*26]

ＭＩＡ問題は、敗北の象徴、そしてベトナムでの従軍経験者に対する連邦政府の無情の象徴とまでみなされるようになった。皮肉なことに、じつはこの戦争中のアメリカ軍は、戦闘中に死んだ兵士の遺体を収容して故郷に送り届けるために、その長い戦争経験のなかでも最も行き届いた仕組みを作り上げていたのである。遺体がアジアの地に一時埋葬された朝鮮戦争とは対照的に、アメリカ兵の遺体が南ベトナムの地にとどまることはほとんどなく、即座に空輸されて故郷で葬られた。では、すべての戦死者をベトナムから帰国させるという合衆国の決定が意味するのは何か。ひいき目に解釈しても、このアジアの紛争に対して政府と一般人がジレンマを抱いているということである。[※3]　敗北によって、戦死した兵士を帰国させ、友人と安らかに眠らせる必要がますます高まることになった。[*27]

一九七〇年代から八〇年代初めには、ベトナム退役兵が不当に扱われ、彼らが参加した戦いが忘れられているという主張が強まり、退役兵の必要とする医療や教育支援が不十分だとして政府に対する批判がなされた。さらには、彼らの国家への奉仕を称賛せず、「子ども殺し」という誤った固定イメージを植えつけることで、アメリカ社会はベトナム退役兵の疎外を後押ししたという非難がしばしばあがった。ベトナム退役兵は自らの体験と、第二次世界大戦の退役兵が受けた盛大な「帰国」式典とをたびたび対比した。[*28]　一九七〇年

※3　つまり、冷戦の論理のなかで援助・介入してはいるが、気候も文化も異質な遠いベトナムには兵士の遺体を残したくないというジレンマである。

代と八〇年代初めのハリウッド映画やテレビは、「疎外された」ベトナム退役兵を社会の脅威として頻繁に描いた。狂った不安定な退役兵は、殺人、レイプ、その他のおそろしい行為をいつ犯してもおかしくない、この戦争のステレオタイプであり重要なシンボルだった。当然これは、この戦争と参加した兵士たちについてのアメリカの相反する心情を反映している。[*29]

ベトナム退役兵への恐怖感には数多《あまた》の前例がある。独立戦争の直後には、シンシナティ協会が共和国の制度を脅かすのではないかと文民の指導者は危惧した。南北戦争のあとでは、クー・クラックス・クランに属する元南部連合の支持者が黒人に暴力を働き、南部再建を覆そうとした。第一次世界大戦後には、ヨーロッパから引き揚げて無職となった兵士たちが、組織拡大を狙う「ボルシェビキ」の恰好の標的になりうると、全国市民連盟[※4]が主張した。[*30]

狂気のランボーという一般的イメージは、歪められてはいるものの、ベトナム戦争によって引き起こされた大きな心の傷をアメリカ人が認識していたことの表れだった。インドシナの戦争の退役兵の多くも、心的外傷後ストレスに関する退役軍人庁の認知と、一般社会の広い理解を求めて運動を起こしていた。戦争で心に傷を負った人びとに初めて社会的注目が集まったのは、ベトナム戦争ではなく第一次大戦である。犯罪に走りやすい秩序無き退役兵というイメージでさえ、第二次大戦直後には氾濫していた。帰国した退役兵を危険な精神病質者《サイコパス》と描写する見出しが新聞にはあふれており、一九四六年にビル・モールディンは漫画でそれを風刺している。[*31]「砲弾神経症《シェルショック》」や「戦争神経症」の言葉はこの戦争のあと有名になり、小説の主要素となった。

ベトナム戦争の退役兵は、それ以前の戦争の兵士より強い疎外感に苦しんだのだろうか。退役兵が疎外を感じるようになったのは、ベトナム戦争の進め方に影響されたところが大きい。世界大戦と朝鮮戦争の兵士のほとんどは部隊とともに輸送船で本国と戦場との間を往復したが、こうして帰国した兵士にとっては、戦友と過ごした移動の時間に戦場体験を回想することができたのである。さらに輸送船の出発と到着で、盛大な帰国パレードなど、軍と社会は理想的な関係を部分的であるにせよもつこともできた。しかし一九六〇年代と七〇年代の合衆国で、ベトナムでの戦闘員に課されたのはたった一年の戦地勤務だった。そして彼らは東南アジアとアメリカを空路で往復したために、ほとんどのアメリカ兵は大部隊の一部として移動することはなかったのだった。三六五日の兵役を完了したあと、ほとんどの兵士は息つく間もない帰国の途についた――ベトナムからの帰国の旅は数時間でしかなかった。爪にインドシナの泥がついたまま国に戻ったことを、何人かの退役兵は回想する。[*32]

なぜベトナム退役兵の凱旋パレードはなかったのだろうか。その一因は、兵士を地域社会から隔離しようとする軍の決定だった。戦争人員の確保に際して、軍はある地域から一挙に多数の青年を徴収するのではなくそれぞれの地域から少数の男たちを「選択的に」選抜する招集によって、「子どもを早く家に帰して」という要望が広がるのを抑えようとした。また、世界大戦と朝鮮戦争とは対照的に、州軍の包括的動員はなく、中産・上流階級の子弟は徴兵猶予や他の手段でしばしば招集を逃れていた。それらの結果、特定の地域からの一団が、ほかの戦争のように隊列を組んで故郷を発つことも、大勢が一緒にベトナムから帰国することも

※4　労使協調による安定と発展を目指して双方の指導者が一九〇〇年に設立した全国組織。

なかった。加えて、ベトナムからの部隊の出発と到着を、戦争終結時でさえ、「脱儀式化」する国防総省の努力もあった。[*33]

解放された戦争捕虜の母国への迎え入れ方は例外的な帰還の仕方だが、それゆえ、先に見た退役兵一般に関する分析結果の正しさをある意味で裏付ける。一九七三年、ハノイからアメリカ兵捕虜が戻ると、軍は盛大な歓迎式典を開いた。ニクソン大統領はコメディアンのボブ・ホープも加えたホワイトハウスの晩餐会に捕虜を招いた。さらに人びとは帰還した捕虜に大きな同情を寄せ、彼らを帰ってきた英雄として称賛する動きが多かった。多くの町が「帰国」パレードを催し、地方新聞には特集記事が掲載された。元捕虜の一人はマサチューセッツに戻ってからの一年間、レストランで食事をすれば見知らぬ人でさえ感謝のしるしだと言って必ず勘定を払ってくれたと語る。[*34]

だが、多くのベトナム退役兵は、人びとの無関心と敵意に憤慨した。インタヴューで彼らは、自分たちの帰郷と前の世代のそれとが違うことにこだわることが多かった。多くは、連邦政府やアメリカ在郷軍人会のような古い退役兵の団体が、自分たちの世話をしてくれないとも考えていた。かなりの数の退役兵がアメリカ在郷軍人会や、対外戦争退役軍人会、その他の退役兵団体に入ったが、大多数は一九七八年に発足したベトナム戦争退役軍人会のような、ベトナム退役兵にだけ開かれた団体に加入したのだった。そもそもどの組織にも入らない退役兵もいた。[*35]

「帰国歓迎」パレードがなかったために多くの退役兵があらわにした疎外感から、「現代の」アメリカ社会における儀式と伝統の重要性を垣間見ることができる。つまり、ある意味で人びとや連邦政府の関心は、過去のアメリカの、ベトナム戦争よりももっと快い戦争や出来事に集中したのだ。一九七五年のベトナム陥落の一年後、アメリカでは独立宣言と独立革命の二〇〇周年を記念する一連の盛大な祝祭があった。しかしサイゴン陥落の後では、もはやベトナム戦争がアメリカの勝利ということはできない。この戦いを記念するためには、暗く難しい問題に焦点を合わせる必要があった。

消費中心主義《コンシューマリズム》が、少なからずアメリカの休日を作り変え、娯楽と消費は広く多様に享受されるようになった。かつて記念日に町の中心部をねり歩く大パレードを見ていた観衆は、郊外化のために減ってしまった。戦没将兵追悼記念日《メモリアル・デー》や他の休日に記念式典へ出席するかわりに、多くのアメリカ人はビーチや買い物に出かける。また、日曜の閉店を要求する厳法《ブルー・ロー》[※5]の廃止によって、週日と週末の違いはずっと小さくなった。こうした日曜の世俗化は、一年間一週間の一日たりといえども、モノの売り買いという日常世界から厳密に分離しない慣習がアメリカで広まったことを示している。[*36]

月曜休日の設定をめぐる議論は、市民にとって重要な出来事や戦争を記憶するアメリカ人の努力が、いかに消費社会の台頭によって形成されたかを物語る。一九六八年に、議会はいくつかの休日――ワシントン生誕日、戦没将兵追悼記念日、退役軍人の日――の日付を毎年月曜にあたるよう変更し、三日間の週末を増やすことに賛成した。ある法案提出者が語るところでは、「月曜祝日」は「市民生活を向上させ、商業の流れを円滑にし、労働者の利益となり、国のため費用を抑え、場合によっては命を守ることにもなる」機会を与

※5　宗教的な倫理に従って、安息日である日曜の消費活動を制限する一連の法律。地方ごとに制定され、一部ではいまも残る。

え、「そして政府に一セントの支出もさせないですむ」と考えられた。三日間の週末でアメリカ人は、親戚を訪ねたり、休暇をとったり、観光客向けの歴史アトラクションを訪れやすくなった。三連休が増えることで、連邦政府の部局や雇用者はずる休みがなくなると期待でき、工場は経済的損害の大きい週半ばの工場閉鎖を避けることができた。「労働の日《レイバーデー》」の統計によれば、以前から九月の第一月曜に定められていたこの月曜祝日では、週半ばの祝日よりも交通死亡事故は少なかった[*37]。

三日間の休日に批判的な者は、これが「金融界」や「万能ドル《オールマイティダラー》」[※6]の利益を高めることを狙い、国家の「伝統」と「聖なる」日とを破廉恥にも冒瀆していると主張した。最も強い反対は退役軍人団体と議会におけるその支持者から上がり、彼らは戦没将兵や退役軍人の日を勝手に改変するのは、アメリカの「過去の歴史」を否定するに等しいと力説した[*38]。一九七八年に議会は退役軍人団体の圧力に対応し、どの曜日になろうとも、一一月一一日に退役軍人の日を戻すことにした。議会は退役軍人団体という特殊な利害集団に大いに配慮したのである。そして世間一般は、じつはこの問題に無関心だった。しかし他方でこの動きは二つの関心が復活する先触れでもあった。すなわち、この後、過去の戦争を記念することへの関心が蘇り、同時に、戦争がもっと悲惨なものだったことを強調するようになったのである[*39]。

朝鮮戦争とは対照的に、ベトナム戦争は忘れられた戦争になることはもちろんなく、その気配さえもなかった。一九七〇年代にも多くの小説や回想録、ハリウッド映画がこの戦争に対するアメリカの関与を跡づけた。また、息子をインドシナで失った一人の父親が、一九七一年にニューメキシコ州に、この戦争で兵士として戦った人びとの記憶を保つためにベトナム退役兵平和友愛礼拝堂を建てた。一九七四年には連邦議員やABMCが国立ベトナム・メモリアルの提案を示唆し始めた[*40]。

世界大戦を記念する全国規模のモニュメントの多くが合衆国政府によって建造されたのとは対照的に、ベトナム戦争戦没者慰霊碑の場合は一つの任意団体が資金を集めた。ベトナム退役兵の帰国の経験をあつかった一九七九年のハリウッド映画『ディア・ハンター』を見たあと、ベトナム退役兵で連邦政府の職員だったジャン・スクラッグズは、アメリカ社会の分裂を癒す一助となるベトナム戦争メモリアルをつくる時だと決意した。スクラッグズはたった一人でメモリアル建造運動を始め、たちまちほかの退役兵や議会、経済界から支持を集めていった。[*41]

ベトナム慰霊碑は、それが記念する戦争と同じように、激しい議論を巻き起こした。乗り越えねばならなかったのは内務省や議会の一部からの反対で、彼らはワシントンDCのリンカン記念館付近にメモリアルを建てるというスクラッグズの試みを拒否していた。スクラッグズは、彼の団体の設立許可と、必要な基金を集めればメモリアルを建造してもよいという認可を議会からなんとか得たが、その後、記念碑のデザインについて論争が起こった。議会はスクラッグズの委員会に、ベトナムの全戦死者の姓名を含むメモリアルを建てるよう要求した。イェール大学の建築学の学生だったマヤ・リンが委員会主催のデザインコンペで優勝したが、彼女の提案は、黒い二面の壁が中央で一二五度の角度でたがいに接し、左右の両端へゆくにつれて地面がせり上がって壁が低くなるというデザインだった。[*42]

レーガン政権はリンの提案したベトナム慰霊碑の変更を強要した。レーガン政権の最初の内務省長官であ

※6　物質的な富や、金がすべてという考え方に対する批判の意味を込めて用いられた言葉。

るジェイムズ・ワットは、「伝統的な彫像」と旗竿がないかぎり認可を下すことを拒否した。委員会とマヤ・リン、美術委員会は不本意ながらこの要請を受け入れた。皮肉なことに、別のオープンコンペのあと委員会が選んだ彫像も、保守派が考えていたものとは違っていた。彫刻家のフレデリック・ハートがデザインしたそれは、戦場で疲れきった三人の陸軍歩兵だったのである。[*43]

ベトナム戦争戦没者慰霊碑はたしかに議論を呼んだが、他方で、議論を経て、慰霊碑およびそれが記念する戦争について相当な程度の合意が形成されたことを忘れてはならない。最初にジャン・スクラッグズが国立のベトナム・メモリアル建設を提案した一九七九年、すぐに彼は政界から大きな支持を集めた。一九八〇年にジミー・カーター大統領がメモリアルを認可する立法に署名するときも、まれに見る全会一致で上院議員一〇〇名がこれを共同提案したことに大統領が言及している。[*44]

何人かの保守派や『ネイション』誌など一部のリベラルな雑誌はリンのデザインを攻撃したが、多くはそのアイデアを支持するか、少なくとも静かに受け入れた。激しい論争があったものの、スクラッグズの委員会はメモリアルのために一〇〇〇万ドル以上の金額をなんとか集めることができた。その大部分は多くの退役兵を含む少額の寄付者たちからのものだった。それに加えてアメリカ在郷軍人会や対外戦争退役軍人会などの団体や、テキサスの実業家ロス・ペローやヴァージニア選出の共和党上院議員ジョン・W・ワーナーら多くの個人が、資金集めを支援してメモリアル建設に貢献した。連邦政府はメモリアルの土地を提供する以上のことはしなかったが、メモリアル委員会は前例のない早さで慰霊碑を完成させた。一九八〇年に議会が計画を認可し、二年後には慰霊碑の除幕式が挙行されたのである。海外に設けられた第一次・第二次世界大戦のメモリアルが完成までに一五年から二〇年を要し、無名戦士の墓の慰霊碑が合意に至るには一〇年近くが費やされたのと比べると、これはじつに対照的である。ABMCによる国立朝鮮戦争記念碑の場合、建設を議会がついに許可したのは一九八六年、戦争終結から三五年以上後のことである。[*45]

ベトナム戦争戦没者慰霊碑は最終的に退役兵や保守派、リベラル、一般人から前代未聞の賞賛を受けた。コメンテーターのジョン・マクローリンやコラムニストのジェイムズ・J・キルパトリックなどの保守派が慰霊碑を称賛した。一九八〇年代には実際に、ベトナム戦争戦没者慰霊碑は、ワシントンのさまざまなモニュメントのなかでも訪問者数のもっとも多いものの一つとなった。それは、訪れる人びとに、典型的な「観光」名所はもちろん、平均的なアメリカの戦争記念碑においても見られない感情を喚起した。この慰霊碑の前では沈黙、あるいは低く抑えた咽《むせ》び声が流れ、しばしば訪問者――多くが退役兵やベトナムで没した者の友人や家族――は、悲しみを表現し死者を悼むために、さまざまな物を置いていく。[*46]

他のメモリアルが過去にどのように受け止められていたかを考えれば、ベトナム戦争戦没者慰霊碑が呼び起こす反応の根強さはさらに注目に値する。たとえば、ABMCでは、アメリカ人が海外の慰霊碑にほとんど関心をもたないことが懸念され遺憾に思われていた。関心のあり方そのものが問題となったこともある。たとえば一九二〇年代、アメリカ在郷軍人会とホワイトハウスは、訪問者が無名戦士の墓という神聖な場にふさわしい行動をとってくれないとして、警備が必要であると決めたほどだった。[*47]

ベトナム慰霊碑は、なぜそれまでのメモリアルとは違っているのか。なぜいつまでも感情の発露を引き起こすのだろうか。この慰霊碑には破壊的な性質があると示唆した保守派の批判は、ある意味で正鵠を得ていた。まず、美術委員会やABMCの特徴だった古典様式からの完全な脱却をこの慰霊碑は示している。古典的な表現を捨て、訪問者の注意を戦没者の名に集中させることによって、戦争がもたらした喪失と被害を強調するのである。したがって英雄的な様式の彫像が呼び起こすものとは異なる種類の感情を生じさせる。

それでも、ベトナム戦争戦没者慰霊碑は一般兵士の犠牲と奉仕に初めて焦点を当てた記念碑ではない。南北戦争のあと、北部、南部の多くの地域社会が、それぞれ地元出身のビリー・ヤンク、そしてジョニー・レッブ[※7]の墓地に墓守として歩哨の銅像を建てた。そしてこの戦争以降、連邦政府が国家に殉じた者たち全員のために共同墓地を永久維持する責任をうけもつようになった。両世界大戦のあとには、ABMCが行方不明の兵士の名をいくつかの記念碑に組み入れた。たとえば、ニューヨーク市で委員会は自由の女神像が見える市の公園に巨大な御影石の壁を建て、そこには第二次大戦の際に大西洋の作戦海域で戦死し水葬に付された死者すべての名が載せられた。

従来の闘いでは、平均的な市民兵もある程度の注目を浴びることはあったにしても、後世にまで名声を残したのは、やはりその指導者たちだ。南北戦争の北軍や南軍の司令官には記念碑があり、リンカンやリー将軍、デイヴィス大統領の場合なら、彼らの記憶に捧げられた州の休日もある。第一次世界大戦後には、ABMCがジョン・J・パーシング将軍やヨーロッパ派遣軍の恒久的なメモリアルをワシントンDCに建設する責任を負った。委員会はようやく一九七〇年代に、パーシング将軍の彫像と、戦闘を描いた地図および亡き将軍がその指揮下の兵を称えた碑文が刻まれた壁を、広場に完成させた。またダグラス・マッカーサーは、一九六四年に亡くなると盛大な国葬を受け、出身地ヴァージニア州の元ノーフォーク郡庁に埋葬された。古い郡庁は彼の墓を擁するだけでなく、将軍の生涯と業績に捧げられた博物館——ある人びとに言わせれば神殿——も兼ねている。[*48]

州や市町村のレベルでは一九八〇年代からベトナム戦争のメモリアル建造に関心が高まったが、この戦争当時の文官や軍部指導層に栄誉を捧げるものはほとんどない。ジョン・F・ケネディとリンドン・ジョンソン両大統領のために建てられたメモリアルも、戦争指導者としての彼らに捧げられたものではない。ベトナム戦争に強く結びつけられる将軍であるウィリアム・ウェストモーランド[※8]について言えば、彼は連邦上院議員に立候補する機会を逃したし、また彼がベトナムにおけるアメリカの戦果に関して上官に虚偽の報告をした、というドキュメンタリーを制作したとしてテレビ局CBSを告訴した。一九八〇年代のあいだウェストモーランドの像をつくる、あるいは彼の名を広場や街路につけるという話はほとんど出なかった。それどころか彼にとって屈辱的な批判があいついだため、将軍は自ら名誉を守るために法廷で争ったが、訴訟は陪審員に送られる前に和解の成立とともに終わった。[*49]

ある意味、ベトナム戦争の指導層の信用が傷ついたままだったために、この戦争の焦点になったのは一般兵士だった。多くの保守派、なかでもロナルド・レーガンは、ベトナム戦争には崇高な大義があり、合衆国は勝利に近づいていたのであり、もしリベラルや急進派によって戦争遂行の努力が覆されなければ勝利していただろうと主張した。他の保守派と一部のリベラルはベトナムでは成功していたかもしれないという見方を肯定したが、それにはより効果的な指導とより良い戦略が必要だったとした。逆に左派の多くにとっては、アメリカのベトナム関与は道徳にそぐわない出来事としてのみ記憶されている。[*50]

※7　第三章訳注8（一七五頁）参照。
※8　一九一四−二〇〇五年。ベトナム戦争においてアメリカ軍を指揮。一九六八—七二年の陸軍参謀総長。

アメリカ人は、ベトナム戦争から引き出すべき「教訓」については合意に達することがなかったが、このような性質の紛争が将来避けられるべきだという点では一致していた。リベラルは、第三世界への軍事関与を制限しなければならないと論じた――リベラルの一部は、合衆国が真の民族解放戦争とは連帯することを検討すべきだと主張する。アメリカ軍部は、国際紛争への武力行使に反対し、将来に合衆国がおこなう戦争は国民の全面的な支持がなければならないと警告した。保守派は、必ず勝つと決意した戦争しかしてはならないと言明する。ロナルド・レーガンとジョージ・ブッシュは、グレナダ（一九八三年）と、後にはパナマ（一九八九-九〇年）に侵攻してアメリカの軍事力を示すが、これらの紛争は短期間に明白な結果で終わった。これとは対照的に、両政権はアフガニスタンやニカラグア、エルサルヴァドルへの関与は限定し、アメリカの利益を促進するため親米政権に頼った。アメリカ人の命が大規模に失われそうな長期間の紛争に対してわずかな支持しか見せなかったアメリカ国民に、両政権は大筋では従ったのである。

ベトナムの教訓が一九七〇年代と八〇年代のアメリカの公共政策を形成したが、ベトナム戦争のメモリアルにはこの教訓をあからさまに示すのを避けたものが多い。資金提供者が、ベトナム戦争のメモリアルでは、戦争に関するイデオロギー的なメッセージの発信は避けなければならない、と強調したのである。合衆国がこの戦争に至った理由や様子を説明する記念碑はほとんどないが、そのかわり、それらはこの戦争の戦没者と退役兵を称え記憶する必要を強調している。実際一九八〇年代には、遅ればせながらベトナム退役兵のために「帰国」パレードが開かれたこともあった。もっとも、保守色の強い『ナショナル・レビュー』誌があきれたように、「帰ってきた」退役兵のために一九八五年のニューヨーク市で開かれた歓迎パレードの行進者には、多くの元ハト派が見られたのだが[*51]。

こうした平均的な兵士と退役兵の強調は、小説やハリウッド映画における戦争の扱い方と変わらなかった。そのほとんどは、アメリカ兵士や軍事顧問のベトナムとの出会いと体験を詳述したが、なぜ合衆国が戦争に突入したのかほとんど掘り下げず、ベトナム人を敵としても味方としても無視することさえ普通だった。作品に登場するベトナムとその国民は匿名的で、暗く謎めいているか、あるいは深みがなく一面的なのであった。対照的に、最良とされる小説はしばしばアメリカ人の登場人物を複雑で、両義的で、悲劇的な人物と描いたのである。[*52]

ベトナム戦争を記念し記憶するアメリカの努力は、再建期[※9]の直後における南北戦争を記憶する努力と似たところが多い。一九世紀の末には、和解を進めるために、南北双方のエリートたちが南北戦争で戦った人びとの犠牲を称える必要を強調した。戦場に焦点を当てることで、彼らは戦争の原因だった南北間の矛盾には目をつぶろうとしたのである。[*53] そしてその後も、南北戦争を記憶しようとする動きのなかでは、また両大戦に関してもほぼ同様に、戦場が中心的な位置を占めてきた。しかしベトナム戦争のモニュメントではそれまでの戦いとは異なり、戦場の位置づけがきわめて曖昧になった。[※10] それに対して、南北戦争後の場合には、再

※9　南北戦争後一八七七年まで、北部の共和党が主導した南部の経済・社会の再建の時期。詳細は第二章を参照。
※10　それまでの戦争の場合と同様に国内の和解を目指す記憶が模索されたが、ベトナム戦争を記憶する場合では、一般兵士に光が当てられるとともに、彼らの栄光だけでなく悲劇的で善悪の両面をあわせもつ体験にも注目が集まった。

統一を促すため、戦闘の残忍で恐ろしい本質は概して忘れられた。何人かの小説家が取り上げたことを例外として、この戦争がもたらした不和、残忍さ、疎外、怒りは、モニュメントの作り手には忘れられるか無視されたのである。そのかわり、古典風のモニュメントや式典では、忠誠や、勇気、義務、戦友間の同志愛が行き渡った戦争として南北戦争は語られたのだ。そして一般兵士もそれなりの扱いは受けたものの、英雄の殿堂において栄光の座を占めたのは、やはり将校であった。

古典主義はベトナム戦争のモニュメントが作られた頃までに流行からはずれていた。インドシナの戦争の多くのモニュメント、とくに州立のそれは、マヤ・リンの意匠による黒ずんだ壁がもつ簡素さと寂寞感から影響を受けて作られた。その多くは喪失と痛みを強調し、どれも必ず戦没者の名を載せ、人びとの注意をそこに集めた。ニューヨーク市の記念碑は戦死者の名前を並べなかったが、ベトナムで戦う兵士が故郷の愛する者や友人へ送った手紙からの引用を不透明のガラスに記した。メモリアルがリアリズムをより強く打ち出すと、それはたいていの場合、兵士を、苦悩し疲弊した者、ある場合には傷ついた者として描いた。しばしばベトナム戦争戦没者慰霊碑の「三人の兵士」像の例が踏襲され、アフリカ系アメリカ人の人物像を含めることで、ベトナム戦争におけるアメリカ軍の人種的多様性が強調された。たとえば、一九八三年に完成したデラウェア州ウィルミントンのメモリアルには、倒れた白人の戦友を抱えて取り乱しているアフリカ系アメリカ人兵士の像がある。その三年後にテキサス州サンアントニオの住民はその表現を反転させ、傷つき地に伏した黒人の戦友を助けながら悲しむ白人兵士を描いたメモリアルで戦死者を追悼した。[*54]

ベトナム戦争の結果、アメリカ人はある意味で内向的になり、世界における自らの役割――とくに軍事的役割――に確信がもてなくなった。しかし同時にこの戦争を記憶する努力は、アメリカ国民の多元性を認める、以前よりも強い意志を生み出した。多くの意味でベトナム戦争は、アフリカ系アメリカ人兵士が戦闘で血を流した重要な参加者とみなされる最初の戦争となったのである。ベトナム戦争期まで、多くの戦争メモリアルは「リリー・ホワイト」※11であり続け、ＡＢＭＣの戦争メモリアルは黒人兵士を描くことすらほとんどなかった。それに対し、ベトナム戦争期の小説やハリウッド映画は、黒人兵士を物語の中心にすることこそほとんどなかったものの、ベトナムのアメリカ軍を白人と黒人が混在した軍隊として描写した。そしてベトナム戦争戦没者慰霊碑の記念像の場合は、兵士の一人をアフリカ系アメリカ人にすることで、多元性の承認に直接的なかたちで言及したのである。

こうした多元主義の重心は、一九七〇年代の人種から八〇年代にはジェンダーへと移った。八〇年代末にかけて、女性退役兵は自身の貢献に対する認知を求め、彼女たちの物語を記録する大量のオーラルヒストリーや自伝が出版された。女性はまた、女性看護師を表す像を付け加えることによってベトナム慰霊碑において女性を十分に表すことを要求した。美術委員会の委員長だったＪ・カーター・ブラウンは、それが前例となってしまうことを理由に、慰霊碑への新たな像の追加に反対した。もし女性の役割を記念する像が加えられれば、ほかのグループや軍務部門からも同様の要求が出されるだろう、と。彼の反対にもかかわらず、一九八九年に議会は陸軍の女性看護師をかたどった像を慰霊碑に追加することを決定し、この像は一九九三年の退役軍人の日に公開された。*55

※11　白い肌の比喩でもあるが、黒人の排除、あるいは黒人への市民権付与に反対、という意。

いくつかの点で、女性の軍務を表象する像を加えた決断は、以下の事例が示すように、戦争の記憶における従来のパターンにならっていた。南北戦争と第一次世界大戦のあと、アーリントン国立墓地はとくに看護師としての女性の軍務を記念するメモリアル群の中心地となった。また一九一三年には、議会は赤十字のアメリカ本部の建設を認可し、南部と北部いずれの女性も南北戦争に対して奉仕したことへのメモリアルとして、その本部は連邦政府の資金で建てられた。さらに第一次大戦のあと議会は、一九一八年に戦死した看護師のジェイン・デラーノの像を、第一次大戦で命を失ったすべての女性看護師のメモリアルとして、建造することを赤十字に許可した。*56

だが重要な点は、見る者に母性を分かりやすい形では感じさせないという意味で、ベトナム慰霊碑に選ばれた女性像が、女性の戦争従事を記念する従来のメモリアルから大きく逸脱していたことだ。たとえば一九三二年に赤十字からの依頼で制作されたジェイン・デラーノ記念像は、ゆったりとしたガウンを着て腕を差し伸ばした母性的な人物を表現する。それに対して、ベトナム慰霊碑の像は負傷した男性兵士を手当する軍服の三人の女性であり、土嚢《どのう》に横たわる兵士はその場面が戦闘の最中か直後であることを示唆する。男性の像は一人の女性看護師に世話をされ、他の二人の看護師は敵の影がないか遠くまで警戒している。この像をフレデリック・ハートが制作した歩兵像（「三人の兵士」像）と同じ象徴的な場所に置くことによって、ベトナム慰霊碑は女性の地位と貢献が男性のものと等しいと宣言したのである。要するに、ベトナム戦争を記憶する努力がなされたのと時を同じくして、アメリカ社会ではより多元的な国民像が受容され、アフリカ系と女性を従来よりもさらに平等に評価しようとする社会的意識が現れたのだった。

一九八九年にABMCが提案したワシントンDCの朝鮮戦争戦没者慰霊碑は、この多元主義に影響された。

あらゆるエスニシティと部隊が確実に称えられるよう、委員会は三八体ものブロンズ兵士像をもつメモリアルを要求した。これはアメリカ社会の多様性を描くだけでなく、韓国軍の参戦も表すことになっていた。『ワシントン・タイムズ』紙によれば、メモリアルのデザインを発表した一九八九年のホワイトハウス式典で、幕を開けてデザインを公開する役を担ったのは「女性看護師、四肢の二本を失くした人物、黒人の大佐、車椅子に乗ったヒスパニック系」の四人の退役兵だった。*57

朝鮮戦争慰霊碑は、ベトナム慰霊碑を超越しようとする、また全米の多くのベトナム戦争のメモリアルに共通する暗いイメージを避けようとする、ABMCの試みから産まれた。たとえば委員会は朝鮮戦没者の名を慰霊碑に記すのを意図的に避けたが、それは、記名すれば彼らを「犠牲者」とする印象を残すことになるからだった。また当初から委員会は、アメリカ国旗と写実的な像が慰霊碑の中心的要素になることを望んでいた。*58

その一方で、この記念碑は一連の論争にさらされ、完成が数年遅れるまでになった。まず、慰霊碑デザインのコンペで優勝したペンシルヴェニア州立大学の建築家チームが、その後デザイン変更を求められて建設計画を指揮できなくなり、損害賠償を請求した。ABMCは慰霊碑のデザインについて何度も変更を指示し、それを実行するためワシントンDCの建築家チーム、クーパー・レッキーを雇った。美術委員会と首都計画委員会はともに、モール地区とウェストポトマック公園に残る未利用のオープンスペースへの影響を抑えるため、クーパー・レッキーに慰霊碑の寸法を縮小させた。そのうえ、美術委員会は三八体の兵士像を一六体に減らし、それらの人物像をより理想化された形で造るよう命じたのである。*59

朝鮮戦争慰霊碑をめぐる論争のなかで、美術委員会の委員長で国立美術館の理事だったJ・カーター・ブラウンは、ワシントンDCが「記念碑症」に冒されるかもしれないと懸念を表し、ほかにも数かずの記念碑が提案されていることに注意を促した。ブラウンの心配は一九八六年の議会でも共有され、記念作品法[※12]が可決されて厳格な審査を受けることが義務化され、任意団体が首都にモニュメントを置くのは難しくなった[*60]。

多元主義が行き過ぎるあまり、分裂と些末化の方向へ進むことはありうるだろうか。たとえば、記憶されるべき多くの大義を主張するのは間違っていないが、アメリカ社会のあらゆるエスニック集団が自分自身の軍務を記念するモニュメントを首都にもつべきだろうか。軍用犬のために提案されたモニュメントは、ベトナム戦争戦没者記念碑やホロコースト記念資料館と同じ象徴的な空間に置かれるべきだろうか[*61]。

朝鮮戦争慰霊碑の原案をデザインした建築家たちは、ABMCや他の部局が戦争を美化するためにデザインを変更したと非難した。たしかに最終的に承認を受けた朝鮮戦争慰霊碑は、ベトナム戦争戦没者慰霊碑を代表とするアンチ・モニュメント[※13]の系譜に対する反撃を表象していた。それでも、凄まじい犠牲と戦争の非人道性を描くうえで、アンチ・モニュメントがどれほど効果的であったのか問われなければならない。どれほど賞賛を受けたものであっても、モニュメントは戦争の真の性質を伝えると期待できるだろうか。ベトナム慰霊碑の成功によって、多くの地域や州はこの記念碑を模倣するようになった。しかしそうすることで、「中央政府が定めた立派なシンボルを尊重するあまり、地方からの声をかき消すことになる」とも、ある美術史家は指摘する[*62]。

アンチ・モニュメントという考えが一九八〇年代に広く受容されたとしても、平和運動の役割についてアメリカ人の思いは相変わらず複雑だった。一九七〇年の反戦運動に参加していた四人の学生が州軍によって殺害された現場に、ケント州立大学が一九七七年に体育館を建設するのを、かつての平和運動活動家は止められなかった。オハイオ歴史地区保存顧問委員会もカーター政権も、体育館建設を阻止するためにケント州立大学のキャンパスを州あるいは国の歴史地区の一部であると宣言することは拒んだのである。[*63]

一九八〇年代にケント州立大学が記念碑を建てようと試みたが、それに対する反応は、多くの場合、反発か無関心だった。アメリカ在郷軍人会のオハイオ州支部は、ケント州立大学の試みを「テロリズム」の称賛だと非難し、州軍の行動を擁護した。大学は計画された一三〇万ドルの記念碑を建てるのに必要な資金を集めることができず、計画の規模を縮小して、ずっと控えめな二〇万ドルの記念碑というところで決着をつけた。州軍に殺害された、また傷つけられた学生の親や、州軍の行動によって負傷した者たちのなかには、四つの丸石板《パイロン》を擁するモダニズムのデザインに反対するものがおり、殺害の二〇周年記念に捧げられるモニュメントを「大仰な歩道」にすぎないと断じる者もいた。彼らはとくに、記念碑が殺害された者たちの名前を載せていないことを嘆いた。[*64]

このようなパターンはベトナム戦争に限ったことではない。アメリカ人は一般兵士が強いられる多大な代価や犠牲に目を向けようとするが、平和の調停者に注意を払うことは少ない。ベトナム戦争のアンチ・モニュメントも、ケント州立大学の犠牲者の記憶も、湾岸戦争へのアメリカ参戦を止めることはできなかった。ベトナム戦争は、とくにそれに対する平和運動の記憶という形で、以下のようにペルシャ湾岸戦争の遂行と記

※12　首都におけるモニュメントの主題、立地、デザインに関する方針を定める法律。一九八六年制定。
※13　序文の訳注1を参照（三頁）。

念に大きな影を落とすのである。一九九〇年秋、合衆国が戦争に入ろうとする頃、クウェートを解放するための対イラク戦争に反対する活発な平和運動が起こった。一九九一年一月には議会でも論争が起こり、多くの議員が大統領に戦争遂行の権限を委ねることに反対した。アメリカ参戦の必要性を説くジョージ・ブッシュ大統領のレトリックで目立ったのは、第二次世界大戦とベトナム戦争だった。戦争の直前では、ブッシュはサダム・フセインをアドルフ・ヒトラーになぞらえ、不当な侵略に抵抗する必要性を強調した。アメリカ軍が攻撃を開始すると、ブッシュは明らかにベトナム戦争時のことを念頭に置いて、軍の指導部が片腕を背後に縛られたまま戦う必要はないと言い続けた。[*65]

湾岸戦争は早期に終わり、合衆国は比較的少ない犠牲を払っただけですんだ。さらに、ほとんどの兵士は部隊とともに移動し帰還してきた。戦争の始まりと終わりがこのように明瞭だったことで、盛大な戦勝パレードをおこなう試みが促され、容易におこなえるようになったのである。[*66]ペルシャ湾岸から帰った英雄たちのための「帰国」パレードには、ベトナムの大きな影が落とされていた。ニューヨーク市とワシントンDCの二大パレードには、ベトナム戦争やその他の戦争の退役兵も加わった。多くのジャーナリストやコメンテーターが感じたように、ペルシャ湾岸から帰還した退役兵のための戦勝パレードは、インドシナから戻った兵士を「放置」したことに対する罪滅ぼしだったのだ。[*67]

湾岸戦争は恒久的なメモリアル建設への関心をすぐさま引き起こすことはできなかった。その一因は、アメリカ参戦の壮大な規模にもかかわらず、失われたアメリカ人の命は少数だった事実にある。イラクに対する決定的な軍事的勝利は、当初アメリカ人が抱いた不安を和らげた。サダム・フセインは権力の座についたままだったが、戦争によってガソリン価格が低下し、中東は相対的に安定したのである。

ベトナム戦争の記念の仕方との決定的な断絶を生みながら、ペルシャ湾岸での紛争は英雄的な将軍の再来を告げるものとなった。コリン・パウエル※14とノーマン・シュワルツコフ※15はともに、第二次世界大戦後のアイゼンハワーやマッカーサーと同様の賛美を受けた。一九九一年に彼らは戦勝パレードの先頭に立ち、勲章を授けられ、彼ら自身のための記念夕食会に出席し、大統領候補指名の可能性も噂された。彼らはアメリカ軍指導層に名誉挽回の機会を与えたのである。二人の将軍は湾岸戦争で名声を得たのだが、彼らはともに若手将校としてベトナム戦争にも参戦していた。*68

ベトナム戦争戦没者慰霊碑の正面でおこなわれた一九九一年の戦没将兵追悼記念日の演説でパウエルは、インドシナの戦争の退役兵は立派に戦ったと述べたが、彼はその戦争を明らかに湾岸戦争と結びつけていた。パウエルの演説と凱旋パレードから、多くの国家指導者、とくにブッシュ政権とアメリカ軍部の者たちが、アメリカの直近の戦争を、ベトナム戦争とそこで戦った退役兵のイメージを修復するために利用したことがうかがえる。

ペルシャ湾岸の紛争のメモリアルが建てられるとすれば、それはパウエルを記念するものとなりそうだ。

※14　一九三七年-。ジャマイカ移民の家庭に生まれ、湾岸戦争を含む一九八九-九三年に統合参謀本部議長を務め、後にジョージ・W・ブッシュ政権では国務長官の職に就いた。

※15　一九三四年-。湾岸戦争でアメリカ中央軍司令官として「砂漠の嵐」作戦を指揮。四日間の地上戦でイラクに勝利した。

従来よりもさらに多元的に定義された自己のアイデンティティをアメリカが受け入れたという現実を、パウエルという人物が象徴しているからである。統合参謀本部議長を務めた最初のアフリカ系として、パウエルはおそらく戦争指導者というより、人種平等のための闘いの草分けとして記憶されるだろう。それと同時にパウエル賛美は、アメリカ軍、とくに陸軍のなかにアフリカ系アメリカ人が、人口比から想定される数よりもずっと多くいることを認識することにもなる。*69

冷戦の終結は世界情勢におけるアメリカの関与を弱めはしなかった。ある意味では、引き続き対外干渉をする合衆国の意志が湾岸戦争で示され、アメリカの外交政策の根本的な変化は見られない。しかしもし合衆国が内向きになるとすれば、この戦争は落ちゆく世界大国の「最後の雄叫び」として記憶されることだろう。その華々しい戦果と明白な勝利をあげた戦争の記憶には、ベトナム戦争の記憶にみられる喪失感や追悼の意はないものの、それでも、一抹の哀愁は拭い去れないだろう。

近代国民国家は、国家的儀式や記念碑、なかでもとくに戦争を記念する儀式や記念碑なしで存立しうるだろうか。誕生まもない共和国アメリカにおいては、独立革命を記念する式典の数かずは、共和国の原則をこの若い国家に根付かせるために必要不可欠のシンボルだと、多くの国民が考えた。他方で、共和国社会においては、ヨーロッパの君主政体を連想させるような記念碑の建設や式典は避けるべきだと主張する者もいた。また同時に、独立革命の記憶を、たとえばシンシナティ協会のような、特権をもち貴族的な少数のエリートたちの領域に委ねてしまおうとする、かつての将校たちの動きに対して、強い反発があった。政党でいえば、フェデラリスト党もリパブリカン党も、自分たちが独立革命の記憶の主たる継承者だと考え、両者ともその点に関して互いの主張を譲らなかった。その結果、多くのコミュニティにおいて、独立記念式典は対立する集団ごとに分裂して催されたのである。

一八一二年戦争の勃発、フェデラリスト党の消滅、さらには革命世代の高齢化と死去。これらが、アメリカの戦争の記憶様式に大きなインパクトを与えた。一八二〇年代初め、ないしは三〇年代よりも後の時代になると、独立革命の記念行事が共和国誕生直後に見られたような党派的熱狂をかきたてることは、もはやなくなった。国政の指導者も地方の指導者も、独立に向けた闘争を壮大な叙事詩や神話として描かれる時代のこととみなし、その時代に活躍した英雄たちは、とくにワシントンの例に見られるように、実際の姿以上に大きなものとなった。そして記念碑は、この時期に多くのコミュニティでますます支持を得るようになった。

しかし、その独立革命後の時代、連邦政府が国立の記念碑を造ったことはほとんどない。政府は議会議事堂に設置する銅像や絵画を特例的に購入したことはあったが、ジョージ・ワシントンにふさわしい殿堂の建設は民間団体に委ねられた。また地方のさまざまなレベルのコミュニティあるいは団体が独立革命やその後の戦争を記念しようとした場合でも、わずかな例外を除いて、政府がそうした試みに手を貸すことはほとんどなかったのである。政府が重い腰を上げてアメリカ＝メキシコ戦争で亡くなった兵士のための国立墓地をつくったことがあったが、それも、彼らが埋葬されていた場所が市のゴミ捨て場になった後にようやく造られたのだ。戦争を記念する連邦政府の役割がこのように限られたものであったため、個々のコミュニティや州、民間団体などが、戦争の国民的記憶を作り上げるのに重要な役割をはたすことになった。そのような傾向のなかで、しばしば女性の組織が、もともと男性の組織によって建設が始められて未完成のままになっている記念碑を完成させるべく、必要な資金をもって事業の救済に当たたった。一九世紀を通じて、とくに南北戦争後、記念碑を造る際のパトロンとしての女性の役割は拡大する一方だった。また種々の民族集団は、とくに都市中心部において、ネイティヴィスト的心情に対抗して多様な人種・民族からなる国民というビジョンを提示するため、独立記念式典を利用し始めた。奴隷制廃止論者やアフリカ系アメリカ人は、独立記念日の演説で、アメリカ人に対し、独立宣言に記された平等の理念を実現するよう訴えた。

南北戦争の間、リンカン政権は記念碑や儀式が戦争遂行に重要な役割をはたすと考えており、戦死した北部軍の兵士のために一連の大規模な国立墓地を造った。それには兵士の近親者への慰めという意味もあったが、リンカンはその有名なゲティズバーグ演説で、「神聖な死」が連邦維持のための戦いを鼓舞することを明らかにしている。この国立墓地の建設が示しているのは、過去の戦争を記念する際に連邦政府が担う役割が拡大し始めたことである。南北戦争の後、連邦政府はワシントンDCに建設される一連の記念碑に建設資金を提供することになったが、それは北軍将校のものだけでなくアメリカ独立戦争の将校らのものも含んでいた。けっきょく議会は、南北戦争や独立戦争の多くの戦場跡を取得するために資金を投じ、そこで繰り広げられた英雄的戦闘の記憶化を促そうとしたのである。また議会は、コロンビア特別区（首都）を対象に、そして後にはすべての連邦政府職員を対象として、戦争を記念する休日を設けるための法律をはじめて制定した。

南北戦争が終わった後も、連邦政府はナショナリズムを奨励し続ける。それは、セクション、民族、ジェンダー、階級で分かたれた集団間の統合を表すナショナリズムであった。そして政府は、たとえば国立墓地や戦場跡に南軍の兵士や部隊を記念するモニュメントの設置を許可するなどした。その結果、特定のエスニック集団からなる多くの部隊の退役兵士たちも、彼らの部隊の記念碑を、とくにゲティズバーグに造ることになった。一八八〇〜九〇年代には、北部のビジネス関係者が、南部における利益の拡大を狙って南北の和解を支援した。他方、南部の商業エリートや専門職に従事する人びとが望んでいたのは、北部資本が流入することだけでなく、人種関係に関する地域自治の承認、そして南部の「失われた大義」が、国のあり方を問う正当な戦いであったことの承認であった。そして時の経過とともに、北軍の退役兵士は、充実した年金が支給されるようになって以降とくに顕著になるのだが、敵であった南軍兵士の戦争中の軍務にも敬意を示すような南北戦争観を進んで受け入れる意思があることを示したのだ。

南北の和解を促すため、連邦政府や退役軍人組織、公的・私的な記念碑委員会などは、南北戦争が、連邦の維持を主目的とする戦いであったとする見方を選択したが、このことはアフリカ系アメリカ人が自身の解放のためにはたした役割をあいまいなものにしてしまった。南北間の和解を目指すこのような試みに、アフリカ系アメリカ人の指導者、とくにフレデリック・ダグラスは、南北戦争が何よりもまず自由のための戦いであったことを国民に思い出させることで対抗したのだった。

一九世紀の最後の二、三〇年間、芸術家や彫刻家は、戦争の記念に関し、自分たちが持つ専門家としての役割を行使する機会をより声高に求めるようになる。芸術家とその協力者たちはパブリックアート委員会を設立し、民族集団の貢献を称える記念碑や退役兵士の記念碑が、よきパブリックアートと社会で見なされているものに合致するよう奨励し、また時としてそれを強いた。たとえば一九一〇年代・二〇年代に米国美術委員会は、ワシントンDCに建てられたほとんどの記念碑を、古典に触発された古典的装飾様式運動のスタイルに適合させることに成功している。また一部の主要都市――とくにニューヨーク――では、パブリックアート委員会が記念碑芸術を形作るうえで重要な力をもつにいたった。それにもかかわらず、専門職業人としての芸術家のコミュニティは、つねづね、とくに南北戦争と第一次世界大戦の後、モニュメント類が商業ベースで大量生産されるのを押し止めることができない自身の無能力さに当惑してもいた。

第一次世界大戦を記念する碑や像の建設をめぐって一九二〇年代に凄まじい論争が沸き起こった。これを無視することはできないが、それらの碑や像はけっきょく大半の国民に受け入れられた。それは、碑や像の提示するものが曖昧であったからである。国政の指導者たちは、海外に造る墓地や記念碑、あるいは無名戦士の墓、休戦記念日式典などを考案し、これらを利用することでアメリカがヨーロッパで経験した最初の戦争を、すべての地域、すべての階級、すべての民族集団に属するアメリカ人が共通の目標のもとに団結した瞬間として神話化しようと考えた。同時に、それら記念碑や式典は平和を強調するメッセージを提示し、アメリカ国民に、この戦争は「すべての戦争を終わらせる戦争」であったと請け合ったのである。

戦争を逸脱行為とするのはアメリカ人の支配的見解である。それゆえに多くの人びとが、戦争を日常生活の一部として避けられないものと考えることに抵抗を感じてきた。そのなかで記念碑や式典が存在し続けるには、戦争で経験した甚大な人命の損失を必ず考慮に入れ、また平和への誓いも必ず示さなければならない。冷戦期には記念碑の建設が減ったが、そのことは多くの点で冷戦という対立構造のやっかいな本質を示していた。すなわち、それまでの戦争と違って冷戦下では、つぎつぎに登場する政権のどれも、早期の勝利や「平常」への復帰を約束することができなかったのである。

ベトナム戦争を記念する数かずの試みを見ると、アメリカ社会で儀式や記念碑のはたす役割がとても重要であるということが分かってくる。まず、連邦政府は儀式や記念碑の建設を怠り、ベトナム戦争を戦った人びとを疎外することにさまざまな意味で手を貸してしまった。さらに、そのような政府の姿勢が背景となって権威の空白という状況が生まれ、非エリート集団がベトナム戦争の記憶を形作る力を高めることになった。二つの大戦にかかわる主要な国立記念碑の多くはアメリカ戦闘記念碑委員会によって建設されたが、ベトナム戦争に関していえば、ベトナム戦争戦没者慰霊碑を建てたのは民間の組織だった。そして疎外されていたベトナム戦争退役兵士たちは、遅ればせながらも、けっきょくは自分たちでパレードを実現した。なお、ベトナム戦争はほかのどの戦争よりも、とくにテレビや映画によってもたらされる視覚的イメージによってその記憶が形作られた戦争である。

連邦政府は近年、朝鮮戦争を記念しようとする動きのなかで主導権を握ろうとしてきた。議会は一九八六年に、アメリカにとっての「忘れられた」戦争のなかの最新のもの、すなわち朝鮮戦争を、ワシントンDCに碑を建てて記念する決定を下した。議会は、記念碑建設のための資金について、民間から寄付を募ることが望ましいとした一方、記念碑のデザインや建設を監督する責任はアメリカ戦争記念碑委員会に委ねた。朝鮮戦争メモリアルは、ベトナム戦争のそれとは、アメリカ国旗を強調している点、そして戦死者を犠牲者とみなすことを意識的に避けているという点で異なっている。それにもかかわらず、朝鮮戦争メモリアルは、多元主義を強調するナショナリズムの提示という点において、ベトナム戦争期の記念碑が作り出した新たな伝統に沿っているのだ。

戦争の記憶に関するアメリカの伝統は順応性の高さを維持しており、絶え間ない変化に敏感に反応する。独立戦争や南北戦争といったいくつかの戦争の記憶は国民意識のなかに生き続けているが、その他の戦争、たとえば米西戦争や第一次世界大戦などの記憶は薄れてしまった。多くの点で、この柔軟性が米ソ冷戦の終結に貢献したと考えることもできる。冷戦がもたらした敵意や怒り、苛立ち、そして冷戦が生んだ限定的な戦争――朝鮮戦争やベトナム戦争――は、ベトナム世代から次の世代へと世代交代が進むとともに、アメリカ人の想像力のなかで薄れていくかもしれない。

アメリカ社会が過去の戦争を記憶するその方法を、ほかの社会のそれと比べたとき、アメリカの戦争記憶様式には独特なものがあることがわかる。二〇世紀においてさえ、戦争の公的記憶を形作るときに連邦政府がはたす役割についてはいくつかの制約が課されていた。対照的に、多くのヨーロッパ諸国においては、戦争の記憶を形成する過程において、中央政府がアメリカに比べずっと積極的な役割を担っている。フランスでは、地方の市や町が第一次世界大戦後に戦争記念碑を造ることを希望したとき、まず最初に、予定している記念碑の案に政府の承諾を取り付けねばならなかった。イギリスに関していえば、政府はすべての戦死者を、近親者の希望にかかわらず、国立墓地へ埋葬するよう命じた。また、アメリカは退役兵士に手厚い給付金を与えることを厭わなかったが、イギリス政府が元兵士に与えた給付はわずかなものであった。実際第一次世界大戦の間、イギリスの国会議員は、戦場から帰ってきた兵士がアメリカの南北戦争退役兵士にならい、手当の給付を国会に働きかける組織を結成するのではないかと恐れていたのである。*1

ジョージ・モッセによると、第一次世界大戦を記念するドイツの取り組みでは国のあり方に関するビジョンが示されたが、そこでは個人のアイデンティティは捨象され、もっぱら国家に結び付けられていた。この大戦の後、イギリス、アメリカ両政府は墓地の建設にあたって墓石のデザインや配置を均一なものにすることを重視したが、両国はまた、個々人の墓をそれぞれ別個の墓石で示すことの重要性も強調したのであった。対照的に、ドイツにおいて造られた多くの墓地では、個々の墓標を意図的に排除し、その代わりとして、戦死者の名前を列挙した、そして物質を感じさせる、集合的記念碑——壁や一連の大きな十字架——が配置された。このような、個人のアイデンティティを消し去ろうとする努力がもっとも明確な形で反映されているのが、「死者の城塞 Totenburg」（または死者の都市）を含む何カ所かのドイツの戦争墓地だ。「死者の城塞」は中世の城をモデルにした石造建築で、キリスト教的象徴主義をほとんど排除している。建物の内部は、死者が収められている巨大な地下聖堂の上に、祭壇――通常大きな石――が建つというものだ。内壁に戦死者の名前が列挙されていることを除けば、そこに国家のイメージを妨げるものはなにもない――個人にはそのアイデンティティを放棄する必要を説き、国民には外部の脅威に対して警戒を続ける必要があることを強調する国家のイメージである。

さらに、アメリカやヨーロッパにある第一次世界大戦の記念碑でも、近代戦の恐怖をあいまいにするような像がしばしば使われてはいるが、「戦場崇拝」をもちだして戦争を積極的な意味のある善いものとして描くという点において、どの国もドイツには敵《かな》わなかった。たとえば、戦争による苦難や被害をほのめかすような像はそれだけで議論を呼び起こし、ナチスが権力を握ると取り除かれた。イギリス政府は花、とくにケシの花を墓地に植えることを好んだが、ドイツの場合、花を植えることは、墓地管理の費用を最小限にしなければならないという理由から、また国のために死ぬことの英雄的、悲劇的特質から国民の目をそらせてはならないとの理由から、禁止された。アメリカ、イギリス、そしてフランスにさえ、特定の敵を想起させたり、復讐の必要性を強調したりするような記念碑はほとんどない。しかし、ドイツの記念碑にはこれらを主題としたものが多く見られる。アメリカでは数え切れないほどの「活用《リビング》できるメモリアル」が両大戦間期に建てられたが、ドイツでは、そのような発想はほとんど考慮されず、活用できるメモリアルが提案された例も完成した例もほんの僅かであった。ワイマール共和国の時代でさえ、第一次世界大戦を記憶するドイツの試みのなかで、戦争は明白に善と考えられただけでなく、奨励さえされた。ジョージ・モッセは、ドイツの戦争記憶様式に関する分析のなかで、儀式や伝統の重要性を指摘している。彼の見解によれば、ドイツが第一次世界大戦を記念したその方法こそが、第二次世界大戦への道を開くのを後押ししたのである。*2

戦争記念碑はすべて、犠牲や損失に焦点を合わせるべきだろうか。そうすることで、記念碑は将来の戦争を抑止する手助けとなるのだろうか。一九四五年以来、日本は第二次世界大戦が市民にもたらした甚大な苦痛を記憶し記念してきた。そして、この戦争をめぐる国民的記憶の中心を占めているのが、日本に対する核兵器の使用という出来事である。一九四九年、日本の国会は広島に平和公園を作ることを決めた。一九五〇年代から六〇年代にかけて一連のモニュメントが園内に造られ、原爆投下がもたらした犠牲者を追悼し破壊を記念した。広島へ原爆が投下された日には、毎年日本じゅうで厳粛な儀式がとりおこなわれ、この悲劇的な出来事を確認するのである。[*3]

戦後の日本において広島は、なぜ二度と戦争を繰り返してはいけないのかを説明する際の強力なシンボルとなった。第二次世界大戦が歴史上まれに見る損害をもたらしたという記憶が、日本の軍事政策や外交政策に影響を与え続けてきた。戦後に起草された新憲法は、日本の武力の海外展開に厳しい制限を課し、国家の政策を実現する手段として武力を行使することを放棄している。実際、日本は一九七〇年代から八〇年代にかけて主要な経済大国として台頭したが、それに対応する軍事体制の構築は拒否した。また湾岸戦争の間、日本は資金の拠出はおこなったが、戦争が終わるまで、ほんの象徴程度でさえ紛争地域に自衛隊という武力を派遣することは見送った。

それにもかかわらず、損失や被害に焦点を合わせることで、日本の第二次世界大戦の記憶は限られたものになっている。日本人は自分たちを戦争の犠牲者と考えることで罪の意識を免れている。一九三〇年代、対外拡張主義者の政策は国民からの強い支持を得ていたにもかかわらず、戦後の日本政府は、戦争犯罪人とされた人たちが形作っていた小さな集団の芳しくない構想に、対外拡張政策の責任を負わせた。ほかのアジア諸政府からの国際的圧力にもかかわらず、日本は中国その他の国々に与えた損害を完全に認めることを拒んだ。多くの韓国人・朝鮮人労働者が広島の原爆で亡くなったにもかかわらず、公的な記念碑は彼ら、彼女らを無視した。パールハーバー奇襲攻撃の五〇周年記念の際に、日本の政府当局者および国民は、アメリカ人の想像力のなかでこんな出来事がまだこれほどまでに大きな存在であったのかと、驚きや困惑、さらには怒りの感情さえも露わにしたのだった。*4

歴史家のなかには、日本の第二次世界大戦の記念方法が、戦争の記憶の風化を後押しするのではないかと懸念してきたものもいる。はたして日本の新しい世代は、この戦争で犠牲となった日本人の運命や巡り合わせを強調するような記憶を自分たちのものとして受け入れることができるだろうか。第二次世界大戦のすべての犠牲者がこの世からいなくなったとき何が起きるのだろうか。地球の反対側では、ホロコーストの記憶を保存しようとしてきた人びとを、やはり記憶の問題が悩ませている。インタビューのなかで、ホロコーストからの生存者が、自分たちの経験が将来の世代に忘れ去られるのではないかという恐れに苛まれていると吐露しているのだ。この恐れは故なきことではない。というのも、ナチのシンパや白人至上主義者などの過激なグループがホロコーストの事実を否定しているからだ。

第二次世界大戦後、多くの国がホロコーストの記念施設を建設した。東欧の旧共産主義国やソ連では、ホロコーストの記念施設はナチスドイツの全犠牲者を追悼する傾向があった。その場合、記念碑や博物館は、死の収容所の主要な犠牲者がユダヤ人であったという事実をしばしば無視していた。東ドイツにある捕虜収容所博物館では、ヒトラーに対する共産主義勢力の抵抗、そして彼らの行く末が強調された。ポーランドでは、一九四八年に建てられた記念碑が、一九四四年にワルシャワのゲットーで起きた蜂起を記念するものであった。ポーランドの共産主義政府は、ナチ時代の最も悪名高い死の収容所、とくにアウシュビッツを保存・維持したが、ポーランド人はホロコーストを、単にユダヤ人だけに向けられたものでなく、ポーランド人をも殲滅しようとしたナチスの大きな目論見の一環と見ていた。ホロコーストはポーランドにあったユダヤ人コミュニティを実質的にすべて根絶したのだが、にもかかわらず、戦後のポーランドでは反ユダヤ主義が相変わらず蔓延していた。*5

一方、西ドイツにとってホロコーストは、もっとあいまいな意味をもっていた。東ドイツとは対照的に、西ドイツ、すなわちドイツ連邦共和国は、第三帝国がおこなった行為の責任を引き受け、死の収容所の生存者に補償金を支払った。西ドイツ政府は、ダッハウやベルゲン-ベルゼンの強制収容所を史跡とし、ホロコーストをくわしく語る各種博物館を建設した。両強制収容所の飾り気のない現代的な記念碑が、ナチスの手によって殺された人びとを追悼している。またベルゲン-ベルゼンでは、一連の小さな銘板が設けられ、何千もの墓の場所を示している。*6

一九八〇年代の初めの西ドイツでは、国民的記憶にホロコーストがどのように位置づけられるかをめぐって社会が分裂し、対立が続いていた。そうしたなかで、ヘルムート・コール首相とロナルド・レーガン大統領が、戦後四〇周年を記念してビットブルク軍人墓地でリースを捧げる決断を下した。この決定が、ドイツの第二次世界大戦参戦をいかに記憶すべきかをめぐる議論を、西ドイツとアメリカ両国において促すことになった。多くのドイツ人は、実質的にドイツの国民全体が、第三帝国軍の兵士をも含めて、ナチスの圧制の犠牲者として記憶されるべきだと主張した。その一方でまた、ビットブルクの戦死者を称えることは、ホロコーストの記憶の質を下げ、あいまいなものにしてしまうという主張もあった。

イスラエルの人びとにとってホロコーストの記憶は、イスラエルという国の存在を説明する際にその核心をなす出来事として位置づけられてきた。ヨーロッパやアメリカのホロコースト記念碑や博物館とは対照的に、イスラエルのホロコースト記念施設は、ホロコーストという出来事をより広い、クモの巣状に複雑に絡み合うユダヤ史の枠組みのなかに位置づけた上で記念する。たとえば、ホロコーストの犠牲者を追悼し記憶するための施設「ヤド・ヴァシェム（Yad Vashem）」にあるイスラエルの代表的歴史博物館は、ナチスのおこなった破壊行為を記録するだけでなく、打ち砕かれてちりぢりになりながらも生き残ったヨーロッパのユダヤ人にとって、イスラエルがいかにして避難と再生の場となったかをも跡付けている。一九五九年にイスラエルはホロコースト記念日と定められた日の最初の追悼式典をおこなった。それは、全体的な流れとしては非宗教性が貫かれ、ホロコーストの犠牲者だけでなく、それに抵抗した人びとが示した勇敢さを記憶することの重要性も強調するものとしていまも続く。[*7]

ホロコーストを生き延びた最後の人が亡くなれば、その後、ホロコーストの記憶はどうなるのだろうか。ホロコーストからまだそれほど時間が経っていなかった頃でさえ、この恐るべき出来事を記念するために多様な国ぐにが多様な記念施設やモニュメントを作った。そのなかで、東欧の旧共産主義国の記念施設の場合は、ナチスの圧制のすべての犠牲者に焦点を当てた。しかしイスラエルやアメリカでは、ホロコーストはユダヤ人の歴史における中心的出来事として記憶されてきた。アメリカの場合、ホロコーストの記憶は、アメリカ国民のアイデンティティのなかにユダヤ人を組み込むことを肯定する働きをし、また第二次世界大戦の「公正さ」を際立たせる役割を演じたのである。

テレビの登場によって、儀式や伝統の重要性は薄れてきただろうか。一九四五年以降、アメリカや世界の多くの地域でマスメディアが隆盛になったことが、儀式や伝統の役割を低下させたという主張は可能である。テレビはほぼ瞬時に強力なイメージや象徴を全国に送り届けることができる。ときには、映画とともに、破壊的性質をもつこともある。ベトナム戦争のときには、それがしばしば公式の儀式やシンボルに疑問を投げかける働きをした。当時のアメリカのメディアが反戦の方向に偏りすぎていたことについては、あまりにも誇張されてきたが、しかしたしかに、検閲のないテレビや出版物がベトナム戦争期に伝えた数かずのイメージは、とくに一九六八年のテト攻勢以後、ベトナム戦争をありのままに描くことも、あるいはまた道徳を振りかざして描くことも難しくし、この戦争のあいまいさや捉えどころのなさを視聴者や読者に暗示することになった。

それでも、マスメディアが隆盛になることで儀式や記念碑が消滅するということにはならなかった。むしろ逆に、マスメディアはそれらを触発し、さらに全国的なものにするという役割を担ったのである。ダグラス・マッカーサー、ドワイト・アイゼンハワー両将軍といった国家的英雄のために葬儀が執りおこなわれた際、テレビのおかげで全国民が、葬儀に参加することはできないまでも、それを見ることはできたのだ。ベトナム戦争の場合でさえ、テレビや映画は、記念碑によってこの戦争を記念する試みを鼓舞し、奨励してきた。ベトナム戦争記念碑の建設を背後から指導したジャン・スクラッグズが記念碑の必要性を感じ、その建設を決意したのは、映画『ディア・ハンター』を見たときだった。またテレビのネットワーク・ニュースのおかげで、この碑が除幕される光景を多数の人びとがただちに目にすることができたし、それが個々人に与えた強いインパクトについても、耳にすることができた。

したがって、儀式や記念碑が、アメリカやその他世界の国ぐにで、予測可能な未来まで残り続けるのは確実なようだ。となると、研究者も、もっと広い範囲の国民も、それらの歴史をいっそうよく理解しておく必要がある。アメリカの、とくに一九四五年以降の流れに即していえば、戦争を記憶するためにデザインされた儀式やシンボルは、民族的・宗教的多元主義という考え方と、実際に多様な人びとを取り込むという行動とを伴った国民のアイデンティティを醸成するうえで、中心的な役割をはたしてきた。儀式や記念碑がこれまでたびたび訴えてきたのは、戦争の回避こそが、アメリカの外交政策を形作る際の主要な指針でなければならないということだ。しかし他国では、とくに一九二〇年代・三〇年代のドイツでは、儀式や象徴が憎しみの種を植え付け、さらなる戦争の誘発に手を貸してきた。つまり、儀式や伝統が近代国民国家の国民生活のなかではたしてきた役割を無視するのは危険なことだと、私たちはしっかり認識する必要がある。

原注

序文

1 "Stop That Monument," *National Review*, 18 September 1981, 1064; and Christopher Hitchens, "Minority Report," *Nation*, 13 November 1982, 486.

2 Michael G. Kammen, *Mystic Chords of Memory: The Transformation of Tradition in American Culture* (New York: Alfred A. Knopf, 1991).

これは、アメリカ社会における記憶と伝統の歴史をほとんど百科事典のごとく、しかも洞察力をもって解説してくれる書物である。ただしこのカーメンの著作は、国民的記憶の形成に際して戦争が主たる役割をはたすことは論じているが、第一次世界大戦の後に生じた決定的な変化、すなわち連邦政府がこの戦争（およびそれ以降の戦争）の公式《オフィシャル》の記憶を育くもうとする動きを強めたことには、ほとんど注意を払っていない。さらにいえば、カーメンは、二〇世紀のアメリカにとってベトナム戦争がもっとも論争を呼ぶ戦争だと主張するが、本書は、両大戦間の時代に第一次世界大戦の記念の仕方をめぐって戦わされた議論と比べれば、インドシナでの戦いの記憶をめぐる不一致などはかすんでしまうことを明らかにする。これらの疑問点は別として、私は、アメリカ独立革命の記憶を論じた下記のカーメンの先駆的な業績に多くを負っている。このことを記しておかねば、私は怠慢のそしりを免れない。

Michael G. Kammen, *A Season of Youth: The American Revolution and the Historical Imagination* (New York: Alfred A. Knopf, 1978).

3　John Bodnar, *Remaking America: Public Memory, Commemoration, and Patriotism in the Twentieth Century* (Princeton, N.J.: Princeton University Press, 1992).〔＝野村達朗ほか訳『鎮魂と祝祭のアメリカ　歴史の記憶と愛国主義』、青木書店、一九九七年〕

このボドナーの著作によれば、国家的なエリートは単純化した公式《オフィシャル》の過去の姿を作り出そうとし、また、さまざまな意味合いを持つ地方の伝統をその枠に押し込めようとした。私は、国民的な記憶を形作る上で産業界、金融界、政界、さらには専門職のエリートが行使した権力を小さく見積もりたいというわけではないが、それでも、中央の公式のものと個々の地方的なものとの間に、それほど明確な差はないことが多いのだと言っておきたい。エリートが主催する、あるいは資金を提供する、戦争を追悼し記憶するための式典、記念日、モニュメント、墓地の多くは、あいまいであるがゆえに、また幅広い市民の間で心の琴線に触れるものがあるからこそ成功する。もっとも、反対派の主張を握りつぶしたり大衆の同意を無視したりするエリートの動きは、これまでにしばしば庶民の無関心を招いたり、また反発を強めたりしてきた。ボドナーの研究には同意できないところもいくつかあるのだが、私は彼の著作、とくにエスニック・グループおよび地域的な記憶のパターンを検証した部分の価値を大いに認めるものである。また彼は、入手した文書資料を、彼の著作の刊行に先だって私にも共有させてくれた。彼のこの好意に心から感謝する。なお、一次大戦期、および両大戦間の時期を、東欧・南欧からの移民のアメリカ化にとって決定的な時期であったと見る歴史家たちがいる。彼らはこのアメリカ化のプロセスの複雑さを強調し、左翼とくに共産党が、労働者階級の一体性を促すために一九二〇年代にアメリカ人としてのアイデンティティを用いたことに留意する。この点については、以下を参照。

James R. Barrett, "Americanization from the Bottom Up: Immigration and the Remaking of the Working Class in the United States, 1880-1930," *Journal of American History* 79 (December 1992): 996-1020; and David Montgomery, "Nationalism, American Patriotism, and Class Consciousness among Immigrant Workers in the United States in the Epoch of World War I," in *"Struggle a Hard Battle": Essay on Working-Class Immigrants*, ed. Dirk Hoerder (De Kalb, Ill.: Northern Illinois

University Press, 1986), 327-51.

4 Edward Tabor Linenthal, *Sacred Ground: Americans and Their Battlefields* (Urbana, Ill.: University of Illinois Press, 1991).
リネンサールのこの著作は、独立戦争の端緒となったレキシントンとコンコードから始まり、アラモ、ゲティズバーグ、リトル・ビッグ・ホーン〔一八七六年に陸軍騎兵隊と先住民インディアンの戦闘があった地〕、そして真珠湾の各戦場でおこなわれた記念活動に関する興味深い資料をふんだんに提供してくれる。にもかかわらず、この著作は、どんな事例研究も避けられない限界をやはり抱えている。つまり、これらの戦場で進められた、メモリアルを作って戦争を記念し戦死者を追悼するというプロセスを理解するためには、広い文脈を提示することが必要なのだが、リネンサールの研究はそれができていないし、また、過去の戦争を記念する際に存在する、戦場以外の記憶の中心については、無視してしまっている。たとえば、真珠湾に対する攻撃を記念する取り組みは、硫黄島における星条旗掲揚を記念しようという努力にすっかり後れを取ったのだが、それがなぜなのか彼は説明していない。あるいは、真珠湾の五〇周年の際には論争と対立という騒動があったのだが、四〇周年の際には論争どころか、それらしきものさえほとんど生まれなかった。それはなぜかという点についても彼は触れていない。リネンサールに対するさらなる批判については次の文献を参照のこと。
David Glassberg, "Patriotism from the Ground Up," *Reviews in American History* 21(1993): 1-7.

5 W. Kendrick Pritchett, *The Greek State at War*, pt. 4 (Berkley and Los Angeles: University of California Press, 1985), 94-259; Graham Webster, *The Roman Imperial Army of the First and Second Centuries A.D.*, 2d ed. (London: Adams and Charles Black, 1979), 271-73; George L. Mosse, *Fallen Soldiers: Reshaping the Memory of the World Wars* (New York: Oxford University Press, 1990)〔＝宮武美知子訳『英霊　創られた世界大戦の記憶』、柏書房、二〇〇二年〕; and *The Nationalization of the Masses: Political Symbolism and Mass Movements in Germany from the Napoleonic Wars through the Third Reich* (New York: Howard Fertig, 1975).
西洋社会において伝承や伝統がはたす役割についての素晴らしい研究としては、次のものがある。

David Lowenthal, *The Past Is a Foreign Country* (Cambridge, England: Cambridge University Press, 1985).

6 アメリカ文化の形成に庶民がどれほど参加し関わっているかという問題の理解に関して、私はローレンス・リヴァインの次の二つの研究にきわめて多くのものを負っている。

Lawrence W. Levine, "The Folklore of Industrial Society: Popular Culture and Its Audiences," *American Historical Review* 97 (December 1992): 1369-99; and *Highbrow/Lowbrow: The Emergence of Cultural Hierarchy in America* (Cambridge, Mass.: Harvard University Press, 1988).

7 儀式の重要性に関する私の定義は、下記のクリフォード・ギアーツの研究の影響を受けている。

Clifford Geertz, *The Interpretation of Cultures* (New York: Basic Books, 1973).〔=吉田禎吾ほか訳『文化の解釈学』一・二巻、岩波書店、一九八七年〕

8 儀式の研究は、最近まで文化人類学者と古物研究者の領域とされていた。近代社会における儀式の役割を考える研究として、次のようなものがある。

Robert Bocock, *Ritual in Industrial Society: A Sociological Analysis of Ritualism in Modern England* (London: Allen and Unwin, 1974); David I. Kertzer, *Ritual, Politics, and Power* (New Haven, Conn.: Yale University Press, 1988); Lowenthal, *Past Is a Foreign Country*; and Wilbur Zelinsky, *Nation into State: The Shifting Symbolic Foundations of American Nationalism* (Chapel Hill, N.C.: University of North Carolina Press, 1988).

歴史のなかで変化を引き起こす要因として儀式の役割に注目した最初の歴史家たち、そしてその研究成果として、次のようなものがある。

George L. Mosse, "National Cemeteries and National Revival: The Cult of Fallen Soldiers in Germany," *Journal of Contemporary History* 14 (1979): 1-20; Eric Hobsbawm and Terence Ranger, eds., *The Invention of Tradition* (New York: Cambridge University Press, 1983); and John R. Gillis, *For Better, For Worse: British Marriages, 1600 to the Present* (New York: Oxford University Press, 1985).

9 たとえば、次の研究を参照のこと。
Edmund Wilson, *Patriotic Gore: Studies in the Literature of the American Civil War* (New York: Oxford University Press, 1962); Daniel Aaron, *The Unwritten War: American Writers and the Civil War* (New York: Alfred A. Knopf, 1973); Paul Fussell, *The Great War and Modern Memory* (New York: Oxford University Press, 1975); and Susan D. Moeller, *Shooting War: Photography and the American Experience of Combat* (New York: Basic Books, 1989).

10 Robert G. Athearn, *The Mythic West in Twentieth Century America* (Lawrence, Kans.: University Press of Kansas, 1986), 160-89; Jules David Prown, Nancy K. Anderson, William Cronon, Brian W. Dippie, Martha A. Sandweiss, Susan Prendergast Schoelwer, and Howard R. Lamar, *Discovered Lands Invented Pasts: Transforming Visions of the American West* (New Haven, Conn.: Yale University Press, 1992); Richard Slotkin, *Regeneration through Violence: The Mythology of the American Frontier, 1600-1860* (Middletown, Conn.: Wesleyan University Press, 1973); and William H. Truettner, ed., *The West as America: Reinterpreting Images of the Frontier, 1820-1920* (Washington, D.C.: Smithsonian Institution Press, 1991).

11 コロンブス・デーに関しては、次の文献を参照。
Claudia L. Bushman, *America Discovers Columbus: How an Italian Explorer Became an American Hero* (Hanover, N.H.: University Press of New England, 1992); Thomas J. Schlereth, "Columbia, Columbus, and Columbianism," *Journal of American History* 79 (December 1992): 937-68.
アメリカ国旗に関しては、次の文献を参照。
Scot M. Guenter, *The American Flag, 1777-1924: Cultural Shifts from Creation to Codification* (Rutherford, N.J.: Fairleigh Dickinson University Press, 1990).

12 John Whiteclay Chambers II, *To Raise an Army: The Draft Comes to Modern America* (New York: Free Press, 1987).

13 それらと対照的に、より最近の研究の多くは、公的なメモリアル制作に関わった彫刻家と資金提供者、その両者が政治と文化にどのような考えをもっていたかトレースするようになっている。そのような研究として、たとえば次を参照。
Michele Bogart, *Public Sculpture and the Civic Ideal in New York City, 1890-1930* (Chicago: University of Chicago Press, 1989); Karal Ann Marling and John Wetenhall, *Iwo Jima: Monuments, Memories, and the American Hero* (Cambridge, Mass.: Harvard University Press, 1991).
また、芸術史研究の最近の動向を概観したものとしては、次のような研究がある。
Wanda M. Corn, "Coming of Age: Historical Scholarship in American Art," *Art Bulletin* 70 (June 1988): 188-207.

第一章　戦争のなかで創り出された国の記憶

1 Charles Warren, "Fourth of July Myths," *William and Mary Quarterly*, 3d ser., 2 (July 1945): 254-59.

2 Fletcher Melvin Green, "Listen to the Eagle Scream: One Hundred Years of the Fourth of July in North Carolina, 1776-1876," in *Democracy in the Old South and Other Essay by Fletcher Melvin Green*, ed. J. Issac Copeland (Nashville: Vanderbilt University Press, 1969), 112-16; Howard H. Martin, "Orations on the Anniversary of American Independence, 1777-1876" (Ph.D. diss., Northwestern University, 1955), 11-24; David G. Hackett, "The Social Origins of Nationalism: Albany, New York 1754-1835," *Journal of Social History* 21 (Summer 1988): 659-81; and Warren, "Fourth of July Myths," 255.

3 Peter Shaw, *American Patriots and the Rituals of Revolution* (Cambridge, Mass.: Harvard University Press, 1981), 14-15.

4 アメリカ独立革命に関する私の見解は、次に挙げる著作の影響を受けている。 Bernard Bailyn, *The Ideological Origins of the American Revolution* (Cambridge, Mass.: Harvard University Press, 1967); Lance G. Banning, *The Jeffersonian Persuasion: Evolution of a Party Ideology* (Ithaca, N.Y.: Cornell University Press, 1978); Linda Kerber, *Women of the Republic: Intellect and Ideology in Revolutionary America* (Chapel Hill, N.C.: University of North Carolina Press,

1980); Gary B. Nash, *Race and Revolution* (Madison, Wisc.: Madison House, 1990); Mary Beth Norton, *Liberty's Daughters: The Revolutionary Experience of American Women, 1750-1800* (Boston: Little, Brown, 1980); Charles Royster, *A Revolutionary People at War: The Continental Army and the American Character, 1775-1783* (Chapel Hill, N.C.: University of North Carolina Press, 1979); Gordon S. Wood, *The Creation of the American Republic* (Chapel Hill, N.C.: University of North Carolina Press, 1969); and Alfred F. Young, *The American Revolution: Explorations in the History of American Radicalism* (De Kalb, Ill.: Northern Illinois University Press, 1976).

5 Richard H. Kohn, *Eagle and Sword: The Federalists and the Creation of Military Establishment in America, 1783-1802* (New York: Free Press, 1975), 1-39; Paul K. Longmore, *The Invention of George Washington* (Berkley and Los Angeles: University of California Press, 1988); and Barry Schwartz, *George Washington: The Making of an American Symbol* (New York: Free Press, 1987).

6 Minor Myers, Jr., *Liberty without Anarchy: A History of the Society of the Cincinnati* (Charlottesville: University Press of Virginia, 1983), 1-69.

7 Warren, "Fourth of July Myths," 259-60.

8 Benjamin Franklin, *Writings* (New York: Library of America, 1987), 1084-89.

9 Myers, *Liberty without Anarchy*, 48-67; William A. Benton, "Pennsylvania Revolutionary Officers and the Federal Constitution," *Pennsylvania History* 31 (October 1964): 419-35; and Carl E. Prince, *The Federalists and the Origins of the U.S. Civil Service* (New York: New York University Press, 1977).

10 David F. Epstein, "The Case for Ratification: Federalist Constitutional Thought," in *The Framing and Ratification of the Constitution*, ed. Leonard W. Levy and Dennis J. Mahoney (New York: Macmillan, 1987), 293-304; and Lawrence Delbert Cress, *Citizens in Arms: The Army and the Militia in American Society to the War of 1812* (Chapel Hill, N.C.: University of North Carolina Press, 1982), 75-109.

11 Cress, *Citizens in Arms*, 75-109.

12 Warren, "Fourth of July Myths," 259.

13 Kenneth R. Bowling and Helen E. Veit, eds., *The Diary of William Maclay and Other Notes on Senate Debates*, vol. 9, *Documentary History of the First Federal Congress of the United States of America* (Baltimore: Johns Hopkins University Press, 1988), 101-2.

14 Thomas P. Slaughter, *The Whiskey Rebellion: Frontier Epilogue to the American Revolution* (New York: Oxford University Press, 1986); *History of Allegheny County, Pennsylvania* (Chicago: A. Warner, 1889), 155-64; and Alfred Creigh, *History of Washington County* (Washington, Penn., 1879), 63-73.

15 Slaughter, *Whiskey Rebellion*, 205-21.

16 Theodore J. Crackel, *Mr. Jefferson's Army: Political and Social Reform of the Military Establishment, 1801-1809* (New York: New York University Press, 1987), 21-33.

17 フェデラリスト党とリパブリカン（ジェファソニアン・リパブリカン）党の政治的、イデオロギー的な相違については、以下の文献を参照。

Joyce Appleby, *Capitalism and a New Social Order: The Republican Vision of the 1790s* (New York: New York University Press, 1984); Jerald A. Combs, *The Jay Treaty: Political Battleground of the Founding Fathers* (Berkley and os Angeles: University of California Press, 1970); Eugene Perry Link, *Democratic Republican Societies, 1790-1800* (New York: Columbia University Press, 1942): and Drew McCoy, *The Elusive Republic: Political Economy in Jeffersonian America* (Chapel Hill, N.C.: University of North Carolina Press, 1980).

なお、アメリカ独立革命の遺産をめぐって生じた対立の激しさに関する私の見解は、ニュージャージー州のニューアーク、およびモリスタウンでこの時期に発行され、いまも保存されている新聞を、大量に読んだことで形成されたという面もある。

18 この時代の外交史および軍事史に関する私の見解は、以下の諸文献を通して形作られている。Alexander DeConde, *The Quasi War: The Politics and Diplomacy of the Undeclared Naval War with France* (New York: Charles Scribner's Sons, 1966); Kohn, *Eagle and Sword*, 174-273; William J. Murphy, Jr., "John Adams: The Politics of the Additional Army, 1798-1800," *New England Quarterly* 52 (June 1979): 234-49; Thomas M. Ray, "'Not One Cent for Tribute': The Public Addresses and American Popular Reaction to the XYZ Affairs, 1798-1799," *Journal of the Early Republic* 3 (Winter 1983): 389-412; and William Stinchcombe, *The XYZ Affairs* (Westport, Conn.: Greenwood Press, 1980).

19 Len Travers, "Hurrah for the Fourth: Patriotism, Politics and Independence Day in Federalist Boston, 1783-1818," *Essex Institute Historical Collections* 125 (April 1989): 129-61; Robert Pettus Hay, "A Jubilee for Freemen: The Fourth of July in Frontier Kentucky, 1788-1816," *Register of the Kentucky Historical Society* 64 (July 1966): 169-93; and Thomas Jefferson to James Madison, 10 May 1798, *The Papers of James Madison*, ed. William T. Hutchinson, Robert A. Rutland, Charles F. Hobson, William M. E. Rachal, and Jeanne K. Sisson (Charlottesville: University Press of Virginia, 1977-), 17: 128-30.

20 *Centinel of Freedom* (Newark, N.J.), 17 April 1798.

21 Warren, "Fourth of July Myths," 261-64; *Centinel of Freedom* (Newark, N.J.), 10 July 1798.

22 *Centinel of Freedom* (Newark, N.J.), 10 July 1798.

23 Susan G. Davis, *Parades and Power: Street Theatre in Nineteenth-Century Philadelphia* (Philadelphia: Temple University Press, 1986; Berkley and Los Angeles: University of California Press, 1988), 58-59.

24 James Madison to Thomas Jefferson, 12 February 1798, in Hutchinson et al, *Papers of James Madison* 17: 80-81.

25 Benjamin Henry Latrobe to Robert Goodloe Harper, post-24 April 1800, *The Correspondence and Miscellaneous Papers of Benjamin Henry Latrobe*, ed. John C. Van Horne (New Haven, Conn.: Yale University Press, 1984), 1: 160-61.

26 U. S. Congress, House, Representative Roger Griswold of Connecticut, Representative John Nicholas of Virginia, Representative Abraham Nott of South Carolina, and Representative Nathaniel Macon of North Carolina, *Annals of*

Congress, 6th Cong., 2d sess., 5 December 1800, vol. 10, 799-803. Kirk Savage, "The Self-made Monument: George Washington and the Fight to Erect a National Memorial," *Winterthur Portfolio* 22 (Winter 1987): 227-28 も参照。

27 U.S. Congress, House, Representative John Randolph of Virginia, *Annals of Congress*, 6th Cong., 2d sess., 23 December 1800, vol. 10, 862-63.
文化に対する連邦政府の支援という問題に関しては、次の文献を参照。
Sidney Hart and David C. Ward, "The Waning of an Enlightenment Ideal: Charles Wilson Peale's Philadelphia Museum, 1790-1820," *Journal of the Early Republic* 8 (Winter 1988): 389-418.

28 *Newark Gazette*, 25 December 1798; John Adams to John Trumbull, 1 January 1817, *The Autobiography of Colonel John Trumbull*, ed. Theodore Sizer (New Haven, Conn.: Yale University Press, 1953), 311-12; and Blanche Linden-Ward, "Putting the Past Under Grass: History as Death and Cemetery Commemoration," *Prospects* 10 (1985): 279-314.

29 Benson J. Lossing, *The Pictorial Field-Book of the Revolution* (New York, 1851), 1: 549; 2: 177, 668.

30 U. S. Department of the Navy, *Naval Documents Related to the United States Wars with the Barbary Powers*, vol. 6, *Naval Operation* (Washington, D. C.: GPO, 1944), 362, 365-66, 384-85, 386, 497, 519, 580.

31 トリポリの記念碑は、一八六〇年に議会議事堂の敷地からメリーランド州アナポリスのアメリカ海軍兵学校に移設された。この点については、次の文献を参照。
James M. Goode, *The Outdoor Sculpture of Washington, D.C.: A Comprehensive Historical Guide* (Washington, D.C.: Smithsonian Institute Press, 1974), 515-17.

32 *Newark Gazette*, 10 July 1804; and Hackett, "Social Origins of Nationalism," 668.

33 Robert A. Rutland, *The Presidency of James Madison* (Lawrence, Kan.: University Press of Kansas, 1990); and J. C. A. Stagg, *Mr. Madison's War: Politics, Diplomacy, and, Warfare in the Early American Republic, 1783-1830* (Princeton, N. J.: Princeton University Press, 1983).

34 Cress, *Citizens in Arms*, 173-77; Charles Royster, "Founding a Nation in Blood: Military Conflict and American Nationality," in *Arms and Independence: The Military Character of the American Revolution*, ed. Ronald Hoffman and Peter J. Albert (Charlottesville: University Press of Virginia, 1984), 40-43; and Steven Watts, *The Republic Reborn: War and the Making of Liberal America, 1790-1820* (Baltimore: Johns Hopkins Press, 1987).

35 John P. Resch, "Politics and Public Culture: The Revolutionary War Pension Act of 1818," *Journal of the Early Republic* 8 (Summer 1988): 139-50.

36 Cress, *Citizens in Arms*, 173-77; Marcus Cunliffe, *Soldiers and Civilians: The Martial Spirit in America, 1775-1865* (Boston: Little, Brown, 1968), 179-212; Robert Reinders, "Militia and Public Order in Nineteenth-Century America," *Journal of American Studies* 11 (1977): 81-101; John F. and Kathleen Smith Kutolowski, "Commissions and Canvasses: The Militia and Politics in Western New York, 1800-1845," *New York History* 63 (January 1982): 5-38; and J. Ritchie Garrison, "Battalion Day: Militia Exercise and Frolic in Pennsylvania Before the Civil War," *Pennsylvania Folklife* 26 (1976): 2-12.

ある一人の年老いた退役兵に与えられた栄誉について、次の文献が説明してくれている。

Alfred F. Young, "George Robert Twelves Hews (1742-1840): A Boston Shoemaker and the Memory of the American Revolution," *William and Mary Quarterly* 38 (October 1981): 619-22.

37 Constance M. Greiff, *Independence: The Creation of a National Park* (Philadelphia: University of Pennsylvania Press, 1987), 35.

38 A. Levasseur, *Lafayette in America in 1824 and 1825*, trans. John D. Dodman (Philadelphia: Carey and Lea, 1829; New York: Research Reprints, 1970), vol. 1; Sylvia Neely, "The Politics of Liberty in the Old World and the New: Lafayette's Return to America in 1824," *Journal of the Early Republic* 6 (Summer 1986): 151-71; and Fred Somkin, *Unquiet Eagle: Memory and Desire in the Idea of American Freedom, 1815-1860* (Ithaca, N. Y.: Cornell University Press, 1967), 131-74.

39 Merrill D. Peterson, *The Jefferson Image in the American Mind* (New York: Oxford University Press, 1962), 3-14.

40 Lossing, *Field-Book of the Revolution* 2: 217.

41 Neil Harris, *The Artist in American Society: The Formative Years, 1790-1860* (New York: George Braziller, 1966), 188-98; Linden-Ward, "Putting the Past Under Grass," 300-307; and George Washington Warren, *The History of the Bunker Hill Monument Association* (Boston: James R. Osgood, 1877), 153-78.

42 J. Jefferson Miller II, "The Designs for the Washington Monument in Baltimore," *Journal of the Society of Architectural Historians* 23 (March 1964): 19-28; Robert L. Alexander, *The Architecture of Maximilian Godefroy* (Baltimore: Johns Hopkins University Press, 1974), 101-12; Ilene D. Lieberman, "Sir Francis Chantrey's Monument to George Washington: Sculpture and Patronage in Post-Revolutionary America," *Art Bulletin* 71 (June 1989): 254-68; and David C. Ward, "Celebration of Self: The Portraiture of Charles Willson Peale and Rembrandt Peale, 1822-27," *American Art* 7 (Winter 1993): 8-27.

43 U. S. Congress, House, Military Affairs Committee, *Monument to the Victims of the Prison-Ships: Report*, 28th Cong., 1844, report no. 176; U. S. Congress, House, Select Committee, *Monument to Captain Nathan Hale: Report* 26th Cong., 1st sess., 1840, report no. 713; and U. S. Congress, House, Select Committee, *Monument at York, in Virginia*, 24th Cong., 1st sess., 1836, report no. 82.

44 Theodor Sizer, ed., *The Autobiography of Colonel John Trumbull* (New Haven, Conn.: Yale University Press, 1953), 313; Lillian B. Miller, *Patrons and Patriotism: The Encouragement of the Fine Arts in the United States, 1790-1860* (Chicago: University of Chicago Press, 1966), 45-47; and U. S. Congress, House, Representative John Randolph of Virginia, *Gales and Seaton's Register*, 20th Cong., 1st sess., 9 January 1828, 4, pt. 1: 942.
また次の文献も参照。
Michael G. Kammen, *A Season of Youth: The American Revolution and the Historical Imagination* (New York: Alfred A. Knopf, 1984), 420-41.

45 Miller, *Patrons and Patriotism*, 133-55; Donald B. Cole and John J. McDonough, eds., *Witness to the Young Republic: A Yankee's Journal, 1828-1870, Benjamin Brown French* (Hanover, N. H.: University Press of New England, 1989), 130, 133; Harris, *Artist in American Society*, 100-101; and Gary Wills, "Washington's Citizen Virtue: Greenough and Houdon," *Critical Inquiry* 10 (March 1984): 420-41.

46 Savage, "Self-made Monument," 233; and Charles Warren, "How Politics Intruded into the Washington Centenary of 1832," *Proceedings of the Massachusetts Historical Society* 65 (December 1932): 37-62.

47 Savage, "Self-made Monument," 233-34; Robert Belmont Freeman, Jr., "Design Proposals for the Washington National Monument," *Records of the Columbia Historical Society* (1973-74): 151-86; and *New York Home Journal*, 17 April 1852, 2, in clipping file of Frederick Voss, National Portrait Gallery, Washington D. C.
ヴォス氏のご厚意により、同氏の切り抜きを使用させてもらうことができた。

48 *New York Home Journal*, 28 October 1848, 2, and 24 April 1852, 2, in clipping file of Frederick Voss.

49 Savage, "Self-made Monument," 235.
アンテベラム期のネイティヴィズムについては、次の文献を参照。
David H. Bennett, *The Party of Fear: From Nativist Movements to the New Right in American History* (Chapel Hill, N. C.: University of North Carolina, 1988), passim.

50 "Appeal of 'The Ladies' Washington National Monument Society'" [1860] and Margaret C. Brown, Tallahasse, Florida, to J. B. H. Smith, Treasure of the Washington National Monument Society, 5 April [1861], box 1, Letters Received from the Ladies' Washington Monument Society, 1859-61, Records of the Washington National Monument Society: Records of the Secretary, RG 42, National Archives.

51 Warren, *Bunker Hill Monument Association*, 285-314; and George Peck, *Wyoming: Its History, Stirring Incidents, and Romantic Adventures* (New York: Harper & Brothers, 1858), 376-87.

52 U. S. Congress, House, Representative Thomas Bayly of Virginia, *Congressional Globe*, 33d Cong., 1st sess., 15 December 1853, 28, pt. 1: 52-54.

53 Wallace Evan Davis, *Patriotism on Parade: The Story of Veterans' and Hereditary Organizations in America, 1783-1900* (Cambridge, Mass.: Harvard University Press, 1955), 25-27.

54 Suzanne Lebsock, *The Free Women of Petersburg: Status and Culture in a Southern Town, 1784-1860* (New York: Norton, 1984), 195-236.

55 Lossing, *Field-Book of the Revolution* 2: 247.
独立革命後の時期にアメリカ文化が女性的なものになっていったことについては、次の文献を参照。
Ann Douglass, *The Feminization of American Culture* (New York: Alfred A. Knopf, 1977; New York: Doubleday, Anchor Press, 1988).

56 Lossing, *Field-Book of the Revolution* 1: 366.

57 Lossing, *Field-Book of the Revolution* 2: 103, 372; and Warren, *Bunker Hill Monument Association*, 195.

58 James Monroe to Albert Gallatin, 10 September 1816, *The Papers of Albert Gallatin*, microfilm, 46 reels (Philadelphia: Historic Publications, 1969), 28: 813.

59 独立記念日の式典にはある種の特徴的なパターンが見られる。そのことをもっとも明確に示しているのは、この記念日に行われる演説を取り上げて書かれたパロディーや風刺文である。この点については、次の文献を参照。
Barnet Baskerville, "19th Century Burlesque of Oratory," *American Quarterly* 20 (Winter 1968): 726-43.
また、独立記念日の式典に対する人種差別的な風刺については、次の文献を参照。
Palladium of Liberty (Morristown N. J.), 3 September 1818.

60 Henry A. Hawken, *Trumpets of Glory: Fourth of July Orations, 1786-1861* (Granby, Conn.: Salmon Brook Historical Society, 1976), 136-59.

61 Davis, *Parades and Power*, passim; and Green, "Fourth of July in North Carolina," 126-27.

62 Philip S. Foner, *We, the Other People* (Urbana, Ill.: University of Illinois Press, 1976), 1-16; Mary Ryan, "The American Parade: Representations of the Nineteenth Century Social Order," in *The New Cultural History*, ed. Lynn Hunt (Berkeley and Los Angeles: University of California Press, 1989), 131-53; and Frederick Voss, "Honoring a Scorned Hero: America's Monument to Thomas Paine," *New York History* 68 (April 1987): 133-150.

63 *New York Herald*, 6 July 1845.
次の文献も参照。
Kathleen Niels Conzen, "Ethnicity as Festive Culture: Nineteenth-Century German America on Parade," in *The Invention of Ethnicity*, ed. Werner Sollors (New York: Oxford University Press, 1989), 45.

64 Hawken, *Trumpets of Glory*, 200-230.

65 Frederick Douglass, "What to the Slave is the Fourth of July?: An Address Delivered in Rochester, New York, On 5 July 1852," in *The Frederick Douglass Papers*, ser. 1, Speeches, Debates and Interviews, ed. John W. Blassingame (New Haven, Conn.: Yale University Press, 1978), 2: 371.

66 Foner, *We, the Other People*, 77-83.

67 John William Ward, *Andrew Jackson: The Symbol for an Age* (New York: Oxford University Press, 1955); and George B. Forgie, *Patricide in the House Divided: A Psychological Interpretation of Lincoln and His Age* (New York: W. W. Norton, 1979), 70-77.

68 Roy P. Basler, ed., *The Collected Works of Abraham Lincoln* (New Brunswick, N. J.: Rutgers University Press, 1953), 1: 226.
党派的対立というものをアメリカ人がなかなか受け入れなかったことについては、次の文献を参照。
Richard Hofstadter, *The Idea of a Party System: The Rise of Legitimate Opposition in the United States, 1780-1840* (Berkeley

and Los Angeles: University of California Press, 1969).

69 Allan Nevins, *Polk: The Diary of a President, 1845-1849* (London: Longmans, Green, 1952), 7-8; and Cole and McDonough, *Witness to the Republic*, 179-180.

70 U. S. Congress, House, Representative Jacob Collamer of Vermont, Representative John G. Palfrey of Massachusetts, Representative Thomas B. King of Georgia, and Representative Robert Schenck of Ohio, *Congressional Globe*, 30th Cong., 1st sess., 5 August 1848, vol. 18, 1045.

また次の文献も参照。

Vivien Green Fryd, "Sculpture as History: Themes of Liberty, Unity and Manifest Destiny in American Sculpture, 1825-1865" (Ph. D. diss., University of Wisconsin-Madison, 1984), 198-210.

71 U. S. Congress, House, Representative John Alexander McClernand of Illinois, *Congressional Globe*, 30th Cong., 1st sess., 5 August 1848, vol. 18, 1045.

72 Rosemary Hopkins, "Clark Mills: The First Native American Sculptor" (Master's thesis, University of Maryland, 1966), 43-98.

73 Frederick Merk, *Manifest Destiny and Mission in American History: A Reinterpretation* (New York: Alfred A. Knopf, 1963).

74 Paul D. Lack, *Texas Revolutionary Experience: A Political and Social History* (College Station, Tex.: Texas A&M University Press, 1992).

75 Worthington Chauncy Ford, "Letters Responding to Sumner's Oration," *Proceedings of the Massachusetts Historical Society* 50 (April 1917): 249-307; Henry Adams, *The Writings of Albert Gallatin* (Philadelphia: J. B. Lippincott, 1879; New York: Antiquarian Press, 1960), 3: 557-91; and John H. Schroeder, *Mr. Polk's War: American Opposition and Dissent, 1846-1848* (Madison, Wisc.: University of Wisconsin Press, 1973).

76 Merk, *Manifest Destiny*, passim.

77 Robert W. Johannsen, *To the Halls of the Montezumas: The Mexican War in the American Imagination* (New York: Oxford University Press, 1980).

78 Davis, *Patriotism on Parade, 20; The Constitution of Aztec Club of 1847 and List of Members: 1893* (Washington, D. C., 1893); Cunliffe, *Soldiers and Civilians*, 70-75; and K. Jack Bauer, *Zachary Taylor: Soldier, Planter, Statesman of the Old Southwest*, Southern Biography Series, ed. William J. Cooper, Jr. (Baton Rouge, La: Louisiana State University Press, 1985).

79 John C. Breckinridge, *An Address on the Occasion of the Burial of the Kentucky Volunteers* (Lexington, Ky., 1847); T. H. Bartlett, "Early Settler Memorial, XI," *American Architect and Building News* 22 (1987): 59-61; and R. P. Letcher to Daniel Webster, Secretary of State, 10 January 1852, file: Mexico City, 1851-1967, box 178, Agreements with Foreign Countries, Other Records Relating to Cemeteries and Memorials, Record of the American Battle Monuments Commission, RG 117, National Archives.
次の文献も参照。
John Porter Bloom, "With the American Army into Mexico, 1846-1848" (Ph. D. diss., Emory University, 1956), 157-62.

80 James W. Oberly, "Gray-Haired Lobbyists: War of 1812 Veterans and the Politics of Bounty Land Grants," *Journal of the Early Republic* 5 (Spring 1985): 35-58.

81 *Proceedings of the National Convention of the Soldiers of the War of 1812* (Philadelphia, 1854), 26.

82 *Proceedings of the Convention of the War of 1812 in the State of New York, Held at Schuylerville, Saratoga County, October 17*, 1856 (Albany, N. Y., 1857), 7-26.

83 アメリカ合衆国では、アメリカ＝メキシコ戦争は、ほとんど忘れ去られた戦争になっているが、メキシコでは事情が異なっている。このことは、同戦争においてアメリカ軍を脱走し、メキシコ側について闘ったセイント・パトリック部隊の歴史が、両国の記憶の中で占めている相対的な位置の違いによって明確に示されている。アメリカでは忘れ去られているものの、メキシコでは、記念のメダルやコイン、記念碑、そして式典を通して、彼らの功績が伝えられてきた。セイント・パトリック部隊の歴史とアメリカ＝メキシコ戦争の記念活動については、次の文献を参照。

Robert Ryal Miller, *Shamrock and Sword: The Saint Patrick's Battalion in the U.S.-Mexican War* (Norman, Okla.: University of Oklahoma Press, 1989).

84 Susan Prendergast Schoelwer, *Alamo Images: Changing Perceptions of a Texas Experience*, DeGolyer Library Publications Series, vol. 3 (Dallas: DeGolyer Library and Southern Methodist University Press, 1985); Edward Tabor Linenthal, *Sacred Ground: Americans and Their Battlefields* (Urbana, Ill.: University of Illinois Press, 1991), 55-86; and Don Graham, "Remembering the Alamo: The Story of the Texas Revolution in Popular Culture," *Southwestern Historical Quarterly* 89 (1985): 35-66.

85 アンテベラム期における奴隷制の政治上の、そして憲法上の問題については、すでに以下の文献によって考察されている。

Don Edward Fehrenbacher, *The Dred Scott Case: Its Significance in American Law and Politics* (New York: Oxford University Press, 1978) and Eric Foner, *Free Soil, Free Labor, Free Men: The Ideology of the Republican Party Before the Civil War* (New York: Oxford University Press, 1970).

86 H. T. Tuckerman, "Holidays," *North American Review* 84 (April 1857): 334-63.

87 Ibid.

88 Basler, *Collected Works of Abraham Lincoln* 4: 271.

第二章　南北戦争の二つの遺産—記憶をめぐる対立と和解

1 "The Soldier's Grave," *New York Times*, 16 September 1861, 4: L. Thomas, Adjutant General, General Order No. 33, 3 April 1862, in U.S. Congress, House, *The War of the Rebellion: A Compilation of the Official Records of the Union and Confederate Armies*, by Fred C. Ainsworth and John W. Kirkley, 56th Cong., 1st sess., 1899, H. Doc. 118 (Washington, D.C.: GPO, 1899), ser.3, vol. 2, 2-3; and War Department, "Annual Report of the Quartermaster-General, 1863," *Annual Reports of the Quartermaster-General from 1861 to 1866* (Washington, D.C.: GPO, 1880), 21, 48-51.
南北戦争を概観したものとしては、次の文献を参照。
James M. McPherson, *Battle Cry of Freedom: The Civil War Era* (New York: Oxford University Press, 1988).

2 David Charles Sloane, *The Last Great Necessity: Cemeteries in American History* (Baltimore: Johns Hopkins University Press, 1991), 113-15; and James J. Farrell, *Inventing the American Way of Death, 1830-1920* (Philadelphia: Temple University Press, 1980), 97-114.

3 Gary Wills, *Lincoln at Gettysburg: The Words that Remade America* (New York: Simon and Schuster, 1992).
エヴェレット演説のテキストについては、同書の二一三-四七頁を参照。また、ゲティズバーグの戦場を死者に献呈することに関しては、次の二点も参照。
John S. Patterson, "A Patriotic Landscape: Gettysburg, 1863-1913," *Prospects* 7 (1982): 315-33; and Frank L. Klement, "Benjamin B. French, the Lincolns, and the Dedication of the Soldiers' Cemetery at Gettysburg," *Historical New Hampshire* 42 (Spring 1987): 36-63.

4 Wills, *Lincoln at Gettysburg*, passim.

5 James F. Russling, "National Cemeteries," *Harper's New Monthly Magazine* 33 (August 1866): 310-22.

6 U.S. War Department, "Annual Report of the Quartermaster-General, 1866," *Annual Reports of the Quartermaster-General*

from 1861 to 1866 (Washington, D.C.: GPO, 1880), 18-19, 220-35.

7 U.S. War Department, *Report of the Quartermaster-General to the Secretary of War, 1868* (Washington, D.C.: GPO, 1868), 14.
モンゴメリー・C・メイグズ補給局長は、各州や個人が国立共同墓地にモニュメントを建てることは許されるべきだと認めたが、これらの墓地に関するあらゆる権限は連邦政府が保持しなければならないと主張した。彼は、墓碑を石の恒久的なものにする費用を各州政府に支払わせようという動きに反対し、次のように述べた。「中央政府がこれらの神聖な遺体の管理を担当することになった。彼ら戦没者は、州ではなく国を守って命を落としたのだから、国家は、適切に思いやりをもって遺体を保護するのに必要な費用を出すべきだ」、と。

8 Quartermaster General Q. L. Meigs to Secretary of War John A. Rawlins, 7 August 1869; William W. Belknap, Secretary of War, to Governor of Virginia, 3 May 1870, copy; William Walker[?], Governor of Virginia, to Secretary of War, 5 May 1870, box 2, entry 569, Letters and Reports Received Relating to Cemeteries, 1865-70, Records of the Quartermaster General, RG 92, National Archives.

9 Michigan Civil War Centennial Observance Commission, *Michigan Civil War Monuments*, by George S. May (Lansing: Michigan Civil War Observance Commission, 1965); and George B. McClellan, *George B. McClellan's Letter of Acceptance Together with His West-Point Oration* (New York: E. P. Patten,1864), 3-4.
マクレランに関する史料については、ラトガーズ大学の学生、ウィリアム・ホフマイスター氏の協力を得た。記して感謝する。

10 Mildred C. Baruch and Ellen J. Beckman, *Civil War Monuments* (Washington, D.C.: Daughters of the Union Veterans of the Civil War, 1861-65, 1978); "Many Costly Monuments," *Boston Evening Transcript*, 14 November 1865, 2; "Dedication of the Soldiers' Monument at Concord," *Boston Evening Transcript*, 19 April 1867; "A Soldiers' Monument in Boston," *Boston Evening Transcript*, 22 July 1867; and Calvin McCoy Henning, "The Outdoor Public Commemorative Monuments of

Syracuse, New York: 1885-1950" (Ph.D. diss., Syracuse University, 1983), 228-33.

11 Peggy McDowell, "Martin Milmore's Soldiers' and Sailors' Monument on the Boston Common: Formulating Conventionalism in Design and Symbolism," *Journal of American Culture* 11 (Spring 1988): 63-85; and *Dedication of the Soldiers' Monument at Worcester, Massachusetts* (Boston: Rockwell and Churchill, 1875).

12 Keith F. Davis, "'A Terrible Distinctness': Photography of the Civil War Era," in *Photography in Nineteenth-Century America*, ed. Martha A. Sandweiss (Fort Worth: Amon Carter Museum; New York: Henry N. Abrams, 1991), 131-79; and Alan Trachtenberg, *Reading American Photographs: Images as History, Mathew Brady to Walker Evans* (New York: Hill and Wang,1989), 71-118.

13 Davis, "A Terrible Distinctness," 131-79.

14 Davis, "A Terrible Distinctness," 131-79; and Trachtenberg, *Reading American Photographs*, 71-118.

15 F. Lauriston Bullard, *Lincoln in Marble and Bronze* (New Brunswick, N.J.: Rutgers University Press, 1952); and J. C. Powers, *Abraham Lincoln: His Life, Public Services, Death and Great Funeral Cortege* (Chicago: H. W. Rokker, 1889), 11-63.

16 William S. McFeeley, *Grant: A Biography* (New York: W. W. Norton, 1983), 380-453, 518-22.

17 Peter Karsten, *Patriot-Heroes in England and America: Political Symbolism and Changing Values Over Three Centuries* (Madison, Wisc.: University of Wisconsin Press, 1978), 98-109.

18 Bullard, *Lincoln in Marble and Bronze*, 332-44; and David W. Blight, *Frederick Douglass' Civil War: Keeping Faith in Jubilee* (Baton Rouge, La.: Louisiana State University Press, 1989), 175-239.

19 Bullard, *Lincoln in Marble and Bronze*, 64-72.

20 "Oration in Memory of Abraham Lincoln, April 14, 1876," in *The Life and Writings of Frederick Douglass*, ed. Phillip S. Foner, 5 vols. (New York: International Publishers, 1950-55, 1971), 4:309-19; Bullard, *Lincoln in Marble and Bronze*, 64-72;

Blight, *Frederick Douglass' Civil War*, 227-28; and Waldo E. Martin, Jr., *The Mind of Frederick Douglass* (Chapel Hill: University of North Carolina Press, 1984), 266-67.

21 Michael E. McGerr, *The Decline of Popular Politics: The American North, 1865-1928* (New York: Oxford, 1986), 24-26.

22 Mary Dearing, *Veterans in Politics: The Story of the G.A.R.* (Baton Rouge, La.: Louisiana State University Press, 1952), 80-122; and Stuart McConnell, *Glorious Contentment: The Grand Army of the Republic, 1865-1900* (Chapel Hiss, N.C.: University of North Carolina Press, 1992), 18-52, 206-7.

23 Dearing, *Veterans in Politics*, 175-90; Gaines M. Foster, *Ghosts of the Confederacy: Defeat, the Lost Cause, and the Emergence of the New South, 1865-1913* (New York: Oxford University Press, 1987), 42; and Frank Moore, *Memorial Ceremonies at the Grave of Our Soldiers: Saturday, May 30, 1868* (Washington, D.C.: William T. Collins, 1869).

24 Moore, *Memorial Ceremonies*, 9-31, 171-83.

25 Moore, *Memorial Ceremonies*, 33-35.

26 Dearing, *Veterans in Politics*, 113-47.

27 James E. Sefton, *The United States Army and Reconstruction, 1865-1877* (Baton Rouge: Louisiana State University Press, 1967; Westport, Conn.: Greenwood Press, 1980).

28 Dearing, *Veterans in Politics*, 185-218.

29 McGerr, *Decline of Popular Politics*, 24-26.

30 "Independence Day," *Charleston Daily Courier*, 4 July 1865, 2; "The Fourth of July," *Charleston Daily Courier*, 6 July 1866, 2; and "Independence Day," *Charleston News and Courier*, 5 July 1873, 4.

31 Stephen Davis, "Empty Eyes, Marble Hand: The Confederate Monument and the South," *Journal of Popular Culture* 16 (Winter 1982): 2-21; and Foster, *Ghosts of the Confederacy*, 36-46.

32 F. A. Porcher, *A Brief History of the Ladies' Memorial Association of Charleston, S.C.* (Charleston: H. P. Cooke, 1880), 9.

33 Foster, *Ghosts of the Confederacy*, 39-40.
南北戦争中の南部における白人女性の役割については、次の論文を参照。
Drew Gilpin Faust, "Altars of Sacrifice: Confederate Women and the Narratives of War," *Journal of American History* 76 (March 1990): 1200-28.

34 Foster, *Ghosts of the Confederacy*, 41-46.

35 Allen W. Trelease, *White Terror: The Ku Klux Klan Conspiracy and Southern Reconstruction* (Now York: Harper and Row, 1971; Westport, Conn.: Greenwood Press, 1979); and George C. Rable, *But There Was No Peace: The Role of Violence in the Politics of Reconstruction* (Athens, Ga.: University of Georgia Press, 1984), 69-74, 91-100.

36 Mark C. Carnes, *Secret Ritual and Manhood in Victorian America* (New Haven, Conn.: Yale University Press, 1989).

37 Dearing, *Veterans in Politics*, 71-86; and Charles Reagan Wilson, *Baptized in Blood: The Religion of the Lost Cause, 1865-1920* (Athens, Ga.: University of Georgia Press, 1980), 111-14.

38 Foster, *Ghosts of the Confederacy*, 22-35; and Bertram Wyatt-Brown, *Southern Honor: Ethics, and Behavior in the Old South* (New York: Oxford University Press, 1982), 454-58.

39 Eric Foner, *Reconstruction: America's Unfinished Revolution, 1863-1877* (New York: Harper and Row, 1988); William Gillette, *Retreat from Reconstruction, 1869-1879* (Baton Rouge: Louisiana State University Press, 1979); and C. Van Woodward, *The Strange Career of Jim Crow*, 3d ed. (New York: Oxford University Press, 1974). 〔＝清水博ほか訳『アメリカ人種差別の歴史』、福村出版、一九七七／一九九八年〕

40 Stanley P. Hirshson, *Farewell the Bloody Shirt: Northern Republicans and the Southern Negro* (Bloomington, Ind.: Indiana University Press, 1962); and Foster, *Ghosts of the Confederacy*, 79-89.

41 Foster, *Ghosts of the Confederacy*, 112-59.

42 Foster, *Ghosts of the Confederacy*, 128-31.

43 B. A. C. Emerson, *Historic Southern Monuments* (New York: Neale Publishing, 1911); and Foster, *Ghosts of the Confederacy*, 133-44.

44 Foster, *Ghosts of the Confederacy*, 119-20, 128-31.

45 Robert Haven Schauffler, *Memorial Day*, American Holiday Series (1911; reprint, New York: Dodd, Mead and Company, 1940).

46 Zonia Baber, *Peace Symbols* (Chicago: Women's International League for Peace and Freedom, n.d.), 46-47; Bullard, *Lincoln in Marble and Bronze*, 223-25; "Editorial," *San Francisco Daily Examiner*, 31 May 1886, 1-2; Patterson, "Patriotic Landscape," 328; and Dearing, *Veterans in Politics*, 448-54.

47 Foster, *Ghosts of the Confederacy*, 153-54; and *The Code of the Laws of the United States of America* (Washington, D.C.: GPO, 1935), 991.

48 U.S. Department of the Interior, National Park Service, *The Origins and Evolution of the National Military Park Idea*, by Ronald F. Lee (Washington, D.C.: GPO, 1973), 28-32.

49 Lee, *National Military Park Idea*, 28-32.

50 New York Monuments Commission, *Final Report on the Battlefield of Gettysburg*, 3 vols. (Albany, N.Y.: J. B. Lyon Printers, 1900).

51 Steve Walker and David F. Riggs, *Vicksburg Battlefield Monuments* (Jackson, Miss.: University Press of Mississippi, 1984), 42; and U.S. Department of Interior, National Park Service, *Administrative History: Gettysburg National Military Park and National Cemetery*, by Harlan D. Unrau (Washington, D.C.: GPO, 1991), 95-96.

52 Edward Tabor Linenthal, *Sacred Ground: Americans and Their Battlefields* (Urbana, Ill.: University of Illinois Press, 1991), passim.

53 Thomas Sturgis, *Shall Congress Erect Statues at National Expense to Confederate Officers in Washington?* (New York,

1910).

54 Blight, *Frederick Douglass' Civil War*, 219-39; and William H. Wiggins, Jr., *O Freedom !: Afro-American Emancipation Celebrations* (Knoxville, Tenn.: University of Tennessee Press, 1987).

55 Albert Boime, *The Art of Exclusion: Representing Blacks in the Nineteenth Century* (Washington, D.C.: Smithsonian Institution Press, 1990), 15-19, 199-217.

56 Wilson, *Baptized in Blood*, 105-6; and U.S. Congress, House, Representative Charles M. Stedman of North Carolina, *Congressional Record*, 67th Cong., 4th Sess., 9 January 1923, 64, pt. 2: 1509.

57 Dearing, *Veterans in Politics*, 342-57; and Foster, *Ghosts of the Confederacy*, 154.

58 Kark Savage, "The Politics of Memory: Black Emancipation and the Civil War Monument," in *Commemorations: The Politics of National Identity*, ed. John R. Gillis (Princeton, N.J.: Princeton University Press, 1994), 127-67.
アフリカ系アメリカ人の団体やその指導者が、リンカン記念堂を市民権運動を象徴するものに作り変えようとして繰り広げた努力については、次の文献が見事に検証している。Scott A. Sandage, "A Marble House Divided: The Lincoln Memorial, the Civil Rights Movement, and the Politics of Memory, 1939-1963," *Journal of American History* 80 (June 1993): 135-67

59 Thomas L. Connelly, *The Marble Man: Robert E. Lee and His Image in American Society* (New York: Alfred A. Knopf, 1977), 99-140.

60 David M. Kahn, "The Grant Monument," *Journal of the Society of Architectural Historians* 41 (October 1982): 212-31; James L. Riedy, *Chicago Sculpture* (Urbana, Ill.: University of Illinois Press, 1981), 219-21; and George McCue, *Sculpture City: St. Louis* (New York: Hudson Hill Press, 1988), 36.

61 Max Lerner, ed., *The Mind and Faith of Justice Holmes: His Speeches, Essays, Letters and Judicial Opinions* (Boston: Little, Brown, 1943; Garden City, N.Y.: Halcyon House, 1948), 9-27.

62 Minnesota Monument Commission, *Report of the Minnesota Commission Appointed to Erect Monuments to Soldiers in the National Military Cemeteries* (St. Paul, 1916), 46.

63 Thomas C. Leonard, *Above the Battle: War Making in America from Appomattox to Versailles* (New York: Oxford University Press, 1978); Gerald F. Linderman, *Embattled Courage: The Experience of Combat in the American Civil War* (New York: Free Press, 1987); and McConnell, *Glorious Contentment*, 166-205.

64 Edmund Wilson, *Patriotic Gore: Studies in the Literature of the American Civil War* (New York: Oxford University Press, 1962); and Daniel Aaron, *The Unwritten War: American Writers and the Civil War* (New York: Alfred A. Knopf, 1973).

65 New York Andersonville Monument Dedication Commission, *A Pilgrimage to the Shrines of Patriotism* (Albany, N.Y.: J. B. Lyon, 1916), 125.

66 Gilbert Tapley Vincent, "American Artists and their Changing Perceptions of American History, 1770-1940" (Ph.D. diss., University of Delaware, 1982), 113.

67 Foster, *Ghosts of the Confederacy*, 172-79; and McConnell, *Glorious Contentment*, 200-238.

68 Thomas L. Connelly and Barbara L. Bellows, *God and General Longstreet: The Lost Cause and the Southern Mind* (Baton Rouge, La.: Louisiana State University Press, 1982).

69 "Symbols of Discontent," *Newark Star Ledger*, 19 November 1989, sec. 1:70; Peter Applebome, "Enduring Symbols of the Confederacy Divide the South Anew," *New York Times*, 27 January 1993, A16; editorial, "Ms. Moseley Braun's Majestic Monument," *New York Times*, 24 July 1993, A18; and Douglas Lederman, "Old Times Not Forgotten," *Chronicle of Higher Education*, 20 October 1993, A50-52.

70 Thomas Cripps, *Slow Fade to Black: The Negro in American Film, 1900-1942* (New York: Oxford University Press, 1977), 24-41.

71 Cripps, *Slow Fade to Black*, passim; and Thomas Cripps, "African Americans and the Civil War and Reconstruction, film

images from 1911 to 1989" (Paper presented at the War, Film, and History Conference, Rutgers Center for Historical Analysis, New Brunswick, N.J., October 21, 1993).

72 Kirk Savage, "The Self-made Monument: George Washington and the Flight to Erect a National Monument," *Winterthur Portfolio* 22 (Winter 1987): 227-28; and Wallace Evan Davies, *Patriotism on Parade: The Story of Veterans' and Hereditary Organizations in America* (Cambridge, Mass.: Harvard University Press, 1955), 44-53.

73 "The Fourth of July," *Charleston News and Courier*, 4 July 1885, 4.

74 Jefferson Davis, *The Address on the Mexican War and Its Results, As Delivered by the Honorable Jefferson Davis Before the Louisiana Associated Veterans of the Mexican War* (New Orleans: L. McGrane, 1876), 17-18.

75 McConnell, *Glorious Contentment*, 125-65; Michael B. Katz, *In the Shadow of the Poorhouse: A Social History of Welfare in America* (New York: Basic Books, 1986), 200; and Maris A. Vinovskis, "Have Social Historians Lost the Civil War? Some Preliminary Demographic Speculations," *Journal of American History* 76 (June 1989): 35-58.

76 Wallace E. Davies, "The Mexican War Veterans as an Organized Group," *Mississippi Valley Historical Review* 35 (1948): 221-38.

77 McConnell, *Glorious Contentment*, passim.

78 Davies, *Patriotism on Parade*, 74-104, 119-38; David Glassberg, "History and the Public: Legacies of the Progressive Era," *Journal of American History* 73 (March 1987): 957-80; Michael G. Kammen, *A Season of Youth: The American Revolution and the Historical Imagination* (New York: Alfred A. Knopf, 1978); Karal Ann Marling, *George Washington Slept Here: Colonial Revivals and American Culture, 1876-1986* (Cambridge: Harvard University Press, 1988); Michael Wallace, "Visiting the Past: History Museums in the United States," in *Presenting the Past: Essays on History and the Public*, ed. Susan Porter Benson, Steven Brier, and Roy Rosenzweig (Philadelphia: Temple University Press, 1986), 139-42; and James Michael Lindgren, "The Gospel of Preservation in Virginia and New England: Historic Preservation and the Regeneration of

Traditionalism" (Ph.D. diss., College of William and Mary, 1984).

79 John Higham, *Strangers in the Land: Patterns of American Nativism, 1860-1925* (New Brunswick, N.J.: Rutgers University Press, 1955); and Merle Curti, *The Roots of American Loyalty* (New York: Columbia University Press, 1946).

80 Kathleen Neils Conzen, "Ethnicity as Festive Culture: Nineteenth Century German America on Parade," in *The Invention of Ethnicity*, ed. Werner Sollors (New York: Oxford University Press, 1989), 44-76; Public Law 120, 27 February 1903, Minutes, Pulaski Statue Commission, 22 March, 11 April 1905, Minutes, 1903-10, Records of the Pulaski Statue Commission; Augustus Saint-Gaudens to Secretary of War William Haward Taft, 28 March, 18 July 1905, and Saint-Gaudens to Fred W. Carpenter, 7 April 1905, tray 2, Letters Received by the Secretary of the Kosciusko and Pulaski Monument Commission; "Programme of Competition for the Pedestrian Statue of the late Commodore John Barry," 25 June 1908, tray 1, Correspondence and Other Records of the Executive and Disbursing Officer, 1907-17, Records of the Barry Statue Commission, Records of the Office of Building and Grounds, RG 42, National Archives.

多様なエスニック・グループが、そのアイデンティティを示すために儀式や記憶を利用した際のそのグループの役割については次の文献を参照。

John Bodnar, *Remaking America: Public Memory, Commemoration, and Patriotism in the Twentieth Century* (Princeton, N.J.: Princeton University, 1992), 41-77.

81 Joseph J. O'Brien, Corresponding Secretary, National Commodore John Barry Statue Association to Colonel William W. Harts, Executive Officer, Barry Statue Commission, 10 May 1914, enclosure, John J. O'Brien, "The History of the Commodore John Barry Statue," tray 5, Correspondence and Other Records of the Executive and Disbursing Officer, 1900-1917, Records of the Barry Monument Commission; Asa Gardiner[?], Secretary General, Society of Cincinnati to Colonel Spencer Cosby, Executive Officer, 11 April 1910, tray 1, Correspondence and Other Records of the Executive and Disbursing Officer, 1907-13, RG 42, National Archives.

82 Arthur S. Link, ed., *The Papers of Woodrow Wilson*, 65 vols. to date (Princeton, N.J.: Princeton University Press, 1966-), 30:34-36.

83 Michael E. Driscoll, "Commodore John Barry" (Washington, D.C.: GPO, 1904), 14.

84 G. W. Baird, President, Jonathan H. Moore, A. Howard Clark, District of Columbia Society of the Sons of the American Revolution to President of the United States, 13 October 1910, copy, tray 2, Letters Received by the Kosciusko and Pulaski Monument Commission, RG 42, National Archives.

85 Boston City Council, *A Memorial of Crispus Attucks, Samuel Maverick, James Caldwell, Samuel Gray, and Patrick Carr from the City of Boston* (1889; reprint, Miami: Mnemosyne Publishing, 1969); John McGlone, "Monuments and Memorials to Black Military History, 1775 to 1891" (Ph.D. diss., Middle Tennessee State University, 1985), 162-66; and Dennis P. Ryan, "The Crispus Attucks Monument Controversy of 1887," *Negro History Bulletin* 40 (January-February 1977): 656-57.

86 "Municipal Art Commission's Decision," *Monumental News* 15 (April 1903): 234.

87 Isabel McDougall, "Municipal Art," *Brush and Pencil* 3 (February 1899): 302-6.

88 Michael G. Kammen, *Mystic Chords of Memory: The Transformation of Tradition in American Culture* (New York: Alfred A. Knopf, 1991), 163-93.

89 Isabel McDougall, "Soldier Monuments," *Chicago Evening Post*, 16 July 1898, in *Brush and Pencil* 3 (August 1898): 217-21.

90 Michele Bogart, *Public Sculpture and the Civic Ideal in New York City, 1890-1930* (Chicago: University of Chicago Press, 1989), 17-66.

91 *Monumental News* 14 (September 1902): 525-27, quoted in Dennis R. Montagna, "Henry Merwin Shrady's Ulysses S. Grant Memorial in Washington D.C.: A Study in Iconography, Content and Patronage" (Ph.D. diss., University of Delaware, 1987), 152-53.

92 James Barnes, "Soldiers Monuments," *Art and Progress* 1 (1910): 185-89.

93 "Monument Fight Ended," *Jersey City Journal*, 27 May 1898.

94 "To Bring Venus to Court," *New York Times*, 25 January 1898, 11; "No Greek Statue for Them," press clipping, National Sculpture Society Papers, reel 491:826, Archives of American Art, Smithsonian Institution, Washington, D.C.; "The Soldiers and Sailors' Monument for Jersey City," *Harper's Weekly* 42 (22 January 1898): 77-78; "Propriety of the Jersey City Soldiers' Monument Upheld," *American Architect and Building News* 60 (4 June 1898): 73; and "The Need for City Art Commission's," *Monumental News* 15 (April 1903): 234.

95 "Editorial," *Monument Retailer* 2 (November 1916): 17-19.

96 U.S. Commission of Fine Arts, *The Commission of Fine Arts: A Brief History, 1910-1976, with Additions, 1977-1984*, by Sue A. Kohler (Washington, D.C.: GPO, 1985), 1-7; Lois Craig, *The Federal Presence: Architecture, Politics, and Symbols in United States Government Buildings* (Cambridge, Mass.: MIT Press, 1978), 210-15, 250-55; Philip C. Jessup, *Elihu Root* (New York: Dodd, Mead and Company, 1938), 284-86; and U.S. Congress, House, Representative James A. Tawney of Minnesota, Representative James R. Mann of Illinois, and Representative Michael E. Driscoll of New York, *Congressional Record*, 61st Cong., 2d sess., 9 February 1910, 45, pt. 2: 1658-75.

97 U.S. Congress, House, Representative Driscoll, 1666.

98 George Gurney, *Sculpture and the Federal Triangle* (Washington, D.C.: Smithsonian Institution Press, 1985), 34-41.

99 Charles DeBenedetti, *The Peace Reform in American History* (Bloomington, Ind.: Indiana University, 1980), 59-78.

100 Peter Karsten, "Militarization and Rationalization in the United States, 1870-1914," in *The Militarization of the Western World*, ed. John R. Gills (New Brunswick, N.J.: Rutgers University Press, 1989); and T. J. Jackson Lears, *No Place for Grace: Antimodernism and the Transformation of American Culture* (New York: Pantheon, 1981).

101 Gerald F. Linderman, *The Mirror War: American Society and the Spanish-American War* (Ann Arbor, Mich.: University of Michigan Press, 1974).

102 Bogart, *Public Sculpture*, 195.

103 Marjorie P. Balge, "The Dewey Arch: Sculpture or Architecture?" *Archives of American Art Journal* 22 (1983): 2-6.

104 Theodore Roosevelt, *The Works of Theodore Roosevelt,* vol. 11, *The Rough Riders and Men of Action*, national ed. (New York: Charles Scribner's Sons, 1926), 177, 343.

105 Robert L. Beisner, *Twelve Against Empire: The Anti-Imperialists, 1898-1910* (New York: McGraw Hill, 1968).

106 Stuart Creighton Miller, "The American Soldier and the Conquest of the Philippines," in *Reappraising an Empire: New Perspectives on Philippine-American History*, ed. Peter W. Stanley (Cambridge: Harvard University Press, 1984), 34; and "Admiral Dewey Honored," *New York Times*, 2 May 1899, 3.

107 U.S. Navy, Naval History Division, *How the Battleship Maine Was Destroyed*, by H. G. Rickover (Washington, D.C.: GPO, 1976), 75-91.

108 U.S. Navy, Battleship Maine, 79; and "Taft to Honor Maine Dead," *New York Times*, 23 March 1912, 6.

109 U.S. Congress, House, Representative Charles V. Fornes of New York, *Congressional Record*, 62d Cong., 2d sess., 4 April 1912, 48, pt. 5: 4292.

110 James M. Mayo, *War Memorials as Political Landscape: The American Experience and Beyond* (New York: Praeger, 1988), 159-60; "Memorial Tablet from U.S.S. Maine Available for City," Jerseyman (Morristown, N.J.), 6 June 1919, 6; and "The Maine Sinks to Ocean Grave," *New York Times*, 17 March 1912, 1.

111 "Raising the Maine at Last," *New York Times*, 17 October 1910, 8; "What Will the Raising of the 'Maine' Disclose?" *Scientific American* 102 (4 June 1910): 454; "Destruction of the 'Maine' by a Low-Explosive Mine and Her Own Magazines," *Scientific American* 105 (23 December 1911): 578-79; and G. W. Melville, "Destruction of the Battleship Maine," *North American Review* 193 (June 1911): 831-49.

第三章 「戦争をなくすための戦争」を記憶する

1 第一次世界大戦、および二つの大戦に挟まれた時代の概観については、以下のものを参照。
John Chambers II, *The Tyranny of Change: America in the Progressive Era, 1890-1920*, 2d. ed. (New York: St. Martin's Press, 1992); David M. Kennedy, *Over Here: The First World War and American Society* (New York: Oxford University Press, 1980); and Ellis Hawley, *The Great War and the Search for Modern Order: A History of the American People and Their Institutions, 1917-1933* (New York: St. Martin's Press, 1979).

2 U.S. Congress, House, Committee on Military Affairs, *American Purple Cross Association: Hearings*, 65th Cong., 1st sess., 5 September 1917, 14, 27; "American Purple Cross Society," *Casket* 42 (1 August 1917): 13-15; and "Bids Rejected By War Department," *Casket* (1 October 1917): 17-18.

3 U.S. Department of the Army, *Quartermaster Support of the Army: A History of the Corps, 1775-1939*, by Erna Risch (Washington, D.C.: GPO, 1962), 690-91.

4 "Brent Wants Dead to Stay in France," *New York Times*, 16 January 1920, sec. 8; and "Objection to Bringing Home Soldier Dead," *New York Times*, 18 January 1920, sec. 8, p.9.

5 Major H. R. Lemly to the Quartermaster General, 11 August 1919, memorandum, file 293.7 Cemeterial, copy, minutes, 21 November 1919, exhibit B, U.S. Commission of Fine Arts, Charles Moose to Henry White, Commissioner Plenipotentiary, Paris, 5 June 1919, White to Moore, 22 July 1919, file: American Cemeteries in Europe—World War I Graves, box 5, Project Files, Records of the Commission of Fine Arts, RG 66, National Archives, Adjutant General P.L. Harris to the Chief of Staff, 4 June 1919; united press release, 19 July 1919, file 293.8, box 566, central decimal file, 1917-1925, Records of the Adjutant General's Office, RG 407, National Archives.

6 V. J. Oldshue, "France Remembers," *American Legion Weekly*, 9 July 1920,5; Elizabeth Hand, "American Graves in

France," *New Republic*, 2 June 1920, 14-15; "French Pleas to Let Our Dead Rest," *Literary Digest*, 17 April 1920, 45; and Horace W. Scandlin, "How Mother France Honors the Gold Star American," *World Outlook*, September-October 1920, 32.

7 "A Solution Perhaps Acceptable," *New York Times*, 1 January 1919, 16.

8 "Plan to Bring Back Hero Dead Abroad," *Washington Times*, 26 November 1919, article, file: Headstones, World War I Graves, box 73, Project Files, RG 66, National Archives; Margaret Vascimini to Secretary of State Robert Lansing, 11 January 1920, central decimal file 351.116, box 4202, Records of the Department of State, RG 59, National Archives.

9 U.S. Congress, House, Representative Edward J. King of Illinois, Extension of Remarks, Congressional Record, 66th Cong., 2d sess., 11 February 1920, 59, pt. 9:8790, U.S. Congress, House, Representative Clement C. Dickinson of Missouri, Congressional Record, 66th Cong., 2d sess., 27 January 1920, 59, pt. 2:2132-33.

10 U.S. Congress, House, Representative John W. Rainey of Illinois, *Congressional Record*, 66th Cong., 2d sess., 6 February 1920, 59, pt. 3:2562-64; "Paris Director in League with Purple Cross (?)," *Embalmer's Monthly* 33 (January 1920): 10-11; and "Rid the Profession of Odium that Has Come to It," *Embalmer's Monthly* 33 (February 1920): 1.

11 "Bringing Our Dead Home from Russia," *New York Times*, 14 November 1919, 4; and "His Appeal Also Is to Sentiment," *New York Times*, 17 January 1920, 10.

12 Address, Charles Moore, Chairman, Commission of Fine Arts, Before the American Battle Monuments Commission, 2 October 1923, transcript, file: American Cemeteries in Europe — American Battle Monuments Commission, box 3, Project Files, RG 66, National Archives.

13 U.S. Commission of Fine Arts, *Ninth Report of the Commission of Fine Arts, July 1, 1919-June 20, 1921* (Washington, D.C.: GPO, 1921), 39-80; and "Resume of Decisions, War Memorials Council," 8 November 1920, copy, file: Headstones, World War I Graves, box 73, Project Files, RG 66, National Archives.

14 U.S. Congress, House, Committee on Foreign Affairs, *American Battle Monuments Commission: Hearings*, 67th Cong., 2d

and 3d sess., 15-20 March, 28 November, 7-9 December, 1922.

15 American Battle Monuments Commission, *Annual Report of the American Battle Monuments Commission: Fiscal Year 1925* (Washington, D.C.: GPO, 1926), 45-55; Record of Proceedings: 9th Meeting, 4 September 1924, American Battle Monuments Commission, Records of the American Battle Monuments Commission, RG 117, National Archives.

16 American Battle Monuments Commission, *Annual Report of the American Battle Monuments Commission: Fiscal Year 1926* (Washington, D.C.: GPO, 1927), 26-28.

17 Elizabeth G. Grossman, "Architecture for a Public Client: The Monuments and Chapels of the American Battle Monuments Commission," *Journal of the Society of Architectural Historians* 43 (May 1984): 119-43; and American Battle Monuments Commission, *Annual Report*, 1925, *Annual Report*, 1926.

18 Minutes, 2 December 1926, 12, U.S. Commission of Fine Arts, RG 66, National Archives.

19 H. P. Caemmerer, Secretary and Executive Officer, American Battle Monuments Commission to Charles A. Platt, 9 August 1928; Charles A. Platt to H. P. Caemmerer, 15 August 1928; Charles Moore to Ameruican Battle Monuments Commission, 9 October 1928, copy; Charles Moore to Charles A. Platt, 29 September 1928, file: American Cemeteries—Europe-Jewish Welfare Board—Tomb of the Unknown Soldier, box 6, Project Files, RG 66, National Archives; Grossman, "Architecture for a Public Client," 140-41.

20 U.S. Congress, House, Representative John Hill of Maryland, *Congressional Record*, 68th Cong. 1st sess., 14 March 1924, 65, pt. 4:4222-25; and Quartermaster General W. H. Hart to Assistant Secretary of War, 13 March 1924, memorandum, file 293.7, box 143, General Correspondence, subject file, 1922-35, RG 92, National Archives.

21 "Minutes of the Meeting of the Council of National Defense," 14 February 1918, 456, Records of the Council of National Defense, 1916-21, Microfilm Publication M-1069, RG 62, National Archives; Arthur S. Link, ed., *The Papers of Woodrow Wilson*, 65 vols. (Princeton, N.J.: Princeton University Press, 1966-), 48:24-27, 111, 117; Marguerite H. White, *American*

War Mother: Fifty Year History (Washington, D.C.: American War Mothers, 1981); and "American Gold Star Mothers Constitution, Undated, ca. 1917 or 1918," Records of the American Gold Star Mothers, Inc., Library of Congress; "'A War Memorial,'" *Pencil Points* 11 (November 1930): 906.

22 U.S. Congress, House, Committee on Military Affairs, *To Authorize Mothers of Deceased World War Veterans Buried in Europe to Visit the Graves: Hearings Before the House Committee on Military Affairs*, 68th Cong., 1st sess., 19 February 1924, 20-21.

23 U.S. Congress, House, Committee on Military Affairs, *To Authorize Mothers and Unmarried Widows of Deceased World War Veterans Buried in Europe to Visit the Graves: Hearings before the House Committee on Military Affairs*, 70th Cong., 1st sess., 27 January 1928, 25-26.

24 Ibid., 10.

25 A. D. Hughes, "Pilgrims," *Quartermaster Review* (May-June 1931): 29-39.

26 Morris Frandin, "Gold Star Mothers and Widows End Pilgrimages," *Sunday Star* (Washington, D.C.), [5 November 1933], 10; "Gold Star Mother," *Mobile (Ala.) Register*, 16 August 1933; "War Department Studies Minutest Needs of Gold Star Mothers' Pilgrimage," *New York World*, 23 March 1930, file: Press Clippings, Mothers and Widows Pilgrimages to the Cemeteries of Europe, box 348, Correspondence Relating to the Gold Star Pilgrimage 1922-33, Central Records, 1917-54, General Records, RG 92, National Archives; John J. Noll, "Crosses," *American Legion Monthly*, September 1930, 14-17, 52-54; and Robert Ginsburgh, "This, Too, is America," *American Legion Monthly*, November 1933, 16-19, 49-52.

27 Secretary of War to Walter White, Secretary, National Association for the Advancement of Colored People, [5 June 1933], copy; Perry C. Thompson to Secretary of War George H. Dern, 9 May 1933, copy, Secretary of War to Percy C. Thompson, Editor, Chicago Review [May 1933?], copy, file: Colored M & W, Correspondence Relative to Segregation, box 345; "Negro Gold Star Mothers Refuse Trip to Sons' Graves," *Washington Post*, 30 May 1930; "Gold Star Mothers' Segregation Creates

Furor in New York," *Philadelphia Tribune*, 17 July 1930, "55 Negro War Mothers Cancel Trip, Write Hoover of 'Insult,'" *New York World*, 10 July 1930, file: Press Clippings, Mothers and Widows Pilgrimages to the Cemeteries of Europe, box 348, Correspondence Relating to the Gold Star Pilgrimage, 1922-32, RG 92, National Archives.
次のものも参照。
Donald J. Lisio, *Hoover, Blacks, Lily-Whites: A Study of Southern Strategies* (Chapel Hill, N.C.: University of North Carolina Press, 1985), 235-36.

28 George Peabody to Secretary of War Newton D. Baker, 18 September 1919, box 10, Newton D. Baker Papers, Manuscript Division, Library of Congress, Washington, D.C.; "The American Negro as a Soldier," *Literary Digest*, 27 June 1925, 14-15; Arthur E. Barbeau and Florette Henri, *The Unknown Soldiers: Black American Troops in World War I* (Philadelphia: Temple University Press, 1974), 164-74; and Hamilton Fish, Jr., to American Battle Monuments Commission, 26 May 1924; X. H. Price, Major, Corps of Engineers, Secretary to Representative William R. Wood, Chair, Subcommittee of House Committee on Appropriations, 17 January 1925, file: 369th Infantry, box 30, World War I Monument and Memorial files, Records Relating to Construction and Maintenance, Records of the American Battle Monuments Commission, RG 117, National Archives.

29 "Memorials that Serve Mankind—Theodore Roosevelt's Ideal," American City 20 (March 1919): 219; and "A Motive and a Method for American Reconstruction," *American City* 19 (November 1918): 347-52.

30 David Glassberg, *American Historical Pageantry: The Use of Tradition in the Early Twentieth Century* (Chapel Hill, N.C.: University of North Carolina Press, 1990), 231-34.

31 Eugene Rodman Shippen, "Community Houses as Soldiers' and Sailors' Memorials," *American City* 20 (January 1919): 30.

32 Samuel Wilson, "The Community House—An Element in Reconstruction," *American City* 19 (December 1918): 467-73.

33 "World War Monuments," *Art World and Arts and Decoration* 10 (January 1919): 128.

34 Ernest Stevens Leland, "Permanent Soldiers' Monuments or Buildings," *Monumental News* 31 (February 1919): 103.

35 Cecilia Beaux, "The Spirit of War Memorials," *American Magazine of Art* 10 (May 1919): 270-73.

36 "Art and War Memorials," *Advocate of Peace* 81 (February 1919): 38-39; and "Protecting America from the Atrocities of Art," *Current Opinion* 66 (March 1919): 187-88.

37 "War Memorials," *Bulletin of the Municipal Art Society of New York City* 17 (1st Quarter, 1919); Minutes, 30 January 1919, War Memorials Advisory Committee, American Federation of Arts, "War Memorials: Suggestion for their Treatment," 2 January 1919, box 3, American Federation of Arts, Archives of American Art, Washington, D.C.; and U.S. Commission of Fine Arts, "War Memorials: Suggestions as to the Forms of Memorials and the Methods of Obtaining Designers," 1919, file: World War Memorials—General, box 206, J. Templeman Coolige, Secretary, "Report of the Secretary on the Meeting of January 7, 1919, At Commissions of the United States," file: World War I Memorials—General, box 207, Project Files, RG 66, National Archives.

38 第一次世界大戦のモニュメントを対象とした包括的な研究がまだおこなわれていないため、商業ベースで作られたモニュメントを全国各地の自治体が何点購入したのか、正確に判定することは困難である。モニュメント製造業界の販売促進用の冊子、および業界誌『モニュメンタル・ニュース』*Monumental News* に掲載された広告からは、躍進する業界の姿が読み取れる。たとえば、次のものを参照。"Tyler's Bronze Tablets," file: World War I Memorials—General, box 206, Project Files, RG 66, National Archives.

39 一つの州のなかに建設されたメモリアルを調査したものとしては、次の文献がある。Sarah Guitar, "Monument and Memorials in Missouri," *Missouri Historical Review* 19 (July 1925): 555-603. Weston Gladding Donehower, "Conflicting Interpretations of American Patriotism in the 1920's," (Ph.D. diss., University of Pennsylvania, 1982), 89-172.

40 William Pencak, *For God and Country: The American Legion, 1919-1941* (Boston: Northwestern University Press, 1989),

79-105, 209-34.

41 "In Memoriam: 1861-1865, 1898, 1917-1918," *American Legion Weekly*, 14 May 1920, 1; "To Keep a Buddy's Grave Green," *American Legion Weekly*, 18 May 1923, 5; and "Memorial Day, 1923," *American Legion Weekly*, 29 June 1923, 7.

42 A. P. Sanford and Robert Haven Schauffler, *Armistice Day*, Our American Holidays Series (New York: Dodd, Mead, 1927), 447-57.

43 *Philadelphia Inquirer*, 12 November 1932; *Chicago Daily Tribune*, 11 November 1925, 5; *Christian Science Monitor*, 11 November 1924, 1; Harry Emerson Fosdick, "My Account with the Unknown Soldier," *Scholastic* 27 (9 November 1935): 9-10; Edith Lovejoy Pierce, "Radio Speech," folder 5; Rabbi Ferdinand M. Isserman, "Suggestions for Dramatic Observance of Armistice Day: A Children's Armistice Day Parade as successfully carried out in St. Louis," folder 4; "Plays and Pageants Appropriate for Armistice Day," folder 5; "Disarmament Suggestions for Armistice Week," folder 6; Lincoln Wirt, "An Order of Service for Armistice Sunday," 11 November 1927; Daniel L. Marsh, "The Christian Use of Armistice Day," *Classmate*, 10 November 1928; Material for Armistice Day Programs for Church School and Community Celebrations," folder 6; Programs for Armistice Day, box 41, Education Department, 1921-40, National Council for the Prevention of War, Reel 41.31, Document Group 66, National Council for the Prevention of War, Swarthmore Peace Collection, Swarthmore, Pennsylvania.

44 "The Wilson Voice in the Campaign," *Literary Digest*, 24 November 1923, 10-11.

45 John Bennett, "Can Armistice Sunday be Saved?" Christian Century, 26 November 1930, 1444-45.

46 "President Places Wreath on Tomb of the Unknown Soldier," *Chicago Daily Tribune*, 12 November 1925, 4; and "College Pacifists Join in Parades on Armistice Day," *Christian Science Monitor*, 13 November 1933, 4.

47 *Chicago Daily Tribune*, 11 November 1929, 14.

48 "After Eighteen Years," *Philadelphia Inquirer*, 11 November 1936, 8; and Warren I. Cohen, *The American Revisionists: The Lesson of Intervention in World War I* (Chicago: University of Chicago Press, 1967).

49 Lewis J. Gorin, Jr., *Patriotism Prepaid* (Philadelphia: J. B. Lippincott, 1936), 53, 98, 100.

50 “The Saga of the Veterans of Future Wars,” *Nassau Sovereign*, April 1941, 10-11, 28, 32.

51 Allan Greenberg, “Lutyen’s Cenotaph,” *Journal of the Society for Architectural Historians* 48 (March 1989): 5-23.

52 “Nameless Dead Soldiers Honored By England and France,” *Literary Digest*, 11 December 1920, 54-59.

53 U.S. Congress, House, Committee on Military Affairs, *Return of Body of Unknown American Who Lost His Life During World War: Hearing Before Committee on Military Affairs*, 66th Cong., 3d sess., 1 February 1921, 17.

54 “A Request Wisely Refused,” *New York Times*, 29 November 1920, 14.

55 “The Unknown Soldier,” *New York Times*, 9 December 1920, 12; “The Unknown Soldier’s Tomb,” *New York Times*, 3 February 1921, 6; [F. W. Galbraith, Jr., National Commander] to General Leonard Wood, 3 December 1920, file: World War—Dead, Unknown Soldier, American Legion Library, Indianapolis, Indiana, and E. E. Davis, Executive Assistant, GRS to the Quartermaster General, through Chief, Construction Service, 6 October 1922, file 293, box 2, Records Relating to the Construction of the Tomb of the Unknown Soldier, RG 92, National Archives.

56 F. W. Galbraith, Jr., to Hamilton Fish, Jr., 28 April 1921, file: World War—Dead, Unknown Soldier, American Legion Library; Hamilton Fish, Jr., to John W. Weeks, 9 March 1921, file 293.8, Tomb of the Unknown Soldier — Section I: Legislation, box 563, central decimal file, 1917-25, RG 407, National Archives.

また次の文献も参照。

U.S. Department of the Army, *The Last Salute: Civil and Military Funerals, 1921-1969*, by B.C. Mossman and M. W. Stark (Washington, D.C.: GPO, 1971), 3-18.

57 *Washington Post*, 11 November 1921.

58 *Washington Post*, 12 November 1921.

59 Rev. E. D. W. Jones, Minister, Union Wesley, AME Zion Church, Washington, D.C., to Secretary of War John W. Weeks, 11

November 1921, file 293.8, box 565, central decimal file, 1917-1925, RG 407, National Archives.

60 *Washington Post*, 12 November 1921; Brigadier General William Lassiter, Assistant Chief of Staff, G-3 to Charles H. Brent, Bishop of Western New York, 4 October 1921, William Lassiter to Reverend Francis Kelly, 4 October 1921, William Lassiter to Rabbi Morris S. Lazaron, 10 October 1921, Charles Brent to William Lassiter, 21 October 1921, Charles Brent to Morris S. Lazaron, 1 November 1921, file 292.8, central decimal file, box 564, RG 407, National Archives.

61 *Washington Post*, 12 November 1921, 1; "'Unknown' Came from the Heart of America," *Philadelphia Inquirer*, 11 November 1921, 12; "The Unknown Soldier," *Chicago Daily Tribune*, 11 November 1921, 8; and "The Message of the Unknown," *Brooklyn Daily Eagle*, 11 November 1921,6.

62 John Dos Passos, *Nineteen Nineteen*, in U.S.A. (Boston: Houghton Mifflin, 1930), 2:408.

63 Irving Lehman, President, Jewish Welfare Board to Charles Moore, 11 December 1923, box 23, Adler to Moore, 12 December 1923, telegram, file: Arlington National Cemetery — Tomb of the Unknown Soldier, box 23, Project Files, RG 66, National Archives.

64 *Washington Post*, 12 November 1921.

65 "November 11th as a Day of Prayer," *Literary Digest*, 24 September 1921, 28-29; and John Whiteclay Chambers II, *The Eagle and the Dover: The American Peace Movement and United States Foreign Policy, 1900-1922*, 2d ed. (Syracuse University Press, 1991), 179-98.

66 "No More War Parade: Headquarters for Committee on Decorations" [1934], file: Peace Parade Releases, 1934-36, subject file: Peace Parades and Rallies, 1924-, Swarthmore College Peace Collection, Swarthmore, Pennsylvania.

67 H. L. Chaillaux, Director, National Americanism Committee, undated circular letter with enclosure: John Haynes Holmes, "The Unknown Soldier Speaks," file: World War—Dead, Unknown Soldier, American Legion Library and Colonel W. K. Naylor, General Staff, Military Intelligence Division to the Chief of Staff, 11 December 1923, Records Regarding the Design

and Construction of the Tomb of the Unknown Soldier, 1926-33, RG 92, National Archives.

68 陸軍はまた、衛兵を立てることは逆効果で、歩哨の任務を命じられる者たちの反発を買うことになるとも主張した。ある将軍は、この任務がもたらすであろう苦痛は「苛立ちの感情」を引き起こし、それは「歩哨に就く兵士につぎつぎと伝わり」、「わが軍の兵士によっていま維持されている霊廟の尊厳を間違いなく損なう」であろう、と自身の見方を述べている。

H. H. Bandholtz, Brigadier General, U.S. Army to the Adjutant General, 23 October 1922, file: 293.8, box 565, central decimal file, 1917-25, RG 407, National Archives; Brigadier General S. D. Rosenback to the Adjutant General, 19 March 1926, John Thomas Taylor to President Calvin Coolidge, 10 March 1926, file: 293.8, box 1271, Central Files 1926-29, Records of the Adjutant General's Office, RG 94, National Archives.

69 Charles Moore to Secretary of War John W. Weeks, 19 December 1923, copy in Minutes of the Commission of Fine Arts, 14 December 1923, 10-11, RG 66, National Archives; Secretary of War John W. Weeks, Secretary of the Navy Edwin Denvy to Charles Moore, 11 February 1924, file: Arlington National Cemetery — Tomb of the Unknown Soldier, box 22, Project Files, RG 66, National Archives; and U.S. Commission of Fine Arts, *The National Commission of Fine Arts: Eleventh Report, January1, 1926-June 1, 1929* (Washington, D.C.: GPO, 1930), 130-32.

70 Thomas Hudson Jones to Major General B. F. Cheatham, 2 January 1929, box 1, Records Regarding the Design and Construction of the Tomb of the Unknown Soldier, 1926-33, RG 92.

第四章　「よい戦争」としての第二次世界大戦、そして新しい記憶のありかた

1 John Morton Blum, *V Was for Victory: Politics and American Culture During World War II* (New York: Harcourt Brace

Jovanovich, 1976); Paul Fussell, *Wartime: Understanding and Behavior in the Second World War* (New York: Oxford, 1989); and Lawrence Wells Cobb, "Patriotic Themes in American National Magazine Advertizing, 1898-1945" (Ph.D. diss., Emory University, 1978).

2　John W. Dower, *War without Mercy: Race and Power in the Pacific War* (New York: Pantheon, 1986).〔＝斎藤元一訳『容赦なき戦争』、平凡社、二〇〇一年〕

3　ドイツと日本、それぞれに対するアメリカ国民の接し方は異なっていた。そのことは、両国の戦死者に対するアメリカ軍の扱い方にも反映された。たとえば、一九四五年の初めにジョージ・パットン将軍は、ドイツ軍の戦死者にアメリカ兵の場合と同等のケアを施すよう、墓登録業務部の部隊に命じている。その際、将軍は次のように述べた。「この敵が例外的に立派にやっていることが一つある。それは仲間の兵士が戦死したときに適切かつ十分な埋葬をおこなっていることだ。しかもこの敵は、わがアメリカ軍や他の連合国の戦死者に対しても同じように礼儀を尽くしてくれている」と。太平洋戦線では、アメリカ陸軍および海兵隊が、戦死したアメリカ兵一人一人を別個の墓に埋葬する一方、日本軍の戦死者は一カ所にまとめて埋葬したのである。これらについては、以下を参照。

U.S. Department of Army, *The Quartermaster Corps: Operations in the War Against Germany*, by William F. Ross and Charles F. Romanus, United States Army in World War II Series (Washington, D.C.: GPO, 1965), 689-90; U.S. Department of the Army, *The Quartermaster Corps: Operations in the War Against Japan*, by Alvin P. Stauffer, United States Army in World War II Series (Washington, D.C.: GPO, 1956), 252.

4　Lucy S. Dawidowicz, "The American Jews and the Holocaust," *New York Times Magazine*, 18 April 1982, 47-48, 101-14; and David S. Wyman, *The Abandonment of the Jews: America and the Holocaust, 1941-1945* (New York: Pantheon Books, 1984).

5　Paul Boyer, *By the Bomb's Early Light: American Thought and Culture at the Dawn of the Atomic Age* (New York: Pantheon

Books, 1985); Charles Beard, *President Roosevelt and the Coming of the War, 1941: A Study in Appearances and Realities* (New Haven, Conn.: Yale University Press, 1948)〔＝開米潤監訳『ルーズベルトの責任　日米戦争はなぜ始まったか』上下巻、藤原書店、二〇一一年〕; and John Toland, *Infamy: Pearl Harbor and its Aftermath* (Garden City, N.Y.: Doubleday, 1982)

6 R. Ernest Dupuy and Trevor N. Dupuy, *The Encyclopedia of Military History* (New York: Harper and Row, 1986), 990, 1198.

7 T. Bentley Mott to John J. Pershing, 26 December 1944, file 201, box 8, Pershing Correspondence, General Records of the American Battle Monuments Commission, RG 117, National Archives.

8 "Should Our War Dead be Brought Home?" *Reader's Digest*, September 1945, 75-76; Blake Ehrlich, "Shall We Bring Home the Dead of World War II?" *Saturday Evening Post*, 31 May 1947, 25, 127-28, 130; and F. W. Graham, Jr., "Bring the War Dead Home?: No — Let Them Lie in the Ground They Hallowed," *Rotarian*, November 1946, 19-20.

9 Record of Proceedings: Forty-ninth Meeting, 13 February 1947, American Battle Monuments Commission, Records of the American Battle Monuments Commission, RG 117, National Archives.

10 Record of Proceedings: Fiftieth Meeting, 15 May 1947, American Battle Monuments Commission, RG 117; and Donald G. Glascoff, National Adjutant to Mancel B. Talcott, Chairman, Graves Registration and War Memorials Committee, 25 October 1946, file: Dead — Return of Bodies, American Legion Library, Indianapolis, Indiana.

11 Record of Proceedings: Forty-ninth Meeting, 13 February 1947, American Battle Monuments Commission, RG 117.

12 U.S. Commission of Fine Arts, *Report of the Commission of Fine Arts: July 1, 1948 to June 30, 1954* (Washington, D.C.: GPO, 1960), 33-40.

13 Record of Proceedings: Fifty-fifth Meeting, 24 May 1948, American Battle Monuments Commission, RG 117; Rabbi Hirsh E. L. Freund, Executive Director, Synagogue Council of America to Thomas North, Secretary, American Battle Monuments Commission, 7 February 1950, copy, RG 117, National Archives; North to Freund, 14 February 1950; Rabbi Aryeh Lev, Director, National Jewish Welfare Board to Graves Registration Section, Quartermaster General Office, 15 February 1950,

copy; North to Lev, 27 February 1950; North, memorandum for Members of the Commission, No. 137, 13 March 1950, file 300.6, box 4, memorandums to the Commission, General Records and Reports, American Battle Monuments Commission, RG 117, National Archives.

14 U.S. Commission of Fine Arts, *Report: 1948-1954*, 33-40.

15 Ibid.

16 Kenneth C. Royall, Secretary of the Army, to Archibald B. Roosevelt, 25 March 1948, copy; Roosevelt to Thomas North, 17 March 1955, North to Roosevelt, 11 April 1955; file 293, box 180, Records Relating to Internments, Records Relating to Cemeteries and Memorials, American Battle Monuments Commission, RG 117, National Archives.

17 "President Designates Aug. 14, as Victory Day," *New York Times*, 4 August 1946, 44; "1945 V-J Day Now Only Memory," *New York Times*, 15 August 1946, 27; and Jane M. Hatch, ed., *American Book of Days*, 3d ed. (New York: H. W. Wilson, 1978), 754-45.

18 たとえば、一九五三年の休戦記念日に催された大統領記者会見でドワイト・アイゼンハワーは、彼自身にとってのこの日の意味を語っている。すなわち、二つの大戦を経験した（ただし、一次大戦の際には海外勤務なし）退役兵でもある彼は、「今日が休戦記念日だということ、そしてかつて休戦記念日が我々にとってどれほど大きなものであったかということに、皆さんが書く記事のなかで触れ」てもらいたいものだと、記者たちに求めたのである。この点については次を参照。

U.S. President, *Public Papers of the President of the United States* (Washington, D.C.: Office of the *Federal Register*, National Archives and Records Service, 1960), s.v. Dwight D. Eisenhower, 1953, 757.

二つの大戦に挟まれた時代に、アイゼンハワーは陸軍からアメリカ戦闘記念碑委員会に派遣されたスタッフとして活動しており、この経験は彼のなかで一次大戦に関連する記念日や休日そしてシンボルに対する親近感を明らかに強めた。一九六八年には、彼はリンドン・ジョンソン大統領に、戦闘記念碑委員会を解体してその機能を退役軍人庁に移せという提言を抑えるよう訴えている。ジョンソンはアイゼンハワーの求めに応じ、解体案を棚上げにした。この点に関しては次を参照。

19 Stephen E. Ambrose, *Eisenhower*, vol. 2, *The President* (New York: Simon and Schuster, 1984), 670-71.

U.S. Congress, House, Representative Edward Rees of Kansas, *Congressional Record*, 83d Cong., 2d sess., 15 March 1954, 100, pt. 3:3245; U.S. Congress, Senate, Committee on the Judiciary, *Changing Armistice Day to Veterans Day: Report*, 83d Cong., 2d sess., 17 May 1954, S. Rept. 1359; and U.S. Congress, House, Committee on the Judiciary, *Changing Armistice Day to Veterans Day: Report*, 83d Cong., 2d sess., 9 March 1954, H. Rept. 1313.

20 Kenneth Reid, "Memorials? Yes—But No Monuments!" *Pencil Points* 25 (May 1944): 35.

21 Archibald MacLeish, "Memorials Are for Remembrance," *Architectural Forum* 81 (September 1944): 111-12, 170.

22 『アメリカン・シティ』誌*American City*に掲載されたこの種の記事のサンプルとしては、以下の各号の記事を参照。Walter D. Cocking, "'Community Institutes' as War Memorials," 59 (November 1944): 77-78; "Planning Memorial Community Buildings," 59 (June 1944): 113-14; "War Memorials," 58 (January 1944): 35-36; "War Memorials that Further Practical Democracy," 59 (October 1944): 72-75, 101; and Donald Wyman, "The Park as a Living War Memorial," 61 (April 1946): 92, 123.

また次の諸文献も参照。

23 "Let's Have Living Memorials," *Recreation* 39 (May 1945): 74, 109; Lucas Freeman, "Man on Horseback Fades Out," *Nation's Business* 33 (May 1945): 88; and "Parks for Memorials," *American Home* 31 (December 1943): 46-48. "Thoughts on War Memorials," *Journal of the American Institute of Architects* 2 (November 1944): 221-22; James Earle Fraser, "Let Our New Monuments Inspire—and Endure," *Rotarian* 68 (February 1946): 24-25, 51-52; Margaret Cresson, "Memorials Symbolic of the Spirit of Man," *New York Times Magazine*, 22 July 1945, 14-15, 38; and Lewis Mumford, "Monuments and Memorials," *Good Housekeeping* 120 (January 1945): 17, 106-8.

24 合衆国商業会議所はアメリカのコミュニティにおける戦争メモリアル建設計画を定めるために全国各地の会議所の動向調査をおこなった。回答した二六五の会議所のうち、わずか一九がモニュメントを建設中であった。これと対照的に、講堂を建設した、あるいは建設中であると回答したのは四二に、また競技場は二〇、病院は一九、レクリエーション用の公園は二九、コミュニティ会館は一七、そしてアメリカ在郷軍人会の建物は一二に上った。"War Memorials—Planned or Completed," *American City* 63 (February 1948): 99-100; and "Living Memorials," *New York Times*, 5 January 1947, 10.

25 "The Famous Iwo Flag-Raising," *Life*, 26 March 1945, 17-18; and U.S. Congress, Senate, Senator Edwin Willis of Louisiana, *Congressional Record*, 79th Cong., 1st sess., 13 March 1945, 91, pt. 2: 2079-80. 以下の諸文献も参照。Lance Bertelsen, "Icons on Iwo," *Journal of Popular Culture* 22 (Spring 1989): 79-95; and Karal Ann Marling and John Wetenhall, *Iwo Jima: Monuments, Memories, and the American Hero* (Cambridge: Harvard University Press, 1991).

26 U.S. Congress, House, Representative Brooks Hays of Arkansas, *Congressional Record*, 79th Cong., 2d sess., 1 March 1946, 92, pt. 9:A1083-84.

27 Gilmore D. Clarke, Chairman, Commission of Fine Arts to Commission Members, 10 October 1947, copy; Lt. Cmdr. Wheeler Williams, USNR, inactive to James V. Forrestal, Secretary of the Navy, 28 February 1946, confidential memorandum, copy; Donald De Luc, President, National Sculpture Society, to Gilmore D. Clarke, Chairman, 15 August 1947; Clarke to Donald De Luc, 29 August 1947, copy; Clarke to General A. A. Vandergrift, Marine Corp Commandant, 2 December 1947, copy; Proceedings, Commission of Fine Arts, 28 August 1947, verbatim transcript, Marine Corp Monument file, box 100, Project Files, Commission of Fine Arts, RG 66, National Archives.

28 United States Marine Corp Memorial, 28 January 1954, Commission of Fine Arts Meeting, transcript, file: FAA, Statutes, Monuments and Memorials—Marine Corp Memorial, box 62, Central Files, RG 66, National Archives.

29 Minutes, General Meetings of the National Sculpture Society, 10 April 1951, 3, file: National Sculpture Society, 1951-52, box 2, Adolph A. Weinman Papers, Archives of American Art, Washington, D.C.

30 Alice B. Louchheim, "Memorials to Our War Dead Abroad," *New York Times*, 15 January 1950, sec. 2, p. 10; Charlotte Devree, "Is this Statuary Worth More than a Million of Your Money?" *Art News*, April 1955, 34-37; and John Canaday, "Our National Pride: The World's Worst Sculpture," *New York Times*, 25 July 1965, reprinted in: *Culture Gulch: Notes on Art and Its Public in 1960s*, ed. John Canady (New York: Farrar, Straus and Giroux, 1969), 96.

31 "Veterans Day: Old Holiday, New Accents," *Times*, 22 November 1954, 20-21; and "Veterans' Day," *New York Herald Tribune*, 11 November 1954, 22.

32 William Pencak, *For God and Country: The American Legion, 1919-1941* (Boston: Northeastern University Press, 1989), 144-69.

33 LeRoy Wolins, Vice Commander, Veterans for Peace, "Memo to Peace Activists and the Media Re: How Should We Celebrate the 40th Anniversary of Victory over Hitler's Germany?"; LeRoy Wolins, "U.C. Student 'on leave' Fights for UN 'peace oath' Approval," *Chicago Maroon*, 27 June 1950; "U.S. W.W. II Vet Buried in East Germany, *Stars and Stripes*, 27 November 1983, 42, file: Veterans for Peace, subject file, Swarthmore College Peace Collection, Swarthmore, Pennsylvania; and Mark Scott and Semyon Krasilshchik, *Yanks Meet Reds: Recollections of U.S. and Soviet Vets from the Linkup in World War II* (Santa Barbara, Calif.: Capra Press, 1988), 224.

34 Robert L. Tyler, "The American Veterans Committee: Out of a Hot War and into the Cold," *American Quarterly* 18 (Fall 1966): 419-36.

35 "Armistice Day," *New York Herald Tribune*, 11 November 1948, 26; "Preparedness Appeals Mark Armistice Day," *New York Herald Tribune*, 12 November 1948, 25; John Gregory, "Armistice Rites Honor Korean Dead," *Washington Post*, 12 November 1950, 1; "U.S. Pays Honor to War Veterans, Hears Pleas for Strength and Faith," *New York Times*, 12 November

1954, 12; and "San Diego Rejects 'Four Freedoms' Plaque; Standley Opposes 'Ideology' of Two Points," *New York Times*, 18 February 1950, 7.

36 T. B. Larkin, Major General to the Quartermaster General for the Secretary of the Army, memorandum [January 1949], copy in file: War Memorial Projects, National Sculpture Society, reel 490, Archives of American Art, Washington, D.C.

37 Minutes, 20 February 1950, Commission of Fine Arts, RG 66.

38 Ibid.

39 Harry H. Vaughan, Major General, U.S. Army (Ret.), Military Aide to the President to George C. Marshall, Secretary of Defense, 23 October 1950, file 293, central decimal file, July-December 1950, Correspondence Control Section, Office of the Administrative Secretary, Records of the Office of Secretary of Defense, RG 330, National Archives; U.S. Congress, House, Armed Service Committee, *Providing for the Burial in the Memorial Amphitheater of the National Cemetery at Arlington, VA., of the Remains of an Unknown American Who Lost His Life While Serving Overseas in the Armed Forces During the Korean Conflict: Report*, 84th Cong., 2d sess., 28 June 1956, H. Rept. 2503; and Jack Raymond, "Unknowns of World War II and Korea are Enshrined," *New York Times*, 31 May 1958, 1, 4.

40 "President Greets Nation's Heroes," *New York Times*, 31 May 1958, 1, 4.

41 A. E. Demaray, Associate Director, National Park Service, memorandum for the Regional Director, Region Three, 14 September 1945; Abe Fortas, Acting Secretary of the Interior, to Robert L. Patterson, Secretary of War, 21 September 1945, file 0-35, Site of the Atomic Bomb Proving Ground Part One, box 2982, Proposed National Monuments, Central Classified Files, 1933-49, Records of the National Park Service, RG 79, National Archives.
歴史的な土地や建造物の保存を通して国民的な記憶を形作るという活動がおこなわれてきた。そのなかで国立公園局がはたした役割については、以下を参照。
John Bodnar, *Remaking America: Public Memory, Commemoration, and Patriotism in the Twentieth Century* (Princeton, N.J.,:

Princeton University Press, 1992), 169-205〔＝野村達朗ほか訳『鎮魂と祝祭のアメリカ　歴史の記憶と愛国主義』、青木書店、一九九七年〕; and Michael G. Kammen, *Mystic Chords of Memory: The Transformation of Tradition in American Culture* (New York: Alfred A. Knopf, 1991), 448-73.

私は、上記のボドナーの著作を通してロスアラモスの原爆メモリアル構想に関連する国立公文書館所蔵史料に目を向けることになった。記して感謝の意を表します。

42　John J. Dempsey, Governor, New Mexico, to Newton B. Drury, Director, National Park Service, 22 September 1945, Site of the Atomic Bomb Proving Ground Part One, RG 79, National Archives.

43　Henry O. Roesker, Cuba, to New York, to Harold L. Ickes, received 17 September 1945; Norman W. Clark to Harold L. Ickes, received 3 October 1945, Site of the Atomic Bomb Proving Ground Part One, RG 79, National Archives.

44　"Crater of the First A-Bomb Shown to U.S. Newsmen," *Los Angeles Times*, 12 September 1945, typescript copy, Site of the Atomic Bomb Proving Ground Part One, RG 79.

45　E. T. Scoyen, Acting Regional Director, 6 May 1946, memorandum for the Director, file 0-35, Proposed National Monuments, 1933-49, box 2982, RG 79, National Archives.

一九六九年、防衛原子力局がニューメキシコ州アルバカーキ近くのカートランド空軍基地に国立原子力博物館を設立し、その後一九七六年にはエネルギー省が同博物館を管轄下に置いた。博物館には、「リトルボーイ」（広島に投下された原爆のコードネーム）や「ファットマン」（長崎に投下された原爆のコードネーム）などに用いられたケーシング（鉛と鉄でできた外被）が展示された。また、原爆や核エネルギーを扱った一九三〇年代・四〇年代のニュース映画も展示された。この博物館を批評したものとして次の文献がある。

Kenneth Arnold, "The National Atomic Museum, Albuquerque, New Mexico: Where 'Weapon Shapes' Are Not Enough," *Technology and Culture* 30 (July 1989): 640-42.

46　B-29 "Enola Gay" Curatorial File, 1988, Department of Aeronautics, National Air and Space Museum, Washington, D.C.;

Michael McMahon, "The Romance of Technological Progress: A Critical Review of the National Air and Space Museum," *Technology and Culture* 22 (April 1981): 281-96; and Samuel A. Batzli, "From Heroes to Hiroshima: The National Air and Space Museum Adjusts Its Point of View," *Technology and Culture* 31 (October 1990): 830-37.
私はエノラ・ゲイ号展示監督ファイルの利用、および同号に関する引用に関し、国立航空宇宙博物館の航空工学部門責任者、マイケル・J・ニューフェルド博士に感謝します。

47 U.S. Department of the Interior, National Park Service, *Warships Associated with World War II in the Pacific: National Historic Landmark Theme Study*, by Harry A. Butowsky (Washington, D.C.: GPO, 1985).

48 Ibid.

49 Ibid.

50 U.S. Congress, House, Committee on Military Affairs, *Transfer of Certain National Military Parks*, 70th Cong., 2d sess., 31 January 1929.

51 C. R. Chandler, "World War II as Southern Entertainment: The Confederate Air Force and Warfare Re-Enactment Ritual," in *Rituals and Ceremonies in Popular Culture*, ed. Ray B. Browne (Bowling Green, Ohio: Bowling Green University Popular Press, 1980), 258-69.

52 Ibid.

53 Susan G. Davis, *Parades and Power: Street Theatre in Nineteenth Century Philadelphia* (Philadelphia: Temple University Press, 1986; Berkley and Los Angeles: University of California Press, 1988), 64; Edward Tabor Linenthal, *Sacred Ground: Americans and Their Battlefields* (Urbana, Ill.: University of Illinois Press, 1991), passim; and *American Legion Weekly*, 22 October 1920, 14.

54 Chandler, "World War II as Southern Entertainment," 258-69.

55 Ibid.

56 "Join the March of Peace on World Peace Day 1948 (August 6th)," pamphlet, folder: International World Peace Day Committee, box 1, Records of the International Student Service, Collective Document Group A, Swarthmore Peace Collection, Swarthmore, Pennsylvania; Walter Sullivan, "Desert Rites Ask Ban on Atom War," *New York Times*, 7 August 1947, 2; Preston King Sheldon, "Prayers Will Note Bomb Anniversary," *New York Times*, 5 August 1950, 16; Charles DeBenedetti, *The Peace Reform in American History* (Bloomington, Ind.: Indiana University Press, 1980), 138-64; and Gar Alperovitz, *Atomic Diplomacy: Hiroshima and Potsdam* (New York: Simon and Schuster, 1965).

57 "Forty Years after Battle, Smiles on Iwo Jima," *New York Times*, 20 February 1985, 1; "Remembering the Battle at Remagen," *New York Times*, 10 February 1985, 10; and Ralph Blumenthal, "Veteran Reunion Drawing Protests: Complaints Follow Disclosure of Meetings Exchanged by U.S. and SS Veterans," *New York Times*, 15 September 1985, 31.

58 President's Commission on the Holocaust, *Report to the President*, by Elie Wiesel, Chairman (Washington, D.C.: GPO, 1979).

合衆国に造られたホロコーストのメモリアルに関する包括的な考察としては、次を参照。

James E. Young, *The Texture of Memory: Holocaust Memorials and Meaning* (New Haven, Conn.: Yale University Press, 1993), 283-350.

59 Ibid.

60 U.S. Holocaust Commission, *Days of Remembrance: 1983* (Washington, D.C.: GPO, 1983), *Days of Remembrance: 1987* (Washington, D.C.: GPO, 1987); and *Days of Remembrance, 1988: Planning Guide* (Washington, D.C.: GPO, 1988).

61 U.S. President, *Public Papers of the President of the United States* (Washington, D.C.: Office of the *Federal Register*, National Archives and Records Service, 1979), s.v. Jimmy Carter, 1978, 812-14.

62 U.S. Holocaust Commission, *Days of Remembrance: 1985* (Washington, D.C.: GPO, 1985).

63 Suzanne Garment, "The U.S. Builds A Memorial to the Unthinkable," *Wall Street Journal*, 4 February 1983, 24.

64 U.S. President, *Public Papers of the President of the United States* (Washington, D.C.: Office of the *Federal Register*, National Archives and Records Service, 1988), s.v. Ronald Reagan, 1985, 330-31.

65 ビットブルク問題に関わる論争を概観するものとしては、次の文献がある。
Geoffrey Hartman, ed., *Bitburg: In Moral and Political Perspective* (Bloomington, Ind.: Indiana University Press, 1986).

66 Mayo, *War Memorials*, 244-45; and Herbert Muschamp, "How Buildings Remember," *New Republic*, 28 August 1989, 27-33.

67 Robert Reinhold, "Fifty Years after Attack, Survivors Arc Told to Forget Animosity," *New York Times*, 8 December 1991, 1, 24; and George Bush, "Remarks to the Pearl Harbor Survivors Association in Honolulu, Hawaii, December 7, 1991," *Weekly Compilation of Presidential Documents* 27, no. 50 (16 December 1991): 1785-87.

68 Roberta Wohlstetter, *Pearl Harbor: Warning and Decision* (Stanford, Calif.: Stanford University Press, 1962).

69 Linenthal, *Sacred Ground*, 175-212.

70 Ibid, 179-81.

71 Ibid.

72 Ibid., 179-96.

73 "America-Bashing, Not all False," *New York Times*, 22 January 1992, 20.

74 "Rhode Island Takes a Holiday," *New York Times*, 7 August 1988, 39; and Robert Reinhold, "Fifty Years After Pearl Harbor, Reconciliation Is Still Elusive," *New York Times*, 1 September 1991, 1, 22.

第五章　朝鮮戦争からベトナム慰霊碑へ

1 冷戦期のアメリカ外交に関する入門書としては、差し当たり次の文献を参照。
Stephen E. Ambrose, *Rise to Globalism: American Foreign Policy Since 1938*, 4th rev. ed. (New York: Penguin Books, 1985).

2 Russell F. Weigley, *The American Way of War: A History of United States Military Strategy and Policy* (New York: Macmillan, 1973).

3 朝鮮戦争を概観したものとしては、たとえば次のものを参照。
Burton I. Kaufman, *The Korean War: Challenges in Crisis, Credibility, and Command* (Philadelphia: Temple University Press, 1986).

4 ジョゼフ・マッカーシーとマッカーシズムに関する入門書としては以下のようなものがある。
David M. Oshinsky, *A Conspiracy So Immense: The World of Joe McCarthy* (New York: Free Press, 1983); and Athan Theoharis, *Seeds of Repression: Harry S. Truman and the Origins of McCarthyism* (Chicago: Quadrangle Books, 1971).

5 "U.S. Announces Program on Returning War Dead," *New York Times*, 9 March 1951, 2; Secretary of Defense George Marshall to Secretaries of Army, Navy, and Air Force, memorandum, Order on Reinternment, 1 March 1951, copy; M. B. Ridgway, Commander in Chief, Far Eastern Command to the Adjutant General, Department of the Army, 4 September 1951, file 293: Army Forces in Korea — Disposition of Unidentified Remains, box 651, miscellaneous file, 1939-54, General Correspondence, RG 92, National Archives.

6 "Homecoming," *New York Times*, 22 March 1951, 30.

7 Marshall S. Carter, Brigadier General, USA, Director, Executive Office, Department of Defense Directive, Number 110.04-3, 21 September 1951, Frank Pace, Jr., Secretary of the Army to Representative John R. Murdoch, Chairman, Committee on

Interior and Insular Affairs, 18 December 1951, file 293.7, Armed Forces—Korea, box 506, miscellaneous file, 1939-54, General Correspondence, RG 92, National Archives; U.S. Congress, House, Representative Karl Stefan of Nebraska, *Congressional Record*, 82d Cong., 1st sess., 19 September 1951, 97, pt. 9:11664; U.S. Congress, Senate, Senator William F. Knowland of California, Senator Arthur V. Watkins of Utah, *Congressional Record*, 82d Cong., 1st sess., 21 September 1951, 97, pt. 9:11823-24; and U.S. Congress, House, Representative Harold Royce Gross of Iowa, *Congressional Record*, 82d Cong., 1st sess., 11 October 1951, 97, pt. 10:13016-17.

8 James Barron, "A Korean War Parade, Decades Late," *New York Times*, 26 June 1991, B3.

9 American Battle Monuments Commission, "Honolulu Memorial National Memorial Cemetery of the Pacific," Washington, D.C.: American Battle Monuments Commission, 1985.

10 James M. Mayo, *War Memorials as Political Landscape: The American Experience and Beyond* (New York: Praeger, 1988), 194-95, 284.

11 Record of Proceedings: Sixty-first Meeting, 24 October 1950, American Battle Monuments Commission, Records of the American Monuments Commission, RG 117, National Archives.

12 U.S. Congress, Senate, Committee on Interior and Insular Affairs, *Creating a National Monument Commission*, 83d Cong., 2d sess., 30 July 1954, S. Rept. 2020; and "'Freedom Wall' Project Rouses Arlington Board," *Washington Evening Star*, 18 August 1957, "Speaking of Freedom," *Washington Evening Star*, 21 August 1957, "Fast Action Questioned on Freedom Monument," *Washington Evening Star*, 22 August 1957, "Sheppard Objection Stalls Monument Bill," *Washington Post*, 20 August 1957, A10, "Freedom Shrine Muddle," *Washington Evening Star*, 11 September 1957, "VFW Battles Freedom Wall," *Washington Evening Star*, 4 February 1958, "Again—The Freedom Shrine," *Washington Evening Star*, 19 March 1958, "Freedom Wall Killed in House, 195-169," *Washington Evening Star*, 28 March 1958, "'That Wall Again,'" *Washington Evening Star*, 15 June 1959, "Arlington Board Hits 'Freedom Wall' Again," *Washington Sunday Star*, 21 June 1959,

"Monument Bill Appears Doomed," *Washington Post*, 23 May 1960, Ada Louise Huxtable, "Plan for a Freedom Shrine Introduced in Congress," *New York Times*, 3 June 1960, clippings in file: FAA, Statues, Monuments, and Memorials: Five Freedoms Memorials, 1954-61, Central Files, box 61, Records of the Commission of Fine Arts, RG 66, National Archives.

13 Leonard Carmichael, Secretary, Smithsonian Institution, memorandum, 31 January 1957, enclosure memorandum to the President, 30 January 1957 [Nelson Rockefeller, et al.], box 92, Office of the Secretary Records, 1949-64, Record Unit 50, Smithsonian Institution Archives, Washington, D.C.

14 Nelson Rockefeller to Leonard Carmichael, 26 February 1959, John Nicholas Brown to Leonard Carmichael, 16 March 1959, box 92, Office of the Secretary Records, 1949-64, Record Unit 50, Smithsonian Institution Archives, Washington, D.C.

15 U.S. Congress, Senate, Committee on Rules and Administration, *Establishing a National Armed Forces Museum Advisory Board of the Smithsonian Institution and Authorizing Expansion of the Armed Forces Exhibits Therein: Report*, 87th Cong., 1st sess., 16 August 1961, S. Rept. 752.

16 "Preliminary Development Plan: National Armed Forces Museum Park," 1966, box 12, Colonel John H. Magruder to S. Dillon Ripley, 17 January 1967, John H. Magruder, "Summary of Mail Received by Smithsonian Institution Protesting National Armed Forces Museum Park," 13 January 1967, memorandum, box 2; press clippings and letters to the editor in box 12: "Military Park Planned on 610-Acre River Site," *Washington Post*, 21 September 1966, B1; "Militant Play," *Washington Post*, 28 September 1966, A24; "A Difficult Choice," *Washington Evening Star*, 29 September 1966, A18; "Military Museum," *Washington Evening Star*, 10 March 1967; "Is This Museum Necessary?" *Nation*, 23 January 1967; "Armed Forces Museum Park," *Boston Globe*, 17 January 1967; "Writer Deplores Creation of 'Disneyland of War,'" (*Newburyport, Mass.*) News, 24 January 1967, Eisenhower Institute for Historical Research Records, National Museum of American History, Accession No. T89062, Smithsonian Institution Archives, Washington, D.C.

17 J. S. Hutchins to Colonel Magruder, 4 November 1969; Colonel Magruder to Members, National Armed Forces Museum

Advisory Board, 19 January 1970, box 1, Eisenhower Institute for Historical Research Records, National Museum of American History, Accession No. T89062, Smithsonian Institution Archives, Washington, D.C.; "National Armed Forces Museum Advisory Board," *Smithsonian Year: 1975: Annual Report of the Smithsonian Institution for the Year Ended June 30, 1975* (Washington, D.C.: Smithsonian Institution Press, 1975), 189-90; and Interview, James Hutchins, Former Director, National Armed Forces Museum Advisory Board, 10 February 1990, Washington, D.C.

18 Charles Blitzer to Dillon Ripley, 26 September 1966, box 56, Assistant Secretary for History and Art, 1965-72, Record Unit 104, Smithsonian Institution Archives, Washington, D.C.

19 Gary O. Larson, *The Reluctant Patron: The United States Government and the Arts, 1943-1965* (Philadelphia: University of Pennsylvania Press, 1983); and John Wetenhall, "The Ascendancy of Modern Public Sculpture in America" (Ph.D. diss., Stanford University, 1988), 41-68, 310-80.

20 ベトナム戦争を考察した最良の一巻本は次のものであろう。

George C. Herring, *America's Longest War*, 2d ed. (New York: Knopf, 1986). 〔＝秋谷昌平訳『アメリカの最も長い戦争』上下巻、講談社、一九八五年〕

なお、アメリカのベトナム介入を跡付ける史料のレビューとしては次のものを参照。

Christopher C. Lovett, "'We Had the Day in the Palm of Our Hand': A Review of Recent Sources on the War in Vietnam," *Military Affairs* 51 (April 1987): 67-72.

21 Charles DeBenedetti, *The Peace Reform in American History* (Bloomington, Ind.: Indiana University Press, 1980), 165-96; Mary Crawford, "Peg Mullen and the Military: The Bureaucracy of Death," *Ms.* 5 (January 1977):70-73, 95; U.S. Congress, House, *A Bill to Prohibit Use of Names of Members of the Armed Forces Who Have Died as a Result of Combat Actions, and for Other Purposes*, 91st Cong., 1st sess., H. Rept. 15100, 1969; and Malcolm Thompson, "When They Read the Name of My Son . . . ," *Las Vegas Review Journal*, 16 October 1969, press clipping; Jack L. Higgons, Chairman, Americanism

Committee, Department of Nevada, American Legion to National Headquarters, American Legion, 22 October 1969, Mrs. Richard A. Evans, Independence, Missouri, to J. Milton Patrick, National Commander, American Legion, 18 February 1970, James S. Whitefield, Executive Director, American Legion to Evans, 26 February 1970; Representative Glenn Cunningham, Press Release on H.R. 150001, file: Vietnam — War Dead, Legion, American Legion Library, Indianapolis, Indiana.

22 John Hellmann, *American Myth and the Legacy of Vietnam* (New York: Columbia University Press, 1986), 53-66; and Albert Auster and Leonard Quart, *How the War Was Remembered: Hollywood and Vietnam* (New York: Praeger, 1988), 33-36.

23 Mayo, *War Memorials*, 199.

24 U.S. President, *Public Papers of the President of the United States* (Washington, D.C.: Office of the Federal Register, National Archives and Records Service, 1975), s.v. Richard Nixon, 1974, 40-44, 210-12, 325-27.

25 H. Bruce Franklin, *M.I.A. or Mythmaking in America* (Brooklyn, N.Y.: Lawrence Hill Books, 1992).
この本でフランクリンは、ＭＩＡ（戦闘中行方不明者）をめぐる神話の起源を探り、ニクソン政権が、戦争を長引かせようとして、また宣伝戦で北ベトナム政府に勝とうとして重ねた努力にたどりついている。

26 Paul A. Gigot, "Lost or Merely Forgotten?" *National Review*, 17 August 1979, 1035-38; Thomas D. Boettcher and Joseph A. Rehyansky, "We Can Keep You . . . Forever," *National Review*, 21 August 1981, 958-62; Daniel A. O'Donohue, "Americans Missing in Southeast Asia," *Department of State Bulletin* 83 (January 1983), 19-20; and Paul D. Wolfowitz, "POW-MIAs and U.S. Policy Toward Southeast Asia," *Department of State Bulletin* 83 (September 1983): 55-57.

27 U.S. Department of the Army, *Logistic Support*, by Joseph M. Heiser, Jr., Vietnam Studies Series (Washington, D.C.: Department of the Army, 1974), 204-5.

28 *The Class that Went to War*, produced by American Broadcasting Company, 38 min., CRM McGraw-Hill Films, 1977, 16mm motion picture; *"How from Home": Veterans After Vietnam*, produced by Richard Ellison, Northern Lights Production, 30 min., 1985, 16mm motion picture; "Home from Vietnam," *U.S. News and World Report*, 12 February 1973, 21-23; Chuck

Noell and Gary Wood, *We Are All POWs* (Philadelphia: Fortress Press, 1975), 55-57; quoted in Peter Karsten, *Soldiers and Society: The Effects of Military Service and War on American Life* (Westport, Conn.: Greenwood Press, 1978), 272-73; and Julius Duscha, "New Vets and the Old Legion," *Nation*, 13 August 1973, 103-6.

29 Auster and Quart, *Hollywood and Vietnam*, passim.

30 R. M. Easley to Colonel Richard Derby, Temporary Committee, April 26, 1919, box 19, General Correspondence, National Civic Federation, Manuscript and Rare Books Division, New York Public Library, New York.

31 Roger J. Spiller, "Shell Shock," *American Heritage* 41 (May/June 1990): 74-87; and Peter Karsten, *The Military in America: From the Colonial Era to the Present*, rev. ed. (New York: Free Press, 1986), 371.

32 William G. Pelfrey, "No Laurels for Legionnaires," *New Republic*, 21 November 1970, 18; and B. Drummond Ayres, Jr., "The Vietnam Veteran: Silent Perplexed, Unnoticed," in *The Vietnam Veteran in Contemporary Society: Collected Materials Pertaining to the Young Veterans, U.S. Veterans Administration, Department of Medicine and Surgery* (Washington, D.C.: GPO, 1972), vol. 4, pt. 52:5, pt. 5:11.

また、朝鮮戦争から帰国・復員する兵士が受けた歓迎の一例は、次の文献でわかる。

"Session at Seattle," *Life*, 17 August 1953, 28-29.

33 D. Michael Shafer, "The Vietnam-Era Draft: Who Went, Who Didn't, and Why it Matters," in *The Legacy: The Vietnam War in the American Imagination*, ed. D. Michael Shafer (Boston: Beacon Press, 1990), 57-79.

34 "Home At Last!" *Newsweek*, 26 February 1973, 16-24; "An Emotional Exuberant Welcome Home," *Time*, 26 February 1973, 12-17; "The POW's Come Home: Unbounded Joy, But—," *U.S. News and World Reports*, 26 February 1973, 21-23; U.S. President, *Public Papers of the President of the United States* (Washington, D.C.: Office of the *Federal Register*, National Archives and Records Service, 1975), s.v. Richard Nixon, 1973, 564-65; and Colonel Joseph E. Milligan, Lieutenant Colonel, Air Force (Ret.), interview by author, 18 May 1990, New Brunswick, New Jersey.

35 Richard Moser, "Talkin' the Vietnam Blues: Vietnam Oral History and Our Popular Memory of War," in *The Legacy: The Vietnam War in the American Imagination*, ed. D. Michael Shafer (Boson: Beacon Press, 1990), 104-21; and Peter Karsten, *Soldiers and Society: The Effects of Military Service and War on American Life* (Westport, Conn.: Greenwood Press, 1987), 263.

36 Catherine Albanese, "Requiem for Memorial Day: Dissent in the Redeemer Nation," *American Quarterly* 26 (October 1974): 386-98.

37 U.S. Congress, House, Representative Thomas J. Meskill of Connecticut, Representative Edward Boland of Massachusetts, and Representative Peter Rodino of New Jersey, *Congressional Record*, 90th Cong., 2d sess., 9 May 1968, 114, pt. 10:12583-12612.

38 U.S. Congress, House, Representative Edward Hutchinson of Michigan, Representative Basil Lee Whitener of North Carolina, Representative John D. Waggonner, Jr., of Louisiana, Representative James A. Burke of Massachusetts, and Representative Richard Roudebush of Indiana, *Congressional Record*, 90th Cong., 2d sess., 9 May 1968, 114, pt. 10:12583-12612.

39 U.S. Congress, House, Representative Patricia Schroeder of Colorado, Representative Samuel Stratton of New York, and Representative Edward Boland of Massachusetts, *Congressional Record*, 94th Cong., 1st sess., 9 September 1975, 121, pt. 22:28024-33.

40 Jerry L. Strait and Sandra S. Strait, *Vietnam War Memorials: An Illustrated Reference to Veterans Tributes throughout the United States* (Jefferson, N.C.: McFarland, 1988), 144-45; and Charles Hillinger, "Father Builds Mountain Chapel to Honor Son Killed in Vietnam," press clipping, Walter Douglas Westphall, "Vietnam Veterans Chapel Bulletin, July 1977," subject file: Vietnam Veterans Peace and Brotherhood Chapel, Swarthmore Peace Collection; Record of Proceedings, 94th Meeting, 1 May 1974, 95th Meeting, 14 November 1974, American Battle Monuments Commission, Washington, D.C.

41 ベトナム戦没者慰霊碑をめぐる論争の概略を知るには以下の文献を参照。
Jan C. Scruggs and Joel L. Swerdlow, *To Heal a Nation: The Vietnam Veterans Memorial* (New York: Harper & Row, 1985) and Karal Ann Marling and Robert Silberman, "The Statue Near the Wall: The Vietnam Veterans Memorial and the Art of Remembering," *Smithsonian Studies in American Art* 1 (Spring 1987): 5-29.

42 U.S. Congress, House, Representative Lucien Nedzi of Michigan, Representative John P. Hammerschmidt of Arkansas, and Representative Phillip Burton of California, *Congressional Record*, 96th Cong., 2d sess., 20 May 1980, 126, pt. 9:11834-36; and U.S. Congress, House, *Vietnam Veterans Memorial: Conference Report*, 96th Cong. 2d sess., 25 June 1980, H. Rept. 96-1129.
ベトナム戦没者慰霊碑のデザインに関しては、以下の文献も参照。
Nicholas J. Capasso, "Vietnam Veterans Memorial," in *The Critical Edge: Controversy in Recent American Architecture*, ed. Tod A. Marder (Cambridge, Mass.: MIT Press, 1985), 189-202; and Vincent J. Scully, *Architecture: The Natural and the Manmade* (New York: St. Martin's Press, 1991), 362-67.

43 U.S. Commission of Fine Arts, *The Commission of Fine Arts: A Brief History, 1910-84, with Additions, 1977-84*, by Sue A. Kohler (Washington, D.C.: GPO, 1985), 125-35.

44 U.S. President, *Public Papers of the President of the United States* (Washington, D.C.: Office of the *Federal Register*, National Archives and Records Service, 1982), s.v. Jimmy Carter, 1980-81, 1268-71.

45 "Honored at Last: A Memorial for Viet Nam Vets," *Time*, 14 July 1980, 23.

46 "That Vietnam Monument," *National Review*, 26 November 1982, 1461; Arthur C. Danto, "The Vietnam Veterans Memorial," *Nation*, 31 August 1985, 152-55; William Barry Furlong, "What Insiders Love about Washington, D.C.," *Discovery*, Spring 1990, 20-27; and Kurt Andersen, "A Homecoming at Last," *Time*, 22 November 1982, 44-46.

47 J. Mayhew Wainwright to John J. Pershing, 20 September 1936, Pershing Correspondence file, box 7, General Records and

Reports, RG 117, National Archives.

48 U.S. Congress, Senate, Committee of Veterans' Affairs, *Annual Report of the American Battle Monuments Commission: Fiscal Year 1976*, 95th Cong., 1st sess., 1977, 10.

49 Renata Adler, *Reckless Disregard: Westmoreland v. CBS et al.; Sharon v. Time* (New York: Alfred A. Knopf, 1986); and Bob Brewin and Sydney Shaw, *Vietnam on Trial: Westmoreland vs. CBS* (New York: Atheneum, 1987).

50 George C. Herring, "Vietnam, American Foreign Policy, and the Uses of History," *Virginia Quarterly Review* 66 (Winter 1990): 1-16.

51 D. Keith Mano, "The Vietnam Veterans' Parade," *National Review*, 26 July 1985, 52-53.

52 Timothy J. Lomperis, *"Reading the Wind": The Literature of the Vietnam War* (Durham, N.C.: Duke University Press for the Asia Society, 1987), 101-13; and John Clark Pratt, "Bibliographic Commentary: 'From the Fiction, Some Truths,'" in Lomperis, *"Reading the Wind,"* 117-54.

53 Gaines M. Foster, "Coming to Terms with Defeat: Post-Vietnam America and the Post-Civil War South," *Virginia Quarterly Review* 66 (Winter 1990): 17-35.

54 Strait and Strait, *Vietnam War Memorials*, 34, 148-49, 193-94.

55 Elizabeth M. Norman, *Nurses in War: Female Military Nurses Who Served in Vietnam* (Ann Arbor, Michigan: UMI Press, 1986); Lynda Van Devanter, *Home Before Morning: The Story of an Army Nurse in Vietnam* (New York: Beaufort, 1983); Keith Walker, ed., *A Piece of My Heart: The Stories of 26 American Women Who Served in Vietnam* (Novato, Calif.: Presidio Press, 1986); Marie E. Ferrey, "Fight for Vietnam Women's Memorial Shifts to Senate," *Navy Times*, 30 November 1987, 10; Kara Swisher, "Reagan Signs Bill for Vietnam Women's Memorial," *Washington Post*, 17 November 1988, C4; Tom Kelly, "They Faced a Wall of Opposition," *Washington Times*, 8 March 1989, E1; and Eric Schmitt, "A Belated Salute to the Women Who Served," *New York Times*, 12 November 1993, A1, A29.

また以下の文献も参照。

Karal Ann Marling and John Wetenhall, "The Sexual Politics of Memory: The Vietnam Women's Memorial Project and 'The Wall,'" *Prospects* 14 (1989): 341-72.

56 James M. Goode, *The Outdoor Sculpture of Washington, D.C.: A Comprehensive Historical Guide* (Washington, D.C.: Smithsonian Institution Press, 1974), 462-63.

57 Frank J. Murray, "The Korean War 'Silent Veterans' Will Get Memorial," *Washington Times*, press clipping in American Battle Monuments Commission, "Fact Sheet: Korean War Veterans Memorial to be Erected in the Nation's Capital" (Washington, D.C.: American Battle Monuments Commission, n.d.).

58 Ibid.

59 Bruce Cumings, *War and Television* (London: Verso, 1992), 269〔=渡辺将人訳『戦争とテレビ』、みすず書房、二〇〇四年〕; Tim Weiner, "Design Fight Embroils Korean War Memorial," *Philadelphia Inquirer*, 24 October 1990, 1-A, 6-A; Sarah Booth Conroy, "The Korea Memorial's Slow March," *Washington Post*, 5 April 1991, B1, B3; and Benjamin Forgey, "The Korean Controversy," *Washington Post*, 2 February 1993, D1, D9.

60 Sarah Booth Conroy, "Korea Memorial Design Rejected," *Washington Post*, 29 June 1991, C1, 5.

61 "A Pet Cemetery Proposal to Honor the Dogs of War," *New York Times*, 11 August 1992, B6.

62 Nicholas Capasso, "Constructing the Past: Contemporary Commemorative Sculpture," *Sculpture* 9 (November/December 1990): 56-63.

63 Melissa Brown, "Memorials not Monuments," *Progressive Architecture* 66 (September 1985): 43-46; and Miriam Ruth Jackson, "We Shall Not Be Moved: A Study of the May 4th Coalition and the Kent State University Gymnasium Controversy of 1977" (Ph.D. diss., Purdue University, 1982).

64 Jennifer Stoffel, "Terrible Event Echoes in Dispute on How to Remember It," *New York Times*, 14 December 1988, A20;

Linda Ellerbee, "Kent State Honors Slain Students, but Can't Lay to Rest Bitter Dispute," *New York Post*, 26 April 1990, 2; Robin Wilson, "As Kent State Prepares to Unveil Memorial, Critics of University Plan a Silent Protest," *Chronicle of Higher Education*, 2 May 1990, A31-2; and Jonathan Alter and Jennifer Stoffel, "Four Dead in Ohio Remembered," *Newsweek*, 7 May 1990, 27.

65 George Bush, "Address to the Nation Announcing Allied Military Action in the Persian Gulf," *Weekly Compilation of Presidential Documents* 27 (16 January 1991): 50-52.

66 Robert D. McFadden, "In a Ticker-Tape Blizzard, New York Honors the Troops," *New York Times*, 11 June 1991, A27, B4; Michal Wines, "Parade Unfurls Symbols of Patriotism in the Capital," *New York Times*, 9 June 1991, 20; and "Hometown Heroes," *Reno Gazette Journal*, 3 May 1991.

67 Sydney H. Schanberg, "A Great Parade, but the U.S. Can Do Even Better," *Newsday*, 11 June 1991, 85; and Anthony Lewis, "Not a Time to Celebrate," *New York Times*, 19 April 1991, A27.

68 H. Fineman, "Schwarzkopf for President?" *Newsweek*, 1 April 1991, 24; J. Ranelagh, "America's Black Eisenhower," *National Review*, 1 April 1991, 26-28; and B. B. Auster, "In the Footsteps of the Two Georges," *U.S. News and World Report*, 4 February 1991, 26-27.

69 "U.S. Senator Kasten Pushing Effort to Award Powell with Historic Fifth Star," *Jet*, 25 March 1991, 8.

結論

1 Thomas W. Laqueur, "Memory and the Naming in the Great War," and Daniel J. Sherman, "Art, Commerce, and the Production of Memory in France After World War I," in *Commemorations: The Politics of National Identity*, ed. John

R. Gillis (Princeton , N.J.: Princeton University Press, 1994), 150-67, 186-211; and Stephen R. Ward, "British Veterans' Organizations of the First World War" (Ph.D. diss., University of Cincinnati, 1969).

2 George L. Mosse, *Fallen Soldiers: Reshaping the Memory of the World Wars* (New York: Oxford University Press, 1990), 70-106〔＝宮武美知子訳『英霊　創られた世界大戦の記憶』、柏書房、二〇〇二年〕.

3 James M. Mayo, *War Memorials as Political Landscape: The American Experience and Beyond* (New York: Praeger, 1988), 237-41.

4 Carol Gluck, "The Disappearing Past: Public Memory in Contemporary Japan" (Lecture presented at Rutgers University, New Brunswick, New Jersey, 18 April 1991); and Steven R. Weisman, "Pearl Harbor in the Mind of Japan," *New York Times Magazine*, 3 November 1991, 30-33, 42-47, 68.

5 James E. Young, "The Biography of a Memorial Icon: Nathan Rapoport's Warsaw Ghetto Monument," *Representations* 26 (Spring 1989): 69-104.

6 James E. Young, *Writng and Rewriting the Holocaust* (Bloomington, Ind.: Indiana University Press, 1988), 181-87.

7 Ibid., 184-87.

訳者あとがき

本書は、アメリカ軍事史の研究者として多方面で活躍する歴史家、フロリダ州立大学のG・カート・ピーラー教授が、一九九五年にスミソニアン・ブックス社から出版した書物、*Remembering War the American Way* を全訳したものである。本書でピーラーは、戦争経験がアメリカ合衆国のアイデンティティを形作ったという観点に立ち、一八世紀の独立戦争から、二一世紀初頭の対イラク戦争までを対象として、アメリカ社会が戦争をどのように記憶し表象しようとしてきたか、またさまざまな政治集団、退役兵集団、エスニックグループ、さらには記念碑造りを担当する芸術家集団らが、戦争記念の仕方をめぐってどのようにせめぎ合ってきたか、といった問題を検討・考察している。

初版の出版からすでに一七年、新たな序文が付されたペーパーバック版の出版からでも八年が過ぎているが、独立戦争以来の戦争の記憶を一冊でカバーする例はほかにほとんどなく、アメリカの軍事的側面への関心、また記憶や記念というテーマへの関心が高まっている今日、日本におけるアメリカ史やアメリカ文化の理解を深める上で本書がもつ意義は大きいと私たち訳者は判断し、松籟社の協力を得てここに訳出したものである。訳出に際して、本来はアメリカの読者向けに書かれた本書を、軍事に対する感覚が大きく異なる日本の読者によりよく理解してもらえるよう、私たちは著者に「日本語版への序文」の執筆を依頼した。氏にはこれを快諾していただき、二度の日本滞在経験、そして日本の二つの大学での講義や日本各地での講演の経験をも踏まえた新たな序文を付すことができた。これは、歴史学専攻の通常の学生のほかに予備役将校訓練課程（ROTC。米軍将校の育成目的で州立大学等に設けられた課程。学生は一般の授業のほかに軍事訓練も受け、卒業後は将校に任官される）の学生も多数指導してきた氏ならではの、また世界各地の戦争記念施設を熟知する氏ならではの、率直かつユニークな日米比較論になっており、アメリカ史にあまり馴染みがない方々も含めて、本書の議論に入って行くための格好のガイドといえる。

常日頃、私たちは軍事大国アメリカ、戦争するアメリカを意識し、目の当たりにしている。また、オバマ大統領が見直しを表明してはいるものの、アメリカの軍事支出は世界全体の軍事費の半ば近くを占めるほどに巨大である。「世界の警察官」という意味でのアメリカの軍事行動は第二次世界大戦後のことだが、しかしアメリカ社会の戦争との深い関わりは、戦後に限ったことではない。著者が序文で述べているとおり、過去のアメリカのすべての世代が大きな戦争を経験しており、またその戦争経験がアメリカの国民意識を形成する上で決定的といっても過言ではない役割を演じてきた。そのような意味で、アメリカ史を理解しようとする際、アメリカがどのような戦争をどのように遂行・経験してきたかを知ることが重要だが、同時に、その戦争体験がどのように伝達・継承されてきたか、過去の戦争がどのように記憶され記念されてきたかということも、同様に、あるいはそれ以上に重要な課題となる。しかし最近まで、日本におけるアメリカ史研究やアメリカ研究の場で、戦争関連の研究は片隅に追いやられてきた感がある。本書が描き出すアメリカの戦争の記憶のあり方は、そのような課題に応えようとする際の一助になるものと信じる。

著者ピーラー教授は一九六一年生まれのドイツ系アメリカ人で、ニューヨーク市とその近郊で育った。そして一九八〇年代にラトガーズ大学大学院で、ジョン・チェンバーズ教授の指導の下、歴史学を修めている。当時のラトガーズ大学歴史学部は、外交史のロイド・ガードナー、文化史のジャクソン・リアズ、社会史のウィリアム・オニールなど、アメリカの歴史学界に大きな影響をおよぼした錚々たる研究者を擁していた。また、名著として知られ、いまも記憶・記念関係の議論の際にはしばしば引き合いに出される『記念行為――ナショナルアイデンティティのポリティクス』（原題は *Commemorations: The Politics of National Identity* で、ピーラーも寄稿者の一人）の編者ジョン・ギリスもいた。ピーラーが師事したチェンバーズ教授も、『軍隊を編成する――現代アメリカに登場した徴兵制』（*To Raise an Army: The Draft Comes to Modern America*）という書物でアメリカ史における政治思想と徴兵制の関連を解明するなど、政治史や社会史との関連を重視して軍事史の新たな境地を切り開いてきた優れた研究者である。そのような環境のなかで、若き日のピーラーは「記憶と記念」という歴史研究の新たな領域と軍事史を結び付けた。折しも、一九八〇年前後のアメリカでは、大評判となった長編ＴＶドラマ『ホロコースト』、あるいはベトナム戦争慰霊碑の建設をめぐって沸き上がった議論などの影響で、記憶や記念というテーマないしは視点への関心が高まりつつあった。

ピーラーは、方法論という点でいえば、ドイツからアメリカに移住し、ウィスコンシン大学でナチズムやヨーロッパ近現代の社会と文化を論じたジョージ・モッセの大きな影響も受けている。つまり本書には、一八世紀末以降のヨーロッパ諸国が、巧みなレトリックや大規模な記念式典などを通して大衆を国民化してゆくというモッセの論点（『大衆の国民化』一九七五年、邦訳一九九四年、および『英霊』一九九〇年、邦訳二〇〇二年）を手掛かりにして、アメリカ史を検証したという面がある。イギリス植民地の住民が戦争を通じて独立し、諸国からの移住者を受け入れて人口を急増させながら発展してきたというアメリカの歴史からすれば、その着想は当然のことのようにも思えるが、ことはそう単純でもない。

記念碑は前時代の遺物であって共和主義社会には不要であるという主張が、独立当初のアメリカでは強かった。しかし、その後は戦争の英雄を顕彰し、また戦死者の霊を慰めるものを中心に、記念碑を乱立させるようになる。近年は事故死した宇宙船コロンビアの乗組員を記念する銘板が火星に届けられるほどにまで、またアメリカ社会を記念碑の森と形容する論者がいるほどにまで、記念碑文化が隆盛である。そしてその記念碑や記念行事、あるいは記憶をテーマとする研究は一九七〇年代までほとんどなかったのだが、モッセの研究やベトナム慰霊碑などを契機として増え始めた。アメリカの学界で注目を集めたものについては、ピーラー自身が「序文」と「ペーパーバック版への序文」で言及している。なかでもとくに、マイケル・カーメンの大著『記憶という神秘的な弦』、および邦訳もあるジョン・ボドナー『鎮魂と祝祭のアメリカ』については「序文」の注2と3で詳細に、批判も含めて言及されているので、ぜひ参照していただきたい。

アメリカの学界における戦争の記憶や記念碑・記念行為に関する研究は、九〇年代以降、二一世紀に入っても盛んにおこなわれている。ただし、私の見るところ、いわゆる「集合的記憶」については、いささか波乱含みだ。カーメンは右の著書で集合的記憶について、「社会は自らの過去を忠実に記録するのではなく、今の時代が求めるものを念頭において作り直すのだ——つまり、現在を形作るために過去を操作するのだ」と述べている。ボドナーはさらに踏み込んでいる。日本でも、記憶に関する研究の場で、エリートや権力者側がつくるオフィシャルな過去の記憶と庶民の間で受け継がれてきた記憶とを対置させる図式がしばしば用いられる。しかしそれらの図式には一抹の不安もある。たとえば、米軍がかかわる戦争に刺激的なコメントを発してたびたび話題を呼んだ作家・ジャーナリストのスーザン・ソンタグは、「集合的記憶などというものはそもそも存在しない」のだと、二〇〇三年の著書で主張している。権力と影響力をもつ者が過去の出来事についてあるイメージを示せば、それは集団に対する指示や要求であって、記憶と呼ぶべきものではないというのだ。ソンタグのこの問題提起の後、アメリカでは歴史学や社会心理学などさまざまな分野の論者を巻き込んで議論が続いている。

これに比べると、ピーラーの本書は、記憶の本質をめぐる議論に直接足を踏み入れることはあまりない。むしろ彼が関心を向けるのは、戦没兵の慰霊、戦勝の栄誉の継承、戦争が生んだ社会的な亀裂の修復など、過去二〇〇年余りの間にアメリカが経験した諸戦争の記憶と記念という問題をめぐって諸集団が繰りひろげた対立・抗争、あるいは協調の具体的な歴史である。そして描き出されたのは、戦争の記憶や戦争を記念する行為が、人種・民族的に多元主義化してゆく社会の流れに沿うものになり、また下級兵士を重視するものになってゆく歴史である。それは、記憶とは何かという原理的な問題をめぐって議論が続くその後のアメリカの学界において、むしろ貴重な基礎的研究と評価されることにもなった。私たち訳者も、通史のかたちではこれまでほとんど紹介されてこなかったそのような歴史を日本の読者に届けることに意味があると考え、今回の出版にいたった。

ピーラー教授の、本書以外の仕事についても触れておこう。一九九〇年代の初め、アメリカでは「真珠湾」五〇周年を契機として第二次世界大戦を回顧し記念する動きが急激に高まった。そこに折からのオーラルヒストリー・ブームも重なり、高齢化する大戦時の兵士らの証言を記録する活動が全米各地でさまざまな形でおこなわれた。ラトガーズ大学でも一九九四年にピーラーを責任者とするプロジェクト（Rutgers Oral History Project）が立ち上げられ、厳密な手法を確立して退役兵士の証言を集めた。同プロジェクトは現時点で約五〇〇〇名の退役兵証言を収めており、数多いこの種の歴史プロジェクトのなかにあって、その規模や信頼性の面でトップクラスに位置づけられるものだ（ウエブ上で閲覧可能）。私自身も二次大戦後の兵士の社会復帰のあり方やそれが戦後社会に及ぼした影響に関心をもち、チェンバーズ、オニール両教授に教えを請うべく一九九四年にラトガーズ大学を訪れた。そしてそこでチェンバーズ教授を介してピーラーに初めて出会ったのだが、年老いた退役兵士からの証言集めの難しさや面白さを語る彼の表情はいまでも鮮明に蘇る。その後ピーラーはテネシー大学、さらにフロリダ州立大学へと転じたが、第二次世界大戦関連の研究を続けて数冊の著書をものする一方、前記チェンバーズ教授が編集責任者を務めた『オックスフォード軍事史辞典』ではコンサルティング・エディターとして編集に協力している。さらにピーラーは、社会科学分野の著名な出版社ＳＡＧＥから近刊予定の『セイジ国際軍事科学百科事典』では、総編集者として活躍中である。この百科事典は日本を含めた世界各国の第一線の研究者多数を動員した大規模なものであり、そのことがピーラーの仕事の質をよく物語っている。

そのようにアメリカ歴史学界の軍事史分野の最先端にいるピーラーがしばしば力説することがひとつある。一般人が軍事史や軍事文化を知ることの重要性だ。もちろんそれは、好戦的であるとか軍を支持するといった問題とはまったく別次元のことである。本書の「日本語版への序文」でも述べられているが、成立以来ずっと市民による軍の統制を強調してきた民主主義社会としてのアメリカにあっては、戦争はあまりに重要であり、将軍や国家的エリートのみに委ねておくことはできない、というのだ。日本では、戦争を嫌うあまり、軍事的な事柄にはそもそも関心をもたない、目を向けないという傾向があるように思われる。しかしアメリカという社会、そしてその歴史を理解するには軍事に目を向けざるを得ないのではないか。

私自身がアメリカの軍事史や軍事文化に関心をもつようになった契機は、何十年も前にアメリカの高校で学んでいたときのある体験だ。小さな町の公立高校の卒業式の日に州軍（ナショナル・ガード）がキャンパスに出向いて来た。軍用の車両やヘリを校庭に並べ、体育館にはライフル銃や機関銃を含めた兵士の装備品を大規模に展示して、卒業する生徒に州軍への入隊を勧めるのだ。その様子を目の当たりにした。ごく自然な雰囲気でことが進んでいた。この光景は、米軍についてはもちろんのこと、旧日本軍についてもほとんど何も知らなかった一七歳の私には大きな衝撃で、軍事がアメリカ市民にとって身近なものであることに目を瞠《みは》った。その後、おもに政治史や社会史に関心をもってアメリカ史を学んできたが、軍事史への関心が消えることはなかった。そして今回の翻訳作業を通して、私としては、アメリカ史における軍事的側面、あるいはアメリカ文化における軍事文化がもつ重みを再確認することができたと感じている。アメリカに関心をもつ方々がそうした側面や要素にも目を向けて、より深くアメリカを理解されるよう、またその際、この訳書がささやかでも一助となるよう心から願っている。

最後に、この翻訳の成り立ちについて記しておくことをお許しいただきたい。ピーラー教授が二〇〇八年にフルブライト・プログラムで来日した際、神戸大学の横山良教授が受け入れの労を取られたが、私も京都大学で彼と共同授業をおこなった。「アメリカ史における戦争とその記憶」というテーマの下、植民地時代からベトナム戦争まで、毎回時間を折半して一四週にわたって講義し、人間・環境学研究科の院生を中心に、三〇人前後の受講生に熱心に付き合ってもらうことができた。またこのクラスは、授業以外にも、京都郊外のハイキングを楽しんだり、リベラルなユダヤ教徒であるピーラーの誘いで神戸のシナゴーグを訪れたり、さらには祇園祭を楽しんだりもした。そうした機会に彼の誠実で気さくな人柄に触れ、また多元的なアメリカ社会を展望しつつ厳密な実証を旨とするその歴史観に触れたアメリカ史専攻の院生・研究生たちに、私は本書の翻訳を提案し、五人から協力の快諾を得た。

翻訳作業は私を含めた六人が次のような形で分担した。「日本語版への序文」、「ペーパーバック版へのまえがき」、「第四章」は島田が、「序文」と「結論」は岩本修が、「第一章」は藤岡真樹が、「第二章」は布施将夫が、「第三章」は金子典生が、そして「第五章」は森山貴仁が、それぞれ担当した。出揃った原稿を全員で検討し直し、さらに島田が最終的な点検と文体の統一を担当した。各人の専門領域は政治史・社会史・文化史・軍事史と多様で、それぞれに個性豊かな若手研究者であるため、監訳者としては、章ごとの文体の特徴を生かしつつ全体としての統一を保つよう心掛けた。また、アメリカ史の重要な側面を、専門の枠を越えてできるだけ多くの方々に読んでいただきたいと考え、訳文は平易なものになるよう心がけ、紙数の許す範囲で訳注も附した。原書の巻末に付された注釈は膨大なものだが、この分野の文献が日本ではあまり知られていないことを考慮し、説明の部分を翻訳した上ですべて収録した。本書はこれまで歴史学の分野では日本にあまり紹介されてこなかった問題に光を当てている。そのため私たちは、訳語には細心の注意を払ったつもりだが、それでも解釈も含めて思わぬ過ちを犯しているかもしれない。お気づきの点については、ぜひともご批判・ご教示を賜りたい。

翻訳作業は二〇〇九年秋にスタートしたが、途中でメンバーの就職や療養などもあり、完成には三年もの時間を要した。その間、翻訳メンバー以外のさまざまな方の協力も賜った。本書に多数出てくる、日本では情報を得にくいヨーロッパの地名や人名に関しては、ピーラー教授との交流への熱心な参加者の一人、吉田亞矢さんが、ヨーロッパ各地の知人・研究者から情報を収集し、提供してくれた。出版業界が厳しい状況にあるなかで本書の出版を引き受けていただいた松籟社、またその編集の労をとっていただいた同社の木村浩之氏にも、この場を借りて深く感謝の意を表したい。私たち翻訳メンバーの勉強会にも幾度か参加していただき、人間・環境学研究科でアメリカの戦争文学を専攻された氏ならではの貴重なコメントも賜ったし、私の体調不良で滞りがちな原稿の取りまとめ作業をさまざまな形で支援していただいた。訳者の一人、布施が勤務する京都外国語大学からは出版助成金をいただき、この訳書を日本の多くの方々に届けたいという私たちの願いを力強く後押ししていただいた。心から感謝申し上げる。

二〇一二年一〇月

訳者を代表して　島田　眞杉　記

アメリカは戦争をこう記憶する

2013年3月31日　初版第1刷発行　　定価はカバーに表示しています

著　者　G・カート・ピーラー
監訳者　島田眞杉
訳　者　布施将夫、岩本修、藤岡真樹、
森山貴仁、金子典生

発行者　相坂　一

発行所　松籟社（しょうらいしゃ）
〒612-0801　京都市伏見区深草正覚町1-34
電話　075-531-2878　振替　01040-3-13030
url　http://shoraisha.com/

Printed in Japan　　印刷・製本　モリモト印刷株式会社
装丁　安藤紫野

 ISBN978-4-87984-315-9　C0022

(1)　著者・訳者紹介

【著者】

G・カート・ピーラー（G. Kurt Piehler）

1961年、ニューヨーク市に生まれる。ドゥルー（Drew）大学を卒業後、ラトガーズ（Rutgers）大学大学院のジョン・チェンバーズ（John Chambers, II）教授の下で歴史学を専攻し、1990年に博士号取得。

現職はフロリダ州立大学准教授。歴史学部でアメリカ史を担当し、また同大学付属の「第2次世界大戦と人類の経験研究所」所長を務める。戦争と社会の関係、とくに第2次世界大戦がアメリカ社会に与えた影響に関心をもつ。また、オーラル・ヒストリーの豊富な実践経験があり、歴史と記憶の関係についての関心をもち続けている。

主要著作として、本書の他、*The United States and the World War II*（Fordham U.P., 2010）などがあり、また世界各国の軍事史・軍事科学の研究者多数が執筆する、軍事科学の大規模な百科事典（*Encyclopedia of Military Science*, SAGE社、2013年8月出版予定）では編集総責任者を務めている。

【監訳者】

島田　眞杉（しまだ　ますぎ）

1945年生まれ。京都大学大学院文学研究科博士課程中退。

島根大学、奈良教育大学、京都大学大学院人間・環境学研究科に勤務。京都大学名誉教授。

（主要著作）「セオダー・ローズヴェルトとアラモ――帝国の担い手の育て方」、天理大学アメリカス学会編『アメリカス世界のなかの「帝国」』（天理大学出版部、2005年）、「冷戦初期の市民教育と歴史像――『自由の列車』運動の役割をめぐって」、紀平英作編著『アメリカ民主主義の過去と現在』（ミネルヴァ書房、2008年）など。

（関心領域）戦争動員がアメリカ市民の生活や意識に及ぼした影響、また戦争動員のアメリカ的特質を考えることなど。

【共訳者】

布施　将夫（ふせ　まさお）

1971年生まれ。京都大学大学院人間・環境学研究科博士後期課程単位取得退学。博士（人間・環境学）。

現在、京都外国語大学専任講師。

（主要著作）「エリヒュー・ルートの軍制改革――陸軍省参謀部の創設をめぐって」、肥後本芳男他編『アメリカ史のフロンティアII――現代アメリカの政治文化と世界』（昭和堂、2010年）；「USMRR（合衆国軍事鉄道局）とハーマン・ハウプト――ゲティズバーグの戦いを中心に」、『ア

メリカ史研究』第34号、2011年、など。

（関心領域）アメリカの軍事史と文化史の間の架橋をめざし、軍隊と社会、兵士の相互関係に関心をもつ。

岩本　修（いわもと　おさむ）

1978年生まれ。京都大学大学院人間・環境学研究科博士後期課程単位取得退学。

現在、愛知県立一宮高校英語科教諭。

（主要著作）「カーナー委員会報告書の歴史的意義——人種暴動とアメリカのリベラリズム」『京都大学大学院人間・環境学研究科　歴史文化社会論講座紀要』第6号、2009年、など。

（関心領域）黒人公民権運動を中心に、1960年代のアメリカに関心をもつ。

藤岡　真樹（ふじおか　まさき）

1979年生まれ。京都大学大学院人間・環境学研究科修士課程修了。

現在、京都大学大学院人間・環境学研究科博士後期課程在学中。

（主要著作）「マサチューセッツ工科大学における人文・社会科学部の設置構想——『冷戦的大学』への視座を求めて」、『アメリカ史評論』第23号、2005年;「第二次大戦期の戦時機関におけるソ連研究の形成と変容」、肥後本芳男他編『アメリカ史のフロンティアII——現代アメリカの政治文化と世界』（昭和堂、2010年）など。

（関心領域）第二次世界大戦・冷戦とアメリカの学知との関わりに関心をもつ。

森山　貴仁（もりやま　たかひと）

1983年生まれ。京都大学大学院人間環境学研究科博士後期課程、およびフロリダ州立大学大学院博士課程に在学中。

（主要著作）「保守の『新しい社会運動』——草の根保守主義団体ジョン・バーチ協会と1960年代米国市民社会」、『アメリカ史評論』第27号、2009年、など。

（関心領域）現代米国の市民社会や社会運動における政治メディア。

金子　典生（かねこ　のりお）

1984年生まれ。京都大学大学院人間・環境学研究科修士課程修了。

現在、私立淳心学院中学・高等学校社会科教諭（世界史）。

（関心領域）20世紀初頭において「平均的アメリカ人」像が作られた背景およびその役割。

◉ 索引 ◉

・原書の索引をもとに作成したが、日本語版で独自に設けた項目もある。
・人名や組織名等の固有名詞には原語を併記し、訳語対照という性格を持たせている。

【数字・アルファベット】
1794年のウィスキー暴動　Whiskey Rebellion of 1794　20, 25
1794年のジェイ条約　Jay's Treaty of 1794　28
1812年戦争　War of 1812　4-6, 38-39, 58, 62, 64-65, 67-68, 72, 120, 240, 276
V-Jデー　V-J Day　206-07, 238

【あ行】
アーカンソー州
　――およびV-Jデー　206
『アート・アンド・プログレス』 *Art and Progress*　131
アーリントン国立共同墓地　Arlington National Cemetery　80, 90, 102, 111, 140, 142, 184-95, 217-19, 231, 270
アーリントン（ヴァージニア州）
　――における記念碑への反対　245
アイゼンハワー、ドワイト・D　Eisenhower, Dwight D.　218-19, 240, 245-46, 275, 289
アウステルリッツの戦い　Austerlitz, Battle of　61
『赤い武勲章』（クレイン） *Red Badge of Courage, The*　113
赤の恐怖（レッドスケア）　Red Scare　175, 177-78
アステカ・クラブ　Aztec Club　64
アタックス、クリパス　Attucks, Crispus　127
アダムズ、ジョン　Adams, John　26-27, 30-31, 34-35, 41
アダムズ、ジョン・クインシー　Adams, John Quincy　41, 44
アドラー、サイラス　Adler, Cyrus　159
アナ、サンタ　Anna, Santa　62, 64, 69
アフリカ系アメリカ人
　――の軍務　11, 276
　――の記念碑　86-87, 107-08, 110, 278-79
　――の金星章の母の巡礼への参加　164-66
　――記念碑の資金提供者としての　86-87
　――および奴隷制問題　41, 56-57, 70, 280
　――および再建期　96-98
　――および無名戦士の墓　189
アメリカ革命の息子たち（SAR）　Sons of the American Revolution　118, 121
アメリカ革命の娘たち（DAR）　Daughters of the American Revolution　121-24, 188
アメリカ芸術連盟　American Federation of Arts　128, 172
アメリカ戦闘記念碑委員会（ABMC）　American Battle Monuments Commission　157-61, 166, 201-06, 213, 243-45, 262-64, 267-72
アメリカ退役軍人会（AVC）　American Veterans Committee　215-16
アメリカ独立革命　American Revolution　4, 7, 9, 15-72, 81, 90, 117-18, 121-24, 126, 137, 258, 277-78
アメリカ＝メキシコ戦争　Mexican-American War　4, 63-65, 70, 117-20, 278
『アメリカン・シティ』 *American City*　170, 209
アメリカ在郷軍人会（アメリカン・リージョ

ン） American Legion　6, 10, 149, 175, 177-80, 185-89, 192, 195, 199, 203, 214-16, 225, 242, 258, 262-63, 273
——のアメリカニズム　149, 177
アラバマ州
——による第二次大戦の戦艦の保存　222
アラモ　Alamo　62
アリゾナ号　*Arizona*　236-37
アルペロヴィッツ、ガー　Alperovitz, Gar　227
アンソニー、スーザン・B　Anthony, Susan B.　57
アンダーソンヴィル（ジョージア州）
——における強制収容所の記念碑　115
アンティータムの戦い　Antietam, Battle of　77, 103
イェール大学　Yale University　2, 140, 261
硫黄島
——におけるアメリカの墓地　203
——におけるアメリカ国旗掲揚の記念碑　209-14, 221
イギリス
——の無名兵士の埋葬　183-84
——における戦争の記憶　283-84
——および金星章の母の巡礼　163
——と合衆国の1790年代の関係　27-28
——の第一次大戦の墓地　155-56
イスラエル
——におけるホロコーストの記憶　288
イッキーズ、ハロルド・L　Ickes, Harold L.　219
イリノイ州
——における南北戦争モニュメント委員会　129
インド
——におけるアメリカの墓地　203
ヴァージニア
——におけるジョージ・ワシントン記念碑　36-37
——およびマウント・ヴァーノンの保存　49-50
——およびジョージ・ワシントンの墓　70
ウィークス、ジョン　Weeks, John　186
ヴィーゼル、エリ　Wiesel, Elie　229, 234
ウィルソン、ウッドロー　Wilson, Woodrow　125, 146-49, 153, 180, 188, 191
ウィルミントン（デラウェア州）
——における記念碑　268
ウェイン、アンソニー　Wayne, Anthony　35
ウェイン、ジョン　Wayne, John　252
ウェストモーランド、ウィリアム　Westmoreland, William　265
ウェリントン公　Wellington, Duke of　61
ウォバーン（マサチューセッツ州）
——における記念碑　145
ウォレン、アール　Warren, Earl　246
ウォレン、ジョゼフ　Warren, Joseph　7, 30, 35-36
ウスター（マサチューセッツ州）
——における記念碑　83
エヴェレット、エドワード　Everett, Edward　41, 78
エノラ・ゲイ号　*Enola Gay*　221
オサリヴァン、ジョン・L　O'Sullivan, John L.　60
オリンピア号　*Olympia*　187
オルムステッド、フレデリック・ロウ・ジュニア　Olmsted, Frederick Law, Jr.　134

【か行】

カーター、ジミー　Carter, Jimmy　229-30, 262
ガードナー、アレグザンダー　Gardner, Alexander　82-83
カーネギー、アンドリュー　Carnegie, Andrew　145
ガーフィールド、ジェイムズ　Garfield, James　90
海軍（アメリカ軍）　138-45, 209-10, 222-23, 236-38
合衆国議会　5, 10, 18-22, 24-25, 27, 31-32, 34-37, 39-40, 43-46, 49, 60-61, 63, 65, 68, 70, 77, 79-80, 86, 88, 92, 102-04, 106-11,

118, 120, 124, 134, 136, 142, 153, 157, 162-63, 180, 182, 184, 190, 192, 194, 196, 202, 207, 210, 212, 217-18, 221, 223, 229-30, 236-37, 242-47, 249, 253, 259-63, 269-70, 272, 274, 278-79, 282
合衆国首都　18, 36-38, 46, 61, 80, 83, 86, 107, 210, 229-30, 271-72, 279
カニングハム、アン・パメラ　Cunningham, Ann Pamela　50
カリフォルニア州
——および第二次大戦の戦艦の保存　222
韓国
——におけるアメリカ軍墓地　241
——における戦争記念碑　243-44
感謝祭　Thanksgiving Day　12, 18
ギブソン、ジェイムズ・F　Gibson, James F.　82
ギャラティン、アルバート　Gallatin, Albert　53, 63
休戦記念日　→　退役軍人の日　Armistice Day　→　Veterans' Day
共和国軍人協会（GAR）　Grand Army of the Republic　88-97, 100, 102, 109, 115, 120, 131, 133, 178
キルパトリック、ジェイムズ・J　Kilpatrick, James J.　263
キンキナトゥス、ルシウス・クインクトゥス　Cincinnatus, Lucius Quinctius　19, 51, 58
金星章の母　Gold Star Mothers　161-68
クー・クラックス・クラン　Ku Klux Klan　96-98, 256
クープス、チーフ・プレンティー　Coups, Chief Plenty　189
クーリッジ、カルヴィン　Coolidge, Calvin　103
グラント、ユリシーズ　Grant, Ulysses S.　81, 84-87, 90-91, 102, 111-12, 134
グリーア、ジェイムズ・M　Greer, James M.　112
グリーノー、ホレイショ　Greenough, Horatio　44-45
クリーブランド、グローバー　Cleveland, Grover　109, 120
クリール（広報）委員会　Creel Committee　147, 197
グリーン、ナサニエル　Greene, Nathanael　25
『グリーンベレー』 *Green Berets, The*　252
グリズウォルド、ロジャー　Griswold, Roger　32
『クリスチャン・サイエンス・モニター』 *Christian Science Monitor*　179
グリフィス、D・W　Griffith, D. W:
——『國民の創生』 Birth of a Nation　116-17
グレイヴズ、ロバート　Graves, Robert　180-81
クレイン、スティーヴン　Crane, Stephen
——『赤い武勲章』 *The Red Badge of Courage*　113
クロケット、デイヴィー　Crockett, Davy　54, 69
ゲティズバーグの戦い　Gettysburg, Battle of
——および南軍・北軍の再会　224-25
——のための国立軍事公園創設　103-06
——におけるリンカン演説　279
——および写真　83
ケネディ、ジョン・F　Kennedy, John F　249-50, 264
ケンタッキー州
——およびアメリカ＝メキシコ戦争の戦死者　64-65
ケント州立大学　Kent State University:
——における記念碑　272-73
コール、ヘルムート　Kohl, Helmut　233
国際連合　United Nations　197, 240, 244
国際連盟　League of Nations　148-49, 166, 180, 190, 197
国防省　Defense Department　217-18, 241
『國民の創生』（グリフィス） *Birth of a Nation*　116-17
国立芸術基金（NEA）　National Endowment for the Arts　249
国立公園局　National Park Service　1, 219-23,

237, 247
コシチュシュコ、タデウシュ　Kosciusko, Thaddeus　123-24, 126
古代ギリシア　8
ゴドフロワ、マクシミリアン　Godefroy, Maximilian　43
ゴリン、ルイス・ジュニア　Gorin, Lewis J.
——『対価先取りの愛国心』 *Patriotism Prepaid*　183
コロンビア（サウスカロライナ州）
——における記念碑　144
コロンブス・デー　Columbus Day　12
コント、オーギュスト　Comte, Auguste　137
ゴンパーズ、サミュエル　Gompers, Samuel　151

【さ行】
『サタデー・イヴニング・ポスト』 *Saturday Evening Post*　201-02
サムナー、チャールズ　Sumner, Charles　63
サラトガの戦い　Saratoga, Battle of　68
サロモン、ハイム　Salomon, Haym　123
サンアントニオ　San Antonio:
——における記念碑　268
——によるアラモの保存　69
サンディエゴ
——における記念碑　216
サンフランシスコ
——における記念碑　84, 234
シェイズの反乱　Shays's Rebellion　20, 24
ジェイムズ、ウィリアム　James, William　145
シェパード、ヘイワード　Shepherd, Heyward　108-09
ジェファソン、トーマス　Jefferson, Thomas　16, 22, 24, 29-30, 34-35, 37, 41, 62
シェリダン、フィリップ・H　Sheridan, Philip H.　84, 111
ジェレミア・オブライエン号　*Jeremiah O'Brien*　222
シカゴ
——における芸術委員会の設立　128
——における記念碑　111
——によるドイツ軍潜水艦の保存　222
『シカゴ・イヴニング・ポスト』 *Chicago Evening Post*　129
『シカゴ・デイリー・トリビューン』 *Chicago Daily Tribune*　179-80
「史上最大の作戦」 *Longest Day*　228
シチュエート（マサチューセッツ州）
——における記念碑　133
実用的記念碑（生きた記念碑、活用できる記念碑） living memorials　150, 157-158, 169-74, 208-09
市民兵　16, 26, 28, 40, 84, 184, 207, 264
ジャージーシティ（ニュージャージー州）
——における記念碑　131-32
シャーマン、ウィリアム・T　Sherman, William T.　84, 111
ジャクソン、アンドリュー　Jackson, Andrew　38, 51, 54, 58-61, 240
ジャクソン、トーマス　Jackson, Thomas　95, 101
州軍　National Guard　257, 272-73
シュトイベン男爵、フレデリック・ヴィルヘルム　Von Steuben, Frederick Wilhelm　124, 126
シュワルツコフ、ノーマン　Schwarzkopf, Norman　275
ジョイス、ケニヨン　Joyce, Kenyon　245
ショー、ロバート・グールド　Shaw, Robert Gould　108-09
——の記念碑　108, 110
ジョージ三世（英国国王） George III　16-17
ジョーンズ、トマス・ハドソン　Jones, Thomas Hudson　194
女性
——およびアラモ　69
——による南北戦争の記念　94-95, 98, 103
——および「アメリカ革命の娘たち」　121-24, 161-68
——および独立記念日の儀式　17

——および記念碑　269-70
——追悼者としての　33, 161-68
——ベトナム戦争への反対者として　251-52
——記念碑の資金提供者として　48-51, 278
——および参政権運動　57
ジョンストン、ジョセフ・E　Johnston, Joseph E.　95
ジョンソン、アンドルー　Johnson, Andrew　74, 91, 96
ジョンソン、リンドン・B　Johnson, Lyndon B.　249-51, 253, 265
シンシナティ協会　Society of Cincinnati　20-23, 25, 28, 35, 40, 64-65, 118, 121, 124, 188, 256, 277
真珠湾
——およびアリゾナ・メモリアル　236-37
——への攻撃　196
——への攻撃の記念　236-38, 286
スキナー、ジョン・スチュアート　Skinner, John Stuart　53-54
スクラッグズ、ジャン　Scruggs, Jan　261-62, 289
スコット、ウィンフィールド　Scott, Winfield　58, 64, 68
スタローン、シルヴェスター　Stallone, Sylvester　254
スタンドリー、ウィリアム・H　Standley, William H.　216
スタントン、エドウィン　Stanton, Edwin　91
スプリングフィールド（イリノイ州）
——およびエイブラハム・リンカンの墓　84, 110
スミソニアン協会　Smithsonian Institution　221, 245-49
『西部戦線異状なし』（レマルク）　*All Quiet on the Western Front*　181
セイント-ゴーデンズ、オーガスタス　Saint-Gaudens, Augustus　108, 128, 134
全国黒人向上協会（NAACP）　National Association for the Advancement of Colored People　117
全国市民連盟　National Civic Federation　256
全国彫刻協会　National Sculpture Society　128-29, 131, 140, 174, 209-13
戦闘中行方不明者（MIA）　Missing in Action　254-55
セントルイス
——における記念碑　111
ソロー、ヘンリー・ディヴィッド　Thoreau, Henry David　56

【た行】

第一次世界大戦　World War I　4-8, 10, 146-95, 196-209, 214, 217-18, 225, 245, 256, 264, 280-81
退役軍人庁　Veterans Administration　256
退役軍人の日　Veterans Day　7, 10, 207, 214, 216, 227, 243
対外戦争退役軍人会　Veterans of Foreign Wars　258, 262
『対価先取りの愛国主義』（ゴリン）　*Patriotism Prepaid*　182-83
第二次世界大戦　World War II　4-8, 10, 196-238, 241, 245-46, 252, 255, 264, 275, 286-87
ダグラス、フレデリック　Douglass, Frederick　56-57, 87-88, 107, 280
タッカーマン、H・T　Tuckerman, H. T　70
タフト、ウィリアム・ハワード　Taft, William Howard　103, 142, 151
ダレス、ジョン・フォスター　Dulles, John Foster　250
チカマウガの戦い、チャタヌーガの戦い　Chickamauga and Chattanooga, Battle of　79
チドウィック、ジョン・P　Chidwick, John P.　142
チャントリー、サー・フランシス　Chantrey, Sir Francis　43

チャールストン（マサチューセッツ州）
——およびバンカー・ヒルの戦いの記念 71
朝鮮戦争　Korean War　7, 10, 207, 218-19, 222, 239-45, 250, 282
朝鮮戦争退役兵メモリアル　Korean War Veterans Memorial　270-72, 282
『ディア・ハンター』 *Deer Hunter, The*　261, 289
ディヴィス、ジェファソン　Davis, Jefferson　101, 115-16, 119, 264
ディケーター、スティーヴン　Decatur, Stephen　7, 58
テイラー、ザカリー　Taylor, Zachary　64
デウェルドン、フェリックス　DeWeldon, Felix　210-12
デ・カルブ、バロン・ジョン　de Kalb, Baron John　30
テキサス革命　Texas Revolution　62-63, 69-70
デコレーション・デー　→　メモリアル・デー　Decoration Day　→　Memorial Day
撤退記念日　Evacuation Day　71
テト攻勢　Tet Offensive　252
デトロイト
——における記念碑　81
デューイ、ジョージ　Dewey, George　139-42
デューイ、トマス・E　Dewey, Thomas E.　206
デラーノ、ジェイン　Delano, Jane　270
デンプシー、ジョン　Dempsey, John J.　220
ドイツ
——における戦争の記憶　283-84
——におけるホロコーストの記憶　286-87
——との合衆国の和解　228-34
トーランド、ジョン　Toland, John　200
独立記念日　Fourth of July　7, 16-18, 21, 24-25, 28-30, 37-38, 40, 52-53, 55-58, 63, 94, 118, 224, 244, 278
独立宣言　Declaration of Independence
ドス・パソス、ジョン　Dos Passos, John　181, 189
ドノヴァン大佐　Donovan, Colonel　176
トランブル、ジョン　Trumbull, John　44-45
——の作品「議会に辞意表明するワシントン将軍」　35
ドリスコル、マイケル　Driscoll, Michael　125, 135
トルーマン、ハリー・S　Truman, Harry S.　7, 206, 212

【な行】

ナイラー、W・K　Naylor, W. K.　192
『ナショナル・レビュー』 *National Review*　2, 266
ナポレオンに対する記念碑　61
南部連合退役軍人連合（UCV）　United Confederate Veterans　100-01, 114, 178
「南部連合の娘たちの会」　United Daughters of the Confederacy　100, 103, 108
南部連合陸軍（CAF）　Confederate Air Force　224-26
南北戦争　Civil War　4-5, 8-9, 11, 13, 19, 68, 73-145, 156-57, 169, 172, 175, 178, 185, 188, 209, 218, 223-25, 240, 246, 252, 256, 264, 266, 268, 270, 278-80, 282-83
ニクソン、リチャード・M　Nixon, Richard M.　247, 253-54, 258
日本
——における戦争の記念　xiv, 285-86
——との合衆国の和解　228, 235-38
ニューオーリンズの戦い　New Orleans, Battle of:
——の記念　60-61
ニュージャージー州
——における独立記念日　29
ニューバーグ陰謀　Newburgh Conspiracy　20
ニューメキシコ州
——および原爆実験　219-21
——における記念碑　260

ニューヨーク（市）
——がアンダーソンヴィルに建設した記念碑　114
——および英軍撤退記念日　71
——における独立記念日の式典　16-17, 20-21, 24-25, 56
——および金星章の母の巡礼　163
——における記念碑　35, 84, 107, 144, 264, 268
——による第一次大戦記念碑の申請　185
——における公共芸術委員会　128, 280
——によるワシントン記念碑協会の援助　47
——へのラファイエット訪問　40
——によるベトナム退役兵の出迎え　266
——による第一次大戦帰還兵の出迎え　176
——によるジョージ・デューイ提督の出迎え　141-42
ニューヨーク（州）
——および退役兵からの要請　68
——による V-J デイの策定　206
ニューヨーク市芸術協会　Municipal Art Society of New York　128
『ニューヨーク・タイムズ』 *New York Times*　76, 155, 185, 242
『ニューヨーク・ホーム・ジャーナル』 *New York Home Journal*　47
ニューロシェル（ニューヨーク州）
——における記念碑　55
ヌヴィル、イド・ド　Neuville, Hyde de　53
ネイティヴ・アメリカン　Native Americans　12, 188-89
ネイティヴィズム　Nativism　47, 278
年金（退役兵士に対する）　Pensions (veteran)　39, 68, 109, 119-20, 280
ノーフォーク（ヴァージニア州）
——およびダグラス・マッカーサー廟　264
『ノース・アメリカン・レビュー』 *North American Review*　70
ノースカロライナ州
——および第二次大戦の戦艦の保存　222
ノックス、ヘンリー　Knox, Henry　20

【は行】
ハーヴァード大学　Harvard University　40, 140
バーク、イーダヌス　Burke, Aedanus　25
パーシング、ジョン・J　Pershing, John J.　151, 157, 185, 187, 264
ハーディング、ウォレン・G　Harding, Warren G.　185-86, 188-91
ハート、フレデリック　Hart, Frederick　262, 270
バーナム、ダニエル　Burnham, Daniel　134
ハーパー、ロバート・グッドロー　Harper, Robert Goodloe　32
『ハーパーズ・ニュー・マンスリー・マガジン』 *Harper's New Monthly Magazine*　79
ハーパーズ・フェリー（ウェストヴァージニア州）
——における記念碑　108-09
バーバリ戦争（トリポリ攻撃）　Barbary War　36
パーマー、A・ミッチェル　Palmer, A. Mitchell　149
バーンズ、ジェイムズ　Barnes, James　131
ハウ、ジョージ　Howe, George　160
パウエル、コリン　Powell, Colin　11, 275
パオリ大虐殺　Paoli Massacre
——およびその記念碑　42
ハミルトン、アレグザンダー　Hamilton, Alexander　23, 25-27
「パットン大戦車軍団」 *Patton*　228
バリー、ジョン　Barry, John　123-26, 135
ハワイ
——における軍墓地　243
——およびアリゾナ・メモリアル

236-38
バンカーヒルの戦い　Bunker Hill, Battle of
——の記念　49
——の記念碑　35-37, 40, 43, 49, 52
バンクロフト、ジョージ　Bancroft, George　60
ハンコック、ウィンフィールド・スコット　Hancock, Winfield Scott　93
「反戦の母」　Another Mother Against the War　252
反戦ベトナム退役兵　Vietnam Veterans Against the War　253
ビアード、チャールズ　Beard, Charles　181, 200
ピール、チャールズ・ウィルソン　Peale, Charles Willson　35
美術委員会　Commision of Fine Arts　128-29, 134, 136-37, 155-57, 159-60, 171, 174, 190, 192, 194, 203-04, 209-12, 217-18, 250, 262-63, 269-71, 280
ヒトラー、アドルフ　Hitler, Adolf　199, 274
ヒューズ、チャールズ・エヴァンス　Hughes, Charles Evans　191
ヒューストン、サム　Houston, Sam　62
広島
——および原爆の記念　xiv, 219-21, 224, 227, 284-86
フィッシュ、ハミルトン・ジュニア　Fish, Hamilton, Jr.　166, 184-85, 187
フィラデルフィア
——における芸術委員会の設置　128
——における独立記念日　24-25, 54
——およびラファイエットの訪問　40
——における記念碑　111
フィリピン
——におけるアメリカの墓地　202-03
フィリピン反乱　Philippines Insurrection　4, 141, 145
フィリップス、ウェンデル　Phillips, Wendell　56
フーヴァー、ハーバート　Hoover, Herbert　162
フォート・ブラッグ（ノースカロライナ州）
——における記念碑　252-53
フォレスト、ネイサン・ベドフォード　Forrest, Nathan Bed ford　97
『武器よさらば』(ヘミングウェイ)　*Farewell to Arms, A*　181
フセイン、サダム　Hussein, Saddam　274
ブッシュ、ジョージ　Bush, George　236, 266, 274
ブライアン、ウィリアム・ジェニングズ　Bryan, William Jennings　138, 145
ブラウン、J・カーター　Brown, J. Carter　269-272
ブラウン、ジョン　Brown, John　108
ブラウン、ジョン・ニコラス　Brown, John Nicholas　246
ブラウン、マーガレット　Brown, Margaret C　48
プラスキ、カシミール　Pulaski, Casimir　123-24
『ブラッシュ・アンド・ペンシル』　*Brush and Pencil*　128
プラット、チャールズ・A　Platt, Charles A.　160
ブラディ、マシュー　Brady, Mathew　82
フランクリン、ベンジャミン　Franklin, Benjamin　22
フランス
——におけるアメリカの墓地　150-160, 205
——による無名戦士の埋葬　183-84
——における戦争の記念　283-84
——および金星章の母の巡礼　161-66
フランス革命　French Revolution　8, 27-29
フリーズ反乱　Fries Rebellion　26
フレンチ、ダニエル・チェスター　French, Daniel Chester　110, 134
ブレント、チャールズ・H　Brent, Charles H.　151, 189
ベイカー、ニュートン・D　Baker, Newton D.　152, 185-86
ヘイスティング、トマス　Hasting, Thomas　185, 192-93

米西戦争　Spanish-American War　4, 139-41, 144-45, 150, 178, 186, 225, 238
米西戦争退役軍人協会　U.S. Spanish War Veterans　144
ペイン、トム　Paine, Tom　55
ベギン、モナヘム　Begin, Menachem　230
ベトナム戦争　Vietnam War　1-9, 244, 247, 250-72, 281-82, 289
ベトナム戦争戦没者慰霊碑　Vietnam Veterans Memorial　1-3, 9, 260-64, 270-72, 281
ベトナム戦争退役軍人会　Vietnam Veterans of America　253
ヘミングウェイ、アーネスト　Hemingway, Ernest　181
ペリー、オリバー・H　Perry, Oliver H.　7, 58
ベルギー
——におけるアメリカの墓地　154-59
ペルシャ湾岸戦争　Persian Gulf War　11, 273-76, 285
ペロー、ロス　Perot, Ross　262
ベロウズ、ヘンリー・W　Bellows, Henry W. 86
ペンシルヴェニア　26-27
——およびゲティズバーグの墓地の設置　77, 104
——による第一次大戦モニュメントをフランスに建造するという提案　157
ポーク、ジェイムズ・K　Polk, James K. 60, 62-63
ホープ、ボブ　Hope, Bob　258
ポーランド
——におけるホロコーストの記憶　286-87
ボール、トーマス　Ball, Thomas　87
ボストン
——における芸術委員会の設立　128
——における記念碑　43, 49, 108-10, 126
ボストン虐殺事件　Boston Massacre:
——の記念碑　126
墓地　5, 36, 42-43, 64-65, 76-80, 103-11, 150-66, 201-06, 241-44, 278-79, 281, 283-84, 287
ボルティモア
——における独立記念日の式典　53
——における記念碑　43
ホームズ、オリヴァー・ウェンデル　Holmes, Oliver Wendell　112
ポロウスキー、ジョゼフ　Polowsky, Joseph 215
ホロコースト　Holocaust　199, 228-35, 286-88

【ま行】

マーシャル、ジョージ　Marshall, George 203
マーティニー、フィリップ　Martiny, Philip 131
マウント・ヴァーノン　Mount Vernon 34, 49-50, 72
マクドゥーガル、イザベル　McDougall, Isabel　129
マクミラン、ジェイムズ　MacMillan, James 134
マクラーナンド、ジョン・アレグザンダー　McClernand, John Alexander　61
マグルーダー、ジョン三世　Magruder, John, III　246-47
マクレイ、ウィリアム　Maclay, William 25
マクレイシュ、アーチボルド　MacLeish, Archibald　208
マクレラン、ジョージ・B　McClellan, George B.　81, 84
マクローリン、ジョン　McLaughlin, John 263
マサチューセッツ号　*Massachusetts*　223
マサチューセッツ州
——における独立記念日の式典　63
——における記念碑　35
マサチューセッツ歴史協会　Massachusetts Historical Society　126
マッカーサー、ダグラス　MacArthur, Douglas　240, 244, 264, 275, 289
マッキム、チャールズ　McKim, Charles

134
マッキンリー、ウィリアム　McKinley, William　103, 138-39
マックモニーズ、フレデリック　MacMonnies, Frederick　107
マッコール、サミュエル・W　McCall, Samuel W.　134
マディソン、ジェイムズ　Madison, James　38
マハン、アルフレッド・T　Mahan, Alfred T.　138, 145
ミカリ、ジョン・チャールズ　Micali, John Charles　36
「ミッドウェー」 *Midway*　228
ミネソタ州
——によるアンダーソンヴィルの記念碑の設立　114
未来の戦争の退役軍人会　Veterans of Future Wars　183
ミリシア　Militia　15-16, 21, 24-26, 28, 30, 38-40, 55-56
ミルズ、クラーク　Mills, Clark　60-61
ミルズ、ロバート　Mills, Robert　43, 46
無名戦士　unknown soidiers　183-95, 217-19
——の墓　183-95, 216-19, 243, 262-63, 281
メイグズ、モンゴメリー・C　Meigs, Montgomery C　80
メイン号　*Maine*　7, 138-39, 142-45, 238
——船員の埋葬　142
——の引き揚げ　142
メーコン、ナサニエル　Macon, Nathaniel　34
メキシコシティ
——におけるアメリカの墓地　65
——の墓地　65
メモリアル・デー　Memorial Day　4, 8, 49, 58-59, 59, 61-62, 65-66, 69, 75, 113-14, 118, 141, 144, 159, 171, 182, 218
メンフィス
——における国立墓地　112
モールディン、ビル　Mauldin, Bill　256
モッセ、ジョージ　Mosse, George　8, 283-84
『モニュメンタル・ニュース』 *Monumental News*　127, 133, 173
『モニュメント・リテーラー』 *Monument Retailer*　133
モリスタウン（ニュージャージー州）
——における独立記念日の式典　30
——におけるメモリアル・デーの式典　92
モンゴメリー、リチャード　Montgomery, Richard　7, 30
モンロー、ジェイムズ　Monroe, James　39, 53

【や行】

ユダヤ人大戦退役軍人会　Jewish Veterans of the World War　188
ユダヤ福祉委員会　Jewish Welfare Board　159-60, 188, 190

【ら行】

ラクスタル、フレデリック・ウェリントン　Ruckstull, Frederic Wellington　130
ラスリング、ジェイムズ　Russling, James　79
ラドナー（ペンシルヴァニア州）
——およびアンソニー・ウェインの墓　35
ラトローブ、ベンジャミン・ヘンリー　Latrobe, Benjamin Henry　32
ラパポート、ネイサン　Rapoport, Nathan　232
ラファイエット侯爵　Lafayette, Marquis de　40-41
ラフ・ライダーズ　Rough Riders　139-40, 145
ランシング、ロバート　Lansing, Robert　153
ランドルフ、ジョン　Randolph, John　34, 44
『ランボー』 *Rambo*　254
リー、ロバート・E　Lee, Robert E.　80,

101, 106, 111, 116, 264
『リーダーズ・ダイジェスト』 *Reader's Digest*　201
リード、ディヴィッド　Reed, David　157
陸軍省　War Department　77, 80-81, 139, 150-57, 160-66, 184-94, 221, 224
リッチ、ローミア　Rich, Lormier　194
リン、マヤ　Lin, Maya　2, 262, 268
リンカン、エイブラハム　Lincoln, Abraham　19, 59, 72, 73-74, 77-78, 83-88, 102, 107, 109-10, 112, 117, 146, 186, 264, 279
ルイ 18 世（フランス国王）　Louis XVIII　53
ルークマン、オーガスタス　Lukeman, Augustus　133
ルート、エリヒュー　Root, Elihu　134
レーガン、ロナルド　Reagan, Ronald　2, 232, 234, 254, 261, 265-66, 287
レキシントンおよびコンコードの戦い　Lexington and Concord, Battle of　21
レジュネ、ジョン・A　Lejeune, John A.　185
レマルク、エーリッヒ・マリア　Remarque, Erich Maria
——『西部戦線異状なし』 *All Quiet on the Western Front, US*　181
ロイツェ、イマニュエル　Leutze, Emanuel　210
ローガン、ジョン・A　Logan, John A.　88-91, 111
ローズヴェルト、アーチボールド　Roosevelt, Archibald　205
ローズヴェルト、クエンティン　Roosevelt, Quentin　153, 205
ローズヴェルト、セオドア　Roosevelt, Theodore　103, 112, 122, 135, 137, 140-41, 145, 153-55, 177, 205
ローズヴェルト、セオドア・ジュニア　Roosevelt, Theodore, Jr.　205
ローズヴェルト、フランクリン・D　Roosevelt, Franklin D.　162, 197, 200, 215-16, 250
ローゼンタール、ジョゼフ　Rosenthal, Joseph　209-11
ロードアイランド州
——および V-J デー　206, 238
労働の日（レイバー・デー）　Labor Day　260
ロイヤル・リージョン　Loyal Legion　89
ローマ帝国　Roman Empire　8
ロシャンボー伯爵　Rochambeau, Comte de　125
ロチェスター（ニューヨーク州）
——独立記念日の式典　56-57
ロックフェラー、ネルソン　Rockefeller, Nelson　245-46
ロッシング、ベンソン　Lossing, Benson　51
ロングビーチ（カリフォルニア州）
——における記念碑　102-03

【わ行】

ワーテルローの戦い　Waterloo, Battle of　61
ワーナー、ジョン・W　Warner, John W.　262
ワシントン DC
——における記念碑　1, 36, 61, 84, 111, 118, 124-26, 134, 192, 244, 263-65
ワシントン、ジョージ　Washington, George　18-26, 30-31, 35-36, 43-51, 70-72, 84-85, 278
ワシントン、メアリー　Washington, Mary　51
ワシントン記念碑（国立）　Washington Monument　31-37, 44-49, 118
『ワシントン・タイムズ』 *Washington Times*　271
ワシントンの誕生日　30-31, 72
『ワシントン・ポスト』 *Washington Post*　189
ワット、ジェイムズ　Watt, James　2, 262